唐亚南 主编

残疾人司法保护机制构建研究

从历史到数字时代

中国政法大学出版社

2024·北京

声　明　1. 版权所有，侵权必究。
　　　　2. 如有缺页、倒装问题，由出版社负责退换。

图书在版编目（CIP）数据

残疾人司法保护机制构建研究：从历史到数字时代 / 唐亚南主编.
北京：中国政法大学出版社，2024.12. -- ISBN 978-7-5764-1875-0

Ⅰ.D922.74

中国国家版本馆 CIP 数据核字第 2024XB3340 号

书　名	残疾人司法保护机制构建研究：从历史到数字时代 CANJIREN SIFA BAOHU JIZHI GOUJIAN YANJIU: CONG LISHI DAO SHUZI SHIDAI
出版者	中国政法大学出版社
地　址	北京市海淀区西土城路 25 号
邮　箱	bianjishi07public@163.com
网　址	http://www.cuplpress.com (网络实名：中国政法大学出版社)
电　话	010-58908466(第七编辑部) 010-58908334(邮购部)
承　印	固安华明印业有限公司
开　本	720mm×960mm　1/16
印　张	21
字　数	340 千字
版　次	2024 年 12 月第 1 版
印　次	2024 年 12 月第 1 次印刷
定　价	98.00 元

"残疾人司法保护机制构建专项研究"
首席专家组

组　长：王秀梅
副组长：杨　东　彭新林

首席专家组成员（以姓氏拼音为序）

崔凤鸣　陈　爽　阚吉峰　罗庆东

唐亚南　陶建云　徐光华　薛铁成

余德厚　杨述兴　张国全　张丹玉

《残疾人司法保护机制构建研究：从历史到数字时代》
编委会

主　编：唐亚南
专家组：朱铁军　许　浩　周文政　李　婕
　　　　张楚昊　陈　晨　马之卓

序　言

在漫长的历史长河中，残疾人士往往被边缘化，他们的权利和福祉常常被忽视。然而，随着社会的进步和文明程度的不断提升，对残疾人的司法保护逐渐受到国际社会的广泛关注。本书旨在探讨不同国家和地区在各个历史时期对残疾人权利保护的法律演变，以及数字时代给残疾人权益保障带来的新机遇与挑战。

本书重点围绕创设了全球残疾人司法服务平台（GDJSP）展开论述，该系统是一个专注于为残疾人提供全方位、无障碍法律服务的平台。该平台通过整合全球资源，结合先进的科技手段，为全球残疾人提供法律咨询、业务办理、援助服务、教育培训和权益保护等服务，致力于帮助残疾人维护其合法权益，提升其获得感和幸福感，促进社会公平正义的实现。通过5G技术，促进移动端和一体机终端实现高速度、低延迟的数据传输。云计算技术为系统提供了强大的数据存储和处理能力，使得海量的法律数据和智能服务能够被高效地管理和利用。区块链技术则保障了数据的真实性和不可篡改性，为残疾人提供了更加可靠的证据和敏感数据传输。物联网技术能够实时收集残疾人的相关信息，为系统提供更加精准的服务依据。人机交互技术的运用，使得系统能够与残疾人进行更加自然、顺畅的交互，提升了使用体验。大数据技术能够对大量的数据进行深度挖掘和分析，为系统提供更加智能化的服务和决策支持。这些先进的信息技术结合无障碍服务共同构成了全球残疾人司法服务平台的核心技术支撑，使得系统能够为残疾人提供更加精准、精细、智能的司法援助服务，帮助他们更好地维护自身权益，享受法律带来的公平和正义。

本书还讨论了数字时代对残疾人司法保护的影响和挑战。在信息技术迅速发展的今天，残疾人的法律服务需求也在发生变化。本书强调了为残疾人提供线上加线下综合服务的重要性，这种服务模式能够更好地满足他们的特殊需求。人工智能、物联网、区块链等技术的发展，使得为残疾人提供更加便捷、高效的司法服务成为可能。本书中提出了一系列创新架构图，结合线上与线下资源，旨在为不同类型的残疾人提供量身定制的服务。例如，对于视障者，可以通过声音交互来立案，避免传统界面上繁琐的点击步骤，使得司法服务更加便捷和无障碍。同时，还探讨了数字化解决方案在实际操作中可能遇到的挑战，如确保技术无障碍性、保护残疾人的数据隐私和安全问题。新质生产力还推动了无障碍服务模式的创新。例如，通过智能化的服务方案，可以根据残疾人的具体情况，提供个性化的服务，满足他们的多样化需求，帮助残疾人更好地融入社会。又如，通过提供无障碍的网络环境，残疾人能够更方便地获取信息，参与社会活动。新质生产力还通过提升无障碍服务的普及率，使得更多的残疾人能够享受到这些服务。

总体而言，本书不仅为读者提供了残疾人司法保护领域的全面视角，而且提出了切实可行的现代技术解决方案，是对残疾人权利保护研究的重要贡献。本书不仅适合法律专业人士、社会工作者和政策制定者阅读，也适合所有关心残疾人权益和对社会公正有深切关注的读者。我们希望本书能够启发思考，促进对话，共同推动残疾人司法保护的进步。

需要说明的是，本书中既有"残障"的表述，也有"残疾"的表述，之所以如此，主要是基于对残障人士的平等尊重，我们更倾向于使用"障"而非"疾"的概念，但又考虑到《残疾人权利公约》中文本以及国内相关立法文本中均使用"残疾"的表述，为尊重公约以及立法文本原貌，对于引用公约及法律条文或者与其紧密关联之处，本书也均使用"残疾"的表述。如此一来，全书对"残障"和"残疾"的表述可能存在不甚统一的情况，故作此说明，望读者理解。

撰稿人（按撰稿顺序排列）：

安徽省民政厅社会救助处李婕博士负责第一章、第二章的撰写；

上海市普陀区检察院党组成员、副检察长朱铁军、张楚昊负责第三章的撰写；

上海市高级人民法院法官许浩负责第四章的撰写；

大连海事法院法官助理陈晨负责第五章第一节的撰写；

华东政法大学刑事法学院教授、博士生导师徐光华和马之卓负责第五章第二节的撰写；

辽宁省高级人民法院四级高级法官周文政负责第五章第三节的撰写；

人民法院新闻传媒总社高级编辑唐亚南负责第六章的撰写；

唐亚南、北京博雅信创科技有限公司总经理张丹玉负责第七章的撰写；

附录一　全球残疾人数字化司法保护规划方案（英文）由唐亚南翻译；

附录二、附录三、附录四由李婕、许浩整理；

本书由唐亚南负责统稿。

目　录

第一章　残疾人司法保护的历史沿革　1
　第一节　残疾人司法保护的历史考察　1
　第二节　残疾人自立生活运动　9

第二章　残疾人司法保护的理论基础　23
　第一节　平等理论　23
　第二节　正义理论　34
　第三节　残疾人权利保护的发展方向　45

第三章　残疾人司法保护的法律制度　68
　第一节　国内法律制度　68
　第二节　国际法律制度　96

第四章　残疾人司法保护的实践探索　111
　第一节　刑事保护的司法实践　111
　第二节　民事保护的司法实践　119
　第三节　行政保护的司法实践　129
　第四节　国际残疾人司法保护的实践　135

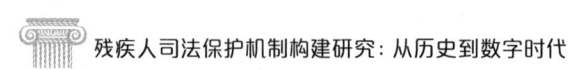

第五章 残疾人司法保护的问题与挑战　　143
第一节 法律制度不完善　　143
第二节 司法实践中的困境　　153
第三节 国际合作与交流的不足　　165

第六章 利用数字化对全球残疾人司法保护的构建　　174
第一节 残疾人司法保护的实际境遇　　174
第二节 利用数字化对残疾人司法保护的完善　　183
第三节 未来数字技术发展对残疾人司法保护带来的机遇　　192

第七章 全球残疾人数字化司法服务平台的应用　　201
第一节 GDJSP 简介　　201
第二节 GDJSP 规划方案　　205
第三节 GDJSP 平台结构　　213

附　录　　219
附录一 全球残疾人司法保护规划方案（中英文）　　219
附录二 国际条约　　257
附录三 国内法律法规等规范性法律文件　　288
附录四 典型案例　　290

第一章 残疾人司法保护的历史沿革

保护老幼妇残一直是中华法系的优良传统，考察不同时期国家对残疾人司法保护的历史沿革，可为现代残疾人司法保护的政策及实践提供参考借鉴。

第一节 残疾人司法保护的历史考察

一、古代社会对残疾人的司法保护

《周礼》最早规定对犯罪残疾人减免刑罚。《周礼·秋官·司刺》"三赦"之法："一赦曰幼弱，二赦曰老旄，三赦曰蠢愚。"这一规定奠定了老人、儿童、残疾人免刑的制度框架，后世刑律无一不将保护老幼妇残作为律法内容，形成了不少意义重大的法律制度。《尚书·吕刑》提出"哀敬折狱"，指刑法的制定与适用中，应心怀哀怜，悯老恤幼、怜妇矜残。

礼法融合是中华法系的重要特征，悯弱恤残的传统在后世律法典籍中贯彻传承。具体而言，我国古代对残疾人特殊保护的司法制度主要体现在以下几个方面。一是减轻刑罚。例如，汉和帝曾下令减半老幼妇残的徒刑刑期，剩余刑期不足三月的直接释放。此外，对于疯癫病人，西汉时仍依律处罚，至东汉则往往免死。《宋刑统》专门规定了刑罚减轻办法："诸准格敕应决杖人，若年七十以上、十五以下及废疾，并斟量决罚。如不堪者覆奏，不堪流徒者亦准此。八十以上、十岁以下、笃疾，并放，不须覆奏。"二是刑罚易科。刑罚易科是特殊的刑罚减免制度，即以轻刑替代重刑，或直接以财产刑替代身体刑、自由刑、劳役刑乃至生命刑。刑罚易科始于汉初的废除肉刑制度，汉惠帝时禁止对老小施加肉刑，一概以完刑替代。以罚代刑的收赎是刑罚易科的典型体现，《唐律》规定："诸年七十以上、十五以下及废疾，犯流罪以下，收赎。八十以上、十岁以下及笃疾……盗及伤人者，亦收赎。"三是处遇优待。例如，汉平帝曾下诏，规定老人、儿童和受连坐的妇女，除大逆不道与诏命逮捕之外，免受逮捕。汉成帝时，免于逮捕的主体范围进一步扩张至盲人、侏儒等孱弱群体。至明代，为防止胥吏、狱卒霸占、奸淫罪妇，法律将除涉嫌奸罪和死罪外的妇女排除出逮捕的对象范围，仅要求丈夫或亲属严加看管，禁止一概羁押。汉景帝时规定，禁止对羁押的老人、儿童、孕妇、盲人、侏儒使用戒具。[1]

古希腊、罗马时期至文艺复兴时期，将残疾人视为上帝的惩罚或是魔鬼的诅咒，进而将残疾人排除于家庭或社会生活之外。当时将残疾归咎于残疾人个人的道德堕落、信仰不忠诚，或对于父母罪行的报应。在启蒙时代，由于现代医学的发展，破除了前述障碍与道德、宗教间的联结，转而由医疗及优生学等专业观点主导。[2]西方对残疾人监护制度的起源可以追溯至公元前450年的罗马法。随着罗马法的演进，对残疾人保护的主体由家长转变为监护人。英美法历史上，曾规定国家家长特色的监护制度：国王……是政治上的父亲、王国的监护人，保护所有的客体、土地与物品及其领土边界，特别是保护那些因为弱智或理解力不足而无法保护自己的人……此时，监护制度的适用客体区分为两种，即弱智（Idiot）与精神异常（Lunatic），并区分其监护人干预的强度。监护制度要求对弱智者提供必要的帮助，且由监护人（国王）享有土地的孳息；精神异常者的土地为国王所有，监护人对土地的孳息应考虑受监护者的利益与维持家户日常活动所需。尽管这一时期的监护制度带有一些慈善色彩，但是对于受监护者利益的分配也稀释了原本的保护目的。后来国王将此监护权委由代理人或公民行使，构成现代监护制度最早的典范。这套监护制度将监护制度分为完全监护与部分监护两种类型。完全监护意指受监护人失去几乎所有的民事行为能力，由监护人在其生活领域中代为决定个人事项；部分监护中受监护人仍保留大部分民事权利，但将特定涉及财产事务的法律能力移转给监护人。

古代社会对残疾人的法律保护措施带有浓厚的道德色彩，尚未形成残疾人

---

[1] 参见聂友伦：《中国古代"老幼妇残"的刑事法保护及其当代传承》，载《政治与法律》2023年第8期。

[2] See Gerard Quinn & Theresia Degener, The moral authority for change: human rights values and the worldwide process of disability reform, in Human Rights and Disability: The Current use and Future Potential of United Nations Human Rights instruments in the Context of Disability 9, 10 (Gerard Quinn & Theresia Degener eds., 2002).

权利保障的专门法律法规。中国古代律法对残疾人的基本原则是从宽处理，尤其在"德主刑辅"的治国政策下，对老弱妇残特别关怀。老弱妇残之人不论在身体还是精神方面，对社会的破坏能力都很有限，且人身危险性不高，对统治阶级威胁不大，没必要施加严刑峻法。因此，与其刑杀，不如矜恤，以便标榜仁德、教化百姓，维护社会稳定。随着历史的发展，特别是鸦片战争后，随着西方法律文化的广泛渗透和现代社会保障制度的引入，我国对残疾人的法律保护措施也在不断发展和完善。

二、近现代社会对残疾人的司法保护

鸦片战争后，中国一步一步地沦为半殖民地半封建社会。西方列强在侵略的同时也进行文化渗透，带来了残疾人特殊教育和康复的先进理念。从1840年至1900年，外国教会进入开放口岸直至内地建立教堂、学校、医院并发展其他慈善事业，对残疾人进行教育和治疗，帮助他们更好地适应社会生活。清朝于宣统二年（1910年）颁布了中国历史上第一部较为完整但未及实行的优抚法规《恤荫恩赏章程》和中国第一部士兵的退伍法规《退伍兵暂行办法章程》。两部章程对军人死亡、伤残的抚恤作了具体的规定：国家对阵亡、伤亡、因公殒命、积劳病故、临战受伤的军人分别情况，给予享有世职、荫监、恩恤金等待遇和荣誉。[1] 士兵服役满三年可退役，服预备役等。[2]

南京国民政府统治时期沿袭对残疾人传统的救助制度，如颁布《抗战建国时期难童救济教养实施方案》《社会救济法》，建立社会福利设施，但残疾人等社会弱势群体仍处在以个人自救为主、社会保障为辅的阶段。

新中国成立后，我国立足现实国情和司法实践，不断致力于促进和保护残疾人权利和尊严，在保障残疾人平等参与经济、政治、社会和文化生活方面，走出了一条具有中国特色的残疾人事业发展道路。例如，颁布《革命残废军人优待抚恤暂行条例》等法规，对伤残军人等伤残人员的休养、治疗、生活、学习、工作给予特殊保障；各地建立福利机构和精神病院，收养或安置生活不能自理的重度残疾人、残障孤儿、残障老人、精神残疾人和残障军人；兴办盲童学校、聋哑学校等特殊教育学校，制定《残疾人教育条例》，为残疾人平等参

---

[1] 参见相自成：《中国残疾人法律保护问题历史研究》，中国政法大学2004年博士学位论文。
[2] 参见相自成：《中国残疾人法律保护问题历史研究》，中国政法大学2004年博士学位论文。

与社会生活创造条件。1984年成立中国残疾人福利基金会，1988年成立中国残疾人联合会，1991年实施《残疾人保障法》[1]。目前，中国已形成以《宪法》为核心，以《残疾人保障法》为主干，以《残疾预防和残疾人康复条例》《残疾人教育条例》《残疾人就业条例》《无障碍环境建设法》等为重要支撑的残疾人权益保障法律法规体系。《宪法》第34条明确规定包括残疾人在内的所有公民都依法享有选举权和被选举权，《残疾人保障法》第3条第1款规定，残疾人在经济、政治、文化、社会和家庭生活等方面享有同其他公民平等的权利，《选举法》对残疾人行使选举权作出特殊规定，要求为残疾人参加选举提供便利。最高人民法院等九部门联合印发《关于加强残疾人法律救助工作的意见》，成立了残疾人法律救助工作协调领导小组，指导地方设立残疾人法律救助工作站。最高人民法院要求各级人民法院为残疾人开辟绿色通道，提供优先服务；同时要求为残疾人提供司法便民服务，为残疾人参加庭审活动提供无障碍设施。司法部发布的《关于"十三五"加强残疾人公共法律服务的意见》，拓展了残疾人公共法律服务领域，扩大了残疾人法律援助范围，加强了残疾人刑事法律援助。

现代社会，残疾人的司法保护获得了越来越多的关注。各级人民法院、人民检察院、公安机关、司法行政机关和残疾人联合会都加强了涉及残疾人案件的统计、分析和研究，以持续加强残疾人的司法保护力度。为了确保残疾人权益受到平等保护，人民法院不仅需要充分保障残疾人平等参与诉讼的各项程序性权利，还需要法官深刻理解我国法律法规中的人权内涵，确保残疾人在每一个司法案件中都能感受到公平正义。此外，根据《残疾人保障法》《法律援助法》等法律，学者们开展了实证研究，深入探讨了残疾人在平等获得司法保护和实现基本权利方面的现状与问题，并结合相关实践探索，提出了积极建议。这些建议和指引旨在引导全社会进一步尊重、关心、支持和保护残疾人，确保残疾人的权益得到充分实现。

三、国际社会残疾人权利保护的发展

欧洲中世纪时，出现了专门收容残疾人的机构，后因科技革命、现代医疗

---

[1] 为了行文方便，本书中涉及我国法律法规，均省略"中华人民共和国"字样，如《中华人民共和国残疾人保障法》简称为《残疾人保障法》。

发展、都市化和工业化的发展，以及 19 世纪后半叶随着优生学及社会达尔文主义（Social Darwinism）的盛行，残疾人的社会排除达到巅峰。"二战"时，残疾人不但是纳粹毒气试验最早的受害者，也是遭受屠杀的群体。希特勒声称为了清除所谓低劣人种和不良人口以扩大最高等的雅利安人的生存空间，于 1933 年 7 月制定《防止具有遗传性疾病后代法》。许多医护人员针对残疾人和严重酗酒者等当时被认定为"遗传疾病"的人进行强制绝育。1939 年纳粹开始秘密执行安乐死计划和 T4 行动，数以万计的残疾人被过量施药，或采用饥饿、毒气等方式被屠杀。

"二战"结束之后，国际人权思潮蓬勃发展，欧美残疾人倡导权利的运动不断高涨，联合国为促进、保障及确保残疾人完全及平等地享有所有人权及基本自由，促进残疾人的固有尊严受到尊重，使其享有公平机会参与社会的政治、经济、社会及文化领域，于 1982 年通过《关于残疾人的世界行动纲领》。2006 年 12 月 13 日，联合国大会通过《残疾人权利公约》，这一公约于 2008 年 5 月 3 日生效，是人类迈入 21 世纪后的第一个国际人权公约，具有划时代的意义。公约全文共 50 条，其中前 30 条为规范性条文，后 20 条为程序性条文，将残疾人视为公民、政治、经济、社会及文化各项权利的主体，保障其尊严与权利，促使其自立及发展，以"促进、保护与确保实现残疾人所有人权与基本自由充分、平等享有，并促进对残疾人固有尊严的尊重"，对全球数亿残疾人的权利保障有着重大影响。

残疾人权利的保护是国际社会长期关注的重要议题。根据《残疾人权利公约》第 13 条的规定，残疾人享有平等获得司法保护的权利，包括通过提供程序便利措施，以便利残疾人参与所有法律诉讼程序。为确保这一权利的实现，联合国通过了《残疾人获得司法保护权利的国际原则和准则》。这份文件概述了残疾人诉诸司法的 10 项原则以及具体的实施步骤，得到了国际残疾人联盟和国际法学家委员会的认可。《残疾人权利公约》的核心价值是人权（human rights）、反歧视（anti-discrimination）以及平等（equality），将残疾人与人权概念融合，接受残疾人为人类多元及人格的一部分，强调残疾人的独立个体并非失能，而是社会使其个体失去能力，并尊重个人差别性，鼓励残疾人完整有效地参与社会活动。具体而言，《残疾人权利公约》的一般原则包括：（1）尊重个人的固有尊严与个人自主，包括自由作出自己的选择，以及个人自立；（2）不歧视；（3）充分有效地参与和融入社会；（4）尊重差异，接受残疾人是人的多样性与人格的一部分；（5）机会均等；（6）无障碍；（7）男女平等；（8）尊重残疾人逐渐发展的能力并尊重残疾人保持其身份特征的权利。

2015年9月，联合国大会正式通过《改变我们的世界：2030年可持续发展议程》（以下简称《2030议程》），该议程依循《联合国宪章》《世界人权宣言》国际人权公约，参照《发展权利宣言》，旨在实现"消除极端贫困，战胜不平等，让所有人享有人权，为全人类构建有尊严的生活，不让一个人掉队"的全球可持续发展目标。在联合国的不断呼吁下，《2030议程》弥补了千年发展目标没有惠及残疾人的缺陷，残疾人权利第一次被纳入全球层面可持续发展议程的主流。《2030议程》体现了以人为中心、以包容化为理念、以国际法为依据、以统筹兼顾为方式、以全球伙伴关系为力量的主流化发展路径，其17项全球目标中有5项涉及残障问题，分别为目标4、8、10、11和17，涵盖了解决残障问题的与切身利益迫切相关的议题主要包括优质教育权、就业权、无障碍环境权等内容。

2013年6月27日，世界知识产权组织在摩洛哥马拉喀什召开的外交会议上通过《关于为盲人、视力障碍者或其他印刷品阅读障碍者获得已出版作品提供便利的马拉喀什条约》（以下简称《马拉喀什条约》），我国于2013年6月28日签署该条约。2021年10月23日，我国第十三届全国人大常委会第三十一次会议决定批准《马拉喀什条约》，对维护和保障广大阅读障碍者的文化权益、践行人类命运共同体实践起到了重要的推动作用。《马拉喀什条约》的批准是新时代我国保障残疾人人权，坚持以人民为中心、推动中国版权以及世界知识产权事业发展的重要法治成果。提升残疾人的文化水平和加强对残疾人知识产权的保护，是提升残疾人法律意识、促使残疾人运用法律武器维护自身合法权益的重要保障。

我国是《残疾人权利公约》《2030议程》《马拉喀什条约》的缔约国，承担了在立法、司法适用中消除歧视残疾人的消极义务和建立无障碍环境、保障残疾人文化权益以及其他支持性的公共服务（如法律援助、司法救助）的积极义务。我国《民法典》施行后，残疾人权益的司法保护有了进一步的实践进展，主要体现在对残疾人的生存权与发展权、婚姻家庭权益、无障碍环境权益、人格权等方面的保障。此外，我国法学方面的相关理论研究依照联合国相关公约和中国相关法律，深入探讨了残疾人在平等获得司法保护、实现基本权利方面的现状与问题，并结合残疾人权利保障的实践探索，提出了可行建议。

四、小结：残疾人司法保护模式

近代社会对残疾人法律保护模式经历了从医疗模式到社会/人权模式的转变。社会看待残疾人的观点，从最早期的"个人/道德模式"，到之后的"医疗模式"，再转移至20世纪90年代后的"社会/人权模式"。残障观点的变迁，除了影响残障研究的方向，更改变了社会政策及立法思维，《残疾人权利公约》正是典型的例子。以下将分别说明"医疗模式"与"社会/人权模式"的内涵，并采用"社会/人权模式"分析《残疾人权利公约》的制度思维及特色内容。

古代社会主要以"个人模式""道德模式"看待"残障"，随着现代医学的发展，医疗专业观点逐渐主导社会思维。社会开始以"医疗模式"看待残疾人，连带影响政策制定及制度实践。

(一) 医疗模式

"二战"结束后，西方福利国家在社会安全制度架构下，陆续发展出较完整的残疾人保护政策与规范。主要历史背景是"二战"结束后，各国都有相当数量的退伍军人回归社会，他们需要各种医疗、康复的措施，当时的残疾人倡议团体也以退伍军人组成的团体为主。自20世纪50年代至70年代初期，联合国针对残障群体所推动的各种政策方向（如决议文及各种方案等），主要采取康复及预防的立场，以提供残疾人合宜的照顾与服务为主，这一时期残疾人保护主要以医疗模式为典范。

医疗模式从医疗专业观点出发，将残障视为身体系统的反常缺陷，并专注研究这些损伤在医疗上的原因、症状及结果，以便（从法律上）提出治疗方案。由于医疗模式注重个人的健康、疾病与损伤经验，故不考虑外在环境与社会结构对残障的影响。医疗模式将残障视为个人的问题，故也把解决问题的责任置于残疾人个人之上——残疾人必须主动接受治疗、康复等医疗措施，以治愈障碍或维持障碍状态不再恶化。在此观点之下，残疾人是病人、是医疗的客体，而非权利的主体。受到医疗模式的影响，残疾人相关政策、制度并不重视社会结构及外在环境，也未正视残疾人的权利，只是强调个人损伤及医疗处置的重要性。例如，世界卫生组织于1980年出版的障碍定义系统第一版（International Classification of Impairment, Disabilities and Handicaps, ICIDH I）中，即以"疾病后果对身体的影响"作为定义障碍人口的主要依据；1975年《残疾人权利宣言》则认为残疾人本身无法与"正常人"有同样的需求及社会生活；

1993年《残疾人机会均等准则》亦认定残障是由个人功能限制所致。上述制度或宣言注重个人归因,并未重视造成障碍的外在结构,因此在20世纪90年代后逐渐受到批评。

(二)社会模式

社会模式的残障政策以"参与"为导向,其目标是形塑一个完全接纳的社会(a fully inclusive society),即对残疾人的困难充分理解,且持续鼓励他们充分参与社会生活。社会模式最初来自于英国"肢体残疾人反隔离联盟"(The Union of the Physically Impaired Against Segregation,UPIAS)对前述ICIDHI标准的反对。英国社会学家Oliver进一步将UPIAS的论点,建构为社会学理论层次的分析。因此,UIPAS的代表Finkelstein与社会学家Oliver可以说是最早倡导英国社会模式论的代表人物。[1]

社会模式将障碍的概念区分为损伤(impairment)与障碍(disability)。损伤(如无法行走)是生理因素使然;障碍(如无法参与社会活动)则来自社会因素。社会模式认为,障碍并非源自个人生理损伤,而是由于外在环境的阻碍将具有损伤的个人排除于社会之外。因此,社会模式将障碍论述从个人层次提升至社会结构讨论,着重考虑造成障碍的社会结构与权力,认为障碍是社会压迫下的不平等问题。由于社会模式将障碍归因于社会因素,故其亦将解决问题的责任置于社会,而非残疾人个人之上。社会模式认为社会应尽力移除外在环境与制度的障碍,使所有人均能享有尊严及平等权利,而非要求残疾人改变自己,以符合社会对正常人的想象。在此观点之下,残疾人不再只是医疗的客体,而是权利的主体。但事实上,个人生理的损伤与社会建构的障碍是难以区分的,因此即使移除了社会的阻碍及压迫,社会模式仍不易解释"损伤"对障碍者的影响。因此,各国对残疾人政策多混合采用各种模式,即使是采用社会模式政策的国家,也不偏废其他模式(如医疗模式)。

(三)人权模式

社会模式虽重视外在环境与制度因素,却忽视残疾人个人经验,以至于无法细致体现不同残疾人的障碍经验及需求,因而受到部分学者的质疑。因此,修正社会模式观点的人权模式出现,并成为《残疾人权利公约》的理念基础。

---

[1] See Mike Oliver, The Social Model in Action: If I had a Hammer, in Implementing the Social Model of Disability: Theory and Reearch 18, 19 (Colin Barnes & Geof Mercer eds., 2004).

人权模式大致承袭社会模式的论述，但更强调残疾人的基本权利及个体经验的多样与多元性。其认为，人人皆享有基本权利，不因障碍而受到限制；且因重视个体经验的差异，故更强调个别残疾人需要不同程度的外部支持与协助。虽然《残疾人权利公约》采取社会模式，但并未因此偏废医疗模式下医疗与康复的重要性。例如，《残疾人权利公约》第 26 条有关适应训练和康复训练的条文，即以社会参与及实现残疾人自立性为核心，要求缔约各国应建立综合性适应训练与康复训练活动。由此可知，旧有的模式如医疗模式等，其内容及手段（医疗及康复等）已被吸纳入社会模式中，而其目的则受社会模式影响（由"治疗疾病"）转变成为实现社会参与和自立。

与社会模式相较，人权模式有以下特点。首先，人权模式因为强调残疾人的基本权利，故更重视残疾人各层面的权利保障及国家的积极作为。其次，人权模式可提供较社会模式更强而有力的论证，使残疾人了解如何提出具体政策改革诉求与法律上的权利主张。此外，人权模式可弥补社会模式的不足，提醒人们在消除社会阻碍的同时，也要尊重障碍群体内部的多元差异。最后，人权模式强调所有的政策与法律都应纳入残疾人的参与，以追求"障碍主流化"。

《残疾人权利公约》正是前述社会模式、人权模式的体现，由公约的前言及宗旨便可见一斑。《残疾人权利公约》第 1 条指出，本公约宗旨系促进、保障与确保所有残疾人充分及平等享有所有人权及基本自由，并促进对残疾人固有尊严的尊重。并声明，承认促进残疾人充分享有其人权与基本自由，以及残疾人的充分参与，将导致其归属感增强，显著推进该社会的人类、社会与经济发展及消除贫穷。由此可见，《残疾人权利公约》认为残疾并非个人问题，而是社会结构的问题，且试图以权利导向的政策模型，建构完整的残疾人权利保障制度。

第二节 残疾人自立生活运动

联合国《残疾人权利公约》以残疾人的人格尊严为核心，通过确保残疾人在经济、社会、文化上的权利，提高残疾人的自我认同、预防损害以实现社会正义。残疾人只有不断自强自立才能有效争取自己的法律权利，最终实现共同富裕。纵使《残疾人权利公约》并未定义残疾概念，未能具体明确残疾的范围，然而《残疾人权利公约》第 3 条规定的原则清楚明白地表现出对残疾人人格尊严的保护，使其得以自立生活于社会、行使其法律能力，并且确保残疾人能够在与他人平等的前提下充分行使公约所保障的权利的意旨。

一、残疾人自强自立的制度基础

人格尊严是《残疾人权利公约》的核心概念，公约第1条已经指出确保残疾人固有尊严受到尊重是《残疾人权利公约》的目标，这样的概念在残疾人权利公约前言也已强调。不论该残疾人是否需要密集的支持服务，其人权皆应获得保障。《残疾人权利公约》第3条强调"有效参与"和"社会融合"，以及第12条规定，"在法律上获得平等地位"是保障个人尊严的重要内容。我国《残疾人保障法》第9条第3款规定，残疾人的亲属、监护人应当鼓励和帮助残疾人增强自立能力。第10条第1款规定，国家鼓励残疾人自尊、自信、自强、自立，为社会主义建设贡献力量。由此可见，我国法律肯定残疾人自强自立是促使其平等参与社会活动的重要前提。

保障残疾人的经济、社会与文化权利。除公民与政治权利外，残疾人更需要经济、社会与文化权利，而《残疾人权利公约》不只包含了这两种类型的权利，还揭示了这两种类型的权利在公约中相互连结、相互依赖的关系。以第19条"自立生活与融合社区"为例，其他国际人权法很难找到类似的规定，若要追溯其根源，可以追溯传统公民与政治权利的"居住迁徙自由"，然而"自立生活与融合社区"要求更多，需要更多的个人协助才能够实现，而个人协助即落入社会权的范畴。由此观之，《残疾人权利公约》不只包含了公民的政治权利和经济、社会与文化权利，更打破了两种类型权利的界限。

将残疾人的损伤经验纳入保护范围。《残疾人权利公约》没有明确指出"损伤"一词，但其已经认可损伤是残疾人重要的生命因素之一。《残疾人权利公约》在第3条一般原则处强调了"尊重固有尊严"和"尊重差异，接受残疾人是人的多元性的一部分与人类的一分子"，由此可以理解，即使残疾人有损伤，也不减损其为权利享有者的地位。

关注残疾人不同层面的自我认同。《残疾人权利公约》涵盖了政治身份认同，且关注了各层面的自我认同议题，如残疾妇女和残疾儿童的权益就分别以独立的条文规范，《残疾人权利公约》第6条甚至是第一个提到"多重歧视"的国际人权条约。其他层面如种族、肤色、性别、语言、宗教等，则在前言中被提及。除此之外，不同障别的议题也获得关照，如《残疾人权利公约》第30条第4项提到残疾人特有的文化与语言认同应被平等地承认及支持，包括"手语及聋人文化",而第 24 条受教育权也特别提及缔约国应促进手语的学习及推广听觉障碍社群的语言认同。

预防残疾人损伤的必要。《残疾人权利公约》认可残疾人预防损伤的需求，在公约第 25 条第 b 款明确指出缔约国提供残疾人特别需要的健康服务，包括"提供适当的早期诊断与介入，及提供设计用来极小化与预防进一步障碍发生的服务"，本条强调的不仅是初级预防（primary prevention），也包括次级预防（secondary prevention）。相较前述服务提供的对象，也包括儿童及老年人。此外，第 25 条要求平等获得健康服务、应在残疾人最近所在的社区提供健康服务，且在残疾人自由意识并知情同意的基础上提供照护，这是人权脉络下建构健康权的实例。

改变残疾人贫穷状况、达到社会正义的途径。《残疾人权利公约》第 32 条要求国际合作，配合第 11 条缔约国应在危险情况与人道紧急情况下确保残疾人安全的规定观之，《残疾人权利公约》提供了国际发展途径，而作为权利主体的残疾人能通过国际发展合作计划渐渐融入、参与社会。对此，联合国大会于 2015 年提出的《2030 议程》和"全球可持续发展目标"（Sustainable Development Goals）即为国际发展合作深化的体现。

二、残疾人自立生活运动的发展历程

为实现上述目标，残疾人首先要能够自立生活即肯定所有残疾人都有权作为家中、职场中、社区中的一分子，而与普通人一样拥有相同的选择权、控制权以及自由。自立生活虽有"自立"（independent）的表述，但并非指残疾人应自己完成每一件事情，或不需其他人帮助而自我隔绝，而是强调残疾人与普通人一样在日常生活中能自主地选择及控制自我行为，而非由其亲友代劳。残疾人是最了解自己需求的人，他们有权利表达自己的需求及管理自己的生活。自立生活的重点在于"生活"，亦即自主、自在与自由且平等地在社区中生活的权利，而非仅表面上指残疾人"独自一人""居住"于社区。这背后反映了"自我决定论"（Self-Determination Theory，SDT），该理论强调人们有内在的自主感知，这让他们在参与活动之前能够自由选择，并重视内在的自发动机和动力，这种理念希望所有的服务都能回归自主决定的原则。当人们参与活动是出于兴趣和渴望，他们在生理上和心理上会获得和谐和积极的能量。反之，如果参与活动是被迫的，可能会带来负面影响。因此，自主决定有助于残疾人释放内在的能量，促进积极的自我发展。特别是对于心智残疾人而言，自主决定的概念可以促进他们自我成长和发展。

自我决定理论探讨实现目标和达成成就感的基本心理需求，这三种需求分别是自主性、胜任感和关联感。"自主性"强调人们对自己行为的自主控制需求，需要感觉自己行动是自主且自愿的。"胜任感"意味着人们希望有效地与环境互动，克服挑战并希望在克服挑战后获得成就感。"关联感"则强调人们对于安全感和人际关系的需求，希望与他人建立紧密情感联系，同时渴望被关心和依靠。满足这三种基本需求对唤起个人的潜能、促进个人成长和实现自我目标非常重要。内在的自主动机能够鼓励人们朝着满足这些需求的方向积极行动，而这种积极的行动会产生良性循环，逐步推动个人实现成长和发展。一般而言，自立生活包括以下两个要素：（1）残疾人应与普通人一样有同等的选择与控制自由；（2）残疾人自己决定是否受到协助。

自立生活的理念与社会模式及源自北欧的正常化原则相近。从社会模式角度看，通过去除障碍环境及强调平等社会参与、适当支持来保障残疾人的权益，与自立生活的理念相呼应，而成为其重要的理论基础。发源自北欧的正常化原则最早适用于心智残疾人领域，其观点的核心在于认为残疾人在社会中的角色是平等的公民。正如瑞典学者 B. Nirje 所言，正常化观点强调的是心智残疾人应享有与其他人一样的教育、就业、休闲生活与公民权，并获得所需服务，他强调正常化观点不仅仅停留在法律或服务层面，最重要的是要改变社会对心智残疾人的想象，[1]主张心智残疾人应有成长、发展与自我决定的权利，并应具有公民的社会地位。

自立生活的缘起也与 20 世纪 60 年代开始的"去机构化"（De-institutionalization）浪潮有关。西方国家在 20 世纪 60 年代伴随着机构管理问题的暴露，以及残疾人社区生活权益的倡导，政策上逐步关闭机构，并将残疾人移出大型机构使其回归社区或家庭生活，此即所谓的"去机构化"。以前残疾人入住大型养护机构，通常非出于残疾人自己的决定，而是由其家人亲友决定，因此机构化除服务质量差、标签化残疾人外，更与自立生活、重视残疾人自主选择的理念背道而驰。去机构化运动使残疾人看到选择不去机构的一线曙光，因此也促进

---

[1] Jenny Morris（2008）. Independent Living And Community Care., in Nick Watsons eds. "Disability"（UK：Routledge）：pp. 208-209.

了自立生活运动的发展。

自立生活运动与上述社会模式、正常化原则和机构化运动最不同的地方在于，上述三者的推动人主要都是非残疾人，即普通人；而自立生活运动却是由残疾人主导发起、组织及倡议的，从根本上体现了残疾人自主的精神。在自立生活运动领域，美国是发源地，英国的自立生活运动虽吸收自美国，却也发展出更有架构的服务给付内容，同时英国也是欧陆各国发展自立生活运动的引介国。另外，日本的自立生活运动虽晚至20世纪80年代才开始，也吸收了欧美经验，但其对于将自立生活运动引入亚洲具有辐射作用。下文拟就自立生活运动在美、英、日的渊源及内容进行讨论，探索残疾人权利意识的历史脉络。

（一）美国的自立生活运动

残疾人领域的自立生活运动（Independent Living Movement）源自美国，除受到美国20世纪50年代至60年代的黑人民权运动（Civil Right Movement）追求人权的精神影响外，也受到20世纪50年代至70年代美国国内许多社会运动的影响，包括去机构化运动、源自戒酒团体的自助运动、去医疗化运动[1]及消费者运动等。

西方学者指出，自立生活运动的起源受到两种来源的交互影响：一是年轻的残疾人（尤指作为运动最初发起人的美国大学生）追求如同普通人的充实生活；二是当代职业康复人员的影响。[2]美国的自立生活运动缘起于1962—1969年的加利福尼亚大学伯克利分校，发起者为一群校园Cowell医院的肢体障碍学生，他们倡议残疾人在校园学术、文化与社会生活的完全参与等，要求维护其尽可能自立生活的权益。

在运动最初的发起人之中，Ed. Roberts（Edward Verne Roberts）被认为是"自立生活之父"。他14岁时因小儿麻痹而成为肢体残疾人，后来进入加利福尼亚大学伯克利分校就读，但他却被校方安排住宿到校园医院中，而非一般宿舍。他从政府的一项残疾人协助计划中获得一名协助人员（attendant）照护（Ed. Roberts对此协助员进行雇用、训练，最后解雇了他），此协助人员是后来自

---

[1] Gina McDonald and Mike Oxford, History of Independent Living. Publications by ILRU, 1995. Page. 1. http://www.ilru.org/topics/il-history-philosophy.

[2] Gareth H. Williams (2008). The Movement For Independent Living', and Gerben DeJong (2008). Defining and Implementing the Independent Living Concept, in Nick Watson, eds, Disability Vol. 3 (NY: Routledge): 130, 146.

立生活运动力推的个人助理（personal assistant）的前身，但二者的性质并不相同。

在学时期，Ed. Roberts与他在加利福尼亚大学伯克利分校的残疾人同伴们向校方诉求聘雇个人助理，并要求住在残疾人们可自主管理的宿舍。后来他们用这些经验，在1972年于该校创立了全国第一所自立生活中心（Centre for Independent Living, CIL）。自立生活中心的任务是为残疾人提供广泛性的支援系统，使其能融入普通人身处的社区。同年，Boston与Houston也陆续成立了自立生活中心。到了1978年，在残疾人的倡议下，自立生活理念得到全国各地及州政府的法案支持〔《康复法案》（Rehabilitation Act）〕[1]，自立生活中心开始在全美各州政府的经费赞助下发展普及。依照美国自立生活议会网页的介绍，自立生活中心（CIL）提供的服务包括同侪支持、提供信息及参考、个人及系统倡议、自立生活技能训练等。[2]

自立生活中心并不同于一般州立的职业康复机构、团体之家、康复医院、就业庇护所、护理之家、老人中心或到宅健康照护中心等，而比较近似于综合性的咨询中心及培训机构。除各地的自立生活中心外，美国还有一个全国性的自立生活组织——"美国自立生活议会"（National Council on Independent Living, NCIL）。此组织成立于1982年，是美国最早跨障别的团体，代表千千万万关心残疾人自立生活的组织或个人。

（二）英国自立生活运动

英国自立生活运动可回溯到20世纪70年代晚期，主要由美国自立生活的精神及做法引入而发展的。虽然英国的自立生活运动继受自美国，但其缘起及之后的发展都与美国本土的自立生活运动不同。例如，美国自立生活缘起于大学生们对于自主生活的要求，但在英国则缘起于残疾人想要脱离以往常住的机构，而搬到一般的社区中去过普通人的生活。在内容上，由于英美两国不论在政治或社会福利政策上都有所不同，故在英国发展的自立生活运动有自身特色。

20世纪80年代初期，英国障碍团体"Project 81"到美国进行参访，将美

---

[1] 卡特政府于1978年通过的《康复法案》第七编的编名即为"自立生活综合服务"（Comprehensive Services for Independent Living），其内容共分四部分，即（1）由州职业复健机构主管的自立生活方案；（2）自立生活中心同意计划；（3）年长失明者自立生活计划；（4）重度障碍人士权益维护及倡议。

[2] 资料来源为美国自立生活议会（NCIL）网页，网址为http://www.ncil.org/about/aboutil/。

国自立生活运动的理念及行动方式带回英国,从而开始在英国推动自立生活运动。他们后来成功与当局协调,获得一笔资金,使残疾人能够在20世纪80年代早期从机构迁出至一般社区居住。此即为英国独立生活运动的开端。除据点在Hampshire的Group 81之外,当时英国其他地区也有残疾人组织基于类似的理念(主要是希望摆脱机构式照护)进行自立活动。例如,以Derbyshire为据点的团体,推动了一个名为"The Grove Road Scheme"的计划。这个计划原先采取团体居住的方式:在社区中使用一间房屋,其中残疾人与少数非残疾人同住,彼此互相照料。但后来残疾人发现同住的方式无法达成彼此想要独立生活的需求,即改采分开各自居住的方式。这个计划的创始人夫妻在Derbyshire创立了自立生活中心(Derbyshire Centre of Independent Living),后来改称整合生活中心(Centre for Integrated Living)。

1984年英国第一个自立生活中心创立于Hampshire,强调无差别支持(不分障别、年龄、性别等)残疾人自强自立。自立生活中心在服务内容上与美国相似,包括综合性的咨询、支援、培训等。而在相同时间,Derbyshire也创立了自立生活中心。两地的自立生活工作者时常保持联系,交换彼此的自立生活方针及理念。

必须指出的是,两所CIL虽然同具自立生活理念,但因发展背景不同,其强调的服务内容也不同,导致它们对后来英国自立生活领域的影响面不同。Hampshire的自立生活中心(HCIL)是英国第一个成功争取搬出机构的残疾人团体,其相当注重个人助理提供的服务。个人助理的素质及支援、培训等都是它的核心内容。HCIL也十分关注现金直接给付(Direct payment)的议题。而在Derbyshire的残疾人联盟指出,残疾人要能自立生活,应满足七个需求,即形成所谓的"自立生活七要件":住宅(housing)、个人助理(personal assistance)、行动与交通(mobility/transport)、可及性(access)、同侪咨询(peer counseling)、信息(information)、辅助科技设备与支持(technical equipment including support)。这7大需求成为CIL提供服务的依据,后来演变为"Derbyshire自立生活7大核心服务"(Derbyshire Seven Basic Needs),成为英国之后许多自立生活中心的服务蓝图。此后来加上就业(employment)、教育训练(education and training)、收入与经济安全保障(income and benefits)以及倡议(advocacy),即扩充成"自立生活11大核心服务"。"自立生活11大核心服务"中的住宅、行动与交通、可及性、辅助科技设备与支持,涉及环境调整与无障碍环境建构,而其余7项则是残疾人自立生活的必要支持。[1]

在英国,自立生活中心的主要角色是建议与支持残疾人运用个人助理,因为个人助理能增加残疾人每天生活中的选择与主控性。故,除自立生活11大核心服务外,英国针对残疾人的自立生活最重要的措施就是现金给付型的"独立生活基金"（Independent Living Fund）以及"直接给付"（Direct Payment）。"独立生活基金"的创立有其特殊的历史背景。1984年至1986年,英国政府原本实施"居家照护津贴"（Domestic Care Allowance）,1986年取消时引发自立生活运动人士的不满。于是1987年设立独立生活基金以取代原先的居家照护津贴,并于1988年施行。独立生活基金的给付中,对申请者在个人帮助（Personal Help）及家事协助（Domestic Help）方面的需求进行评估,并对申请者进行资产调查,符合条件者发放津贴。

现金给付型的自立生活支援制度也是英国自立生活支援的特色。英国对残疾人的支援自1948年开始,主要区分为照护及福利两种方式,照护由地方政府提供给有需要的残疾人,福利由国家提供给贫穷的残疾人,且依法律禁止以发放现金来代替照护。后来英国残疾人议会自立生活委员会 [British Council of Disabled People（BCODP）Independent living committee] 倡议修改法令,推动自立生活现金给付政策,终于在1996年通过《现金给付法案》,并于1997年实施。英国残疾人议会自立生活委员会于1996年成立了全国自立生活中心（National Centre for Independent Living）,对自立生活现金给付政策进行监督、倡议,以及配合实施相关配套措施。

独立生活基金（ILF）由国家给付,由地方政府现金给付,同一个残疾人能同时取得来自两方的给付。据英国的自立生活组织研究,比起服务型给付,现金给付型的自立生活支援制度的费用反而较低廉,而且能够给予残疾人更多选择的自由及自主的空间（例如,残疾人可自行决定聘请哪一位个人助理）,因此获得的满意度较高。

（三）日本的自立生活运动

20世纪80年代自立生活的概念自美国传入日本,在此之前,日本的残疾人社群已开始集结并进行一些发声及争取权益的活动。1979年,美国自立生活

---

[1] John Evans（2003）" The Independent Living Movement in the UK", Cornell University ILR School-GLADNET Collection: p. 14.

运动之父、时任 Berkeley 自立生活中心所长的 Ed Roberts 赴日演讲，正式将"自立生活"的概念带入日本。1980 年国际康复会议（Rehabilitation International, RI）后，残疾人们为自己发声，宣言要创立国际残疾人组织（DPI），日本的残疾人群体也受其影响，成立"日本 DPI 设立委员会"，并参加了 1981 年在新加坡举办的第一届 DPI 世界会议，一举打开了面向世界之窗。此后，财团法人"爱心轮基金会"开办残疾人领袖培育美国研修计划，自 1981 年开始每年选送 10 组不同障别的残疾人，依照自己的研究主题，支援其至美国研修一个月至一年不等，此计划对日本残障界的国际化有很大贡献。在此计划的参与者中，多数肢体残疾人到 Berkeley 自立生活中心进行研修，并将自立生活运动的理念与内容带回日本。日本最初成立的自立生活中心——Human Care 协会中，最初的工作人员的绝大多数是由从 Berkeley 自立生活中心研修归来的残疾人所组成。

1983 年，日本的残疾人组织邀请美国自立生活运动领袖赴日，在全国数地举办"残疾人自立生活专题讨论会"。日本初期的自立生活运动主要由脑性麻痹残疾人发起，而美国的自立生活运动主要是由仍能参与劳动的残疾人运作，两方的运动观有所区别。此外，美国的自立生活运动是作为少数群体的公民权运动、消费者运动，在舆论普遍支持下发展起来的，而日本的自立生活运动初期，参与运动的残疾人们被贴上过激者的标签，甚至被其他残疾人排斥，早期成员绝大多数是脑性麻痹者，这也是美日自立生活运动在发展上的不同之处。

1989 年，残障福利人士在东京举办"自立生活问题研究全国集会"（自问研），后来改名为"自立生活研究全国集会"（自立研）。自立研于 1997 年举办"日美残疾人自立生活专题讨论会"、于 1998 年举办"自立生活国际论坛"，培育日本国内外自立生活运动人才。

1986 年东京成立的 Human care 协会是第一个提供服务的自立生活中心。1991 年日本"全国自立生活中心协议会"（JIL）成立，使自立生活的议题从少数残疾人参与的议题推广为更多人参与的议题。之后各种名称的自立生活中心在日本各地陆续开幕。JIL 内除有常设委员会作为 JIL 最高意思决定机关外，另设人权委员会，负责维权的议题，如设立介助服务委员会负责提供各自立生活中心介助服务（个人助理服务）及提出建议；同侪咨询委员会，通过人才培育、自立生活规划的方式，以实现普及自立生活的目标。

JIL 成立的目的是进行残疾人领袖培育。目前 JIL 的工作主要是面向自立生活中心的人才培育、自立生活知识训练、情报交流、刊物发行、举办研讨会等，以及面向社会的倡议、自立生活理念普及、残疾人权利维护、对外窗口、海外交流等。但 JIL 对个人不直接提供服务，只提供情报。依照 JIL 的规定，申请加盟 JIL 自立生活中心，需提供权利维护及情报这类基本服务，还需提供个人助理服务、同侪咨询、自立生活规划、住宅服务四项服务中的至少两项以上，且须不限障别提供服务。

（四）对东亚自立生活运动的影响

联合国亚洲及太平洋经济社会委员会（UNESCAP）宣布，1993 年至 2002 年为"亚太残疾人十年"，并鼓励亚太地区残疾人的国际交流。作为回应，一些日本的自立生活中心开始寻求与其他亚太地区残疾人间的联系。1999 年，美国出资在日本设立的爱心轮基金会举办"亚太地区残疾人领导人才培训计划"，委托日本残疾人康复协会（JSRPD）办理研修，招募亚太地区的残障青年前往日本接受领袖人才训练。JSRPD 安排研修生们前往日本的自立生活中心进行参访及训练。为期 10 个月的研修期间中，研修生们会学习自立生活的概念、残疾人权利运动的历史，以及学习如何在自己的国家推动自立生活的相关技能。除在日本国内的培训外，有些自立生活中心还资助受训过的研修人员至其母国，协助其推行自立生活运动。该机构通过在不同国家建立自立生活中心，推动自立生活有关的资金援助或物资支援，以及派遣有经验的工作人员来推进活动。

目前，我国各地社区正在如火如荼地建设民政综合服务中心，建议残疾人联合会依托民政服务中心的社会事务工作提供残疾人康复、就业等自立培训，通过引入社工加强对残疾人的照护，逐渐建立有中国特色的残疾人自强自立品牌。

三、社会保障法中的"自立"概念与内容

社会保障法领域中的自立概念与其他领域中的"自立"概念最大的不同点在于，社会保障法领域中的"自立"概念具有规范性，而不只是单纯的现象或理想的描述。社会保障法中对于自立概念规范性的体现，不仅针对国家（要求其实施自立支援），也针对国民（要求其达成自立）。我国《社会救助法（草案征求意见稿）》第 23 条第 1 款规定，"社会救助对象应当根据自身能力参加劳动，自助自立，勤俭节约，努力提高生活水平"。因此，残疾人司法保护的目的是使其能够自立，即残疾人处于非自立状态时，通过各种措施，使其达到自立状态。

(一)"自立"的概念内涵

理解社会保障法中的自立概念时,应注意社会保障法中的自立概念具有多面性。例如,日本学者品田充仪认为,社会保障法中的自立概念应从三个方面来理解,"经济上自立""身体上自立""精神上自立";针对此问题,学者菊池馨实则认为应从四个方面来理解自立概念的要素,即"经济上自立"、"身体上自立"、"精神上自立"以及"社会上自立"。依照菊池的解释,"经济上自立"指有无足够维持独立生活的金钱或资产;"身体上自立"指身体上的障碍是否得到足够的协助;"精神上自立"指精神或心智上有障碍或较薄弱的人,是否得到足够协助使其能以行为主体的角色达到独立;"社会上自立"指个体是否具有足够的判断能力、生活能力、社交能力、社会常识等,使其能独立生活于社群之中。如果上述各方面的自立状态无法满足,则可能是"非自立"状态。日本学者谷口明广则将其分为五种自立类型,分别为"身体自立""精神自立""经济自立""社会自立""居住环境自立"。谷口的五种残疾人的自立类型上,前四种与菊池所提出的四个自立各方面类似,"居住环境自立"指"能决定自己所适合的生活型态、确保及实践生活的场所。如设备或内部装潢不能或不便自己使用的地方,即予以改造,创造出能自由使用的居住环境"。谷口认为"精神自立"是所有自立的基础,其他各种自立类型之间则具有互相重叠的关系。即自立概念无法以单一方面的自立作为代表,应有许多不同方面的自立互相重叠作用。从日本《残疾人基本法》的修正沿革来看,早期该法对残疾人的自立特别注重"经济上自立",中期以后修法逐渐将自立的概念作多元化、深广化的理解。观察残疾人发起的自立生活运动,其相当重视残疾人行动(身体)上、居住环境上、社会参与上的自决及选择。经济上的自立固然重要,但残疾人面对社会的多重阻碍,协助其自立生活时,应注意其自立应有更加多元要求。

我国《社会救助法(草案征求意见稿)》第1条开宗明义提出:"为了保障公民的基本生活,使公民共享改革发展成果,促进社会公平正义,维护社会和谐稳定,根据宪法,制定本法。"第58条规定:"县级以上人民政府应当发挥社会组织和社会工作者作用,为有需求的社会救助对象提供心理疏导、资源链接、能力提升、社会融入等服务。"可见我国的社会救助保障残疾人的基本生活,采取的是"经济自立"的模式。《残疾人保障法》第9条第3款规定:"残疾人的亲属、监护人应当鼓励和帮助残疾人增强自立能力。"第10条第1款要求：" 国家鼓励残疾人自尊、自信、自强、自立，为社会主义建设贡献力量。"《残疾人保障法》还从康复、教育、劳动就业、社会保障、文化生活等方面规定了残疾人的各种权利，体现了"身体自立""精神自立""社会自立""居住环境自立"精神。可以说，我国法律对残疾人权利保障是全方位的，都指向其自立自强，促进其平等参与社会生活。

（二）自立与自立自助论比较

社会保障制度的实施常需要大量资金支持，因此在经济不景气，或因高龄化等因素使社会保障支出增加时，社会上可能会出现诸如"抑制社会保障的支出""只需要最低限度的社会安全网络""如有需要，自民间购入服务即可，无需由国家进行给付"等小政府、民营化的主张。可见，从国家宏观调控的角度出发，残疾人社会保障的财务负担是不可忽视的一大笔支出。日本约从20世纪70年代开始，大幅缩减社会福利及文教预算，采用将照护责任回归家庭负担的自立自助政策，回避了国家对社会福利的责任以及国家的费用负担。此自立自助政策持续20年后，社会问题日趋严重，1990年后日本开始进行社会福祉基础构造改革。

相较过去单纯以宪法上的生存权作为社会保障的理论基础，近年来有以宪法中的自由权为基础进行社会保障理论的建构，认为社会保障目的重在个人自由的自决。但此种以自由为基础的论述，可能有将社会福利服务视为商品，而把社会福利使用者仅视为服务购入者即消费者，进而弱化对国家福祉请求权的权利主体性。因此，在审视以自由为基础的社会保障论述时，应明确其是对生存权内容以及社会保障目的及内涵的补充，而不应以其作为支持国家责任倒推的依据，人民在社会保障下的福祉服务请求权等社会保障相关权利，仍由对国家的请求权构成，不能仅将其视为私法上的权利。

残疾人自立角度的"自立支援"是从社会保障的给付方面及目的方面出发，认为社会保障应用各种国家或社会措施使自律的个人能自由自主地追求自我实现及自我决定，从而达到自立的程度。"自立自助论"容易产生归责个人的结论，而自立支援对个人虽然也有"达成自立"的规范上的期许，但与自立自助论仍有本质上的不同。

（三）残疾人"自立"价值的内涵

残疾人保护法律追求的残疾人自立（自立生活），核心在于尊重个人尊严，以及消除歧视以追求平等的人权价值。为达到残疾人自立，提供各种使残疾人能无障碍地参与社会活动、经营自决的日常生活或社会生活的支援措施，给予协助。残疾人社会促进中的自立概念，应与联合国《残疾人权利公约》结合理解。联合国《残疾人权利公约》自从 2008 年正式生效以来，成为许多国家残疾人社会促进法制的依循标准，而公约所采取的人权模式、社会模式，也成为现今残疾人法制的主流典范。《残疾人权利公约》中有许多与残疾人自立生活有关的规定，其中最直接的是第 19 条独立生活与融入社区的条文，该"独立（自立）"与"包含自我决定及自我选择的自立"，以及"自立生活运动中所指的自立"，具有同样的意义。

例如，日本《残疾人总合支援法》第 1 条以"享有基本人权的个人及其尊严相符的日常生活或社会生活"取代《残疾人自立支援法》第 1 条中"自立的日常生活或社会生活"，但在《残疾人总合支援法》其他法条中仍保持"自立"用语，指向尊重个人的人格尊严及平等的人权价值。残疾人发起的自立生活运动，追求的本是根植于人权概念中的残疾人自决权，以及与一般非残疾人相同的选择及自由，即消除歧视。残疾人自立的实现上，应根据残疾人的需求提供各种支持措施。残疾人的自立生活运动在服务上不分障别，残疾人的能力与适性固然影响支持措施的区分标准，但重点是针对残疾人的不同需求时，采取何种支持措施使其实现自立生活目标。障碍具有流动性，个体的障别及障碍程度随着时间时常会有变动，如果依据障别或障碍程度提供自立支持措施，可能与残疾人实际上需要的具体支持有所出入。因此，自立支持措施根据残疾人个人的需求而定，体现了残疾人的自主决定权。

残疾人自立并非要求残疾人自行努力达成，而是通过去除社会障碍及提供各种支持措施协助其达到自立。在支持措施上，应注重残疾人的需求，即通过去除社会阻碍（通常需要外界的协助）而使残疾人能够与普通人同样自决其行为。残疾人自立生活运动对所谓自立生活的解释，也持同样的立场。纵使"自立"在通常语义中，含有依靠自己努力不依靠他人的意思，但残疾人自立生活的实现在"社会参与"目标下应关注残疾人自身的需求。残疾人应享有与普通人相同的权利义务，无须由法律再课以他们"努力义务"，残疾人所涉及的问题，并非残疾人本人或家属的问题，应由社会加以解决。社会连带是社会法规范基础的前提。保障残疾人权益的重要目的是促进其自立支援，而社会连带是协助残疾人达到自立的重要途径。协助残疾人自立生活，不仅是国家的责任，也是全体国民（无论有无障碍）的义务。残疾人的自立并非要求残疾人只能依靠自己自立于社会，而是通过外界的各种支持措施使其达到自立。实施支持措施是国家应负的责任，但残疾人生活在社会/社区之中，若无法受到社区接纳，其真正的自立生活难以实现。我国《残疾人保障法》第 7 条第 1 款规定："全社会应当发扬人道主义精神，理解、尊重、关心、帮助残疾人，支持残疾人事业。"建议将来修订《残疾人保障法》时明确，全体国民皆有协助残疾人实现经营自立的日常生活或社会生活的义务。只有接纳或协助残疾人在社区自立生活，才能促使其顺利参与社会活动，这也是建立"共建共享共治"社区的应有之义。

第二章 残疾人司法保护的理论基础

《残疾人权利公约》第 12 条明确规定:"缔约国肯认残疾人有被法律承认为人的权利。缔约国应承认残疾人在与他人平等的基础上,在所有生活领域中享有法律能力。"为确保残疾人权利实现,《残疾人权利公约》同时要求"缔约国应采取适当措施,提供残疾人在行使法律能力时所需要的支持"。由此可见,《残疾人权利公约》采取人权模式强化残疾人权利保障。其最重要的一个突破是,把残疾人的尊严保护纳入人权保护框架之下,在确立了残疾人作为"人"的权利主体地位的基础上,提出"残疾人身心功能上的局限或差异,不应作为决定一个人是否享有权利、享有多少权利的考虑因素"。换言之,人权模式在保障残疾人平等享有公民政治权利之外,也享有平等的经济、社会和文化权利,并且有权利获得所需的支持和服务。这一点全面扩充了残障群体及其代表机构的平等参与,从而更有利于认识和消除政策和实践中隐含的各种歧视和排斥问题。因此,《残疾人权利公约》中的平等参与原则,要求保障残疾人平等参与社会生活的方方面面,既包括公民政治生活,也包括经济社会文化生活。从法学理论来看,社会正义理论中的分配规则与平等参与理论息息相关;从司法实践来看,无障碍建设和合理调整措施是实现平等原则和正义原则的重要方向。

第一节 平等理论

"残疾人是社会大家庭的平等成员"。习近平总书记关于残疾人社会平等地位的重要论述,高扬了人的尊严与价值,奠定了当代法治进程中保障残疾人平等参与、平等发展的政策基础。平等即残疾人享有与非残疾人同样的待遇,平等参与社会生活。残疾人享有平等权利是实现社会正义的基本要求,主要体现在消除歧视、实质平等等方面。

一、平等的内涵

《残疾人权利公约》第5条规定，缔约国确认，在法律面前，人人平等，残疾人有权不受任何歧视地享有法律给予的平等保障与平等受益。法律面前人人平等应包含不得歧视性地否认残疾人的"权利资格"。这是残疾人在法律上的权利获得承认且得以行使的基础条件。即便国家因破产或刑事犯罪而剥夺或限制个人的部分权利，但不得基于残障剥夺或限制残疾人的主体资格、民事行为能力。残疾人的法律能力与"心智能力"不同，法律能力指法律主体享受、行使权利并负担义务的能力，是法律主体参与社会活动的关键。心智能力则指个人的实际决断能力，此一决断能力可能因先天因素或后天环境、社会因素而不同。如果将心智能力与法律上的权利能力及行为能力作过度强化联结，导致因心理或社会障碍而缺乏决断能力者，被预先地假定不具有法律上的行为能力，并剥夺其行为能力。这种假设，并非如此理所当然而全无缺陷：一方面，这种假设往往仅歧视性地适用于残疾人；另一方面，此一假设建立在人类脑部的内部活动可以准确被评估的前提之上。因此，不能认为仅根据个人决断能力的强弱就构成剥夺残疾人法律上行为能力的理由。法律上的权利能力可能衍生出相关财产管理能力、医疗决定能力、生育及诉讼和非讼程序能力等议题。实践中，残疾人在其他权利的实现方面也往往受到歧视。因此，强调不得基于残障而歧视残疾人实有必要。

平等通常理解为"对于相同的事物为相同的对待，对于不同的事物为不同的对待"，也理解为"对于类似情形应给予类似对待"。那么何种情形属于"类似情形"，"什么是合理（或不合理）分类标准"，"对于类似情形应给予什么似对待"，形式平等显然并无助于寻求答案。换言之，形式平等概念本身只是一个用以比较的工具，无法提供任何实质性价值判断，仅是一再反复地告诉我们已知的事情而已。当我们将目光焦点移至"类似对待"时，会发现形式平等仅坚持给予类似对待的一贯性，未能对"应如何对待相似情形"的答案提供指引。换言之，究竟要对相似情形给予什么样的对待，并不明确。举例而言，当个人要求与他人享有相同权利或利益时，若仅依据形式平等所提供的公式、政策固然可能往正向的方向发展。但即使提升个人权利或利益的保障，使其与他人享有相同的权利或利益，同时也可能出现使他人不得享有该权利或利益此种负面方向发展的可能性。

形式平等作为个人与个人间比较的公式，在逻辑上必须存在可资比较的参考对象。对于个人而言，通过相似但不具特定身份特征的第三人，且该他人享有较个人更为优越的待遇时，个人才有可能主张违反平等原则。隐藏在此公式后的前提预设是：当不考虑特定身份特征时，个人所获得的对待完全取决于其个人情况。换言之，形式平等公式描绘出的人的图像是单一且均质化的，并不考量个人的种族、性别、宗教、性倾向、身心障碍或其他类似因素。对此，Moeckli 引用学者 Anatole France 的名言，嘲讽形式平等仅是保障穷人于桥下睡觉、街上乞讨及偷取面包的自由而已，并认为形式平等将加剧现实上的不平等[1]。

形式平等对于类似对待的坚持，使其未能考虑不同对待的必要性。详言之，形式平等对于类似情形为类似对待的公式，揭示了禁止对于相同情形为不同对待的可能。这样的命题在形式平等以均质化的人作为基本前提预设下，致使形式平等对于个人所归属的特定身份族群视而不见，无视个人的弱势地位是来自于社会对其所归属的特定身份群体的排斥。一方面，形式平等致使这些人因其能力的缺陷所受的差别待遇被合理化、正当化，加剧社会对其的偏见及歧视；另一方面，形式平等未能考虑是否应适应不同身份群体的差异性而提供不同对待的可能性。一言以蔽之，当我们单纯以形式平等观追求平等时，实际上已然着手实施违反平等的作为。

形式平等难以掩盖多重不利地位导致的不平等问题。例如，残障妇女在家庭内外可能都会受到不公平对待。社会现实中存在权力结构的不对等现象，残疾人基于多重身份，可能同时具备多个受到差别待遇的因素。在这些因素的相互作用下，残疾人相较于仅具有单一差别待遇因素者，处于更为不利的境地。因此，《残疾人权利公约》特别针对残疾妇女及残疾儿童设有特别条款，以确保其权利保障不受到忽视，并能够实质享受公约所保障的一切权利。

二、实质平等

实质平等在界定何为"非类似情形"时，认为应考察事实层面的社会结构因素，进而正视不同群体间的实质差异。详言之，当社会结构及社会规范是由社会主流族群所形塑时，具有特定身份特征的弱势群体利益往往未被考虑，致使此群体处于社会结构中不利的弱势地位，不但遭受社会歧视，同时亦被排除

---

[1] Fredman, Sandra, Disciminination Law. U. S. A. (2nd, 2011). Oxford University Press, p. 11.

于政治与社会之外。

为贯彻"国家尊重和保障人权"的《宪法》精神,国家担负着把每个人、每个群体身为人所应有的人格尊严、基本权利保障与社会正义交还到每个人手中的义务。历史上长期对残疾人采取医疗模式观点,使残疾人长期遭受污名化及歧视而被视为异常且能力具有缺陷的客体。社会模式的观点指出残障不仅由个人生理损伤所致,同时也来自社会建构的阻碍。社会模式的观点在此程度上与实质平等观不谋而合,社会结构及社会规范的形塑往往是社会弱势群体处于不利地位的原因,进而对归属于该特定身份群体的个人产生影响。实现残障全体的实质平等,也应考虑事实上的社会结构因素对个人产生的影响。[1]

按照《残疾人权利公约》的意旨理解,平等原则指人民法律地位的实质平等,依照事物本质的差异,相同者应相同对待、不同者应不同对待;判断差别待遇是否符合平等原则,应根据差别待遇的目的是否正当,其所采取的分类标准与规范目的之间,是否有一定程度的关联而定。为改善社会弱势群体的不利地位并落实实质平等,"间接歧视"(Indirect Discrimination)问题应解决。所谓间接歧视,是指法律或政策上表面中性的分类标准,虽并非直接以个人特征作为分类标准,从而不具有直接歧视后果时,应认为该法律或政策所采取的差别待遇措施也构成歧视意图,因为其适用结果将造成具有特定特征的群体极高比例地遭受不利影响。换言之,相较于"直接歧视"(Direct Discrimination)从主观方面出发,间接歧视则着眼于社会、经济或其他可能造成不平等结果的社会因素,从客观方面探讨该差别待遇措施实施后的效果是否构成歧视,而不重视主观歧视意图存在与否。间接歧视凸显社会结构因素对特定群体可能产生的排除效果,从而彰显实质平等的精神。[2]

事实上的平等指的是,不仅消除歧视性差别待遇,更进一步看见结构性及系统性的资源、条件、机会上的弱势地位存在。事实平等强调国家的积极作为,为每个人创造人格自由发展的基本社会物质条件,进而改变结构性及系统性差异。事实平等有以下几个特点:首先,其关注社会结构下的弱势群体,从事实层面的社会结构角度出发,正视主流群体所形塑的社会结构与规范,以及弱势

---

〔1〕 See Sandra Fredman, Disability Equality: A Challenge to the Existing Anti-Discrimination Paradigm?, in D isability and Equality Law 123, 128-130 (Elizabeth F. Emens & Michael Ashley Stein eds., 2013).

〔2〕 See Titia Loenen, Indirect Discrimination: Oscillating Between Containment and Revolution, in Non-Discrimination Law: Comparative Perspective 195, 201 (Titia Loenen & Peter R. Rodrigues eds., 1999).

群体在社会结构下的不利地位。其次,根据"间接歧视"的概念,认为歧视不限于具有直接歧视意图的差别待遇,也包含表面上属中性分类、实际适用结果却造成特定群体受不利影响的间接歧视。最后,允许国家采取优惠性差别待遇以促进平等——国家不仅应消极地消除歧视,更应积极作为,以促进事实上的平等。

《残疾人权利公约》要求缔约国采取积极作为,使残疾人享有全面参与社会的平等机会,由此展现出超越法律上的平等,同时涵盖事实上平等的理念。以《残疾人权利公约》第5条平等及反歧视原则为例,该条第4款规定:为加速实现残疾人事实上的平等而必须采取的具体措施,不得视为本公约所指的歧视(指国家为消除不平等的状态,得积极采取以实现事实上平等状态为目的的优惠性差别待遇);第3款则规定:为促进平等与消除歧视,缔约国应采取所有适当步骤,以确保提供合理调整。这一条文要求国家采取积极行为,为个别残疾人提供"合理调整",使其在与他人平等的基础上,享有本应享有的基本人权及自由。

此外,联合国人权事务高级专员办公室(Office of the United Nations High Commissioner for Human Rights)发布的关于《残疾人权利公约》第5条平等与反歧视的报告(Equality and non-discrimination under article 5 of the Convention on the Rights of Persons with Disabilities:Report of the Office of the United Nations High Commissioner for Human Rights,以下简称平等与反歧视报告)也对《残疾人权利公约》规范的事实上平等进行详尽说明。该报告指出,《残疾人权利公约》自第5条第1款开始,便逐步阐明残疾人享有事实上平等,该事实上平等既包括机会平等,也包括结果平等。事实上平等要求国家改变维持残疾人歧视的现行社会结构、体系及观念(如健全主义)。且为了实现事实上平等,国家除需积极清除各种障碍(包含物理障碍及沟通障碍)、执行无障碍措施并提供支持,也需使残疾人行使赋能性权利(如在法律中获平等承认),并进行体制改革。

事实上,平等更进一步要求国家对社会的积极介入来消除现实社会生活中残障群体遭受歧视的根源。但对于事实上平等应如何诠释,理论上大致区分为"结果平等"(Equality of Results)和"机会平等"(Equality of Opportunity)两种解读方式。

结果平等从个人与生俱来应受平等对待的道德观及人格尊严出发,认为每个人皆应受到一定程度的权利保障,特别是经济、社会权利的保障,而不应因其功绩或能力致使这些权利保障受到影响。因此，结果平等通过国家介入措施（如残疾人按比例就业）注重利益的合理分配，与形式平等仅要求合理的分配过程有所不同。机会平等则认为社会地位、种族、性别或残障等先天人力所无法控制的因素及道德恣意上的观点不应作为主导个人发展机会的因素，要求国家应介入以确保个人不因上述因素而丧失与他人立足点相同的可能性。在此解释途径下，针对社会结构中对于残疾人的排斥，国家必须介入调整，如调整或改善交通设施、公共设施、社会福利措施，抑或通过反歧视法的立法排除经济领域、社会领域、公共服务领域，以及日常生活中残疾人可能遭遇的歧视，承认残疾人因实质差异而产生的不同需求。

对于残疾人而言，实质平等应从重新分配（redistributive）、认同（recognition）、参与（participative）及调整（transformative）四个方面着手进行认定。[1]

首先，由于实质平等关注明显不对称的社会现实，认为社会当中的不平等并非源自个人状态或群体特征，而是来自联结到该个人状态或群体特征的不利后果。实质平等的观点主张应该扭转个人因其个人状态或所归属群体特征而遭受的不利后果，同时避免该不利后果的一再重复，而应对残疾人提供"优惠性差别待遇"（affirmative action）。由于个人发展机会与其所享有的经济条件、自由权及社会权的实现、健康状况、基础教育程度等因素具有强烈关联，故采取中立性态度对于所有人一视同仁的做法，这种会延续享有不同条件个人的处境，或强化享有不同条件个人之间的落差。因此，实质平等下的重新分配意图是消除上述因素对个人原可能享有的机会所形成的阻碍。

其次，由于个人可能因其个人状态或群体特征受到刻板印象、污名化、羞辱或暴力等对待，难以仅通过重新分配消弭。因此，实质平等建立在尊重个人尊严的基础上，强调平等与个人间的关联并非取决于个人取得的功绩、理性或其是否归属于特定群体，而是由其作为人的主体性，故个人不应因其所归属的群体特征而遭受贬抑、羞辱或暴力对待。此外，除应使过去遭受社会排除的残障群体能够在政治上发声，让残障群体得以更好地参与社会活动外，实质平等的参与目的也包含使个人融入社会。

最后，相较于形式平等以均质化的人作为基本前提仅关注个人功绩，而不

---

[1] See Sandra Fredman, Disability Equality: A Challenge to the Existing Anti-Discrimination Paradigm?, in Disability and Equality Law pp. 25–33. (Elizabeth F. Emens & Michael Ashley Stein eds., 2013).

考虑个人所归属的群体；实质平等认为考虑个人是否受平等对待时，亦应考虑个人所归属的群体特征。实质平等强调，个人归属的群体特征本身并非使个人受到不利待遇的问题所在，而是来自联结到该不同特征所导引出的效果，在对所有人皆应予以认同并尊重的前提下，不应容忍个人因差异而受到不利对待或遭社会排除。同时，不应要求个人去适应社会主流规范，强迫个人消除自身特征，借此寻求社会融入、享受平等对待的机会。换言之，这代表着既存的社会结构应适应不同群体特征而有所改变、调整，而非将个人排除在主流社会之外。在此意义下，适应不同特征调整社会结构也成为实质平等的目的之一。

三、消除歧视

残疾人身体机能上的损伤或不健全，造成其参与社会活动时有困难。《残疾人权利公约》将"与他人平等的基础上全面且有效的社会参与"作为残疾人权利保障的目标。我国《残疾人保障法》第 1 条"为了维护残疾人的合法权益，发展残疾人事业，保障残疾人平等地充分参与社会生活，共享社会物质文化成果"，也将平等作为追求价值。身体机能上的障碍或不健全，使残疾人欠缺平等参与社会的基础。残疾人因不能参与社会生活而没有收入来源，将直接影响其生存。我国《宪法》第 33 条第 3 款规定"国家尊重和保障人权"，生存权和发展权是人权的基本内容，而满足残疾人最低生存需求属于生存权保障范围广度或程度的问题。既然生存权是具有基本权利性质的宪法权利，国家保障残疾人"最低生存需求"是"尊重和保障人权"的应有之义。问题在于，国家财政负担及社会资源是有限的，社会福利政策的形成方式、攸关社会资源分配与国家财政负担能力的社会福利制度等事务领域，均属于立法裁量范围，如何使残疾人的基本权利落实到现实生活中，是残疾人权利保障的重要特征。

《残疾人权利公约》第 2 条第 3 项将"基于残疾的歧视（Discrimination on the basis of disability）"定义为："基于残疾而作出的任何区别、排斥或限制，其目的是损害或废除与其他人平等基础上在政治、经济、社会、文化、公民或任何其他领域，所认可、享有或行使的人权及基本自由。"基于残疾的歧视包括所有形式的歧视，如拒绝提供合理对待（reasonable accommodation）。同时第 2 条定义"合理对待"是指根据具体需要，在不造成过度或不当负担的情况下，进行必要及适当的修改与调整，以确保残疾人在与其他人平等基础上享有或行使所有人权及基本自由。从《残疾人权利公约》第 2 条对歧视的定义可知，任何以残疾为理由,排除、限制或损害平等基础上行使人权及基本自由的行为(包括拒绝关注残疾人具体需求、拒绝提供合理调整措施、未切实履行《残疾人权利公约》第9条无障碍/可及性的设置义务,甚至不提供积极措施),都构成歧视。基于残疾的歧视也可能以不同的形式表现,如直接歧视、间接歧视、骚扰行为等。禁止一切基于残疾的歧视,除针对残疾人本身歧视外,也涵盖残疾人相关人员包括残疾人的家人或朋友的连带歧视。直接歧视指在类似情况下,残疾人因残疾的缘故受到不利对待,认定直接歧视时不会将歧视方的动机和意图纳入考虑范围,如公立学校为了不改变学校课程而拒收残疾学童,理由仅仅是因为学童具有残疾的事实。直接歧视表现为将残疾人隔离、排除或给予不利的差别待遇,如招聘条件中公告残疾人不得应聘。间接歧视指虽对所有人施以相同条件,但这些条件却对残疾人构成实质不公平,如在无电梯的二楼举办工作面试,导致坐轮椅的应聘者无法参与面试。因此,如果某一政策或法律的分类标准表面上看似中立,但在实际适用上却对残疾人产生不利效果,则构成间接歧视。例如,虽然智能障碍人士在名义上可以去某所学校就读,然而该所学校不提供易读形式的书籍,使得该智能障碍人士最终别无选择,只能去另外一所学校就读,这种情况即构成间接歧视。

骚扰行为是指以残疾为由实施的侵犯尊严的行为,或者创造充满恐吓、敌意,具有羞辱性且贬低人格的环境,如针对残疾人设置障碍或冷嘲热讽,霸凌,虐待、剥削等,对残疾人造成物理或心理上的压迫。例如,在特殊学校就读的残疾人,因为环境的隔离性质,使得骚扰行为具有不可见性而不易受到处罚,导致此种类型的歧视更容易发生。

为落实"不歧视"残疾人这一重要原则,《残疾人权利公约》第5条规定了"平等与不歧视"的具体义务:"一、缔约各国确认,在法律面前,人人平等,有权不受任何歧视,享受法律的平等保护与平等受益于法律。二、缔约各国应当禁止任何基于残疾的歧视,保证残疾人获得平等与有效的法律保护,不因任何原因而受到歧视。三、为促进平等与消除歧视,缔约各国应当承诺采取一切适当步骤,确保提供合理便利。四、为加速残疾人事实上的平等而需要采取的具体措施,不应当视为本公约所指的歧视。"

必要的积极平权措施不构成歧视。《残疾人权利公约》第5条第4款规定为加速实现残疾人事实上的平等而必须采取的具体措施,不得视为本公约所指的歧视。这一条中的"具体措施"即为积极平权措施,或称为优惠性差别待遇

（affirmative action）。虽然《残疾人权利公约》第 5 条第 4 款指出积极平权措施不得视为本公约所指的歧视，但积极平权措施仍有其界限。这一条文中"必要"（necessary）的范围可以用比例原则来理解。虽然积极的平权措施通常是暂时性的，但不得造成身心障碍者受到长期孤立、隔离的效果[1]。如果积极平权措施为了使残疾人享有就学的机会，将其集中于特殊学校或特殊班级，则难以符合《残疾人权利公约》第 5 条第 4 款所称的"必要"。

四、融合平等

残疾人权利委员会发布的第 6 号一般性意见中，委员会用了很大的篇幅对平等原则作完整的阐述。不同于前述形式平等观和实质平等观，残疾人权利委员会提出了一个崭新的概念，即"融合平等"（Inclusive Equality）。第 6 号一般性意见指出，"融合平等是贯穿整份公约的崭新模式"，其涵括了实质平等的内涵，并对平等进一步扩展至以下层面：（1）公平重分配层面，借此解决社会经济上的不利地位；（2）认同层面，注重于对抗污名化、刻板印象、偏见与暴力，并认可人的尊严和其相互交织性；（3）参与层面，强调人为社会群体的一员，通过社会的融合，完整承认人的价值；（4）调整层面，从人格尊严出发，为社会保留多元价值的空间。[2]

在此可以看到，《残疾人权利公约》所采取的平等观意识到残疾人在社会上所遭受多层次（multidimensional）且结构性（structural）的不利地位，其希望用重新分配的方式，改善残疾人在社会上所处的困境。除此之外，融合平等也与人权模式相同，试图打破社会对残疾人的歧视。而强调社会参与和融合，则是我们在实质平等中难以观察到的内容，其中重要的体现就是差别待遇。

融合平等概念要求相同者应相同对待、不同者应不同对待的"合理差别待遇"。这一概念难以回应社会结构资源分配不均的现象；也无法回答为何分类、如何分类、分类所追求的价值为何等问题。本书认为，实质平等强调差别待遇应追求正当目的，且重视手段与目的间是否具有一定程度关联，但未必能展现平等原则背后追求的价值。实质平等并非空洞公式，而是通过宪法原理诠释

---

[1] UN Committee on the Rights of Persons with Disabilities, General Comment No. 6: Equality and non-discrimination (2018), para. 29.

[2] UN Committee on the Rights of Persons with Disabilities, General Comment No. 6: Equality and non-discrimination (2018), para. 11.

"合理差别对待""合理关联""实质关联"等概念，更能印证实质平等背后所蕴含的对宪法价值的探求。

差别待遇的存在不当然代表平等原则适用。按"等者等之、不等者不等之"的法理，平等原则的适用前提是"可相提并论性"，即"法律所规定与被排除在规定范围之外的人或生活事实间，共同具有一个他人或其他生活事实所未具有的特征"，也只有受差别对待的人或事彼此之间可相提并论，才有适用平等原则的实益。以监护制度为例分析，残疾人与非残疾人间的共同关联就是法律能力的行使。可相提并论性既然要求被比较的二者应共同具备其他人或事物所未具有的特征，但法律能力不为残疾人所独有，实为全体人民——包括残疾人与非残疾人——共有的权利，那么何以说明其中有"他人所没有的特征"？

法律能力的意义在于承认人是享有权利、承担义务的主体，且意思表示也具有法律效果的资格——相当于我国民法上的权利能力与行为能力。残疾人监护制度主要影响残疾人的行为能力，其法律效果具体作用于残疾人每一个法律行为中，如买卖行为、诉讼行为、选举、考试，甚至法律行为以外的一般行为自由也受监护效果的影响。判断是否可相提并论，就要从这些个别的法律或非法律行为出发，如受监护宣告人与买卖契约相对人间共同具有一个他人不具有的"买卖契约当事人"的特征，而前者依法无民事行为能力，由监护人代为并代受意思表示；受监护宣告的人在生活起居上与未受监护宣告的人共同享有且都能行使宪法上的人身自由，而前者由监护人行使对其保护及教养的权利义务。但是，不同监护人（如自然人监护人和单位监护人）采取的监护行为对被监护人利益的维护程度可能不同，导致法律效果的差别待遇，这是监护制度在平等原则审查时不得不考虑的问题。另外，监护制度所采取的分类标准是否会对不同群体造成不同的适用结果？"精神障碍与心智缺陷"尽管作为一种中性的构成要件，未针对特定群体，但从适用结果的观察就可以发现，监护制度所规制的对象与残疾人高度重叠。《残疾人权利公约》第1条对残疾的概念采"精神、智能等损伤与各种障碍相互作用，妨碍残疾人与他人在平等基础上充分且有效地参与社会"的广义观点。因此，监护制度以"心智状态为基础的意思表示能力"作为差别待遇的基准并造成"适用监护制度的残疾人"与"不适用监护制度的非残疾人"间的差别待遇。

研究残疾人差别待遇的背后，应紧扣法律条文以挖掘国家保护的公共利益。我国《民法典》第27条规定了监护制度，第34—36条规定了监护人职责及其原则要求，"最有利于被监护人的原则""根据被监护人的年龄和智力状况，尊重被监护人的真实意愿"，与《残疾人权利公约》第 12 条第 1 款规定的人格权高度重叠，且体现了"国家尊重和保障人权"的宪法要求。维护残疾人人格尊严、促进残疾人人格自由发展是国家保护残疾人权利的核心内容，也是基本国策规定对残疾人生活扶助、自力发展的基础。综上所述，认定残疾人的人格尊严与权益维护具有重要公共利益，理所当然。

差别待遇还应判断手段与目的间是否具有实质关联。判断实质关联性，通过"手段是否有助于目的达成""依照事物本质是否实施差别待遇""差别待遇的不利影响程度"等标准进行认定。针对"手段有助于目的达成"与"对人民权利的不利影响程度"，可遵循比例原则中的手段适合性、手段必要性与限制妥当性进行讨论。"是否实施差别待遇"则回归传统"事物本质是否可分"进行判断。在具体实践中，应考虑法律规定的公民地位实质平等、对残疾人的扶助、对残疾人的生活维护与自力发展等法律规定。如果对残疾人因精神障碍、心智缺陷等生理因素影响其人格自我实现的问题视而不见，则违背法律规定。根据《残疾人权利公约》第 12 条第 3 款平等享有法律能力有认知的要求，国家应正视残疾人与非残疾人在决策能力方面的资源不平等，并对行使法律能力欠妥者给予差别待遇——这也能印证"实质平等"是我国法律与公约共同追求的价值。

我国残疾人权利保障建设中，需要将法律上的平等转化为事实上的平等。无论《残疾人权利公约》还是《残疾人保障法》都要求"保障残疾人平等参与社会生活"，故融合平等、差别待遇是法律上的平等转化为事实平等的重要途径，亦是我国残疾人司法保护工作的重要内容。

首先，厘清法律上平等与事实上平等的区别。法律上平等虽能消除歧视性的差别待遇，却无法积极促成人人平等的事实状态。详言之，法律上平等虽能消除造成歧视的外在条件，但因每个人生活条件不同，并非均享有行使自由的相同机会，若仅强调形式平等而忽略社会经济条件上的差异，仍将使不平等持续存在。此外，法律上平等本身也有缺点。"等者等之，不等者不等之"指国家应提供何种相同或不同的对待，这一公式仅提供用以比较的工具，并未提供实质价值判断。其次，该公式将个人与相似但不具特定身份的第三人进行比较，并未考虑个人的种族、性别、宗教、身心障碍等条件，使人的图像变得单一且均质化，与现实状态差距甚远。所以，仅强调法律上平等，对于促进平等的帮助有限，故有必要进一步强调事实上对残疾人的平等保障。

事实上平等指的是，不仅消除歧视性差别待遇，更进一步看见残疾人在结构性及系统性资源、条件、机会等方面的弱势地位的存在。事实上平等强调国家积极作为，为每个人创造人格自由发展的基本社会物质条件，进而改变结构性及系统性差异。事实上平等有以下几个特点：一是事实上的平等关注社会结构下的弱势群体，从事实层面的社会结构角度出发，正视主流族群所形塑的社会结构与规范，以及弱势族群于社会结构下的不利地位；二是事实上的平等容许国家采取优惠性差别待遇以促进平等，国家不仅应消极地消除歧视，更应积极介入作为，以促进事实上平等。

第二节 正义理论

"正义"一词，在中国最早见于《荀子》"不学问，无正义，以富利为隆，是俗人者也"。正义是一个使意志倾向依照平等，施予每个人应有权利，个人获得理所应得的普遍原则。换言之，正义是政治社会要义，是伦理道德中最重要的德行，更是社会福利实践的规范。正义的基础是公平，即对同样的人同样对待。社会正义自然是指对受到不公平待遇的族群、团体或个人，给予优先照顾，或提供优惠待遇的福利措施，让个人与社会都能得到应得的努力成果。但在不同的社会环境中，社会道德有不同要求，正义理论在残疾人权利保护领域也有丰富的内涵。

一、罗尔斯（John Rawls）的正义论

罗尔斯在《正义论》中对社会资源或社会利益的分配提供了方案，可为残疾人权利保护及司法救济提供参考。

罗尔斯《正义论》提到基本利益的分配时[1]，指的是基本的社会利益。社会分配的不仅是物质财富，而且是社会地位、权力和发挥自己特长的职责。为了把社会正义的原则等同为社会利益的分配原则，罗尔斯首先区分了正义观念的两层意义：形式正义和实质正义。形式正义最常见的是我们生活周遭的法律与社会制度，如同罗尔斯所言：无论法律和制度所奉行的实质原则是什么，

---

[1] Rawls, John. (1999). Distributive Justice: Some Addenda. In Rawls, John. (Ed.), Collected Papers. Cambridge, Massachusetts: Harvard University Press. pp. 154-175.

我们都可以把它们公正和连贯的实施模式称为形式上的正义。如果我们同意正义要表达的是一种平等概念的话，那么形式上的正义要求法律和制度在实施中必须在它们所限定的类别中平等地（以同等方式）运用。也就是说，形式正义要求既定制度的贯彻与执行不受执行者个人的好恶和个性所影响。这种正义之所以被称为形式上的，是因为它不涉及所坚持的原则、所服从体系的内容实质是否正义，它只关系到原则和体系的实施或运作模式。而实质正义（substantive justice）的目的是要求公平、合理地分配社会利益。相较于形式正义，实质正义要求的"公正"（impartiality）并不等同于"公平"（fairness），其追求的不仅是不偏袒地执行既定的分配制度，而且包括不偏袒地分配社会权益。现实社会中，达到形式正义或许要比实质正义要容易。当一个不正义的制度被有效地、公正地实施时，其结果仍然是不正义的。但是，在实质上不正义的制度中，形式上的正义可以保障弱者分得一份起码的权益；如果连形式上的正义都没有，连一点少得可怜的份额也会被侵占。

罗尔斯正义论的核心理念是正义二原则：一是每个人都在最大限度上平等地享有和其他人相等的基本自由权利。二是社会和经济不平等的安排，必须同时满足以下两个条件：（1）人们能合理地期待这些不平等对每个人都有利；（2）在这些不平等状况下附带的职务与职位对所有人都开放。[1] 1982年罗尔斯将正义二原则修正如下：一是每个人都有平等的权利去拥有最适度的基本自由，而且大家拥有的自由在程度上是相等的；二是社会与经济的不平等必须满足下列两种状况：（1）在这些不平等的状况下所附带的职务与职位必须在机会公平的状况下对所有人都开放；（2）这样的状况必须使社会中的弱势群体（处境最不利的人）获得最大的利益。[2]

如果我们将正义二原则与前面所探讨的个人权利相联结，那么可以看到罗尔斯的正义第一原则所讨论的是自由权的问题，也就是规范了基本权利的部分。而第二原则强调了机会均等与关注处于不平等范畴的社会群体的利益。第二原则的第一条件称为："机会均等原则"（the principle of equality of opportunity）；第二条件为："差异原则"（the different principle），即社会中处境最不利的成员获得最大利益。这个原则并不是规范如何进行资源移转，以达到弱势群体的利

---

[1] 参见姚大志：《罗尔斯正义理论的基本理念》，载《社会科学研究》2008年第4期。
[2] 参见姚大志：《罗尔斯正义理论的基本理念》，载《社会科学研究》2008年第4期。

益,而是结构层面上的操作——社会经济部门层面上做改变。由此可见,正义原则的基本出发点都是将保障贫者、弱者与失利者的权益当作正义社会的先决条件。[1]

罗尔斯在正义第二原则第一条件中提到的机会均等,是为了避免齐头式的平等;而第二条件则强调使社会中的弱势群体获得最大的利益。基于此,其阐明两个事实:一是允许社会与经济的不平等,条件是必须促使弱势群体获得最大利益;二是政府必须干预人民的经济自由权,而产生效率与公平调节问题——在经济学理论上被称为"柏拉图最适境界"(Pareto optimum circumstance)。罗尔斯应用此一原则来调和公平与效率,但是他认为效率原则有缺陷。所谓效率原则是指,如果一个分配合乎效率,则无法改变"使某些人变好,却不使某些人变差"的情况;反之,如果重新分配的结果是使某些人变得更好,却没有人变得比原来差,则最初的分配则是一个不合效率原则的分配。[2]可是效率原则没有对社会财富分配额的比例作出任何规定与限制,而且也无法顾及社会中的弱势群体(处境最不利的人),因此不能作为公正分配制度的基础,只有与正义原则结合,才能容纳于合理的社会体制中。

罗尔斯在正义第二原则中使用的"对每个人都有利"的分配方法,可以解释为最有效率的分配——合乎效率原则(Principle of Efficiency),也可以解释为维持贫富差距的分配,亦即合乎差异原则(Difference Principle)。"社会职位对每个人都平等地开放"可解释为"平等地开放给有才能的人",也可以解释为"每个人都有担任重要职位的机会"。在两两交错配合的情形下,就会产生四种组合方式:自然自由体系、自然的贵族政治、自由主义的正义、民主主义的正义,如表 2-1 所示。

表 2-1 正义第二原则解析

对每个人都开放 对每个人都有利	效率原则	差异原则
职位对有才能者平等	自然自由体系	自然的贵族政治
相同状况下相同机会的平等	自由主义的正义	民主主义的正义

---

[1] 参见林道海:《正义的原则与证明——罗尔斯正义论评析》,载《山东社会科学》2006 年第 5 期。
[2] 参见沈岿:《论行政法上的效能原则》,载《清华法学》2019 年第 4 期。

在表2-1的四种模式中，"自然自由体系"主张基本结构要满足效率原则，而且职位对于那些有能力且愿意努力追求这些职位的人开放。"自然自由体系"中职位只对有才能的人开放，这种情况只符合机会的形式平等。因此，罗尔斯指出，"自然自由体系"的缺点是：没有努力保障社会条件的平等，因而使每一个人的最初分配受到自然和社会偶然因素极大的影响。

"自由主义的正义"在职位的平等开放上采机会平等原则，并不局限于有才能的人，因此可以避免社会偶然因素的不当影响。但它的缺点是：财富和所得的分配仍然决定于才能与智力的自然分配。也就是说天生才能、智力较佳的人在这样的社会体制中，显然是较为有利的。

"自然的贵族政治"虽然采取差异原则解释"对每个人都有利"，强调资质较佳者获利，必须同时提升社会较差阶层的福祉，但是它只要求机会的形式平等，不设法消除社会的偶然因素，所以这个解释是不稳定的。

"民主主义的正义"模式则采用机会均等原则，因此正义第二原则，不但可以通过差异原则消除天赋自然条件这项偶然因素对分配产生的不当影响，也可以通过机会均等原则而排除社会机遇的偶然因素。因此，罗尔斯认为这是"正义即公平"的最佳诠释。

"民主主义的正义"站在"处于最不利地位者"的"实质机会平等"上，考虑社会与经济的不平等安排落实在具体政策上，则隐含了另一社会政策的精神——"积极性差别待遇"（positive discrimination）。所谓"积极性差别待遇"，就是在自由主义传统下，关切受歧视或遭损害的团体中的个人，力主社会整体应给予特殊待遇作为补偿，以便使其能恢复能力与地位，而在实质机会平等的前提下，参与一般公民生活。简单地说，就是将因社会或自然因素而处于不利地位者，通过额外的供给而提升其能力，使其能再次进入公正的社会结构，参与纯粹程序正义的社会分配。具体地说，就是希望通过国家的干预，对于受歧视或遭损害的团体或个人进行恢复、矫正或补偿。

罗尔斯的正义论广受社会工作界喜爱，一方面是因为该正义论同时容纳了经济不平等和福利权利的正当性，非常成功地整合了民主政治和福利国家理论，为现代民主国家所面临的福利体制问题提供了一条出路。另一方面则是如上描述的，罗尔斯重视的是平等的观念，而且认为国家或者所谓的公权力必须介入社会上的不正义。罗尔斯的正义论强调每个人的利益——强调每一个人机会的均等。如果罗尔斯的正义论放在工作权保障的问题中时，我们会发现如果要符合罗尔斯的假设,那么国家有责任为人民营造一个机会均等的就业环境,并且试图消灭一切不平等的待遇与歧视。如果要考虑自由市场的机制,那么必须先检视这个自由状况是否可以带给每个人,特别是弱势群体最大的利益。

二、弗雷德里克的分配正义原则

（一）分配正义的不同理论

国家对社会权的保障中,国家的干预角色往往体现在需求分配的政策上,即根据不同的标准分配资源。因此,如何进行分配是政策规划或国家对社会权保障过程中,需要考虑的主要内容。因残疾人个人缺陷、就业能力有限等原因,社会无法完全做到为每一位残疾人提供一份令其满意的工作。如此看来,工作质量、工作机会的数量无法满足所有需要工作的弱势群体要求。当资源（工作机会）无法一下子扩充到足以满足所有需要工作的人时,要将有限的工作机会分配给弱势群体,此时需考虑的便是尽力在分配的过程中符合"分配正义"（distributive justice）。分配正义是关于运用伦理概念与标准以决定如何分配稀有资源的理论。社会财富的分配遵循正义原则,分配正义的基准在社会福利政策实施中,不同的学者有不同的定义与见解。

Runiman 指出,分配社会福利资源的三个标准是需求（need）、功绩（merit）与对大众福利资源的贡献（contributions to the common good）。Ch. Perelman 则列举了六项正义观,分别是:以同样的态度、依其功绩、依其作品、依其需求、依其层级、依其法律资格对待每个人。L. Tom Beauchamp 提出一个多样性的分配标准:（1）分配给每个人相同的份额;（2）按照个人的需求进行分配;（3）依据个人的权利进行分配;（4）按照每个人的成果进行分配;（5）依据每个人对社会的贡献进行分配;（6）按照每个人的功绩进行分配。John Edwards 则搜集近代十一位学者采用的社会正义概念,认为对于社会资源分配的标准,应包括需求、功绩、权利与平等[1]。

Nicholas Rescher 提出分配正义的七个基准:（1）对每个人一视同仁地同等对待;（2）需求;（3）功绩或能力;（4）努力或牺牲;（5）贡献;（6）经济效益（economic usefulness）;（7）公益（public good）。M. Deutsch 则指出分配

---

[1] See Harries, J. W. 2004, Legal Philosophies, 2nd, Oxford: Oxford University Press. pp. 31-86.

性正义包含三个原则：公平（equity）、平等（equality）与需求（needs）。[1]

综上，社会资源分配的依据大同小异。基本上社会正义在社会福利中的实施原则以需求、权利、功绩、应得与平等作为公平分配的基准，这一点具有高度的同质性与共识——不论是学者的研究结果，还是社会福利研究领域与政策的制定过程，这几项共同认定的标准，都涵盖个人权利与社会平等层次的探讨，特别是需求、平等、权利是进一步分析资源公平分配的基本核心概念。然而上述所提到的几位学者对分配正义的观点，基本上在其专业领域的属性上，多半属于政治学、伦理学或法律学的观点，而以社会工作专业的基础来看分配正义，似乎又会有一些不尽相同之处。

（二）弗雷德里克分配正义的内容

弗雷德里克指出，在社会领域，一般依据四种标准来分配资源，即平等（equality）、需要（need）、补偿（compensation）以及贡献（contribution）的多寡。有时，我们会单独考虑四种标准，有时我们也会合并思考。

1. 平等原则的不同类型

从表面来看，平等的观念是指，个人若合乎资格就有平等的权利去取得服务或资源。但是在探讨平等的观念时，还有几种不同的角度与思考方向。第一种解释方式是平分（equal shares），也就是对于不足的资源，所有符合资格的人们（或团体、社区、组织等）都分配到相同的资源。这种方式是强调分配的结果（outcome），所以可以称为"结果平等"（equality of result or outcome）。这种方式在某些情形下是可行的，例如，排队领取为穷人提供的食物，每人领到一样分量的食物。这样的结果可能不是非常令人满意，却是公平的（fair），虽然每个人得到的不一定足够，但至少都领到一些食物。

另一种思考方式是强调分配资源的程序（procedures），而非实际的结果。服务与资源未必一定平分，但大家都有相同的机会去争取。在有限的资源配额下，释放机会，依照"先到先服务"（first come, first served）或随机选取（random selection）的原则取得资源。这是强调分配稀少资源的过程（process）而非结果。这样的操作模式，基本上都是强调"机会平等"（equality of opportunity）。

---

[1] See Follesdal, Andreas 2006, "Justice, Stability, and Toleration in a Federation of Well-Ordered Peoples," in Rawls's Law of Peoples: A Realistic Utopia? Eds. By Martin, Rex & Reidy, David A. MA: Blackwell Publishing, pp. 299-317.

白基尔霍除"结果平等"与"机会平等"两大类之外,还提出"条件平等"(equality of condition)的概念。条件平等的意义不仅是给予各人相同的门路,还考虑到不同社会群体的生活状况。在机会平等的状况下,有可能并没有伴随着条件平等。举例而言,大学教育在入口处平等,但是并未解决毕业时成绩不等的问题。单纯的"机会平等"只重视不同来源的人得以获得不同的利益,但却忽略了某些群体相较于其他资源缺乏者在整个社会过程中具有物质与文化的优势基础。不平等的"条件"会干扰真正的"机会平等",因为人们是在立足点不平等的状况下彼此竞争。条件平等常伴随着机会平等同时出现,但为满足机会平等不见得同时满足条件平等——条件平等所着重的条件,立足于运用某些机制使残疾人能针对其相较于一般人更弱的能力,如行动、视、听、语言能力等部分予以协助,以使其发挥与普通人相似的工作能力。例如,在工作场所中,给予特殊器具或无障碍环境等的协助,使残疾人能与普通人一样进行工作。[1]

如果我们将"结果"与"机会"两种平等模式运用在残疾人的工作权保障上,那么"机会平等"或许较为常见,也就是将所有的工作机会都公布给求职者,在相同求职条件的限制下,人人皆有机会。而"结果平等"则是强调政府对寻求就业服务的残疾人真正给予工作岗位,而非仅提供工作的机会。

或许机会平等是比较基本的平等模式,而且普通大众多半能接纳这种观念。至于结果平等,通常需要有法规的限制与介入才有可能实现。结果平等的模式通常在发现某些弱势群体在某些方面已被社会排除时,再由国家以立法的方式强制达成。

2. 需要原则

除平等原则之外,还有以服务接受者的需要为根据来分配有限资源的原则。也就是说,由分配资源者来决定谁的需要最大,谁就得到资源。这一原则不是将资源均分,或用抽签、先到先服务的方式让个人去竞争,而是依据个人需要的程度而定。此时,分配资源者就像所谓的"守门人"一般。这些守门人不但决定取得资源的机会,同时也决定某些资源的分配。当然,在此之前,先要确定是否有需求存在,以及满足需求的最适当方法。如此一来,需求就成了一个标准,用以决定优先秩序的排定,因此需求被用在下述两种决定中:(1)决定

---

[1] Bagihole, Barbara. (1997). Equal Oppertunities and Social Policy. New York: Longman. pp. 27-63.

是否分配给资源;(2)决定所分配的资源形式。

因此,从需求原则来判断如何进行分配时,需求评估的标准非常重要,而资源分配者在分配时所持的价值取向也更需要立足于专业考虑。这些运用在残疾人工作权上,需要专业人员来评估残疾人的需求,并依照需求进行职业规划。

3. 补偿原则

社会工作者不能只考虑平等与需要,也应该考虑保障弱势群体,尤其对曾经遭遇不公平对待的个人、团体、组织与社区,应该给予补偿和优先考虑。在一个有正常工作能力的人都不易找到工作的社会里,低生产力或不具备完全工作能力的弱势群体必然更加困难,进而影响其参与经济与社会生活的机会,渐渐地被排除到社会主流之外(social exclusion)。社会工作专业基于关怀弱势的基本信念,在分配正义时,便会对落入社会排除的弱势群体给予更多的关注与服务。

补偿原则适用于残障群体。国家对弱势群体投入较多的关注与服务,并制定相关法令予以适度保障,以及专门为残疾人举办职业训练与就业服务政策等。例如,某些工作只能给残疾人从事,或者对残疾人在就业、职业训练等方面提供特殊的补助或协助。另外,可能有人认为对弱势群体的特别保障本身就是一种歧视,应该取消,任由其与整个社会大众公平竞争。由此看来,在保障弱势群体方面,不同的价值观有不同的解读,但至少我们能确认的是社会工作专业对弱势群体的关怀是毋庸置疑的。

4. 贡献原则

贡献原则指根据贡献的多寡分配社会资源。根据这一原则,有限的资源依据服务接受者已有的或可能有的贡献来分配。贡献原则也被称作比例上的"公平原则"。在这个原则之下,分配必须依据投入与产出的比值决定,也就是说在资源的交换关系中,以"功绩"作为判准。而投入与产出的判断类型可以分为三种:(1)"努力",分配基于可意识的努力,而不根据其实际的产出;(2)"贡献",资源分配根据产出的大小而定,不论努力与否;(3)"能力",分配根据个人能力及可能产生的社会贡献而定。

依循上述观点,贡献原则对服务接受者的分类方式与英国于1601年制定的"伊利莎白济贫法"对救助对象的分类有相当程度的类似。"伊利莎白济贫法"中将救助对象分为"值得帮助的"(deserving, worthy)与"不值得帮助的"(nondeserving, unworthy)两大类。"值得帮助的",也就是不具备工作能力者,送到济贫院（almshouses）安置，接受所谓的"院内救济"（indoor relief）；或是给予生活补助，使其仍旧住在自己家里，称为"院外救济"（outdoor relief）。至于"不值得帮助的"，是指本身具备工作能力的人，会被送到"习艺所"（workhouses），他们必须参加工作，以工作换取救助。虽然后来历经时代与社会的变迁，"伊利莎白济贫法"也经过多次修正，但是这一法律与当时相当普及的"喀尔文主义"（Calvinism）、"工作伦理"（Work Ethic）与"社会达尔文主义"（Social Darwinism）所涵括的类似概念与思考逻辑影响了日后英、美两国社会福利的发展。例如，1869年英国伦敦与1877年美国水牛城相继成立的慈善组织会社（Charity Organization Society，C. O. S.）都承袭了将救助对象区分为"值得帮助的"与"不值得帮助的"类别。如今，虽然这样的意识形态仍然在社会工作界中有所争论，弗雷德里克认为这个原则不为社会工作者所接受，也有观点认为这个原则适用于经济取向的社群。但是以英、美社会福利政策为主要学习榜样的国家，仍然或多或少地秉持这个原则来规划社会救助系统，以及提供福利服务。

如果我们从另一个角度来看贡献原则，或许可以将上述思维倒过来看。也就是说，当残疾人在工作上有贡献与付出时，那么便应该有相对的获得。同样的贡献原则，如果我们从接受福利服务的条件限制与规范着眼的话，那么便成了约束残疾人的一个原则。反之，如果我们以残疾人本身的贡献为着眼点，那么就转变成一种对残疾人权益保障的原则。

5. 评析

综观上述社会工作专业领域中较常被提到的分配问题，平等与需求原则较为常见及普遍，下面以残疾人工作权为例进行分析。平等原则贯彻中，不同观点的差别在于福利或服务提供者要采取"结果平等""机会平等"，还是"条件平等"的观点与模式。在需求原则中，资源分配者来决定分配，涉及专业裁量权的问题，而专业裁量权的赋予及行使，除专业的训练之外，便是专业的认证了。虽然需求评估有一定的模式与方法可依循，但是在以需求为原则的分配模式之下，还需要避免不够客观的判断。

补偿原则是社会学领域最常提到也特别强调的。由于社会工作专业关切与服务的对象，大多是弱势群体，因此在考虑其因某些因素而导致无法与社会中普通人那样持同样的立足点时，便要予以适度的保护与保障，使其不会在资源分配中因为本身竞争力或能力不足而被排除在资源分配之外。例如，我国社会救助制度的实施中,有工作能力人口与无工作能力人口的认定。工作能力人口的认定强调工作伦理,通过提供就业技术、就业岗位等缓解其生活困难,借以排除有工作能力而不工作者的申请资格。这种规定就像早期济贫法时期,将救助对象区分为"值得帮助的贫者"与"不值得帮助的贫者"的规定。如果以残疾人在工作中既有的贡献为着眼点的话,那么贡献原则实施必须保障残疾人在工作中的贡献不被抹杀。

基本上,在考虑分配正义观念时,社会领域便在上述四个原则中依不同的服务对象,或工作者不同的价值观取向,依照尊重差异性的原则下,做最合适的选择。例如,"工作应该平等且公正地付予报酬"与"平等原则"及"贡献原则"的平衡中,前者是残疾人工作权的基本要素。此时平等与公正的概念,与社会正义中的平等原则在观念上是一致的。进一步探讨,"平等且公正地付予报酬"可以从两个方面来思考:一是当残疾人在劳动市场中有工作,便需要给予符合其工作内容与性质的报酬,此与贡献原则的意义相符;二是当残障劳工与一般劳工的工作量或工作产能相同时,其所获得的报酬不能因为残障的缘故而与一般劳工有所不同,也就是贯彻"同工同酬"的要求。

"工作应该被自由地选取"与"自由原则"的实现中,前者是残疾人工作权的基本要素。这里人人均有自由选择工作的权利,与社会正义中自由原则的观点是相同的。也就是说,在自由权的保障之下,人人均有自由选择工作的权利。

"应该有合理且良好的工作环境"与"需要原则"及"补偿原则"的实现中,工作环境是指符合残疾人需要的环境,如无障碍空间等。然而由于每一位残疾人的障碍状况不尽相同,其工作环境的设计也会有所差异,因此这个部分是符合社会正义的需要原则的。另外,在一个工作场所,要设置与普通员工的工作环境不同的、符合残障员工所需的工作环境,同样符合社会正义中的补偿原则。

"对残疾人的歧视应该被禁止"中提到的"歧视",从另一个角度来说便是不平等的对待,这与社会正义中的平等原则在观念上是一致的。因为歧视的相对就是平等,既然要禁止歧视,也就等同于实现"平等原则"了。

"政府应该提供工作适应的协助"与社会正义中的补偿原则在观念上是一致的,因为主张政府应有所介入,残疾人或因其身心方面障碍的限制,以至于在工作适应上需要比一般人更多的协助,这就与社会正义中补偿原则具有相同的意义了。

表2-2 残疾人工作权基本要素与社会正义原则的联结

残疾人工作权基本要素	社会正义原则
1. 工作应该平等且公正地付予报酬	平等原则、贡献原则
2. 工作应该被自由地选择	自由原则
3. 应该有合理且良好的工作环境	需要原则、补偿原则
4. 对残疾人的歧视应该被禁止	平等原则
5. 政府应该提供工作适应的协助	补偿原则

　　残疾人工作权基本要素与社会正义原则的适用顺序分析如下。弗雷德里克提出的分配正义原则并没有特别指出各原则间的顺序性。但在罗尔斯的正义二原则中，罗尔斯认为第一原则"自由的优先性"原则优先于第二原则，而第二原则的第一部分又优先于第二部分。在罗尔斯第一原则中所提到的"自由"指的是公民基本权利的自由，如言论、政治参与等权利的自由。与残疾人工作权基本要素第二项提到的自由选择工作的部分有相近之处。如果从整体环境的自由来看，这个层次的自由是最基本的条件，因此在优先级上应该排在第一。但如果我们将思考范围局限在劳动市场中，可能会因为雇主对残疾人的歧视、刻板印象、偏见等因素，使残疾人即便拥有宪法保障的自由，但在劳动市场中，仍然无法达到工作权基本要素第二项"工作应该被自由地选择"的状态。因此，如果以广义的观点来看自由原则，自由原则应该是最基本、首要的社会正义原则。但是，如果我们将焦点放在劳动市场时，自由原则显然仍需要其他社会正义原则（如补偿、需要等原则）的运作才能得以逐渐实现。

　　罗尔斯正义第二原则中第二部分提到的差异原则强调的是，必须使社会中的弱势群体（处境最不利的人）获得最大的利益。这当中对弱势群体的重视便包括了补偿原则，而在评估弱势群体是否获得最大的利益时，则蕴含了需要原则。所以我们可视补偿与需要原则是第一顺位的原则。

　　弗雷德里克并未特别界定平等与贡献原则的顺序。虽然在罗尔斯的正义第一原则中提到平等的概念（每个人都有平等的权利去拥有最适度的基本自由，而且大家拥有的自由在程度上是相等的）。但是，这个原则的重点主要还在自由部分，该原则中所指的平等是指周遭环境的条件。因此，在工作权基本要素与社会正义原则连接中可以排列出一个优先级,在社会正义原则方面依次为:补偿原则、需要原则、平等原则、贡献原则与自由原则。对照表2-2,最优先的应该是第三项与第五项,其次是第一项、第四项与第二项。

第三节 残疾人权利保护的发展方向

"要完善大病兜底保障机制,解决好因病致贫问题。既要解决好眼下问题,更要形成可持续的长效机制。"习近平总书记关于解决"因残致贫"和"群体攻坚"的系列重要论述,推动了中国残障群体的问题视域从千百年来的温饱脱贫向现代社会全面小康、共同富裕的转变。残疾人受身体障碍、劳动能力弱、受教育程度低等因素影响,其实现和普通人同样的法律权利更加困难,国家需要对这类特殊群体更加关爱、格外关心。为实现平等和社会正义,保障残疾人这一特殊群体的基本权利,应从合理调整与无障碍方面予以推进。

一、无障碍环境建设

《残疾人权利公约》第9条要求缔约国应采取适当措施,确保身心残疾者在与其他人平等基础上,无障碍地进出物理环境,使用交通工具,利用信息及通信,包括信息与通信技术及系统,以及享有于都市与乡村地区向公众开放或提供的其他设施及服务。无障碍/可及性通过降低残疾人使用阻碍,改善外部生活环境,以让残疾人能更友善地被对待,进而充分地参与社会活动。无障碍环境包括物质环境无障碍和获取信息与交流无障碍。物质环境无障碍是残疾人正常参与社会生活的前提,也是保障残疾人行使自身权利的必需。那么,我国无障碍环境建设有哪些问题?如何加强无障碍环境建设,以促进残疾人平等参与社会活动?

(一) 无障碍的理论内涵

《残疾人权利公约》关注到社会结构因素产生的障碍现象,通过给缔约国设置无障碍/可及性设施以及合理调整措施的义务,要求缔约国采取积极作为,使残疾人享有全面参与社会的平等机会,以落实实质平等理念。为使残疾人能实现自由及各种基本权利,以充分参与社会活动,无障碍/可及性是前提条件。环境概念起源于北欧诸国解除残疾人与社会隔离制度后,为了促使残疾人回归社会主流,实现社会整合、统合目的而提出的措施。早期世界各国对无障碍/可及性环境的建构,都注重实体空间部分,主要目标在于确保残疾人的"移动权",使其平等参与社会活动。之后无障碍/可及性的概念不再限于空间与移动相关,而是扩充到"物质环境"(material environment)、"信息与通信利用"(enjoyment of information or communication)、"公共设施及服务"(public facilities and service)等领域。具体而言,无障碍/可及性有以下特点。

1. 消除歧视

在《残疾人权利公约》第9条无障碍/可及性规范要求下,国家必须建立上述条文规范中的多重领域设施,便于残疾人顺利使用。而且,国家必须"无条件"地达成无障碍/可及性环境。换言之,国家不能以经济状况负担过重等原因来免除无障碍/可及性环境的建设义务。促使残疾人平等地参与社会生活,是《残疾人权利公约》第1条开宗明义的目标。如果国家因故未履行《残疾人权利公约》第9条,即"提供残疾人无障碍/可及性环境或措施"的义务,可能会被认定为构成《残疾人权利公约》第2条所称的"基于残疾的歧视"。此一见解,由"残疾人权利委员会"(Committee on the Rights of Persons with Disabilities)在处理 Mr. F. vs. Austria 个人申诉案件中提出。在 Mr. F. vs. Austria[1]案件中,Mr. F. 是上奥地利州(Oberösterreich)首府林茨市的视障者,经常搭乘由市政府投资公司管理的3号线轻轨电车。该公司于2004年3月开始建立了总共超过40个语音播报系统,以使视障者如非视障者一般使用电车。而2011年3号线轻轨电车延伸设置时,新延伸到的7个车站内并未设置残疾人语音播报系统,因此 Mr. F. 向法院起诉该公司违反《奥地利联邦残疾人保护法》。用尽奥地利国内所有救济途径皆无法获得有效救济后,Mr. F. 便向残疾人权利委员会提出申诉。残疾人权利委员会受理此案后说明,无障碍/可及性与群体有关,合理调整则与个人有关,这代表缔约国有义务在收到关于某一场所的个人请求前,提供无障碍/可及性服务。另外,其再次强调《残疾人权利公约》第2号一般性意见书已提及的见解,即实践无障碍的义务是无条件的,义务负担者不能因负担过大而拒绝提供。因此,残疾人权利委员会认为上述语音播报系统,属于视障者平等使用大众交通运输的必要设施,认定奥地利政府仅要求视障者自行上网以取得电车系统信息的方式,违反《残疾人权利公约》第9条无障碍/可及性要

---

[1] See Committee on the Rights of Persons with Disabilities, Mr. F. vs. Austria, Communication No. 21/2014, CRPD/C/14/D/21/2014.

求，且违反第 5 条第 2 款禁止歧视规定。

2. 无障碍与合理便利

除无障碍/可及性环境的建构及合理调整等一般性平等保护措施外，《残疾人权利公约》第 11 条规定，缔约国应依其国际法上的义务，包括国际人道法与国际人权法规定，采取所有必要措施，确保在危险情况下，包括在发生武装冲突、人道紧急情况及自然灾害时，残疾人获得保障及安全。依据《残疾人权利公约》第 11 条的规定，国家有义务采取积极措施保障残疾人在灾害中的安全。如果国家并未采取"所有必要措施"来贯彻《残疾人权利公约》第 11 条的要求，除会造成残疾人在灾害中生命、身体损害外，国家也会因怠于建构无障碍/可及性环境及提供合理调整措施而违反《残疾人权利公约》第 2 条第 3 项"基于残疾的歧视"规定。从《残疾人权利公约》立法目的"保障残疾人平等与不歧视地参与社会"来看，上述"所有必要措施"指所有使残疾人获得平等保护的措施。

无障碍与合理便利共同实现平等参与。《残疾人权利公约》第 2 条有关合理便利的规定，旨在确保残疾人在与他人平等基础上，享有或行使一切权利和基本自由。即通过立法为残疾人提供更好的服务，使其与正常人一样享受平等的权利。从合理便利作为无障碍"一体两面"的性质来看，合理便利是残疾人平等参与社会活动的必要条件。从平等参与作为残疾人与其他人平等地享有各项权利和基本自由的必要条件的性质来理解，无障碍和合理便利是保障残疾人各项人权的先决条件。无障碍、合理便利两个概念与平等参与之间的关系主要有两点：一是无障碍和合理便利的核心目的均是通过实现平等参与来保障受残疾影响者的各项权利；二是无障碍与合理便利两者共同构成平等参与的必要条件，缺一不可。[1]

司法实践中，因各种原因限制，往往难以全部满足残疾人平等参与社会活动的要求。例如，无障碍/可及性的卫生设备（如无障碍公共厕所及淋浴设施）在基层地区（如县城、农村）并不充足。为尽可能地为残疾人提供平等保护措施的机会，可考虑以下因素。第一，国家必须充分认识到残疾人难以参与社会活动的特殊困难。第二，国家必须提供无障碍/可及性信息及沟通热线。第三，国家必须确保在人道紧急情况中，人道医疗措施已被无障碍/可及性地且不歧视

---

[1] 唐亚南：《试析残障人无障碍权益的法律保障》，载《法律适用》2023 年第 8 期。

地分配给残疾人。第四，国家必须对残疾人无法享受权利的情况提供司法救济。例如，在残疾人遭遇歧视时，确保其能够通过司法救济手段主张权利被侵犯，或者有相关利益团体提起公益诉讼。

3. 无障碍与通用设计

通用设计是促进无障碍实现的重要方式。无障碍是社会模式中保障残疾人权利实现的重要途径，其追求目标之一是移除不同环境中的障碍以解决残疾人参与社会活动遇到的困难。无障碍概念早期强调其保障残疾人平等参与社会活动，这种对某个群体具有优先性的过度强调使其遇到了推进上的困难，随之出现了通用设计的概念。残疾人参与社会活动遇到的障碍很大程度上是社会各种建构疏于考虑多元群体不同需求的结果。因此，通用设计强调民主多元的社会构成，应当"为所有人设计"，即以一套设计同时包容社会中尽可能多的人。不仅残疾人，任何有不同需求的人（如无障碍电梯或坡道对于孕妇、老人、伤者，甚至手持重物和推娃娃车的人都能起到帮助）都可以使用。《残疾人权利公约》第 2 条将通用设计表述为"尽最大可能让所有人可以使用，无需作出调整或特别设计的产品、环境、方案和服务设计"，第 4 条第 1 款第 6 项不仅要求缔约国"从事或促进研究和开发……通用设计的货物、服务、设备和设施……并要在拟订标准和准则方面提倡通用设计"。需要注意的是，不是所有无障碍建设都可以通过通用设计的方法解决，即便有一套可以几乎兼容社会中所有人的通用设计，也必然有部分残疾人的无障碍需求需要特别考虑。因此，不应认为通用设计是无障碍建设中的唯一方法或唯一原则。[1]

通用设计的提出，是尊重人类的多样性发展和无障碍建设的巨大促进。无障碍社会推广通用设计概念，即产品与环境的设计应使所有人都能够使用，而非专为特定群体设立，以促进残疾人不断融入社会。推行通用设计概念，一方面能够降低建构无障碍社会可能面临的成本质疑，另一方面也可避免残疾人使用专为其设计的产品可能带来的污名化效应。因此，正是由于障碍并非单由个人损伤造成，而是因社会整体结构忽视并排斥残疾人所致，社会模式观点要求相对人依残疾人需求予以调整。

无障碍建设应围绕"平等参与"展开。无障碍本质上要求国家制度性地消除环境中不利于残疾人平等参与社会的环境障碍，以确保这一群体能在与他人

---

[1] 唐亚南：《试析残障人无障碍权益的法律保障》，载《法律适用》2023 年第 8 期。

平等的基础上,最大限度地、独立地无障碍进出物质环境,使用交通工具,利用信息和通信技术及系统,以及其他向公众开放的设施和服务。纯粹客观的无障碍理解可能过度关注是否进行足够多的无障碍建设,而偏离了其核心目的"使有残障的群体能真正无障碍去平等参与社会"。如在盲道扩充建设问题上,误认为盲道建设和盲人自由独立出行之间有必然联系,抑或偏重盲道而疏于将资源投入在盲人自由独立出行所需的其他支持方面。一些有声过街信号灯路口的提示音意义不明或早已故障,导致视障者没有办法真正通过提示音来判断究竟是否可以过马路。只重数量而不重质量和相关性,导致无障碍建设不仅未能实现目的,反而对残疾人平等参与社会生活产生负面影响——因无障碍设施的建设或管理缺陷给使用者带来的不良体验,可能让他们更惧于利用无障碍设施。[1]

可用性标准为纠正上述问题而被提出。可用性强调主观经验或用户体验,关注无障碍建设"能否有效、令人满意地在某个特定环境达成特定的目标"。在进行无障碍建设时,应当从残疾人的视角设身处地地仿真可能的情景,找出潜在的问题,确保无障碍建设不是简单的表面工程,而是确实能实现相应的目的。无障碍建设实现可用性,应关注三个方面的内容:无障碍建设是否具有连续性、可理解性和可选择性。具有连续性的无障碍建设尽可能让使用者出行时自始至终地置身在无障碍环境当中,不至于不时地陷入有障碍的甚至危险的境地。可理解性关注无障碍建设是否能有效地将其功能、覆盖面、目标等信息让用户完整地获取和理解。可选择性要求无障碍建设在一定程度上关注个体差异并提供多元的无障碍选项。由于不同个人身体、心理功能、年龄、经济条件,社会文化等因素存在差异,残疾人具体需求的无障碍类型和程度可能是不一样的。如无障碍出行领域应注重盲道以外的诸如导盲科技、导盲犬或定向行走训练等其他替代导盲方式。除此之外,还要考虑其他可能影响可用性的因素,如果盲道在下雨天会变得特别湿滑的话,那么视障者就无法安全使用。[2]

(二) 信息无障碍

《无障碍环境建设法》第2条第1款明确提出:国家采取措施推进无障碍环境建设,为残疾人、老年人自主安全地通行道路、出入建筑物以及使用其附属

---

[1] 唐亚南:《试析残障人无障碍权益的法律保障》,载《法律适用》2023年第8期。
[2] 唐亚南:《试析残障人无障碍权益的法律保障》,载《法律适用》2023年第8期。

设施、搭乘公共交通运输工具，获取、使用和交流信息，获得社会服务等提供便利。《无障碍环境建设法》第三章专门就无障碍信息交流规定了具体措施。信息无所不在，信息是残疾人参与社会活动的必需品，也是提升生活质量和参与社会生活不可或缺的重要工具。信息可以通过不同媒介表现为不同内容。网络时代，电子产品普及与网络科技发展已改变人们接触信息的习惯与方式，通过手机、计算机等设备，联结网络便能知悉天下事。对于视障者来说，获取纸张文本上的信息，需将文本转译为点字书或有声书，过程费时费力；获取网络上的信息需配备盲用计算机，通过荧幕阅读软件将网络上的文字信息显示在点字触摸显示器上，实时取得信息的前提是该网站或网页满足"网络无障碍"要求。全盲视障者彼此间的沟通多用点字或语音播放，对于网络页面上的功能按键、文本等，需配合"视障辅具"转化为视障者可接受的无障碍格式。

1. 信息无障碍的内涵

《无障碍环境建设法》第 32 条第 1 款"利用财政资金建立的互联网网站、服务平台、移动互联网应用程序，应当逐步符合无障碍网站设计标准和国家信息无障碍标准"是信息无障碍建设的法律依据。网络虽无具体实体空间，但其创造出了一个存在于计算机的空间。大量信息流通其中，反映了人类的情感、行为与思考，满足人类需求以达成特定目的。当网络与商业结合，人们使用网络的目的不再仅限于接触信息、接触著作、网络购物，学习也成为残疾人日常生活的重要内容。如果网络空间或设施的接触或使用出现困难，除了对接触著作、信息权造成影响，也影响其他众多权利，如教育权、健康权、工作权等，以下仅就部分权利详细说明。

（1）网络与残疾人教育权的促进。

网络空间设施的使用权与人们接受教育的权利息息相关。《无障碍环境建设法》第 31 条第 2 款规定："国家鼓励教材编写、出版单位根据不同教育阶段实际，编写、出版盲文版、低视力版教学用书，满足盲人和其他有视力障碍的学生的学习需求。"第 32 条第 1 款和第 2 款规定："利用财政资金建立的互联网网站、服务平台、移动互联网应用程序，应当逐步符合无障碍网站设计标准和国家信息无障碍标准。国家鼓励新闻资讯、社交通讯、生活购物、医疗健康、金融服务、学习教育、交通出行等领域的互联网网站、移动互联网应用程序，逐步符合无障碍网站设计标准和国家信息无障碍标准。"残疾人因行动不便等原因，接受普通教育存在困难，以网络为媒介的数字学习蓬勃发展，从早期至近年不断变化，对促进残疾人受教育权大有帮助。

随着信息科技的进步及网络蓬勃发展，网络信息量大增、信息传递方式更加多元。与此同时，各种可携带式的软硬件不断推出并逐渐普及，出现许多新形态的学习模式，"数字学习"（E-Learning）正是其中之一。数字学习模式下，残疾人获取知识不再仅限于文本书籍，可通过包括网络、计算机、卫星广播、录音带、录像带、视频及光盘等数字媒介学习。数字学习的特色在于，具备随时随地的高取得性，克服了传统教学空间、时间的限制，让学习变得更有弹性，更符合现代社会的快速变迁。因此，数字学习已成为全球教育教学发展的趋势。

人工智能技术高速发展，网络化学习、虚拟教室、AI 教学等不断普及，运用科技建设的网络学习空间逐渐普及。数字学习除提供数字教材、教授课程外，还可布置、批改作业，进行虚拟实验、组织在线讨论交流等活动，对于残疾人学习大有裨益。

综上，未来数字学习的模式只会越来越多元，而适用新科技各种教育网络平台的功能也越来越丰富。因此，若要保障视障者能够完全享受该网站的服务，需要明确"网络空间、设施的接触或使用权"。

（2）网络对残疾人工作权的促进。

网络时代信息已不再是稀有资源，如何筛选、整合与运用信息是关键。无论是投入职场或创业，信息处理能力都是必备的工作能力。因此，网络无障碍建设，除了能减少残疾人与普通人之间的信息落差，也有助于建构无障碍的工作环境，从而提升残疾人的就业比例。随着盲用计算机与视障相关软件的发展与普及，视障者对信息取得、处理及回应的能力不断提升。盲用计算机出现前，视障者阅读任何资料，几乎都受限于是否有他人协助报读或录音。如今只要通过盲用计算机，视障者就可独立地阅读信息，只要网站或系统满足无障碍格式，就可以浏览网站、看新闻、读写信件、订车票、购物或银行转账，极大地拓展了残疾人参与社会活动的范围。视障相关科技辅具的发展，已大幅提升了视障者的信息处理能力与竞争能力，促使视障者有更多机会与条件从事多元职业。

2. "公共服务设施"包括网络空间

《无障碍环境建设法》第 21 条规定，"新建、改建、扩建公共建筑、公共场所、交通运输设施以及居住区的公共服务设施，应当按照无障碍设施工程建设标准，配套建设无障碍设施……"。这一条中的"公共服务设施"除包括实体设施外，是否包括数字图书馆、EMS 网站等网络服务，非常值得研究。

2015 年美国 National federation of the blind v. Scribd Inc. 案中，争议焦点就是数字图书馆是否属于公共设施。被告 Scribd 是一家位于加州的数字图书馆，其收藏超过四千万的不同标题的文件，包含电子书、学术论文、法律文件和其他用户上传的数字文档，通过网站及移动应用程序提供订阅服务。原告认为 Scribd 的网站和移动应用程序，仅使用视觉界面且缺乏其他非视觉的提示或操作方式，造成视障者使用上的困难——视障者通常使用荧幕阅读软件（screen reader software）将网站上的视觉信息转换为音频或点字格式。Scribd 的网站和移动应用程序并未支援荧幕阅读软件，亦未提供语音提示，导致视障者被排除于该网站服务之外。

Scribd 认为，网络并没有向公众开放的实体地点。《美国残疾人法》第三章一般通则规定：任何人对于其拥有、租赁或营运的公共设施，不得歧视残疾人，应使残疾人拥有完全且平等的机会享受其提供的商品、服务、设施、优惠。《美国残疾人法》第 301 条第 7 项列举了 12 种涉及商业行为中可能被视为公共设施的实体，Scribd 的服务有关的包括以下几类：展览或娱乐场所、销售或租赁场所、服务机构、图书馆、画廊、公开展示或收藏的地方。地方法院认为，公共设施不仅限于实体地点，无实体地点而通过网络提供的商品或服务者也属于此范围。因此，Scribd 数字图书馆网站和移动应用程序，属于《美国残疾人法》第三章的"公共设施"。[1] Nat'l Ass'n of the Deaf 案 [2] 的争议之一是无实体的网站是否能归属于"公共设施"，并因此对公共设施营运者加诸无障碍义务。本案中，被告通过 Watch Instantly 网站提供网络视频订阅服务，类似于影片出租店或其他提供类似服务的实体店。法院认为，Watch Instantly 网站为《美国残疾人法》规范下的公共设施地点。

我国《无障碍环境建设法》第 32 条当中未明确规定保障残疾人接触信息的权利，第 36 条"提供公共文化服务的图书馆、博物馆、文化馆、科技馆等应当考虑残疾人、老年人的特点，积极创造条件，提供适合其需要的文献信息、无障碍设施设备和服务等"也未明确提出网络空间，但网络空间无障碍使用是残疾人参与社会生活的重要内容，能否从"公共服务设施"中引申而来？《残疾人权利公约》第 9 条第 1 款规定，为使残疾人能够独立生活及充分参与生活各

---

〔1〕 Nat'l Fed'n of the Blind v. Scribd Inc., 97F. Supp. 3d 565（D. Vt. 2015）.

〔2〕 Nat'l Ass'n of the Deaf v. Netflix, Inc., 869F. Supp. 2d 196（D. Mass. 2012）.

个方面，缔约国应采取适当措施，确保残疾人在与其他人平等基础上，无障碍地进出物理环境，使用交通工具，利用信息及通信，包括信息与通信技术及系统，以及享有于都市与乡村地区向公众开放或提供的其他设施及服务。该措施应包括查明及消除阻碍实现无障碍环境的因素，尤其应适用于：（1）建筑、道路、交通与其他室内外设施，包括学校、住宅、医疗设施及工作场所；（2）信息、通信及其他服务，包括电子服务及紧急服务。该项规定将无障碍涵盖范围区分为：实体空间与设施，无实体的信息、通信及其他服务——后者为网络无障碍的范畴。如果说早期网络功能偏重"信息、通信"，如今人们使用网络的目的已不再仅限于前者，未来网络能提供的服务将越来越多元，而公约该项留有"其他服务"，能够涵盖将来网络无障碍的发展前景。

从我国司法实践来看，公共场所可以解释为包括"网络空间"。最高人民法院、最高人民检察院《关于办理利用信息网络实施诽谤等刑事案件适用法律若干问题的解释》第5条第2款规定，编造虚假信息，或者明知是编造的虚假信息，在信息网络上散布，或者组织、指使人员在信息网络上散布，起哄闹事，造成公共秩序严重混乱的，依照《刑法》的规定以寻衅滋事罪定罪处罚。寻衅滋事罪发生在公共场所，该司法解释的规定明确了网络属于公共空间。从目的解释的方法来看，将"公共服务设施"扩大解释为包括"网络空间"设施有助于实现"保障残疾人、老年人平等、充分、便捷地参与和融入社会生活"的立法宗旨。

将网络空间纳入公共服务设施的一环，要求新科技的应用必须实施合理调整以达到人人平等，进而使残疾人也能享受网络科技的便利。所以，从网络空间的角度来看，促进信息无障碍建设并不局限于网络硬件设备（如服务器、盲用计算机），而应站在更高位阶的空间或设施平等使用立场，才能适应网络科技日新月异的变化。即便未来网络衍生出各种接触信息以外的新功能或商业模式，依旧会落脚在公共设施与公共服务的范畴。

3. 网络平台应承担无障碍义务

Nat'l Ass'n of the Deaf 案[1]中，原告对 Netflix 公司提起诉讼，认为 Netflix 公司影音网站中的"实时观看"（Watch Instantly）服务，未对聋人及听力受损者提供平等接收影音网站内容的措施，导致听障者与普通人接收信息不对等，

---

[1] Nat'l Ass'n of the Deaf v. Netflix, Inc., 869F. Supp. 2d 196（D. Mass. 2012）.

违反《美国残疾人法》第三章[1]的规定，并要求被告需为所有实时观看的内容提供隐藏式字幕。《美国残疾人法》规定"拥有（Own）、租赁（Lease）或营运（Operate）一个公共设施者应承担信息无障碍义务"，"网站属于公共设施"已为法院所承认，因此被告应为其"拥有、租赁或营运"的行为负担无障碍义务。

关于"拥有、租赁或营运"的解释，过去有法院采"被告拥有特定权力而能够控制、修改与增进无障碍可及性有关的事项"[2]时，被告承担"拥有、租赁或营运"义务。本案此处争议事项是"修改影片字幕内容"是否属于此保护范围。被告认为，其并无权力控制影片字幕内容，该项权力属于影片著作权人拥有，而非"散布/传播者（Distributor）（如 Netflix 公司）"的义务。Netflix 公司无法在无授权情况下自行添加字幕，影片节目的字幕内容不在 Netflix 公司可控制范围内，不应将字幕的责任加之于 Netflix 公司。法院认定 Netflix 公司确实完全地拥有及营运一个公共设施，法院亦认同，"替网站上的影片添加字幕"的责任，在 Netflix 公司拥有、租赁或营运的范围内。

4. 我国信息无障碍的普及

"网络无障碍"（Web Accessibility）又称网络信息可及性，即创设出残疾人使用的无障碍网络环境。过去人们总将无障碍视为额外负担，技术开发人员开发新科技产品时，往往不会将残疾人的需求纳入产品或服务设计考虑，当大大小小的不方便充斥每日生活时，形成对残疾人不友善的环境。那么《无障碍环境建设法》实施中，如何全面普及信息无障碍？

（1）逐渐普及。

《无障碍环境建设法》第 32 条的规定提供了信息无障碍普及的法律依据，对于非利用财政资金建设的网络平台，其普及信息无障碍的依据何在？

首先，网站或公共服务满足无障碍要求，也会提升普通用户的使用舒适度。例如，苹果 iPhone 3GS 及其后几代产品都配备有无障碍系统，其他苹果 IOS 装置（苹果公司为移动装置所开发的专有移动作业系统）也设立了 Voice Over 视障语音软件。其次，网络功能多元（复杂）并不是拒绝无障碍改造的理由。当前，国内部分网站还未提供无障碍服务。基于普通人使用习惯或模式而设计的

---

[1] 42 U.S.C. § 12182 (a).

[2] Nat'l Ass'n of the Deaf v. Netflix, Inc., supra note 192, at 5.

网站、平台或系统，对残疾人并不友好。国内有的网站为了吸引浏览者注意，用了许多不利于视障者接收的元素：网页内容充斥大量未经"无障碍处理"的图片和动画；或系统操作步骤过于复杂，无法使视障者理解，甚至出现盲用阅读软件无法读取的网站内容……但这些都不是无障碍建设无法克服的困难。美国新蛋网零售网站虽然复杂且设计充满动态感，但也提供视障者无障碍版本；微软 Windows8 作业系统功能繁多，但也不阻碍其无障碍版本适用。最后，信息无障碍的普及是逐步推进的过程。我国自 1990 年《残疾人保障法》正式公布后，政府便积极推动公共场所的无障碍建设。2020 年《关于推进信息无障碍的指导意见》提出"加快推进我国信息无障碍建设"，努力消除"数字鸿沟"，助力社会包容性发展。2023 年《无障碍环境建设法》颁布，为信息无障碍全面建设提供了坚实依据。目前国内"实体无障碍化"建设已取得相当成效，很多公共场所皆设有无障碍坡道、无障碍厕所、轮椅升降梯或电梯等；政府网站都提供无障碍版本，微信文章也提供听力版本，极大地便利了残疾人的网络活动。《无障碍环境建设法》第 32 条要求"逐步推进"也符合实践情况。但也应当看到，将既有网站无障碍化需要额外人力与费用投入，私营企业完全落实网络无障碍无法一蹴而就。

（2）分类推进。

信息无障碍建设应分类推进。视障者在网络环境中遭遇的困难种类繁多，包括网站设计与视障阅读软件不兼容；网站内容编辑不当，如表格、超链接的空间位置排列不当导致视障者阅读时产生困惑；图形信息缺乏文字替代说明等。相较而言，听障者在网络环境中遭遇的困难种类相对单纯，主要问题为在语音和影像档中未提供字幕。有无字幕在常人看来或许仅是小事，然而某些影片（如演讲、谈话节目）若无附加字幕，确实会造成听障观众信息接收上的困难，这也是听障者在网络无障碍领域中着重争取的权利。信息无障碍建设中，应考虑到不同的残障类别者在网络世界面临的困难不同，进而根据不同类型制定信息无障碍标准。例如，浏览和操作一个充满文字、图片、有声影片的网页，听障者需要的是为影片增添字幕或手语显示；肢障者理解网页内容没问题，需要设备将语音转化成指令参与交流；视障者可能需要大量辅助，包括将网页上所有文字转为点字。每一障别残疾人的网络权都应受到保障，只有深入认识到不同类型障碍的特点，有针对性地提出改造标准，才能实现便于残疾人充分参与社会活动的目的。

事实上，获取信息本身是一种适应性的活动，无论是残疾人或普通人，其共同的目标都是获取数字信息，唯一不同之处在于使用方法的差异——视力正常者通过点击网站而享受文本和图片，视障者则使用盲用阅读软件，通过键盘指令和网站互动。具体而言，软件呈现网站上的信息有下列方式：以合成语音（Synthetic Speech）读出荧幕上的代号（Code）；以点字（Braille）显示于外接装置以及将荧幕图像放大。荧幕阅读软件和其他无障碍技术工具（Access Technology Tools）运作的前提是，数字信息提供者（网站、电子书或软件等）以允许无障碍科技联结并获取信息的方式编译。举例来说，视障者虽然无法"看到"网站中的图片，但可以理解图片中的文字描述，以程序编译角度来看即以"alt-tag 语法"置入图像的替代文字，普通人在该网站中会看到图片；而视障者若将鼠标游标对准图片，则会读到或听到图片的替代文字说明。

二、履行合理调整义务

《残疾人权利公约》采取实质平等的观点，不仅强调差别待遇，更进一步要求差别待遇措施的效果必须平等。这样的要求无法单凭抑制国家权力的行使达成，要求国家必须采取合理调整措施在分配资源时确保所有人都能平等地实现其权利。依据前述的事实平等目标，重新分配属实质平等的核心方式之一。通过资源、福利的重新分配以扭转不对等的社会结构，使过往被压抑而无法平等及确实享受、行使其权利者得以恢复至应有的平等状态。就此而言，事实平等的重新分配目的与调整目的相互呼应——通过重新分配打破社会弱势群体不利处境的重复循环，因为如果仅提供与普通人相同待遇时，将无法满足残疾人平等参与的需求，造成其充分参与社会、平等行使权利的障碍。

（一）合理调整的内涵

根据《残疾人权利公约》，合理调整指"根据具体需要，在不造成过度或不当负担的情况下，进行必要及适当的修改与调整，以确保残疾人在与其他人平等基础上享有或行使所有人权及基本自由"。合理调整是消除歧视、确保残疾人平等参与社会活动的重要途径，也是实现结果平等的重要路径。个人可能因其残疾而在充分、平等参与社会的过程中面临阻碍，致使其无法与他人同样地进入特定场所，或同样地完成一件事情。事实上，当社会是由非残疾人所建构时，通常难以全面考虑残疾人的具体情形，可能形成排斥残疾人融入社会的效果。数字时代，实现平等不再限于国家采取中立客观的角色，消极不为歧视性立法、行政行为；而应采纳实质平等观点，强调国家应积极行动，减少结构性不利条件，并给残疾人提供有利待遇，以实现其充分参与社会和在社会中享有与他人平等地位。实质平等下，国家应采取积极行动转变社会条件，使残疾人得以如同他人般平等行使权利。这一观点下，针对残疾人个人需求的合理调整才得以萌芽，国家根据《残疾人权利公约》中平等原则的要求，进一步地使合理调整得以广泛地适用于《残疾人权利公约》所保障的各种权利中。

《残疾人权利公约》第5条第3款规定："为促进平等与消除歧视，缔约国应采取所有适当步骤，以确保提供合理调整。"同时，当缔约国拒绝提供合理调整时，依据第2条第3项后段构成"基于残疾的歧视"，进而违反第5条规定的平等及不歧视条款。第9条无障碍与合理调整同属《残疾人权利公约》中较特殊的规定。依据《残疾人权利公约第2号一般性意见书》的说明，合理调整及无障碍皆属确保残疾人行使权利的工具，借以确保残疾人与他人平等的基础上享有或行使权利和基本自由。当缔约国拒绝或疏于确保无障碍时，缔约国将违反《残疾人权利公约》第4条第1款第2项采取所有可能措施消除对残疾人歧视的义务，且违反第5条第2项规定的平等与不歧视条款。

合理调整措施涉及国家有限资源分配，缔约国应在何种程度内提供上述措施，即成问题。《残疾人权利公约》当中并未明文要求缔约国负有提供优惠性差别待遇的义务，故是否提供优惠性差别待遇应由缔约国自行裁量。缔约国就提供合理调整措施负有何种义务，《残疾人权利公约》第4条第2款规定："关于经济、社会及文化权利，各缔约国承诺尽量利用现有资源并于必要时在国际合作架构内采取措施，以逐步充分实现该等权利，但不妨碍本公约中依国际法属立即适用的义务。"故，当合理调整的内容涉及经济、社会及文化权利时，《残疾人权利公约》允许缔约国逐步实现。另外，倘若该权利或国家义务属于公约中依国际法应立即适用的义务，缔约国不得以国家资源有限为由主张逐步实现。

根据《残疾人权利公约第2号一般性意见书》第24段至第25段的说明，无障碍条款的适用分为两个层次：一是确保残疾人能够无障碍接近、使用新型设计、建筑、公共建设、商品、产品及服务；二是确保残疾人能够无障碍接近、使用既存物理环境、交通运输工具、信息、通信及向大众提供的服务等时移除既有障碍。就前者而言，缔约国应符合《残疾人权利公约》第4条第1款第6项中通用设计的要求；就后者而言，缔约国也有逐步实现的空间。故缔约国仍必须确立具体实施的时间规划，并分配适当资源用以移除既存障碍。此外，缔约国必须建立有效的监督机制，监督并制裁疏于履行无障碍标准的义务者。值得注意的是，无障碍条款适用第 4 条第 2 款，强调当个案当中无法确保残疾人无障碍的需求时，缔约国不得径以国家资源有限性作为脱免其义务的理由，仍须考虑个案中是否应提供合理调整措施。

关于积极的合理调整措施发挥何种作用，以残疾人受教育权为例分析。《残疾人权利公约》第 24 条第 2 款明确规定不得将残疾人拒于普通教育外，提倡教育制度上逐渐由特殊教育向融合教育转变。希望残疾学生进入普通学校、普通班，让不论障碍程度轻重的残疾学生能够与非残疾学生接受同等教育，并培养其社交能力。如果融合教育不仅止于让残疾学生进入普通学校，而是更进一步地有意促进平等教育，那么除了通过反歧视立法或设立保障名额等措施帮助残疾学生进入普通学校，尚无其他更好的措施实现融合教育目的。普通学校往往并未如同启聪学校、启智学校等特殊教育学校那样，适应残疾学生的需求设置无障碍设施。为促进融合教育的实现，如何从物理空间上落实无障碍，以及如何使残疾学生无障碍地获得其所需的信息，非常必要。融合教育的实践必须通过特殊教育与普通教育二元系统的合作，那么如何针对融合教育的需求而调整既有教师安排，或者如何适应残疾学生特殊需求设计课程内容及教材等问题，也涉及合理调整措施的提供。就此而言，《残疾人权利公约》第 24 条第 2 款第 3 项要求缔约国提供合理调整措施以实现残疾人受教育的权利。由此可见，单凭法律上的条文规定，并不足以使残疾人真正平等享受其所受保障的权利。

（二）"合理"的标准

合理概念包含三个要素：消除歧视的预期目的、关联性及有效性。首先，消除歧视的预期目的，指《残疾人权利公约》第 2 条所规定的"确保残疾人在与其他人平等的基础上享有或行使所有一切人权和基本自由"。换言之，提供合理调整在于促进平等及消除歧视，而所采取的合理调整措施，自然必须达成这样的目的。值得注意的是，合理调整义务的目的包含残疾人的尊严——合理调整通过确保不歧视或平等的观点促进个案正义，并考虑残疾人个人尊严、自主及选择来实现。当合理性的判断必须考虑调整措施是否达成平等及尊严等目的时，不仅考虑调整措施是否基于平等及尊重残疾人尊严的态度，还须审酌调整措施对残疾人平等及尊严的促进程度。换言之，调整措施是否符合合理性的要求，涉及调整措施是否使残疾人充分参与社会，并使残疾人是否最大限度地融入社会。以 H. M. v. Sweden 案〔1〕为例分析，审查委员会强调《残疾人权利公约》第 26 条要求缔约国使残疾人保持和实现最大限度的自立性，充分维持生理、心智、社会和职业能力，全面融入、参与各个生活层面。据以认定瑞典政府拒绝申诉人合理调整请求的决定，不仅忽视申诉人个案情形及其残障相关需求，也致使残疾人无从融入社会、行使其权利，进而违反《残疾人权利公约》意旨。

美国及欧盟的司法经验认为，在衡量拒绝提供合理调整是否有理由时，必须确保残疾人最大限度融入社会。例如，美国联邦最高法院在 Olmstead v. Zimring 案〔2〕中阐释合理调整提供的目的在于使残疾人最大限度地融入社会，纵使缔约国举证在当时的时空环境下无法达成原告社区安置的合理调整请求，也必须拟订全面且可行的计划，按照该计划确保将来原告能够在社区安置，借以使原告妥适地融入社会。欧洲人权法院在 Çam v. Turkey 案〔3〕中也强调，融合教育是不歧视原则及其他普世基本原则下最适当的手段，土耳其政府未能在各阶段适切考虑提供合理调整的可能性，致使申诉人无法进入音乐学校接受融合教育，违反欧洲人权公约保障受教育权利的意旨。

本书认为，"消除歧视的预期目的"作为合理性审查要素之一，所衍生的要求有两点：一是当有多重调整手段符合残疾人需求时，"使残疾人最大限度融入社会"的要求下，除非义务主体通过其他抗辩主张拒绝该调整措施确有理由，否则义务主体必须提供使残疾人最大限度融入社会的调整措施；二是即使在现行时空背景下，最大限度使残疾人融入社会的调整手段并不可行，义务主体也必须制订确实可行的计划，使残疾人将来能够获得使其最大限度融入社会的调整措施。

其次，关联性及有效性指《残疾人权利公约》第 2 条中的"关联性"（relevance）及"有效性"（effectiveness）要素，指"必要（necessary）的适当（appropriate）修改和调整"。这并非要求义务主体必须提供残疾人请求的任何调整措施，但义务主体必须提供残疾人权利公约所保障的为享受权利所不可或缺的调整措施。此外，义务主体提供的调整措施必须有效地使残疾人立于平等地位行使其权利。在 H. M. v. Sweden 案中，申诉人称在家中兴建水疗池是促使其健康、复健及社区融入权利实现的唯一手段，委员会在确认申诉人的健康状况及

---

〔1〕 See H. M. v. Sweden, Communication No. 3/2011（CRPD/C/7/D/3/2011）, para 8.5, 8.9.

〔2〕 Olmstead v. Zimring United States Supreme Court 527 U. S. 581（1999）.

〔3〕 https://www.stammeringlaw.org.uk/cam-v-turkey/.

兴建水疗池确实为唯一手段后，认为在此情形下，唯一满足申诉人健康需求的调整措施仅剩下调整都市计划，进而肯定变更都市计划与申诉人行使其受《残疾人权利公约》所保障的健康、复健及社区融入权利间的关联性及必要性。五位委员针对 Marie-Louise Jungelin and SRF v. Sweden [1]案所提出的不同意见中，更说明合理性的判断必须视该调整措施所拟提供的领域而定。例如，在该案涉及的工作及就业领域，不同意见认为用以确保促进残疾人就业的调整措施，必须得促进残疾人具备所应聘职位工作内容的专业能力[2]。一方面强调调整措施必须有效地促使残疾人行使权利，另一方面强调有效性及关联性的认定必须适应不同权利、领域的特征。

Posner 法官在美国 Vande Zande v. Wisconsin Department of Administration 案[3]中，认为原告降低办公室厨房水槽高度的请求无理由的原因，并非该成本仅需 150 美元的水槽超出雇用人的负担能力。事实上 Posner 法官未对降低水槽高度所带来的利益及成本进行评估，当其重申"当雇用人已提供必要措施，使残障受雇人在合理舒适的环境中工作时，即已履行其合理调整义务"，以及认定原告仍得使用厕所设置的无障碍水槽清洗其咖啡杯，从而雇用人无须再负担额外成本在厨房降低水槽高度。实际上 Posner 法官认为，对残疾人而言，降低水槽高度并非实现其就业及工作权利的必要调整措施。正如学者 Cass R. Sunstein 所批评的，当非残障雇人都能在厨房水槽清洗其咖啡杯等用品时，原告能否在厨房清洗其咖啡杯一事，并非仅是便利与否的问题，而是原告必须在厕所清洗其咖啡杯所带来的羞辱[4]。本书认为，正是狭隘地考虑调整措施（降低水槽高度）及该调整措施所欲满足的残疾人需求（清洗咖啡杯等用品），使得该案结论不但违反日常生活经验，更凸显对于残疾人的歧视。如果将促进平等及消除歧视、正视残疾人尊严等目的纳入考虑，断不会就必要性的认定得出如此结论。与之类似，英国国内上诉法院在 Malone v. The United Kingdom 案[5]中，将促进平等

---

[1] See H. M. v. Sweden, Communication No. 3/2011（CRPD/C/7/D/3/2011），para 8.5, 8.9.

[2] Joint opinion of Committee members Mr. Carlos Rios Espinosa, Ms. Theresia Degner, Mr. Munthian Buntan, Ms. Silvia Judith Quan-Chang amd Ms. Maria Soledad Cisternas Reyes（dissenting），para 4.

[3] See Vande Zande v. Wisconsin Department of Administration, 44 F.3d 538（7th Cir. 1995），at 546.

[4] See Cass R. Sunstein, Cost-Benefit Analysis without Analyzing Costs or Benefits: ReasonableAccommodation, Balancing, and Stigmatic harms, 74 U. CHI. L. R EV. 1895, 1908-1909（2007）.

[5] Eur. Court of HR, Malone v. The United Kingdom, judgment of 2 August 1984, application No. 8691/79.

及消除歧视、确保残疾人尊严等目的纳入考虑。申诉人因肢体残障无法到法庭应诉，申诉人认为"由法院职员抬上楼"是"一个历时十分钟左右稍具风险的过程"，并主张自己"不应任由被人力搬动"，因此否认法庭提出的"将审理法庭改为位于法院一楼的位置"违反合理调整原则。

最后，过度负担的衡量涉及与调整措施相关的资源分配，包含对义务主体类型、义务主体规模、财务能力及成本等因素的衡量，纵使这些具体内容最终并未被明确规定于残疾人权利公约中，但足以证明过度负担主要涉及义务主体能力与合理调整措施所需成本的衡量。虽然《残疾人权利公约》本身并未对过度负担概念有所着墨，但委员会认为，过度负担的判断需考虑与调整措施相关的可利用资源及财务因素。在 Marie-Louise Jungelin and SRF v. Sweden 案[1]中，不同意见指出，合理调整有无理由的判断，必须确保得合理期待公权力主体、私人公司或企业采取、实施该调整措施。[2]由此可见，《残疾人权利公约》中对过度负担的判断，基本方向与《美国残疾人法》或欧盟就业平等指令应无不同，主要从经济理性的观点出发，评估合理调整措施的成本及义务主体的负担能力。判断步骤上，本书拟先行说明过度负担的判断标准，再就判断义务主体负担能力及调整措施的成本效益分析的要素进行说明。

兼采成本效益分析标准及义务主体负担能力标准。《美国残疾人法》揭示的相关衡量要素主要考虑义务主体的负担能力。美国对过度负担的衡量实际上混用义务主体负担能力及成本效益分析。司法实务除将危及义务主体的存续，或对义务主体的经营造成重大影响认定为构成过度负担外，调整措施所需的成本与所带来的利益不符合比例时，也将构成过度负担。过度负担的相关要素，除必须参考义务主体的财务及其他资源、义务主体可能获得的其他补助，或者该调整措施对雇用人经营造成的影响程度等着重义务主体负担能力的要素外，还必须具体衡量调整措施带来的利益与成本是否合乎比例。例如，合理调整的程度必须基于（缔约国）发展融合教育体制的整体义务考虑，以最大化地运用既存资源并发展新资源。以资源欠缺及财务困难作为未能促进融合教育的正当化理由，将违反《残疾人权利公约》第24条的意旨。委员会针对是否符合比例

---

[1] Marie-Louise Jungelin v. Sweden CRPD/C/12/D/5/2011. (Committee on the Rights of Persons with Disabilities Communication No. 5/2011).

[2] Joint opinion of Committee members Mr. Carlos Rios Espinosa, Ms. Theresia Degner, Mr. Munthian Buntan, Ms. Silvia Judith Quan-Chang amd Ms. Maria Soledad Cisternas Reyes (dissenting), para 4.

的判断指出,"对于是否符合比例的解释,应根据案件事实具体判断。可能的调整措施必须从教育体制下的整体教育资源考虑,并不限于教育机构可能运用的资源"。委员会在第 4 号一般性意见的意旨中提出,前者强调义务主体所运用的资源,并考虑义务主体的财务因素,要求义务主体必须对既有资源最大化运用,甚至发展新的资源,不能仅根据资源欠缺及财务困难作为拒绝提供的理由;后者在是否合乎比例的判断上,强调义务主体所运用资源的范围可能不能仅从单一机构观察,须从整体资源合理调整考虑的必要方面思考。本书认为,委员会第 4 号一般性意见的见解,仅考虑义务主体是否确实具有提供合理调整的能力,而未考虑过度负担的认定必须对义务主体的负担能力而言不能超出比例的问题。其次,依据 Marie-Louise Jungelin and SRF v. Sweden 案的不同意见,其指出瑞典国内劳动法院在衡量合理调整措施是否构成过度负担时,必须考虑该调整措施对于未来其他视障者就业可能带来的潜在正面影响,暗示了过度负担的构成与否,必须审酌该调整措施所带来的利益及其成本。

《残疾人权利公约》下的过度负担判断必须先行确认提供调整措施是否对义务主体造成财务上的困难,甚至致使义务主体无法继续存续,若经判断后义务主体并无能力提供调整措施,调整措施即构成过度负担。此时如果有其他可能的调整措施符合残疾人需求,重新就该调整措施再行检讨;若经判断后义务主体确有能力提供调整措施,必须进一步比较该调整措施成本及所带来的利益是否符合比例。相同地,若该成本与利益经分析并不符合比例,该调整措施即构成过度负担,此时仍必须考虑是否有其他可能的调整措施符合残疾人需求,重新就该调整措施再行检讨。反之,如果调整措施的成本与利益经分析后符合比例,义务主体即应提供该调整措施,而不得根据过度负担抗辩拒绝提供合理调整,否则即构成歧视。

在这样的标准下,残疾人的合理调整请求仅有在义务主体确实具有负担能力,且该调整措施带来利益与成本符合比例时,才不构成过度负担。这种标准是否将大幅限缩残疾人请求合理调整的可能性,使残疾人合理调整请求难以实现,需考虑应纳入衡量的判断要素范围,以及成本效益分析"是否符合比例"的程度认定。就后者而言,要求义务主体必须提供合理调整的目的,并非使残疾人获得额外的权利保障,仅是在正视残疾人人格尊严的前提下,使残疾人能够如同非残疾人一般平等地充分享受、行使各种基本权利。就此,过度负担的意义仅在于避免对义务主体构成过大或不合理的负担,要求义务主体必须就其资源尽其最大限度努力,使残疾人如同他人一般行使权利。在这样的意旨下,所谓"是否符合比例"的认定,仅在调整措施带来利益与其成本"显不相当"或"显失均衡"时,才能否定调整措施带来的利益与其成本不符合比例。反之,一味地要求调整措施带来利益必须大于其成本,就会落入一般经济理性观点,忽视确保残疾人权利平等实现的意义。事实上,美国最初提出过度负担概念时,要求该成本必须对义务主体构成重大困难或重大支出。单纯利益小于成本的衡量结果不足以构成过度负担。学理上也认为,判断过度负担时,要求义务主体必须竭尽个案中可能的财务来源以提供调整措施。从这样的意旨观察,仅在调整措施的成本与利益不符合比例的情形下,才能认定构成过度负担,在判断成本与获利是否符合比例时,可参考以下内容。

(三) 合比例的判断因素

1. 义务主体负担能力的衡量要素

在判断义务主体负担能力时,应综合义务主体的性质、义务主体的规模大小、义务主体可运用的资源、义务主体可能获得的补助等因素判断。首先,义务主体性质上属于公权力主体或私人,可能致使其所运用的资源有差异。例如,残疾人受教育权案例中,可能的调整措施必须从教育体制下的整体教育资源考虑,并不限于教育机构可能运用的资源。在私人义务主体是企业的情形下,对其可能使用的资源进行评估,将单一法人及整体关系企业中能使用的资源纳入考虑范围。还须考虑公权力主体行政机关所具有的地位角色及功能定位,如教育局在执行残疾人相关政策的行政机关所具有的相关地位及功能。

义务主体的规模大小也涉及其能够提供合理调整资源的多寡。举例而言,提供计算机对大规模企业而言并非难事,甚至可能在企业中即有备用品可使用,不需另行添购。但对仅有一两个雇员的工作室而言,添购计算机可能对其财务造成困难。值得注意的是,纵使义务主体现可供利用的资源可能有限,但义务主体仍可能向国家申请相关补助(如补贴或税务减免),这也要纳入义务主体负担能力的考虑范围。Marie-Louise Jungelin and SRF v. Sweden 案的不同意见认为,瑞典监察使建议的调整措施可依其他相关法规向相关单位申请补助,且监察使须证明有以该调整措施申请补助的先例。

2. 调整措施成本效益分析的衡量要素

在成本的计算上,法院必须计算义务主体因提供调整措施确实必须支出的成本,除须扣除义务主体因提供该调整措施可能获得的相关补助或税务减免外,而且不容许将义务主体单纯臆测的成本纳入考量范围。值得注意的是，除个案中残疾人所需调整措施的成本外，还有可能在计算上纳入后续可能的相关成本，如美国 Pottgen v. Missouri High School Activities Association 案[1]即将后续协会必须建立审查机制借以逐案审查未来相关请求的成本计入了衡量范围。Olmstead v. Zimring 案则考虑社区安置相关设施维护成本及不关闭安置机构的费用节省。对调整措施成本的评估必须考虑对第三人的潜在负面影响，如对残障学生提供的调整措施可能影响其他学生的学习，可能提升对其他学生或教职员的风险。

在利益的计算上，除调整措施对残疾人所带来的利益外，能否考虑该调整措施对第三人的利益？不无疑问，以工作及就业领域为例，调整措施可能使企业内的其他残障受雇人或非残障受雇人享有利益，亦可能使企业外的他人获得利益，此类利益是否纳入衡量范围，不无疑问。这样的疑问也导致在申诉案件（如 Marie-Louise Jungelin and SRF v. Sweden 案）中出现不同意见的分歧。详言之，五位委员共同提出的不同意见都支持将调整措施可能对第三人的潜在利益纳入分析。瑞典政府反对纳入第三人利益的理由是合理调整属个案措施，应仅考虑该措施对残疾人带来的利益，不得考虑该措施可能带来的一般性的潜在利益[2]。

《残疾人权利公约》将通用设计列为缔约国一般义务的前提下，合理调整的提供必须尽可能地满足通用设计的要求，即在有多数调整措施符合残疾人需求时，应优先考虑采取合乎通用设计的调整措施，以在满足个案残疾人需求外，同时使其他非残疾人也能受益，从而将该调整措施的效益最大化。从这样的观点来看，虽然合理调整措施的提供因个案残疾人的需求而生，但就应提供何种调整措施而言，实际上考虑的并不仅是个案残疾人需求的满足，更应全面考虑该调整措施现在及未来对所有人发挥什么程度的效益。换言之，体系解释必须考虑通用设计的意旨，从而在具体衡量合理调整措施带来的利益时，将该调整措施对第三人可能的潜在正面影响纳入考量范围。

综上，合理调整措施必须视残疾人需求而定，且以不对该特定合理调整主体造成过度或不合理的负担为前提，并提供及时、有效并具可执行力的救济。虽然委员会并未指明缔约国必须提供的救济方式，但委员会要求缔约国建立独立、有效、无障碍、透明、安全、及时且具可执行力的救济及补偿机制，使未

---

[1] Pottgen v. Missouri High School Activities Ass'n, 857 F. Supp. 654 (E. D. Mo. 1994).

[2] See Marie-Louise Jungelin and SRF v. Sweden, Communication No. 5/2011 (CRPD/C/12/D/5/2011), para 8.15.

获得妥适调整措施或遭受歧视的残疾人获得有效救济。

（四）合比例的判断标准

1. 目的正当性

目的正当性要求国家对基本权利的限制必须合乎宪法中的正当目的。目的正当性的判断中往往涉及不确定法律概念的诠释，由于社会秩序、公共利益等概念过于抽象、不确定，需要结合具体个案进一步分析。例如，为维护乘客生命、身体及财产的安全，保护乘客安全及维护社会治安——为追求这一重要的公共利益，可能会牺牲合理调整措施。我国目前正处于社会主义初级阶段，在全面实现小康社会的基础上进行中国式现代化建设，国家对残疾人权利保障投入的资源、保障的程度必须适合社会建设的总体目标，不能超越基本国情提出不切实际的目标。

2. 手段适合性

手段适合性检讨法律所采取的措施是否有助于目的达成，是否能实现维护残疾人人格尊严及权益的立法目的。以残疾人监护权为例分析，对受监护宣告的残疾人而言，宣告的法律效果是既剥夺其行为能力，也直接剥夺其财产权、一般行为自由。这些权利往往都与宪法的核心价值——同时也是监护制度的立法目的——人格自由与人格尊严严重抵触。为何限制残疾人人格自我实现这一重要的法律人格权会导致限制或剥夺其人格尊严的后果？因精神障碍、智力缺陷而丧失生活自理能力的残疾人，须依赖他人协助照顾其生活起居（如植物人、失智症或自然衰老的情形），通过监护人对残疾人行为能力的积极干预，维持生存基本需求以维护残疾人人格尊严；或基于保护残疾人因智虑不周而无法通过协商机制缔结公平合理的财产契约，避免成为诈欺取财的受害者，通过赋予监护人作为法定代理人作出意思表示的方式，保护残疾人财产权的行使不因精神障碍或智能缺陷而受到影响。在上述情形中，前者基于维持残疾人生存发展以实现人格尊严；后者基于维护财产权以保护残疾人自由使用、处分、收益的权能不受障碍因素影响。从适合性角度分析，不能否认监护制度在某种程度上对实现残疾人人格尊严的积极作用。

尽管受监护宣告的残疾人"不因监护宣告而丧失行为能力"，且监护人如有滥用其同意权的情况，可依据法律申请救济。但本书认为，只要制度容许第三人——不论其为监护人或法院——对残疾人的自我决定进行干预（如重大财产处分、诉讼权行使等）即属对法律能力的限制。尽管法律能力的限制确实对残疾人人格尊严保障有影响,但从保护残疾人财产权的行使不因残障因素受到影响的立法目的来看,法律赋予监护人同意权能确实有助于实现监护制度所追求的人格尊严。

3. 手段必要性

手段必要性检视合理调整采取的手段,是否为最小侵害的手段。换言之,如果有其他较轻微的手段也能达成相同目的,即与必要性相违背。

《残疾人权利公约》第 12 条第 4 款规定,涉及法律能力行使的保护措施……应合乎比例且密切符合本人情况。这一规定与比例原则中的必要原则相当。欧洲理事会 R（99）4 号建议建构的"弹性原则"中的保护措施应对障碍的程度与情况、法律能力的最大保留原则（将意思能力的种类进行类型化区分,且考虑到能力会随着时间而改变,任何保护措施均不得直接完全剥夺法律能力,而仅能在必要范围内为之）予以参考。最小干预原则仅能在必要范围内设置保护措施,如非正式辅助措施如能被残疾人使用时应优先适用,合乎比例且密切符合个人的状况与需求。上述概念不仅环环相扣,也与本书在此所讨论的必要原则息息相关：上述原则要求监护制度应符合残疾人本人的现况与需求,对应不同程度的能力欠缺,且辅助措施应先于法定措施使用。

残疾人监护制度是否符合弹性原则,并非着眼于监护制度的"类型化"观察,法律效果是否具有弹性,才是弹性原则的判断重点。弹性原则重视的是保护措施是否适应不同残疾人的需求,实现被监护人的最佳利益。一概而论的限制方式显然欠缺弹性,无法反映本人的实际现况与需求,也不符合 R（99）4 号建议建构的"比例原则"。保护措施必须密切符合本人现况,当保护措施对法律能力的限制逾越个案保护需求时,则超越了必要原则。

本书认为,即便国家有对公民法律能力干预的动机与理由,也不当然导致国家在个案上就应立即介入。换言之,国家干预的时点与程度——也是另一种手段必要性的检验。残疾人因行动不便往往与配偶、子女、兄弟姊妹等共同居住于家宅,因为家人对精神障碍、智能残疾人照顾具有重要作用。将国家定性为监护制度的监督者,不代表残疾人的亲属就不再参与照顾事务。正因着眼于此特殊现象,补充性原则在此更显得意义重大,强调此原则的意义不在于使家属（照顾者）获得不受节制的照顾、管理权限,而在于使法院作为监护措施质量的担保者可以更弹性且兼顾本人实际照顾需求,制定出合乎《残疾人权利公约》意旨的监护宣告。换言之,残疾人的保护需求与家人扮演的照顾者角色二者之间并不冲突,手段必要性的思考就是可行的解决方案。

4. 限制妥当性

这一原则是指判断受国家干预的基本权与干预措施所欲追求的价值间是否显失均衡,又称为狭义比例原则。对基本权进行比较,前提须先就权利价值进行排序,以作为比较基准。理论上一般从"侵害强度"与"所获利益"方面进行观察——对基本权利造成的侵害越高,则获得利益也应越高。考虑到人格权涉及的人格自由发展同时也是宪法基本权利保障的核心价值,本质上应优于其他基本权。以此种思路对狭义比例原则进行讨论,应可直接得出任何对残疾人人格权的限制皆欠缺限制妥当性的结论,而前者仍须根据个案进行判断,未必残疾人人格权必然优于或次于其他权利。

从概念上而言,合理调整义务与间接歧视概念在实质平等下具有高度关联性——间接歧视概念认知到表面中立的国家措施仍可能对弱势群体产生事实上的歧视性效果。然而,间接歧视仅能判断法律规定、标准或其实践是否带有歧视性,并进一步废弃原具有歧视性意味的规定、标准或实践方式,而以新的不具歧视性意味的方式取而代之。由于具有争议性且造成事实上不平等的措施仍可能因属于达成立法目的的最合理手段而被认定属于合理差别待遇,扭转事实上的不平等难以仅凭间接歧视概念解决。在不损害合理调整立法目的的前提下,为弱势不利群体设立若干例外即可能成为消除事实上不平等的唯一方式。从这个角度而言,合理调整可以被解读为实质平等下关注个人特征的一种特殊回应。

纵然合理调整的要求并非试图变更、废弃主流体制下的既有规范。但既有主流体制、结构的改变并非一蹴而就。在《残疾人权利公约》容许各国逐步履行义务并实现残疾人权利的前提下,合理调整仍具有确保残疾人先予参与、融入主流社会的功能。就此而言,否认合理调整的功能,甚至将合理调整视为形式平等,或许失之武断。不过不可否认的是,从长远来看,改变、扭转既有社会主流体制及结构,达成残疾人真正、完全融入社会的目标,依然任重道远。

综上,无障碍及合理调整是残疾人平等参与社会生活的努力方向,对于维护残疾人合法权益具有重要意义。一方面,残疾人需要以适应社会的正常标准而尝试改变,另一方面,国家和社会也需积极提供支持促使残疾人融入社会。残疾人司法保护主体加强信息无障碍建设,是提高残疾人权利意识、促使其自主维权、实现残疾人司法正义的重要路径,也是中国式法治现代化建设必不可少的一环。

第三章　残疾人司法保护的法律制度

第一节　国内法律制度

残疾人权益保障是人权保障的重要组成部分。法治是最大公约数，立法是保护残疾人权益最重要、最有效的方式，残疾人司法保护的法律制度是中国特色社会主义法治体系的重要内容。在我国，党和国家高度重视残疾人权益保护工作，党的二十大报告中强调，"完善残疾人社会保障制度和关爱服务体系，促进残疾人事业全面发展"。梳理国内法律制度，可以看到，我国通过不断建立健全残疾人权益司法保护的法律体系，在多个层面、多个维度保障残疾人的合法权益，为残疾人提供了全面的司法保护，确保残疾人能够平等享受到法律赋予的各项权利和利益。

一是宪法保障。宪法在"公民的基本权利和义务"一章，赋予了包括残疾人在内的任何人依法平等享有各项公民权利。残疾人作为社会弱势群体，需要给予特别帮助，宪法为此也作出了制度性安排。例如，《宪法》第 45 条规定，中华人民共和国公民在年老、疾病或者丧失劳动能力的情况下，有从国家和社会获得物质帮助的权利。国家发展为公民享受这些权利所需要的社会保险、社会救济和医疗卫生事业。国家和社会保障残废军人的生活，抚恤烈士家属，优待军人家属。国家和社会帮助安排盲、聋、哑和其他有残疾的公民的劳动、生活和教育。

二是专门社会法保护。对残疾人权益的保护，我国有专门的立法规定。表现之一为《残疾人保障法》。该法于 1990 年颁布，2008 年、2018 年分别进行了两次修改。《残疾人保障法》明确规定了残疾人在政治、经济、文化、社会和家庭生活等方面享有与其他公民平等的权利，并强调了残疾人的公民权利和人格尊严受到法律保护,禁止任何形式的歧视和侮辱。并将每年5月的第三个星期日确定为全国助残日。表现之二为《无障碍环境建设法》。无障碍是残疾人行使各项权利的基础。为了创造无障碍环境,保障残疾人等社会成员平等参与社会生活,2012年6月国务院通过了《无障碍环境建设条例》。在吸收《无障碍环境建设条例》实施成效基础上,2023年6月第十四届全国人民代表大会常务委员会第三次会议通过《无障碍环境建设法》。该法明确了无障碍环境建设的定位、原则和管理体制,要求政府和公共服务提供者建设无障碍环境,以消除残疾人在物质环境、信息交流和获得服务方面的障碍,为新时代加强无障碍环境建设,保障残疾人、老年人平等、充分、便捷地参与和融入社会生活,促进社会全体成员共享经济社会发展成果提供了坚实的法治保障。表现之三为配套的系列行政法规、地方性法规以及行政规章。此方面规定涉及残疾人保护的各个方面,内容上较为多样,主要涉及康复、教育、就业等,如《残疾预防和残疾人康复条例》《残疾人教育条例》《残疾人就业条例》《促进残疾人就业增值税优惠政策管理办法》,等等。

三是综合性法律中专门条款支持。刑事法中,对残疾人的刑事法保护既贯穿于中国古代,又传承到现代。在实体法上,《刑法》中既有残疾人刑事责任能力和刑事责任减免规定[1],又设立有虐待被监护人、被看护人罪,遗弃罪,组织残疾人、儿童乞讨罪等罪名。程序法上,《刑事诉讼法》中既有残疾人获得有效辩护的权利[2],又有如不适用简易程序,强制医疗程序,认罪认罚的不需要签署认罪认罚具结书等特别规定。民事法中,《民法典》的实施进一步加强了对残疾人民事权益的法律保护,包括生存权与发展权、法律能力、人身人格、婚姻家庭、无障碍环境等方面的保障。例如,成年监护制度的更新,尊重了心智障碍者的自主决策权,并在紧急情况下保障了残疾人的生存权益。行政法中,《行政处罚法》规定,精神病人、智力残疾人实施行政违法行为的减

---

[1]《刑法》第18条规定:精神病人在不能辨认或者不能控制自己行为的时候造成危害结果,经法定程序鉴定确认的,不负刑事责任,但是应当责令他的家属或者监护人严加看管和医疗;在必要的时候,由政府强制医疗。间歇性的精神病人在精神正常的时候犯罪,应当负刑事责任。尚未完全丧失辨认或者控制自己行为能力的精神病人犯罪,应当负刑事责任,但是可以从轻或者减轻处罚。第19条规定:又聋又哑的人或者盲人犯罪,可以从轻、减轻或者免除处罚。

[2]《刑事诉讼法》第35条第2款规定:犯罪嫌疑人、被告人是盲、聋、哑人,或者是尚未完全丧失辨认或者控制自己行为能力的精神病人,没有委托辩护人的,应当通知法律援助机构指派律师为其提供辩护。

免处罚[1]。此外,《法律援助法》第 25 条规定对残疾人提供法律援助,对于视力、听力、言语残疾人的刑事案件犯罪嫌疑人、被告人未委托辩护人的,人民法院应当通知法律援助机关为其指定辩护人;《基本医疗卫生与健康促进法》规定了完善残疾预防和残疾人康复及其保障体系;等等。

四是政策规划支撑。例如,2008 年《中共中央、国务院关于促进残疾人事业发展的意见》共 22 条,强调要增强促进残疾人事业发展的责任感和使命感,对加强残疾人医疗康复和残疾预防工作、保障残疾人基本生活、促进残疾人全面发展、改善对残疾人的服务、优化残疾人事业发展的社会环境、加强对残疾人工作的领导作出了规定。又如,《"十四五"残疾人保障和发展规划》《国家残疾预防行动计划(2021—2025 年)》等国家层面的政策规划充分体现了对残疾人权益保护的重视,旨在进一步保障残疾人民生、促进残疾人发展,确保残疾人能够共享社会物质文化成果。

五是专门司法指导性文件指引。司法机关先后出台了保障残疾人权益的指导性文件。例如,2015 年最高人民检察院、中国残疾人联合会《关于在检察工作中切实维护残疾人合法权益的意见》,2018 年最高人民法院、中国残疾人联合会《关于在审判执行工作中切实维护残疾人合法权益的意见》,2022 年最高人民法院、最高人民检察院、公安部、司法部、中国残疾人联合会《关于深入学习贯彻习近平法治思想 切实加强残疾人司法保护的意见》,2024 年最高人民法院、中国残疾人联合会《关于为残疾人提供更加优质诉讼服务的十条意见》。这些文件都为加强残疾人权益司法保护提供了依据和指引。

综上所述,我国已经形成了以《宪法》为依据,以专门社会法为基干,以刑事、民事、行政等法律为基础,以具体领域专门规定为支撑的残疾人权益保障法律法规体系。既有对残疾人所应享有实体权利的规定,也有程序性权利的规定,涵盖了残疾人权益的方方面面。通过一系列具体措施和政策,为残疾人提供了全面司法保护,确保了他们在社会生活中的合法权益得到尊重和保障。这些措施不仅体现了国家对残疾人权益保护的承诺,也促进了残疾人与社会的融合发展、全面发展。

---

[1]《行政处罚法》第 31 条规定:精神病人、智力残疾人在不能辨认或者不能控制自己行为时有违法行为的,不予行政处罚,但应当责令其监护人严加看管和治疗。间歇性精神病人在精神正常时有违法行为的,应当给予行政处罚。尚未完全丧失辨认或者控制自己行为能力的精神病人、智力残疾人有违法行为的,可以从轻或者减轻行政处罚。

一、宪法保障

宪法是国家根本大法，其规定残疾人在政治、经济、文化、社会和家庭生活等方面享有同其他公民平等的权利。残疾人司法保护的宪法保障主要体现在权利保障方面。

（一）残疾人平等权

宪法规定，中华人民共和国公民在法律面前一律平等。国家尊重和保障人权。这为残疾人享有与其他公民平等的法律地位和权利提供了基本保障。

【保障残疾人平等权典型案例】 浙江省杭州市人民检察院督促落实残疾人驾照体检服务行政公益诉讼系列案[1]

2022年2月，"益心为公检察云"平台志愿者、杭州市肢残人汽车专业委员会负责人向浙江省杭州市人民检察院反映杭州市某残疾人驾照体检定点医疗机构长期未开展相关服务。检察机关对辖区定点体检医疗机构进行调查核实，并邀请部分公益志愿者参与现场勘查。针对查明的辖区内6家定点医疗机构或因不知晓政策而从未开展体检业务，或在开设体检业务后因体检人数较少予以取消，导致有需要的残疾人因体检渠道不畅影响后续驾照申领、换证等权利受损情形，杭州检察机关依据属地管辖分别向辖区卫生健康行政部门发出行政公益诉讼诉前检察建议，督促其依法全面履行监管职责，及时整改违法情形，切实保障残疾人合法权益。

保障符合法定条件的残疾人通过体检、办理驾照，体现了对残疾人平等权利和尊严的保护，对于促进残疾人社会融合、促进残疾人就业具有重要意义，也是保障社会公众对残疾人驾驶汽车放心的安全阀。检察机关通过"益心为公检察云"平台，从残疾人群体精准获取案件线索，以专项办案推进系统监督，督促相关职能部门依法履行监管职责，打通有关法律政策落地落实"最后一公里"，促进全域范围内残疾人驾照体检服务无障碍、全覆盖，共同营造为残疾人驾驶汽车提供便利的良好社会氛围。

（二）残疾人政治权利

宪法规定，公民有选举权和被选举权。这意味着残疾人有权参与国家政治

---

[1] 参见2022年5月13日发布的《最高人民检察院、中国残疾人联合会联合发布10件残疾人权益保障检察公益诉讼典型案例》。

生活。具体来说，残疾人的政治权利主要包括以下几个方面：一是法律保护，残疾人的公民权利和人格尊严受到法律保护，禁止基于残疾的歧视、侮辱和侵害。二是参与国家事务，国家采取措施保障残疾人依照法律规定，通过各种途径和形式，管理国家事务，管理经济和文化事业，管理社会事务。三是意见和建议权，制定法律、法规、规章和公共政策时，应当听取残疾人和残疾人组织的意见。残疾人和残疾人组织有权向各级国家机关提出残疾人权益保障、残疾人事业发展等方面的意见和建议。四是参与社会生活，残疾人在政治、经济、文化、社会和家庭生活等方面享有同其他公民平等的权利，保障残疾人平等地充分参与社会生活，共享社会物质文化成果。

（三）残疾人人身权

人身权是指人人享有生命、健康和身体完整性不受侵犯的权利。人身权是从事和参与社会生活的基本前提条件。对于残疾人而言，更是如此。由于残疾，残疾人人身安全容易受到侵犯。残疾人的人身权是残疾人享有其他权利的基础和前提。

我国《宪法》规定，公民的人身自由不受侵犯，公民的人格尊严不受侵犯，公民的住宅不受侵犯，公民的通信自由和通信秘密受法律的保护。人身自由不受侵犯，是公民最起码、最基本的权利，这些规定为残疾人参加各种社会活动和享受其他权利提供了先决条件。《民法典》详细规定了无民事行为能力人和限制民事行为能力人在幼儿园、学校或者其他教育机构学习、生活期间受到人身损害的，相关责任方的责任划分准则，有利于更好地保障包括残疾人在内的无民事行为能力人和限制民事行为能力人的权利。规定监护人有实施严重损害被监护人身心健康的行为，怠于履行监护职责，或者无法履行监护职责且拒绝将监护职责部分或者全部委托给他人，导致被监护人处于危困状态等情形之一的，人民法院根据有关个人或者组织的申请，撤销其监护人资格，安排必要的临时监护措施，并按照最有利于被监护人的原则依法指定监护人。利用残疾人的残疾，侵犯其人身权利或者其他合法权利，构成犯罪的，依照刑法有关规定从重处罚。1990年《残疾人保障法》第52条规定以暴力或者其他方法公然侮辱残疾人，情节严重的，依法追究刑事责任；情节较轻的，依照治安管理处罚条例规定处罚。虐待残疾人的，依照治安管理处罚条例规定处罚；情节恶劣的，依法追究刑事责任。对没有独立生活能力的残疾人负有扶养义务而拒绝扶养、情节恶劣的，或者遗弃没有独立生活能力的残疾人的，依法追究刑事责任。奸淫因智力残疾或者精神残疾不能辨认自己行为的残疾人的，以强奸论，依法追究刑事责任。

【保障残疾人人身权典型案例】 卢某某申请人身安全保护令案[1]

卢某某（女）系二级智力残疾，王某某与卢某某为夫妻关系。因婚前缺乏了解，婚后感情基础差，王某某在婚姻生活中稍有不满，即对卢某某及其父母拳脚相加，实施家庭暴力。卢某某为此提起离婚诉讼，并提交了公安机关的报警回执、受案回执、询问笔录、家庭暴力告诫书等证据。案件受理后，法院邀请区残疾人联合会共同走访卢某某及其家人，向当事人及其单位了解具体情况，委托区残疾人联合会对卢某某遭受家庭暴力的程度以及存在家庭暴力的现实危险等进行综合评估。经调查评估后，区残疾人联合会以卢某某遭受家庭暴力且受到威胁不敢申请人身安全保护令为由，代卢某某向法院申请人身安全保护令。法院经审查认为，区残疾人联合会依法履行法律赋予的救助服务职责，以卢某某遭受家庭暴力危险无法申请人身安全保护令为由代卢某某提出申请，符合法律规定。裁定禁止王某某对卢某某及其近亲属实施家庭暴力，禁止王某某在距离卢某某工作单位200米范围内活动。

残疾人是社会特殊群体，需要全社会格外关心、加倍爱护。在司法实践中，由于残疾人自身的生理缺陷，导致其诉讼能力较弱，因受到威胁等原因不敢申请人身安全保护令。本案是全国首例由残疾人联合会代为申请的人身安全保护令，较好地将最高人民法院、中国残疾人联合会共同印发的《关于在审判执行工作中切实维护残疾人合法权益的意见》融入司法审判实践中，既是反家暴审判的一次有益尝试，也是回应残疾人司法需求和司法服务的具体体现。

（四）残疾人社会保障权

社会保障权是指国家通过分配和再分配国民收入以形成社会消费基金，对全体社会成员因失业、退休、遭到意外事故、生育、疾病等造成收入损失或者生活困难时给予物质帮助，为其生活保障的各种措施的总称。社会保障权关系到残疾人的所有权利，如果某一残疾人由于各种原因找不到工作或就业不顺利或失业，不能维持自己的正常生活，在这种情况下，残疾人根据其社会保障权，从国家或者社会得到物质帮助以维持其正常生活。就重度的不能参与社会生活

---

[1] 参见2021年12月2日发布的《最高人民法院、中国残疾人联合会残疾人权益保护十大典型案例》。

的残疾人而言，社会保障权尤为重要。

残疾人社会保障权从宪法基本权利中衍生，宪法中的人权保障条款为残疾人社会保障权益保护提供宪法性基础。我国《宪法》第33条提出国家尊重和保障人权的内容，属于我国有关人权保障的相关规定；《宪法》第45条中提及国家和社会有义务帮助和解决盲、聋、哑或有其他残疾的公民的劳动、生活以及教育方面的问题，保障残疾人群体具备合法性权利，在国家和社会扶助下获得物质帮助。虽然此内容并未直接说明残疾人社会保障权这一概念，而是规定公民具有获得物质帮助的权利，但从学理上分析，其具体意义与"社会保障权"具有一致性。社会保障权实质上来说是一种物质救济权。社会保障权的存在具有必然性，当劳动者在生、老、病、死等诸方面具有一定困难时可得到物质帮助，社会保障权属于社会公民的一项基本权利。从法解释学角度来看，宪法规定的物质帮助权以及离退休制度可视为残疾人社会保障权益的宪法依据，从而为我国残疾人社会保障权益实现的发展提供了根本规范依据。在法律层面有关残疾人社会保障权益的具体规定分散性较强，如《残疾人保障法》《老年人权益保障法》等。残疾人社会保障方面的内容主要存在于《残疾人保障法》中"社会保障"一章，同时，《社会保险法》中对残疾人有着特殊的说明。此外，《劳动法》《教育法》等法律法规中有对残疾人社会保障权益相关内容的规定。《残疾人保障法》是残疾人权益保障的基础法律，是我国专门保障残疾人各方面权益的法律。2008年修订的《残疾人保障法》第六章"社会保障"在内容和范围上作出拓展。第46条内容中首次明确残疾人应当享有社会保障权利。2010年出台《社会保险法》，这一法律的实施代表着我国的社会保险制度从实验性阶段走向稳定性阶段，我国社会保障体系基本建立起来。我国有关残疾人权利保护的法律达五十余部，渗透劳动就业、社会保障、教育保障等多层次内容。行政法规层面上，《残疾人教育条例》《残疾人就业条例》《无障碍环境建设条例》的实施，《残疾预防和残疾人康复条例》的制定，对残疾人在社会保障中的教育、就业、康复及无障碍方面作出明确和具体的内容规定。残疾人群体普遍的受教育水平有所提升、就业率普遍提高，残疾人在医疗方面得到康复机会的比例增多。

在残疾人社会保障法律体系建设过程中，以《宪法》这一根本大法为依据，建立起系统有效的残疾人社会保障法律体系，通过设立以刑事法律、民事法律、行政法律等法律部门为基础的法律结构，以《残疾人保障法》为主导，通过《残疾人教育条例》《残疾人就业条例》等行政法规作为辅助性规范，以保障残疾人权益的地方法规与规章为补充建立起系统性的社会保障法律保障体系。可见，通过相关法律法规的颁布与实施，我国残疾人社会保障法律体系已建立起来。

【保障残疾人社会保障权典型案例】刘某某诉某景观工程公司、李某某姓名权纠纷案[1]

刘某某系听力壹级、言语壹级多重残疾人，享受农村五保供养待遇。2018年，某景观工程公司与李某某签订制作冰灯协议，约定由李某某为其制作冰灯4组。2019年，李某某承包的工程完工，某景观工程公司告知李某某以工人工资的形式结算工程款。因李某某雇用的工人工资不能达到工程款数额，李某某便盗用刘某某身份信息，冒充自己雇用的工人。后某景观工程公司做工资账目时，使用了刘某某的身份信息，同时向税务部门进行了个人所得税明细申报。2019年，民政部门对城乡低保人员复审工作期间，发现刘某某收入超标，于2019年7月开始终止对刘某某的特困人员救助供养。刘某某以侵害姓名权为由，起诉请求某景观工程公司、李某某赔偿损失。法院经审理认为，李某某未经刘某某同意，私自盗用其身份证复印件，某景观工程公司做工资账目时，使用了刘某某的身份信息，并用作纳税申报，导致民政部门终止对刘某某的特困人员救助供养。对因此给刘某某造成的损失，某景观工程公司、李某某应当承担赔偿责任。

残疾人作为具有特殊困难的群体，更需要给予特别的保护。保护残疾人合法权益是整个社会的义务和责任，也是社会文明进步的重要标志。残疾人作为社会公众中的一员，依法享有社会保障权利。本案判决通过保护残疾人的人格权益，为残疾人获得应有的社会保障提供了支撑，向社会彰显了残疾人权益应当得到全方位保障的价值理念。

(五) 残疾人受教育权

残疾人受教育权的实现程度与国家的整体教育发展水平有着密切的联系，反映了一国经济、文化水平的发展程度。因而，残疾人教育相关法律和制度的制定和完善，极大地影响着残疾人教育发展水平和程度。我国始终坚持和发展

---

[1] 参见2021年12月2日发布的《最高人民法院、中国残疾人联合会残疾人权益保护十大典型案例》。

中国特色的残疾人教育事业，努力维护残疾人的合法权益，推动残疾人教育事业的持续发展。

《宪法》第45条第3款规定：国家和社会帮助安排盲、聋、哑和其他有残疾的公民的劳动、生活和教育。第46条第1款规定：中华人民共和国公民有受教育的权利和义务。以基本法为残疾人受教育权奠定了基石。残疾人教育保障的基本法层面的立法保障主要体现在两个领域：一是社会保障领域，如《残疾人保障法》；二是教育法领域，主要分布于《教育法》《义务教育法》《职业教育法》中。《残疾人保障法》作为保障残疾人权益的一部专门性法律，其内容涵盖了较多方面，对于残疾人教育也以单章的形式作出规定。其第三章专门针对教育进行规定，第21条明确指出"国家保障残疾人享有平等受教育的权利"，同时明确了政府、社会、学校应当帮助残疾人完成义务教育，此条可谓保护残疾人受教育权最直接、最具代表性的基本法依据。《残疾人保障法》对于残疾人教育权益的保护意义并不止于此，其第22条指出残疾人教育"以普及为重点"，此即意味着国家支持残疾人尽可能参与教育活动，应学尽学、应教尽教。同时，针对残疾人自身特点，第23条要求加强职业教育，根据其个人情况采取普通教育方式或者特殊教育方式。这一条蕴含着我国在残疾人教育中的一大重要理念，即普通教育与特殊教育并重，支持发展融合教育。对于能够适应普通教育的残疾人，国家支持其参与到普通校园教育中来，帮助其实现个人的社会化发展。《残疾人保障法》对于保障残疾人教育的另一大意义在于对无障碍环境的规定。残疾人由于自身的缺陷，其在接受教育的过程中需要相对差异化的环境对其提供支持，因此第52条提出"为残疾人平等参与社会生活创造无障碍环境"，这对于残疾人群体更好地接受教育具有积极意义。在教育领域的基本法层面，《教育法》在残疾人教育制度保障中有着不可取代的地位。该法自1995年制定，已历经三次修订。该法在强调了公民平等接受教育外，也在部分条款中对残疾人教育作出规定。其第10条第3款规定，"国家扶持和发展残疾人教育事业"，明确了国家在残疾人教育中的责任。其第39条同样提出国家、社会、学校应当为残疾人提供帮助和便利，但与《残疾人保障法》不同，此条还着重强调了"其他教育机构"的主体责任，这也体现了伴随着我国社会发展，教育机构在公民教育中的参与度不断提升。随着残疾人权利保障立法工作进程的加快，除《教育法》外，我国在2022年对《职业教育法》进行修订，这也是该法自制定以来第一次修订。《职业教育法》对于残疾人教育起到了重要的补充作用，其第10条强调国家要"扶持残疾人职业教育的发展"，并在第18条作出详细规定，要求职业院校、机构应当依规接纳残疾学生，同时应当加强无障碍环境建设。关于无障碍环境的要求，我国《义务教育法》在第19条也规定，"特殊教育学校（班）应当具备适应残疾儿童、少年学习、康复、生活特点的场所和设施"。此两条具有相通之处。为促进残疾人教育，《职业教育法》第18条还规定国家支持多主体开展或联合开展职业教育，这也符合当前残疾人事业的发展状况。同时，为支持特殊教育的发展，该条明确了特殊教育教师享受特殊教育津贴，一定程度上保障了特殊教育的师资稳定。除以上立法外，《教师法》中对特殊教育老师的资质、考核以及待遇作出系统性规定；《高等教育法》对残疾学生接受高等教育也作出规定；《妇女权益保障法》《未成年人保护法》等同样也有相关规定。

【保障残疾人受教育权典型案例】 重庆市綦江区人民检察院督促保护残疾未成年人受教育权行政公益诉讼案[1]

2021年4月，重庆市綦江区人民检察院在开展残疾人权益保护专项行动过程中发现重庆市綦江区存在部分残疾未成年人失学辍学情况，遂统筹公益诉讼检察部门、未成年人检察部门成立联合办案组立案调查。通过全面调查，綦江区人民检察院查明辖区内存在多名适龄残疾未成年人未入学或未按期复学接受义务教育的情况，部分学校未按要求对不宜到学校随班就读的残疾学生提供送教上门。2021年7月5日，綦江区人民检察院向区教委发出残疾人受教育权保护行政公益诉讼诉前检察建议，针对调查发现的部分适龄残疾未成年人纳入学籍管理、送教上门不规范以及盲人儿童就近入学难等问题，建议区教委依法全面履职，保障相关残疾未成年人受教育的权利。检察建议发出后，区教委高度重视，成立以区教委主任为组长的整改领导小组，制订详细的整改方案，在全区范围内开展控辍保学工作专项督查整治行动，以未实际入学、休学到期未复学、区外就读返綦治疗等为分类，在秋季开学时已对清查出的未入学的79名适龄残疾儿童全部完成安置。

国家保障残疾人享有平等接受教育的权利，检察机关以残疾未成年人受教育权问题为切入点，及时提出针对性检察建议，督促职能部门依法履职，推动

---

[1] 参见2022年5月13日发布的《最高人民检察院、中国残疾人联合会联合发布10件残疾人权益保障检察公益诉讼典型案例》。

建立"动态预测、齐抓共管、精准帮扶"的控辍保学监管体系，制度化解决适龄残疾未成年人受教育权问题，坚持监督与救助同步推进，实现司法救助和社会救助无缝衔接、相互补充，积极维护残疾人合法权益，进一步营造了平等保护残疾人权益的良好社会环境。

（六）残疾人劳动权

劳动权是指任何具有劳动能力并愿意工作的人都有获得一份工作的权利。就个人而言，工作权的价值是人获取物质保障所必要的，是实现人的全面发展所必需的。工作首先是谋生的手段，劳动权是个人谋取生存的手段。劳动权对残疾人来说是更具有重要价值的权利。在我国，国家对残疾人就业实行集中就业与分散就业相结合的方针，促进残疾人就业，并将残疾人就业纳入国民经济和社会发展规划，并制定优惠政策和具体扶持保护措施，为残疾人就业创造条件。

《宪法》第42条明确了劳动权是我国公民的一项宪法权利，在劳动者无法通过自身力量行使该权利时，国家有为公民的劳动权实现创造条件的义务。第45条第1款规定了国家对弱势群体的救助义务。通过对平等权、劳动权和对弱势群体的特殊保障规定，形成了根本法对残疾人劳动权的法治保障。在法律和行政法规方面，《残疾人保障法》第四章规定了政府和社会在保障残疾人就业、创业方面的责任以及残疾人在就业方面享有更多的税收优惠政策。《残疾人就业条例》分别从以下几个方面规定了不同的主体在促进残疾人就业方面的责任：私人雇主的主要责任；政府对残疾人就业的专门保障措施；违反本条例的法律后果，以及追求建立完善的残疾人就业服务系统。《残疾人就业条例》第3条、第8条规定了国家和企业安置残疾人的法定义务。1986年《城乡个体工商业户所得税暂行条例》第5条、《增值税暂行条例》第15条分别规定了国家针对残疾人就业的帮扶办法和鼓励政策，以及残疾人个体工商户在经营中的税收优惠。

【保障残疾人劳动权典型案例】孔某与北京某物业管理公司劳动争议纠纷案[1]

孔某系一级智力残疾人，2011年12月孔某与北京某物业管理公司签订劳动合同，合同期限为2年，至2013年11月30日终止。2013年7月，孔某个人在不理解签署的文件性质的情况下签署了离职申请。孔某起诉至人民法院要求

---

[1] 参见2016年5月14日发布的《最高人民法院公布10起残疾人权益保障典型案例》。

北京某物业管理公司支付解除劳动合同经济补偿金。人民法院认为，因孔某不具备对签订劳动合同、签署离职申请等涉及个人重大利益行为的判断能力和理解能力，且不能预见其行为后果，重大民事行为应由其法定代理人代理或者征得法定代理人的同意。孔某代理人对孔某签署离职申请的行为不予认可，孔某签署离职申请的行为应属无效，双方的劳动合同应继续履行至合同期限终止。北京某物业管理公司应当依照劳动合同法对孔某支付终止劳动合同经济补偿金。

《残疾人保障法》第30条第1款规定，国家保障残疾人劳动的权利。第38条第2款规定，在职工的招用、转正、晋级、职称评定、劳动报酬、生活福利、休息休假、社会保险等方面，不得歧视残疾人。残疾人群体自强不息、自尊自立，参加适合其自身能力的劳动，应当予以支持。本案判决表明，司法审判必须依法切实保障残疾人劳动的权利，让其能通过自身劳动创造幸福生活，切实维护残疾人合法权益。

（七）残疾人健康权

健康权，是指人人享有能达到的最高的体质和心理健康的权利。健康权是人权体系中的一项基本人权，其包含身体健康权利和心理健康权利。关于个人健康及其标准没有统一的标准，但人之幸福和尊严的重要条件是健康，健康权就涉及与人之健康有关的权利，对残疾人来说，健康权是保证残疾人不受歧视地、平等地享有各种健康服务，从而达到适应各个不同个体情况的最高健康标准。残疾人权利的行使因其自身的缺陷而面临诸多困难，这就需要大力发展残疾人康复事业，通过康复手段恢复残疾人行使权利所需要的能力。通过立法手段明确残疾人享有充分的康复服务的权利，并明确各主体的责任范围，真正将残疾人享有康复服务的权利落到实处，有效保障残疾人重新融入社会，平等地享有其他各项权利。经过多年发展，我国已初步建立了残疾人康复保障的法律体系，这一体系目前还处在不断完善当中，这一体系内容庞大，结构复杂，以严密的法律网络为残疾人享有康复服务护航。

宪法是其他法律制定的基础。我国《宪法》中没有关于残疾人康复的直接规定，但第33条、第45条的规定，实际上都和残疾人获得康复服务的权利存在联系，也是残疾人享有康复服务权利重要的宪法渊源。我国《宪法》在第33条第1款规定国家尊重和保障人权。残疾现象自人类社会存在之初就已经存在，但是有关残疾人的权利保障却是近代以来才逐渐受到重视。残疾人虽然有身体或者心理上的缺陷，但从基本权利的角度出发，残疾人同健康人一样享有平等自由地参与社会活动并享受社会发展成果的基本权利与自由。在现实社会中，残疾人的基本权利与自由在实现过程中面临诸多困境，而残疾人康复手段是解决这一困境的主要方法。残疾人康复是帮助残疾人平等享有各项基本权利的重要手段。我国《宪法》第45条规定，特殊情况下，公民有从国家和社会获得物质帮助的权利。这是我国宪法中有关残疾人权益保护的直接规定，从中可以看出国家对保障残疾人拥有基本物质生活条件的重视。同时该条文也明确了国家在残疾人事业中的义务主体地位。残疾人康复作为帮助残疾人重新融入社会的重要手段，不仅需要巨大的经济投入，而且很难收到经济回报，因此不能依靠市场来调解，这无疑需要国家和社会的付出，这就需要不断完善残疾人康复保障立法明确国家及政府的责任，这也是落实宪法规定的重要环节。《宪法》的前述规定体现了我国宪法对残疾人享有康复服务的权利的肯定与重视。通过立法不断完善残疾人康复保障体系无疑是落实宪法精神、保护残疾人宪法权利的重要措施。

我国《基本医疗卫生与健康促进法》规定了公民享有健康权。该条文明确了国家和社会在保障公民健康权方面的责任，也即要求国家和社会在残疾人康复事业的发展中发挥积极作用，要求国家主动承担促进残疾人康复事业发展的责任，不仅要为残疾人康复事业的发展提供政策支持，还要提供相应的资源支持。《基本医疗卫生与健康促进法》第26条第1款明确规定，国家发展残疾预防和残疾人康复事业。为残疾人康复保障提供了直接的法律依据。《残疾人保障法》是有关残疾人权益保障的专门立法，在第二章明确规定国家应采取措施保障残疾人享有康复服务的权利，明确了国家的义务主体地位。并详细规定了各级人民政府的具体职责，明确了政府应采取措施的基本内容，并且为残疾人康复工作的发展指明了发展方向。《残疾人保障法》对残疾人康复作出的相关规定比较细致，增强了相关法律的可操作性，也为出台残疾人康复专门立法奠定了基础。2017年国务院颁布的《残疾预防与残疾人康复条例》是在《残疾人保障法》的基础上，针对残疾预防和残疾人康复问题的专门立法。该条例不仅明确了残疾人康复工作中的国家责任以及康复基本原则等，还从政府分工、康复机构、康复服务体系、康复服务的内容等方面出发，对残疾人康复保障具体工作的开展作出详细规定。

【保障残疾人健康权典型案例】四川省彭州市人民检察院督促保障残疾人康复训练权益行政公益诉讼系列案[1]

2022年4月11日,四川省彭州市人民检察院根据市残疾人联合会移送的辖区内孤独症及脑瘫患者康复训练情况,决定联合开展专项监督行动。经查,由于康复训练费用纳入基本医疗保险支付政策的实际落实效果欠佳,一些孤独症、脑瘫患者因高昂的康复训练费用给家庭增加经济负担,被迫减少甚至放弃康复训练,错失干预治疗黄金期,不利于改善自理能力,影响自身及其家庭的生活质量。一些康复训练机构在设施设备、师资力量配备和康复方案针对性等方面缺乏规范,影响康复训练效果。一些社会福利中心监护脑瘫患者未按规定安排康复训练。对此,行政监管存在漏洞和盲区。针对福利中心存在的部分脑瘫患者未送往康复训练机构进行康复训练的问题,彭州市人民检察院向市民政局制发诉前检察建议,建议督促福利中心履行监护职责,定期将脑瘫患者送往康复训练机构开展康复训练,并落实好康复训练补贴的资料收集报送工作。福利中心现已联系定点评估机构对脑瘫患者进行评估,诊断是否具有相应康复适应指征,明确康复需求,采取康复训练机构通过送教上门等方式,对脑瘫患者进行康复训练。

康复训练对提升孤独症、脑瘫等残疾人自理能力和生活质量至关重要。针对影响和制约康复训练的突出问题,检察机关会同残疾人联合会开展公益诉讼专项监督,督促协同卫生健康、医疗保障、民政等职能部门依法贯彻执行残疾人康复训练费用纳入基本医疗保险支付规定,规范康复训练机构管理,切实保障孤独症、脑瘫患者康复训练合法权益。

(八)残疾人环境权

随着现代社会的发展,对于残疾人的权益保护受到了越来越多的重视。其中无障碍权益的法律保护是其重要方面之一。《残疾人权利公约》第9条规定,为了使残疾人能够独立生活和充分参与生活的各个方面,缔约国应当采取适当措施,确保残疾人在与其他人平等的基础上,无障碍地进出物质环境,使用交通工具,利用信息和通信,包括信息和通信技术和系统,以及享用在城市和农村地区向公众开放或提供的其他设施和服务。无障碍环境包括物质环境无障碍

---

[1] 参见2022年5月13日发布的《最高人民检察院、中国残疾人联合会联合发布10件残疾人权益保障检察公益诉讼典型案例》。

和获取信息与交流无障碍。物质环境无障碍是残疾人正常参与社会生活之前提，也是保障残疾人行使自身权利的必需。社会需要从各领域完善物质无障碍环境，如无障碍道路、无障碍公共厕所、无障碍博物馆、无障碍医疗等。大数据时代，信息获取与交流尤为重要，获得信息对个人参与社会生活以及作出决策产生举足轻重的影响，确保残疾人能够便利获取信息与交流是无障碍环境建设的重要一环，应当提供盲文、手语翻译、打造残疾人方便使用的手机软件等，以确保残疾人获取信息与交流无障碍的实现。

我国宪法没有以明确的法律条文对无障碍通行权进行规制，而是用未列举的方式在数个条文中表达了无障碍通行权。例如，我国《宪法》第33条第3款明确规定了国家对人权的尊重及保障义务。这条规定不仅是一个宪法原则，也是一个概括性的条款，为未列举的基本权利提供了依据。再结合我国《宪法》第37条和第38条，"公民的人身自由不受侵犯"以及"公民的人格尊严不受侵犯"的规定来看，"残疾"虽然并未作为一事由而单独列出，但残疾人属于"公民"中的一员是毋庸置疑的。因此，残疾人能够独立自主地依靠道路自由出行是其人身自由权实现的重要体现之一。而人身自由的实现，也意味着人的尊严也在此过程中获得了尊重。因此，无障碍通行权可以认为是蕴含在人身自由权以及人格尊严之中。

自《残疾人保障法》颁布以后，我国陆续出台一系列政策法规推动国内无障碍环境的建设。2010年，中国残疾人联合会等16个部门联合发布《关于加快推进残疾人社会保障体系和服务体系建设的指导意见》，强调推进无障碍环境的建设工作，要求其他部门和地方制定相关的配套政策加强道路、居住区、公共设施的无障碍建设。国务院先后出台《无障碍环境建设条例》《关于加强村镇无障碍环境建设的指导意见》，推动无障碍环境建设。《民法典》第281条第1款规定："经业主共同决定，建筑物及其附属设施的维修资金可以用于无障碍设施等共有部分的维修、更新和改造。"这是我国首次在基础性法律中明确规定无障碍环境建设的内容。《中华人民共和国国民经济和社会发展第十四个五年规划和2035年远景目标纲要》明确提出，"完善无障碍环境建设和维护政策体系，支持困难残疾人家庭无障碍设施改造"，《无障碍环境建设法》第2条规定，国家采取措施创造无障碍环境，为残疾人、老年人等有无障碍需求的社会成员自主安全地通行道路、出入建筑物以及使用其附属设施、搭乘公共交通运输工具，获取、使用和交流信息，获得社会服务提供便利和条件。这标志着我国残疾人无障碍权益保障的法律进程日益加快。

【保障残疾人环境权典型案例】 贵州省罗甸县人民检察院督促保护残疾人盲道安全行政公益诉讼案[1]

2021年4月，贵州省罗甸县人民检察院（以下简称罗甸县院）在履职中发现，罗甸县城区内东环路、解放中路、河滨路、斛兴路等多个路段上的多处盲道缺失、毁损；拐弯及尽头处未按要求铺设提示砖、盲道与路口衔接处未设置缓坡；部分盲道建设未避开树木、电杆等障碍物。其中两处盲道上还有配电箱、消防栓等危险物品。盲道建设问题影响了残疾人的交通安全，侵害了残疾人的合法权益，损害了社会公共利益。经层报贵州省人民检察院审批同意，罗甸县院按照行政诉讼集中管辖规定，向龙里县人民法院提起行政公益诉讼，要求罗甸县住房和城乡建设局继续采取有效措施对城区内问题盲道依法履行监管职责，保障视障群体的出行安全。经审理，法院依法判决，责令被告罗甸县住房和城乡建设局对罗甸县城区内仍未整改的盲道在判决生效之日起两个月内整改完毕。

盲道建设是城市无障碍建设的重要组成部分，事关残疾人的交通出行安全，进而影响残疾人其他权益保障。本案中，检察机关针对行政机关对盲道安全监管不到位的情形，在发出检察建议的同时，加强与当地残疾人联合会协作配合，持续跟进监督。因行政机关未全面履职整改，依法提起行政公益诉讼，针对诉讼过程中行政机关申请延期开庭、要求撤回起诉的问题，检察机关通过公开听证让第三方参与评价整改效果，对诉讼请求未能全部实现的拒绝撤诉，继续通过诉讼判决督促问题盲道全面整改，建立完善工作机制，以公益诉讼职能作用助力诉源治理。

（九）残疾人诉讼权

在我国，法律保障残疾人有依法参与诉讼的权利，包括参与民事诉讼、行政诉讼和刑事诉讼。残疾人可以以当事人身份或者证人身份参与诉讼活动，也可以以代理人或者辩护人的身份参与诉讼活动。参与诉讼是残疾人实现权利的重要手段，保障残疾人与正常人平等地参与诉讼的权利，体现了法律的公平正义，也是对残疾人行使权利的具体支持。

我国法律对残疾人参与诉讼权利作出了系列规定。《残疾人保障法》第59

---

[1] 参见2022年5月13日发布的《最高人民检察院、中国残疾人联合会联合发布10件残疾人权益保障检察公益诉讼典型案例》。

条第 2 款规定，残疾人组织对残疾人通过诉讼维护其合法权益需要帮助的，应当给予支持。第 60 条规定，对有经济困难或者其他原因确需法律援助或者司法救助的残疾人，当地法律援助机构或者人民法院应当给予帮助，依法为其提供法律援助或者司法救助。《刑事诉讼法》第 35 条规定，公诉人出庭公诉的案件，被告人因经济困难或者其他原因没有委托辩护人的，人民法院可以指定承担法律援助义务的律师为其提供辩护。被告人是盲、聋、哑或者未成年人而没有委托辩护人的，人民法院应当指定承担法律援助义务的律师为其提供辩护。第 121 条规定，讯问聋、哑的犯罪嫌疑人，应当有通晓聋、哑手势的人参加，并且将这种情况记明笔录。此外，相关司法解释也对残疾人诉讼权利进行了专门保护，如最高人民检察院、中国残疾人联合会《关于在检察工作中切实维护残疾人合法权益的意见》，最高人民法院、中国残疾人联合会《关于在审判执行工作中切实维护残疾人合法权益的意见》，最高人民法院、最高人民检察院、公安部、司法部、中国残疾人联合会《关于深入学习贯彻习近平法治思想 切实加强残疾人司法保护的意见》等。

【保障残疾人诉讼权典型案例】 手语开庭巧解听障夫妇网上情结：张某某与冯某离婚纠纷案[1]

湖北省蕲春县张某某、冯某均为听障人士。2020 年两人通过网络相识相恋，并于 2021 年 2 月在蕲春县民政部门登记结婚。但婚后双方经常发生矛盾，张某某因此离家出走。2022 年 10 月，张某某向法院提起离婚诉讼，请求判令准予离婚。

蕲春县人民法院受理案件后，考虑到当事人为听障人士，在依法向冯某送达相关法律文书后，通过微信、电话与双方当事人及其亲友、代理律师沟通调解意见，鉴于双方均身处异地，决定采用互联网远程开庭，并安排手语老师全程参与庭审。在法院主持下，双方当事人在线达成调解协议，双方同意离婚，并由张某某支付冯某一定的经济补偿款。该案当日即履行完毕。

本案中，为践行司法为民，法院全面推进线上无障碍诉讼服务模式，主动通过微信、电话为残疾当事人提供诉讼服务和指导，通过网上立案、在线庭审与调解，减轻当事人诉累。鉴于双方均为听障人士，法院安排手语老师全程翻译，法官助理用文字信息征询各方意见，确认后再记入庭审笔录，庭审及调解

---

[1] 参见 2023 年 5 月 22 日发布的《湖北省高级人民法院发布维护残疾人合法权益 8 大典型案例》。

笔录在线提请双方当事人确认，满足残疾人平等、便捷参与诉讼活动的需求，打通诉讼服务"最后一公里"。

(十) 残疾人其他权利

宪法规定，国家对老、弱、病、残等特殊群体给予特殊保护。宪法规定，在年老、疾病或者丧失劳动能力的情况下，有从国家和社会获得物质帮助的权利。国家和社会帮助安排盲、聋、哑和其他有残疾的公民的劳动、生活和教育，这为残疾人享有特殊保护措施提供了依据。

总之，宪法为残疾人司法保护提供了全面的宪法保障，也为其他法律法规制定提供了依据，旨在确保残疾人在法律面前享有平等权利，维护其合法权益。下面就一些重要权利的法律制度进行简要介绍。

二、专门法律法规

对残疾人司法保护的专门的法律主要是《残疾人保障法》和《无障碍环境建设法》。

(一)《残疾人保障法》

1. 基本内容

《残疾人保障法》是"我国第一部针对残疾人群体的专门立法，也是残疾人权益保障的基本法"[1]，提供了关于保障残疾人权益的法律框架，在维护残疾人合法权益、促进残疾人事业发展、确保残疾人能平等地充分参与社会生活，以及共享社会物质文化成果方面，发挥了至关重要的作用。

该法共9章68条，分为总则、康复、教育、劳动就业、文化生活、社会保障、无障碍环境、法律责任、附则。第一章总则，规定了立法宗旨、原则，残疾人的定义、类别，残疾人的权利和义务，禁止基于残疾的歧视，对残疾人的特别扶助和特别保障，残疾人参与国家管理的权利、政府的职责，社会的责任，残疾人联合会的法律地位、作用、残疾人亲属的责任、残疾预防以及全国助残日等内容。第二章康复，规定了国家保障残疾人享有康复服务的权利，康复工作的指导原则以及组织实施、康复机构建设及康复专门人员培养培训、残疾人辅助器具生产供应等内容。第三章教育，规定了国家保障残疾人受教育的权利，

---

[1] 王治江：《〈中华人民共和国残疾人保障法〉实施三十年：回顾与展望》，载《残疾人研究》2021年第1期。

残疾人教育的施教原则，发展方针，办学渠道，师资培训，特殊教育机构建设，区别不同情况实施普通教育和特殊教育及其保障措施等内容。第四章劳动就业，规定了国家保障残疾人劳动的权利，残疾人劳动就业的方针，社会各方面的责任，给予残疾人的优惠与扶持等内容，特别是规定了用人单位按比例安排残疾人就业制度，在劳动就业的各个方面不得歧视残疾人。对于扶持农村残疾人参加生产劳动也作了明确规定。第五章文化生活，规定了国家保障残疾人享有平等参与文化生活的权利，国家和社会鼓励、帮助残疾人参加各种文化、体育、娱乐活动以及相关的扶持措施，促进残疾人与其他公民之间的相互理解和交流等内容。第六章社会保障，规定了国家保障残疾人享有各项社会保障的权利，国家和社会采取措施，完善对残疾人的社会保障，保障和改善残疾人的生活，对残疾人社会保险、社会救助、贫困残疾人基本医疗、康复服务、必要的辅助器具的配置和更换的专项救助、残疾人护理补贴规定了保障措施，并对残疾人给予多方面的特别扶助和照顾。第七章无障碍环境，规定了国家和社会采取措施，逐步完善无障碍设施，推进信息交流无障碍，为残疾人平等参与社会生活创造无障碍环境，并对无障碍设施建设及维护，信息交流无障碍建设，政府信息等公共信息无障碍，公共服务无障碍，盲文选票和试卷，无障碍辅助设备、无障碍交通工具的研制和开发等作出规定。第八章法律责任，对残疾人法律援助与司法救助，残疾人组织的维权责任，残疾人的申诉、控告、检举权；对贬低损害残疾人人格，侵害残疾人合法权益的行为，规定依法追究行政责任、民事责任或刑事责任。第九章附则，规定了实施日期。

2. 主要特点

一是明确政府是发展残疾人事业的责任主体。《残疾人保障法》第5条明确规定，国务院制定中国残疾人事业发展纲要，县级以上地方人民政府根据中国残疾人事业发展纲要，制定本行政区域的残疾人事业发展规划和年度计划；县级以上人民政府应当将残疾人事业纳入国民经济和社会发展规划。确定了发展残疾人事业，责任主体是政府。同时，在残疾人事业经费方面，《残疾人保障法》第5条规定，县级以上人民政府应当将残疾人事业经费列入财政预算，建立稳定的经费保障机制。在责任机构方面，明确县级以上人民政府负责残疾人工作的机构，负责组织、协调、指导、督促有关部门做好残疾人事业的工作。

二是加快推进残疾人社会保障体系和服务体系建设。加快推进残疾人社会保障体系和服务体系建设，是一项长期的任务，对残疾人事业发展具有十分重要的意义。为突出社会保障的重要性,《残疾人保障法》在第一章总则中明确：国家采取措施，保障残疾人依照法律规定，通过各种途径和形式，管理国家事务，管理经济和文化事业，管理社会事务。并在第二章至第八章分别明确了残疾人的各项主要权利，包括康复、教育、劳动就业、文化生活、社会保障、无障碍环境、法律责任等。第46条明确，国家保障残疾人享有各项社会保障的权利。政府和社会采取措施，完善对残疾人的社会保障，保障和改善残疾人的生活。从宏观上对建立和完善残疾人社会保障制度作了明确规定，对残疾人社会保障、社会保险、社会救助托养、落实保障措施、法律援助和救助、社会服务等方面作了全方位的规定。

三是提高政府对残疾人康复服务能力。《残疾人保障法》第二章专章规定了康复，制定了"康复工作应当从实际出发，将现代康复技术与我国传统康复技术相结合；以社区康复为基础，康复机构为骨干，残疾人家庭为依托；以实用、易行、受益广的康复内容为重点，优先开展残疾儿童抢救性治疗和康复；发展符合康复要求的科学技术，鼓励自主创新，加强康复新技术的研究、开发和应用，为残疾人提供有效的康复服务"总体路线。着眼于提高政府对残疾人康复服务的能力，从建立和完善残疾人康复体系、实施重点康复项目、将残疾人康复项目纳入城镇医保和新农合报销范围、加强残疾儿童抢救性治疗和康复救助工作、建立康复医学科室、兴办残疾人康复机构、免收康复训练费等方面作了具体的规定，进一步明确了政府及有关部门对残疾人康复的职责。

四是重点保障适龄残疾人的义务教育与特殊教育。在《残疾人保障法》第三章对残疾人教育问题进行了专门规定，一个重要特点是立足于重点保障适龄残疾人的义务教育与特殊教育，分别从增加特教经费、建立特教学校、提高残疾学生人均公用经费、完善扶残助学制度、加强特殊教育师资培养、提高特教教师待遇等方面对推动残疾人教育作了明确规定。特别明确普通教育机构应对具有接受普通教育能力的残疾人实施教育，普通幼儿教育机构应当接收能适应其生活的残疾幼儿。其中，普通小学、初级中等学校，必须招收能适应其学习生活的残疾儿童、少年入学；普通高级中等学校、中等职业学校和高等学校，必须招收符合国家规定的录取要求的残疾考生入学，不得因其残疾而拒绝招收。对于拒绝招收残疾人的教育机构，当事人或者其亲属、监护人可以要求有关部门处理，有关部门应当责令该学校招收，以保障残疾人享有平等普通受教育的权利。

五是鼓励社会各方面保障残疾人的劳动就业权。《残疾人保障法》第四章对促进残疾人劳动就业作了规定，分别从建立残疾人就业服务体系、推进按比例安排残疾人就业、杜绝歧视残疾人、扶持残疾人集中就业、公益性岗位明确比例安排残疾人就业、扶持农村残疾人就业等方面作了具体规定。其中，推出了一些有利于推动残疾人就业的重要举措。第一，按比例安排残疾人就业制度。明确要求国家机关、社会团体、企业事业单位、民办非企业单位应当按照规定的比例安排残疾人就业，鼓励用人单位超过规定比例安排残疾人就业，并为其选择适当的工种和岗位，对于达不到规定比例的单位，需按照国家有关规定履行保障残疾人就业义务。同时，作为激励，国家对安排残疾人就业达到、超过规定比例或者集中安排残疾人就业的用人单位和从事个体经营的残疾人，依法给予税收优惠，并在生产、经营、技术、资金、物资、场地等方面给予扶持。第二，为残疾人免费提供就业服务。例如，残疾人联合会举办的残疾人就业服务机构，应当组织开展免费的职业指导、职业介绍和职业培训，为残疾人就业和用人单位招用残疾人提供服务和帮助。又如，政府有关部门设立的公共就业服务机构，应当为残疾人免费提供就业服务。

（二）《无障碍环境建设法》

1. 基本内容

无障碍环境建设是残疾人、老年人等群体权益保障的重要内容。习近平总书记强调指出，"无障碍设施建设问题，是一个国家和社会文明的标志，我们要高度重视"。2012年6月13日国务院通过了《无障碍环境建设条例》。在此基础上，《无障碍环境建设法》颁布实施具有里程碑意义，是提升无障碍环境建设质量、提高人民生活品质的有力保障。该法共8章72条，包括总则、无障碍设施建设、无障碍信息交流、无障碍社会服务、保障措施、监督管理、法律责任、附则。第一章总则部分，明确了立法目的、定位、原则、适用范围和管理体制。第二章无障碍设施建设部分，规定了无障碍设施建设、改造、维护和管理制度，强调无障碍设施建设质量、配套建设无障碍设施义务、对无障碍设施改造作出系统性规定。第三章无障碍信息交流部分，要求丰富无障碍信息交流内容。第四章无障碍社会服务部分，扩展了无障碍社会服务范围。第五章保障措施部分，健全了无障碍环境建设保障机制，明确将检察公益诉讼作为监督管理的兜底保障措施。第六章监督管理部分，完善了无障碍环境建设监督制度。第七章法律责任部分，参考《刑法》《民法典》《行政处罚法》《建设工程质量管理条例》等相关法律法规的规定，对无障碍环境建设相关法律责任进行了强化。

2. 主要特点

一是明确无障碍环境建设管理体制。《无障碍环境建设法》明确坚持党的领导，突出政府主导，对无障碍环境建设的管理体制作出规定，明确县级以上人民政府应当统筹协调和督促指导有关部门做好无障碍环境建设工作；住房和城乡建设、民政、工信、交通运输等主管部门应当按照职责分工，开展无障碍环境建设工作；乡镇政府、街道办事处应当协助做好无障碍环境建设工作。同时，妥善处理保障重点与惠及全体的关系，明确无障碍环境建设在重点保障残疾人、老年人基础上，积极推动建设成果惠及全体社会成员，包括在立法目的中明确，保障残疾人、老年人平等、充分、便捷地参与和融入社会生活，促进社会全体人员共享经济社会发展成果。在适用范围中规定，残疾人、老年人之外的其他人有无障碍需求的，可以享受无障碍环境便利。同时，明确无障碍环境建设应当与适老化改造相结合，遵循安全便利、实用易行、广泛受益的原则。

二是严格确保无障碍设施建设质量。《无障碍环境建设法》系统规定无障碍设施建设、改造、维护和管理相关制度，主要体现在以下几个方面：严格确保无障碍设施建设质量。包括：明确新建、改建、扩建的居住建筑、居住区、公共建筑、公共场所、交通运输设施、城乡道路等应当符合无障碍设施工程建设标准；规定无障碍设施应当与主体工程同步规划、同步设计、同步施工、同步验收、同步交付使用，并与周边的无障碍设施有效衔接、实现贯通；对建设单位、设计单位、施工单位、监理单位等在无障碍设施建设中的职责作出明确规定。强调重点单位、区域、场所等配套建设无障碍设施的义务。比如明确要求残疾人集中就业单位、居住区公共服务设施、部分地区的人行道路系统、停车场等应当配套建设相应的无障碍设施。同时，对无障碍设施改造作出系统性规定。包括：要求政府制订有针对性的改造计划并组织实施；明确无障碍设施改造责任人；对不具备改造条件的，规定采取替代性措施；对家庭无障碍设施改造、老旧小区既有多层住宅加装电梯等重要问题作出专门规定。针对"重建设轻维护"突出问题，对无障碍设施的维护和管理作出明确规定。包括：明确维护和管理责任人，对其所承担的维护和管理职责作了列举；对非法占用、损坏无障碍设施等行为作出禁止性规定，并明确了相应法律责任。明确通过意见征询、体验试用等方式，保障残疾人、老年人参与无障碍设施建设。

三是要求丰富无障碍信息交流内容。为丰富无障碍信息交流内容,《无障碍环境建设法》在以下方面作出规定：明确政府及其有关部门应当为残疾人、老年人获取公共信息提供便利；采取无障碍信息交流方式发布突发事件信息；要求药品生产经营者提供无障碍格式版本的标签、说明书。对利用财政资金设立的电视台、网站、移动应用程序以及图书馆、博物馆、电信业务经营者等提供无障碍信息的义务作出规定。明确要求硬件终端产品、自助公共服务终端设备、便民热线、紧急呼叫系统等应当具备或者逐步具备相应的无障碍功能。完善鼓励支持措施。包括：鼓励图书、报刊配备无障碍格式版本；鼓励编写、出版盲文版、低视力版教学用书；鼓励地图导航定位产品完善无障碍设施标识和无障碍出行路线导航功能；鼓励药品以外其他商品经营者提供无障碍格式版本的标签、说明书。对国家通用手语、国家通用盲文的推广、采用作出要求。

四是明确扩展无障碍社会服务范围。为扩展无障碍社会服务范围,《无障碍环境建设法》主要作了以下规定：规定公共服务场所提供无障碍服务的要求，对涉及医疗健康、社会保障等服务事项的，明确要求保留现场指导、人工办理等传统服务方式。对与社会生活密切相关的公共服务、司法诉讼仲裁、公共交通、教育考试、医疗卫生、文旅体育等方面的无障碍服务分别作出有针对性的规定。新增应急避难场所提供无障碍服务的义务性规定。完善残疾人使用服务犬的相关规定。

五是健全无障碍环境建设保障机制。为健全无障碍环境建设保障机制,《无障碍环境建设法》作了以下规定：明确县级以上人民政府应当将无障碍环境建设经费列入本级预算，建立稳定的经费保障机制。加强无障碍环境理念的宣传教育，提升全社会的无障碍环境意识。积极构建无障碍环境标准体系，建立健全无障碍环境认证和信息评测制度。采取措施促进新科技成果运用，支持无障碍设施、信息和服务的融合发展。将无障碍环境建设情况作为文明城市、文明村镇等创建活动的重要内容。

六是完善无障碍环境建设监督制度。在完善无障碍环境建设监督制度方面,《无障碍环境建设法》作了以下规定：对政府及其有关部门的监督检查、考核评价、委托第三方评估、信息公示、投诉举报处理答复等相关工作机制作出明确规定。明确任何组织和个人有权提出加强和改进无障碍环境建设的意见和建议，对违反本法规定的行为进行投诉、举报。规定中国残疾人联合会、中国老龄协会等组织可以聘请相关人员对无障碍环境建设情况进行监督。

此外，还有一系列配套的法规规章，如《残疾预防和残疾人康复条例》《残疾人就业条例》《残疾人教育条例》等，这些法规规章涵盖了残疾人权益保护的各个方面，包括预防残疾、康复服务、就业、教育等内容。这些法律法规规章共同构成了对残疾人权益进行司法保护的法律框架。需要指出的是，党和政府高度重视残疾人权益的保护，不断推动和完善相关的法律法规规章，特别是减少原则性、倡导性、任意性规范，增加强制性、义务性条款，以确保残疾人能够更好地融入社会，享受平等的权利和机会。

三、司法解释与司法指导性文件

残疾人应享有平等进入正式和非正式司法渠道的权利，这包括诉权以及在司法全过程中获得无障碍和合理便利。《残疾人权利公约》也强调了残疾人应享有平等获得司法保护的权利，我国作为缔约国，承担着在司法体系中消除对残疾人歧视的义务。实践中，最高人民检察院、最高人民法院、公安部、中国残疾人联合会等联合发布指导性文件，为残疾人权益司法保护提供规范指引。

（一）最高人民检察院、中国残疾人联合会《关于在检察工作中切实维护残疾人合法权益的意见》

1. 基本内容

最高人民检察院、中国残疾人联合会《关于在检察工作中切实维护残疾人合法权益的意见》于 2015 年 12 月 4 日发布，全文共 24 条，明确了检察机关办理涉及残疾人案件的原则和要求，加大了对侵害残疾人权益的各种刑事犯罪的打击力度，从保障残疾犯罪嫌疑人、被害人委托辩护人、诉讼代理人和申请法律援助，使用械具等方面对保护残疾人合法权益进行了具体细化。对于残疾犯罪嫌疑人，明确在对残疾犯罪嫌疑人的审查逮捕中，应当体现宽严相济的刑事政策，严格把握逮捕条件，确有必要的才予以逮捕。加强了检察机关对残疾在押人员监管、社区矫正以及对不负刑事责任的精神病人强制医疗活动的法律监督工作。明确检察机关应依法履行法律监督职责，有效畅通残疾人控告、举报和申诉的渠道，切实维护残疾人的各项合法权益。

2. 主要特点

一是明确职责，发挥最大社会效益。在涉残疾人案件日益增多的背景下，残疾人法律救助工作面临一些新的问题，需要采取新的措施来保护残疾人的合法权益。特别是自 2012 年以来，刑事诉讼法、民事诉讼法、行政诉讼法相继进行了修改，建立了一系列新的制度，尤其是修改后的刑事诉讼法对检察机关保护残疾人合法权益作出了一些新的规定。因此，有必要制定有关保障残疾人合法权益的规范性文件，对相关法律的实施作出细化规定。该意见的社会效益主要体现在三个方面：一是能够在全社会起到很好的示范作用，带动出台更多保护残疾人合法权益的政策和措施；二是能够引导社会各界更加尊重残疾人的权益，鼓励和支持更多人关注关心这个群体；三是能够对涉及残疾人的违法犯罪分子起到警示和震慑作用，减少针对残疾人的违法犯罪活动。

二是保障残疾人诉讼权利，在法律范围内给予特殊关爱。依法保障诉讼当事人的各项诉讼权利，是实现公正司法的必要条件，残疾犯罪嫌疑人、被害人由于生理、心理等各方面的特殊情况，在刑事诉讼中存在对相关法律规定理解不全或沟通表达不畅、自我维权能力较弱等情形，需要给予更多的关注和帮助。该意见明确规定了残疾犯罪嫌疑人、被害人申请法律援助的程序，还规定对于盲、聋、哑犯罪嫌疑人，检察院应当采取适宜方式进行权利告知，确保其准确理解相关规定，对于智力残疾、患精神病犯罪嫌疑人以及未成年残疾犯罪嫌疑人，应当向其法定代理人履行告知义务；犯罪嫌疑人是未成年残疾人，盲、聋、哑人，尚未完全丧失辨认或者控制自己行为能力的精神病人，或者是可能被判处无期徒刑、死刑的残疾人，没有委托辩护人的，检察院应当及时通知法律援助机构指派律师为其提供辩护。同时，该意见考虑到残疾犯罪嫌疑人人身危险性相对较弱，出于人道的考虑，对残疾犯罪嫌疑人给予的特殊对待和处理，明确规定讯问时应当慎用械具。

三是引入社会调查机制，严格把握逮捕条件。当前，针对未成年犯罪嫌疑人、被告人的社会调查法律制度已初步建立，在司法实践中，一些基层检察机关也已开展了包括残疾犯罪嫌疑人在内的审查逮捕调查评估实践探索，并取得了积极实效。检察机关在总结司法实践经验的基础上，参照对未成年犯罪嫌疑人、被告人开展社会调查的有关规定，明确规定在对残疾犯罪嫌疑人开展审查逮捕工作中，必要时可进行社会调查，目的在于更好地保障司法公正和维护残疾犯罪嫌疑人的合法权益。因此，该意见明确检察院在审查逮捕残疾犯罪嫌疑人时，除按照《刑事诉讼法》规定审查是否具有逮捕条件外，必要时可以对残疾犯罪嫌疑人的犯罪原因、生活环境等开展社会调查以作为参考。

四是提供残疾人诉求渠道和救助程序。由于残疾人相对弱势的情况，其在各类诉讼活动中的合法权益保护问题应当得到更多的关注。残疾人控告、举报、申诉案件大多与其切身利益相关，应当为他们提供更加通畅、便利的诉求表达渠道。对此，该意见明确，对于残疾人控告、举报、申诉案件应当依法处理，缩短办案周期；对于不属于本院管辖的案件，应当先行接收，然后及时转送有管辖权的机关；复查涉及残疾人的刑事申诉案件，应当认真听取残疾申诉人或者其代理人的意见，全面了解原案办理情况，查清案件事实，依法作出处理；对于残疾人申请国家赔偿的案件，依法应当赔偿的，应当及时作出和执行赔偿决定。此外，该意见还对残疾人依法获得司法救助作出了较为具体的规定，并对检察机关建设无障碍设施提出了明确的要求，规定各级检察院新建接待场所应当符合无障碍设施的相关要求，现有接待场所不符合无障碍要求的要逐步加以改造，以方便残疾人出入。

（二）最高人民法院、中国残疾人联合会《关于在审判执行工作中切实维护残疾人合法权益的意见》

1. 基本内容

最高人民法院、中国残疾人联合会《关于在审判执行工作中切实维护残疾人合法权益的意见》于 2018 年 7 月 13 日公布，全文共 22 条，旨在规范涉残疾人案件的审判、执行工作，通过制度完善和有效举措，充分发挥国家司法救助、法律援助、法律服务的功能作用，使残疾人享受到门槛更低、内容更多、范围更广的法律服务，切实保障残疾人平等地充分参与诉讼活动。

2. 主要特点

一是完善残疾人参加各项诉讼活动的诉讼机制。该意见规定了人民法院从受理涉残疾人案件开始，在立案、审理、审结方式以及调查取证等环节上，给涉残疾人案件盖上了"绿色印章"，方便残疾当事人进行各项诉讼活动。在立案环节，要求对交通不便涉残疾人案件，可由人民法庭直接立案；积极采用网上立案、上门立案、电话立案等绿色通道快速立案。在审理环节，要求采用相对灵活的审判工作机制，推广车载法庭、就地审理、上门调解等巡回审判模式，促进当庭结案，就地化解矛盾。在审理程序上，要求利用小额诉讼、督促程序、先予执行程序等多种诉讼程序帮助残疾人尽快实现其合法权益，加快审理流程，提高审判效率。在执行环节，要求人民法院应当加大执行力度，及时实现残疾人合法权益。对于残疾当事人胜诉案件，可以直接移送执行，加快执行进度。

二是加强对涉诉残疾人的援助和救助。为残疾人提供法律救助服务，是切实保障残疾当事人的诉权，让经济困难残疾当事人打得起官司的有力手段。该意见明确，刑事案件中残疾被告人、残疾被害人以及残疾自诉人，民事、行政案件中残疾当事人在经济困难的情况下可以向法律援助机构申请法律援助或者向当地残疾人联合会申请法律救助。同时，要求人民法院及时为残疾被告人指定辩护人，及时通知法律援助机构指派律师为其提供辩护。在司法救助方面，对于经济确有困难的残疾当事人，人民法院应当依法为其缓、减、免诉讼费用，及时作出司法救助决定。

三是坚持宽严相济政策。在刑事审判工作中，对于侵犯残疾人人身自由的犯罪应严厉打击，对于刑事案件的残疾被告人应依法充分保障其辩护权。具体而言，该意见要求人民法院应当依法严厉惩处以暴力、威胁或者非法限制人身自由等手段强迫残疾人劳动，以暴力、胁迫手段组织残疾人乞讨，组织未成年残疾人进行盗窃、诈骗、抢夺、敲诈勒索等犯罪，切实保护残疾人的人身财产安全，维护残疾人的合法权益。同时，要求依法对残疾被告人从宽量刑，对于刑事案件中的残疾被告人，犯罪情节轻微依法不需要判处刑罚的，可以免予刑事处罚。

四是健全维护残疾当事人权益的长效机制。明确人民法院办理涉残疾人案件，应加强同残疾人联合会等人民团体、政府有关部门以及残疾人所在单位、社区、居（村）民委员会等的沟通协作，共同推动解决残疾当事人的实际困难，合理做好维护残疾人合法权益工作。人民法院应当积极开展诉前调解、委派调解、多元调解，借助人民调解委员会、基层司法所、公安交通、劳动保障等组织的力量，合力化解纠纷。此外，还明确要求发挥好司法建议作用。

（三）最高人民法院、最高人民检察院、公安部、司法部、中国残疾人联合会《关于深入学习贯彻习近平法治思想　切实加强残疾人司法保护的意见》

最高人民法院、最高人民检察院、公安部、司法部、中国残疾人联合会《关于深入学习贯彻习近平法治思想　切实加强残疾人司法保护的意见》于2022年2月11日发布，共四个方面内容：深入学习贯彻习近平法治思想，大力宣传落实保障残疾人权益的法律法规；加快推进公共法律服务体系建设，保障残疾人平等享受公共法律服务；依法严惩侵害残疾人权益的违法犯罪行为，切实保护残疾人的人身财产安全；切实加强无障碍诉讼服务，努力让残疾人在每一个司法案件中感受到公平正义。旨在进一步推动人民法院、人民检察院、公安机关、司法行政机关、残疾人联合会深入学习贯彻习近平法治思想，切实加强残疾人司法保护，促进残疾人全面发展、实现共同富裕。

在具体内容上,一是该意见明确要求各级人民法院要坚持宽严相济的刑事政策,依法惩治侵害残疾人的犯罪,充分保障刑事案件的残疾人被告人的辩护权,依法对残疾人被告人从宽量刑。残疾人遭受家庭暴力或者面临家庭暴力的现实危险无法申请人身安全保护令,残疾人联合会等单位代为申请的,人民法院应当受理。二是该意见要求将无障碍服务贯穿诉讼全流程,要求各级法院积极设立"助残绿色通道",采用网上立案、跨域立案、上门立案等方式,方便残疾人立案。加强诉讼程序的引导和释明,大力推广车载法庭、就地审理、上门调解等巡回审判模式,充分运用网上开庭、网上调解等信息化手段,方便残疾人当事人诉讼。为有需求的残疾人及时提供手语、盲文、大字体、字幕等信息交流服务,建立规范化的提供手语、盲文等诉讼辅助服务的人员名册,让残疾人可以无障碍地接受诉讼服务。三是首次对基础设施建设提出无障碍环境要求,明确人民法院新建的诉讼服务和审判场所等应当符合《建筑与市政工程无障碍通用规范》(GB 55019—2021)等国家无障碍环境建设标准。在对现有设施进行无障碍改造时,既有诉讼服务和审判场所等不符合国家无障碍环境建设标准的,应当制订具体改造计划,限期达到国家无障碍环境建设标准。

(四)最高人民法院、中国残疾人联合会《关于为残疾人提供更加优质诉讼服务的十条意见》

2024年2月26日,最高人民法院、中国残疾人联合会联合发布《关于为残疾人提供更加优质诉讼服务的十条意见》,该意见共十条,是为认真贯彻落实《残疾人保障法》《无障碍环境建设法》,以新时代能动司法理念推进诉讼服务工作,切实保障残疾人平等、充分、便捷地参与诉讼活动,提升预防化解涉残疾人矛盾纠纷法治化水平,更好维护残疾人合法权益,为残疾人提供更加优质诉讼服务工作提出的重要举措。在具体内容上,一是该意见坚持人民至上,紧扣为大局服务、为人民司法、为法治担当,以能动司法理念做深做实残疾人诉讼服务工作,持续拓展残疾人参与司法的广度和深度,最大限度消除残疾人诉讼的不便,更加有力地保障残疾人权益,让普惠均等、便捷高效、智能精准的诉讼服务惠及全体人民,充分彰显了我国尊重和保障人权的价值追求。二是明确了人民法院诉讼服务中心应当按照无障碍环境建设规范进行必要改造。鼓励有条件的人民法院建设专门的无障碍法庭、无障碍调解室。同时,在诉讼服务场所为不同残疾类别的残疾人提供语音、大字、同步字幕等无障碍信息交流服务。三是明确各级人民法院应当保障涉残疾人案件依法及时立案,对符合受理条件的起诉，做到"有案必立、有诉必理"。鼓励有条件的人民法院开辟绿色通道，对涉残疾人案件进行专门标识，实现优先立案、优先审判、优先执行。四是提出最高人民法院会同中国残疾人联合会建立"总对总"在线多元解纷机制，更好地发挥残疾人联合会以及社会力量预防化解涉残疾人矛盾纠纷优势，提升纠纷化解效能。地方人民法院可以会同残疾人联合会设立调解工作室或者诉讼服务站点，开展法律咨询、诉讼引导、调解化解等工作。五是要求各级人民法院和残疾人联合会应当主动融入党委领导、政府主导的诉源治理格局，联合开展以案释法、普法宣传等工作，积极引导残疾人提高运用法治思维和法治方式解决矛盾纠纷能力水平，携手"抓前端、治未病"。

同时，也发布了该意见的配套文件《人民法院诉讼服务中心无障碍环境建设规范》，该规范共12条，为残疾人、老年人等群体在诉讼服务中心自主安全地出入、通行，使用附属设施，获取、使用、交流信息，获得诉讼服务提供便利进行了规范指引。

此外，司法机关还注重以案释法，发布了一批维护残疾人合法权益的典型案例，发挥了典型案例的示范引领作用。例如，2016年5月14日，最高人民法院公布了10起残疾人权益保障典型案例；2021年12月2日，最高人民法院、中国残疾人联合会发布了残疾人权益保护十大典型案例；2022年5月13日，最高人民检察院、中国残疾人联合会联合发布了10件残疾人权益保障检察公益诉讼典型案例；2023年9月6日，最高人民检察院、民政部、中国残疾人联合会发布了5件维护残疾人合法权益行政检察典型案例；2023年11月13日，最高人民检察院、住房城乡建设部、中国残疾人联合会联合发布了12件无障碍环境建设检察公益诉讼典型案例。

综上所述，这些意见的制定与执行，体现了司法机关对残疾人权益保护的重视和维护。

第二节 国际法律制度

国际法上对残疾人的保护经历了一个长时期发展的历程。以《联合国宪章》为宗旨的《世界人权宣言》(*Universal Declaration of Human Rights*)[1]和为

---

[1] 联合国大会1948年12月10日第217A（III）号决议通过并颁布。

使《世界人权宣言》具有法律约束力而于1966年通过的《经济、社会和文化权利国际公约》(International Covenant on economic, social and cultural rights)[1]、《公民权利和政治权利国际公约》(International Covenant on Civil and Political Rights)[2]是总体表征。以其为主体构成的国际人权宪章将人权保障正式纳入国际人权法的范围。《世界人权宣言》开宗明义:"对人类家庭所有成员的固有尊严及其平等的和不移的权利的承认乃是世界自由、正义与和平的基础。"上述1966年国际人权两公约也作了如此规定。这一准则突出肯定了人权的普遍性。这一特性在《世界人权宣言》和1966年国际人权两公约的条文中得到了相应体现。这些国际人权文书有关权利保障的具体条文均以"人人"、"任何人"、"每个人"和"所有人民"等进行表述。对于妇女、儿童、残疾人等弱势群体更应涵盖在内。对他们如仅以一般原则对待,无异于是以同一尺度对待不同境遇的人,结果会使其权利保障不可能、甚至难以接近事实上的平等。为实现或使之接近与健康人事实平等,必须通过法律和制度,对他们实行特殊保护,以补助其心理、生理或身体结构上之不足。对残疾人权利采取特殊保护,在1966年国际人权两公约通过不久,国际社会就有了一系列举措:联合国于1969年通过了《禁止一切无视残疾人的社会条件的决议》,1971年通过了《智力迟钝者权利宣言》(Declaration on the Rights of Mentally Retarded Persons),1975年通过了《残疾人权利宣言》,1982年通过了《关于残疾人的世界行动纲领》和《残疾人机会均等标准规则》。此外,国际劳工组织于1983年通过了《残疾人职业康复和就业公约》及《残疾人职业康复和就业建议书》等。2006年第61届联合国大会通过了《残疾人权利公约》。

一、国际公约与条约

对残疾人进行司法保护的国际公约与条约中,最为重要和全面的是《残疾人权利公约》。《残疾人权利公约》是在21世纪通过的第一个综合性人权公约,由联合国大会于2006年12月13日通过,并于2008年5月3日生效。该公约的开放签署时间为2007年3月30日。《残疾人权利公约》的宗旨是确保残疾人能够享有与非残疾人同等的权利与自由,促进残疾人的社会融入和平等参与社会

---

[1] 联合国大会1966年12月16日第2200A(XXI)号决议通过并开放给各国签字、批准和加入。
[2] 联合国大会1966年12月16日第2200A(XXI)号决议通过并开放给各国签字、批准和加入。

生活。由此可知，"平等"和"自由"构成《残疾人权利公约》的两大支柱。

《残疾人权利公约》涵盖了广泛的领域，包括平等权利、教育、就业、健康、适足生活和社会保护、个人行动自由、表达和信息获取的自由等。《残疾人权利公约》一共包含 50 个条文，内容明确具体。在结构上，《残疾人权利公约》可以分为三个部分。第一部分为第 1 条至第 4 条，属于总则部分，包括序言、宗旨、定义、一般原则与一般义务。第二部分包括第 5 条至第 30 条，旨在构建一个强有力的不歧视和平等框架，范围涵盖了公民、文化、经济、政治和社会权利，并特别强调残疾妇女和残疾儿童群体。第三部分则规定了缔约国之间的国际合作、相关条文的实施和监测措施、残疾人权利委员会的机构框架、缔约国会议与签署批准生效等程序。

国际人权法是一系列旨在保护和促进人类基本权利和自由的法律规范。这些法律规范主要来源于国际公约、条约和其他国际法律文件，以及国际组织和机构的决策和建议。残疾人权益保护是国际人权法的一个重要组成部分，旨在确保残疾人能够充分享有与其他人相同的权利和自由。《残疾人权利公约》是国际人权法中关于残疾人权益保护的最重要文件。《残疾人权利公约》旨在确保残疾人在政治、经济、社会和文化等各个领域都能够充分参与和享有平等权利。《残疾人权利公约》对于残疾人权益保护主要体现在以下方面。

（一）平等和非歧视原则

残疾人应享有与其他人平等的权利和自由，不受任何形式的歧视。公约中肯定"在法律面前，人人平等"是适用于所有人的原则，并为此特别规定"禁止一切基于残疾的歧视"。《残疾人权利公约》第 3 条规定了残疾人权利保护的八项原则：（1）尊重固有尊严和个人自主，包括自由作出自己的选择，以及个人的自立；（2）不歧视；（3）充分和切实地参与和融入社会；（4）尊重差异，接受残疾人是人的多样性的一部分和人类的一分子；（5）机会均等；（6）无障碍；（7）男女平等；（8）尊重残疾儿童逐渐发展的能力并尊重残疾儿童保持其身份特性的权利。以上原则全面体现了对残疾人平等享有人权和自由的保护。其中平等和非歧视原则承认残疾人是人类的一部分，残疾人应当受到平等的对待。为了实现不歧视，需要保障残疾人充分和切实地参与和融入社会，"缔约国应当采取一切适当步骤，确保提供合理便利"，对此《残疾人权利公约》就"无障碍"一项列举了包括建筑、道路、交通、住房、学校、医疗无障碍设施和工作场所等室外无障碍设施，还包括信息、通信和包括电子服务在内的各种服务。

(二) 残疾人的定义

公约对残疾人的定义打破了传统,认为残疾是社会的制度、设施、态度等外部环境的障碍使然:"残疾人包括肢体、精神、智力或感官有长期损伤的人,这些损伤与各种障碍相互作用,可能会阻碍残疾人与他人在平等的基础上充分和切实地参与社会。"公约指出人的残疾并非残疾人自身固有的或者自身形成并且一成不变的。社会中其他人对于残疾人的认知所造就的环境形成并且加重了残疾人的各种障碍和困难。[1]正如前文所述,公约对残疾人的理解采取了残障的社会模式,打破了传统的关于损伤和残障的因果关系,残障的原因不是损伤,而是社会没有将残疾人包括在社会活动中,强调个体和社会的相互责任,因此残障问题必须通过社会行动来消除歧视,最终倡导的是实现社会改变,而非仅仅要求残疾人去实现个体的适应。

(三) 残疾人权利的具体保障

公约规定了残疾人在教育、工作和就业、健康、住房、交通、无障碍环境等方面的权利。第一,教育。《残疾人权利公约》中共有5款10多项规定了教育相关事项,规定残疾人享有教育权利,目的是在残疾人不受歧视和机会均等的情况下,实现因材施教,实现终身学习,以充分开发其潜力,培养自尊自重精神,使所有残疾人都能切实参与一个自由的社会。为此,国家需要确保残疾人能够平等参与普通教育,残疾儿童也应当接受免费和义务初等教育和中等教育。残疾人在普通教育系统内获得必要的支持和帮助,能便利他们切实得到良好的教育。并且国家还需要采取适当措施让残疾人能够学习生活和社交技能,便利他们充分和平等地参与教育和融入社区。第二,工作和就业。工作和就业是残疾人和其他人的基本权利,此项权利的实现有利于改善残疾人的生活。禁止在就业的一切事项上以任何形式对残疾人的歧视,保护残疾人能与其他人平等地享有良好的工作条件,包括机会均等和同工同酬的权利,享有安全和健康的工作环境。并在劳动力市场上促进残疾人就业机会的形成,协助残疾人寻找、获得、保持和恢复工作。第三,健康。提供医疗和康复训练,按照每个残疾人的具体情况恢复其相关功能,尽可能达到健康标准,增强其生活自理和社会适应能力。并且就残疾人特需医疗卫生服务、病情早期诊断和干预、体能综合评

---

[1] 黎建飞:《〈残疾人权利公约〉的背景回顾与再解读》,载《人权》2018年第6期。

估、适应训练和康复以及专业康复人员培训、服务的范围、服务质量和费用等也作了具体规定。第四，适足的生活水平和社会保护。残疾人有权为自己及其家属获得适足的生活水平，获得社会保护。国家应当确保残疾人能平等获得供水、服务、用具和其他协助，确保残疾人尤其是残疾妇女、女孩和老年人可以利用社会保护方案和减贫方案。

（四）社会参与和包容

残疾人应有机会充分参与社会各领域的活动，包括政治、文化、体育和娱乐等。第一，参与政治和公共生活。《残疾人权利公约》规定，残疾人平等地享有政治权利，确保残疾人享有选举和被选举的权利和机会。国家应当积极创造环境使残疾人不受歧视地参与处理公共事务。第二，参与文化生活、娱乐、休闲和体育活动。残疾人有权平等地参与文化生活，为自身利益并为充实社会，发展和利用自己的创造、艺术和智力潜力。国家应采取适当措施鼓励和促进残疾人尽可能参加各级主流体育活动，获得娱乐、旅游、休闲和体育活动的组织人提供的服务。

（五）国际合作与援助

各国应加强合作，共同促进残疾人权利的实现，各国可以与相关国际和区域组织及民间组织，特别是与残疾人组织开展国际合作、能力建设、研究工作等，发达国家应向发展中国家提供技术、经济和政策支持。

（六）监督机制

公约设立了一个监督机制，即残疾人权利委员会，负责监督缔约国履行公约义务的情况。《残疾人权利公约》规定委员会委员应当以个人身份任职，品德高尚，在公约所涉领域具有公认的能力和经验。委员会成员主要由缔约国选举，须考虑公平地域分配原则，各大文化和各主要法系的代表，男女成员人数的均衡性以及残疾人专家的参加。委员会需每两年一次向大会和经济及社会理事会提出关于其活动的报告，并可以在审查缔约国提交的报告和资料的基础上提出提议和一般建议。

（七）适用范围

该公约不仅适用于联合国成员方，还开放给区域一体化组织签字，显示了其包容性。"区域一体化组织"是指某一区域的主权国家，其成员方已将公约所涉事项方面的权限移交该组织。区域一体化组织可以在缔约国会议上，对其全国范围内的事项行使表决权,其票数与组织成员国的票数相当。

(八)示范性转变

公约标志着国际社会在对待残疾人的态度和方法上发生了"示范性转变",强调了残疾人权利保护的重要性。《残疾人权利公约》以社会残障模式为进路,以残疾人权利为本位,实现了残疾人权利保护的"范式转变"。[1]《残疾人权利公约》将残疾视为社会问题,注重反歧视和平权,即为残障的"社会模式"。区别于以往对残障的理解模式——"医学模式"。残障理解的医学模式注重生物损伤和个体,认为残障是个体问题,可以通过医学、心理学和康复服务来解决残障问题。残障社会模式的重要特点在于区分损伤(生物性)和残障(社会性),认为并非个体的损伤导致残障,残障的根源在于有损伤的个体的生活环境受到了限制,以此将人们的注意力从个体的、精神的或肢体的损伤转移到了社会对残疾人的包容和排斥上。《残疾人权利公约》正是遵循了对于残障理解的社会模式进路,主张将关注点转移到社会的文化环境对于残障群体的影响上来。保障残疾人正常的社会生活和社会参与是残疾人权利保障的核心内容。《残疾人权利公约》序言中提到:"确认残疾是一个演变中的概念,残疾是伤残者和阻碍他们在与其他人平等的基础上充分和切实地参与社会的各种态度和环境阻碍相互作用所产生的结果。"该定义明确指出残疾是社会对于残障群体的态度和环境阻碍相互作用的结果,这种社会隔离对于残疾人所造成的伤害远超出生理缺陷本身对个体的伤害。《残疾人权利公约》第9条规定,缔约国应当采取适当措施,确保残疾人与其他人平等的基础上,无障碍地进出物质环境,使用交通工具,利用信息和通信,以及享用在城市和农村地区向公众开放或者提供的其他设施和服务。第19条规定,缔约国确认所有残疾人享有在社区中生活的平等权利以及与其他人同等的选择,并应当采取有效和适当的措施,以便利残疾人充分享有这项权利以及充分融入和参与社区。上述条文强调"社区"对于残疾人社会融合的重要性,充分体现出《残疾人权利公约》的残障社会模式和价值导向。

此外,《残疾人权利公约》的范式转变还体现在充分保障和尊重残疾人的自主选择权和自决权。长期以来,残疾人都被认为缺乏行使自身权利的法律能

---

[1] 张岩涛:《残疾人权利保护的"范式转变"——〈残疾人权利公约〉概览》,载《人权》2015年第5期。

力，认为只有拥有一定智力、社交心理功能和感官能力的成年人才能参与社会生活的方方面面。[1]因此，残疾人利益相关的决定只能由监护人替代作出，本人无权行使决定权。而《残疾人权利公约》则有力回应了这种对残疾人群采取的家长监护制的替代性决策范式。《残疾人权利公约》序言中指出，个人的自主和自立，包括自由作出自己的选择，对于残疾人至关重要。《残疾人权利公约》中旨在保障残疾人平等地享有自主选择权的条款有很多。第 12 条中指出，缔约国应当确认残疾人在生活的各方面在与他人平等的基础上享有法律权利能力，缔约国应当采取适当措施，便利残疾人获得他们在行使其法律权利能力时可能需要的协助。残疾人不仅享有平等的权利能力，也享有平等的行为能力。承认残疾人享有同他人同等的自决权，认同和支持残疾人权利。

二、国际人权法与残疾人权益保护

除了《残疾人权利公约》，还有其他一些国际人权法律文件涉及残疾人权益保护，如《世界人权宣言》《公民权利和政治权利国际公约》《经济、社会及文化权利国际公约》《国际劳工组织关于残疾人职业康复和就业公约》《关于为盲人、视力障碍者或其他印刷品阅读障碍者获得已出版作品提供便利的马拉喀什条约》（以下简称《马拉喀什条约》）等。这些文献共同构成了一个保护残疾人权利的国际法律框架，为残疾人提供了更全面的法律保障。国际人权法为残疾人权益保护提供了重要的法律依据和指导原则。各国政府和国际社会应共同努力，确保残疾人能够充分享有与其他人相同的权利和自由，实现真正的平等和包容。

表 3-1 关于残疾人专门公约等一览表

序号	年度	公约名称
1	1969	《禁止一切无视残疾人的社会条件的决议》
2	1970	《弱智人权利宣言》
3	1971	《智力迟钝者权利宣言》
4	1971	《精神发育迟滞宣言》

---

[1] [美] Robert D. Dinerstein：《实施〈残疾人权利公约〉第 12 条中的"法律能力"》，陈博译，载刘小楠主编：《反歧视评论》（第一辑），法律出版社 2014 年版，第 66 页。

续表

序号	年度	公约名称
5	1975	《残疾人权利宣言》
6	1977	《盲聋者权利宣言》
7	1982	《关于残疾人的世界行动纲领》
8	1982	《国际残疾人文献》
9	1983	《残疾人职业康复和就业公约》
10	1989	《关于残疾人人力资源开发的塔林行动纲要》
11	1991	《保护精神病患者和改善精神保健的原则》
12	1993	《联合国残疾人机会均等标准规则》
13	2006	《残疾人权利公约》
14	2016	《马拉喀什条约》

三、《马拉喀什条约》

《马拉喀什条约》是世界知识产权组织（World Intellectual Property Organization，WIPO）首部版权法限制与例外的国际条例，也是世界版权领域唯一的一部人权条约。据世界卫生组织（World Health Organization，WHO）统计，全球2.85亿视障者中仅7%左右有机会接触并享用社会提供的无障碍格式化作品，而发展中国家的比例不到1%[1]。《马拉喀什条约》对各缔约国将此条约付诸实施提出了明确要求，要求各缔约国国内法都应当对著作权限制与例外进行相应的立法规定，为保障视障者获取知识产品提供国内法律保障。该条约于2016年9月30日正式生效，条约的生效为缔约国受益人带来了更多可免费阅读的图书，有效地缓解了无障碍格式化作品的稀缺，消除全球范围内所谓的"书荒"现象[2]。我国已于2013年6月28日签署《马拉喀什条约》。

---

[1] 曹阳：《〈马拉喀什条约〉对公共图书馆服务视力障碍者的影响》，载《中国图书馆学报》2014年第1期。

[2] 徐轩：《加拿大关于阅读障碍者的版权例外研究——以〈马拉喀什条约〉实施为视角》，载《图书馆建设》2017年第3期。

(一)《马拉喀什条约》的主要内容

《马拉喀什条约》除序言以外,共有22个条款。条约第1条至第12条是条约的主体部分,主要涉及定义性条款、国内法限制与例外、跨境交易、规避技术措施等内容。条约第13条至第22条是程序性规定,主要涉及条约的签署、生效、文本等问题。本书主要对条约的主体部分可供我国立法过程中借鉴的内容进行必要的阐述。

(二)定义性条款

《马拉喀什条约》第2条和第3条属于定义性条款,分别对"作品""无障碍格式作品""被授权实体""受益人"等作了定义性解释。

(1)对于"作品"的具体范围,《马拉喀什条约》第2条将其定义为《伯尔尼公约》所指的文学和艺术作品,表现形式体现为图示、文字和(或)符号,此作品系已出版或者以某种方式公开。作为该条约附件的"关于第2条第1款的议定声明"将"作品"的范围扩展到有声形式。此条规定是发达国家与发展中国家博弈的结果,在条约制定过程中,美国和欧盟主张将电影排除出限制与例外适用的作品范围,以免本国电影产业和产权人合法权益受到损害,而发展中国家主张限制与例外适用范围尽可能地包括各种类型的读物。我国代表团曾建议删除"形式为文字、符号和(或)相关图示"的表述,将其范围扩大至所有作品类型,包括电影作品[1]。

(2)《马拉喀什条约》第2条指出,"无障碍格式作品"是指以替代方式提供给受益人便于使用的作品,达到与无视力障碍者同等的使用效果。同时,该条还要求提供给受益人的无障碍格式作品必须尊重原作品的完整性。匈牙利版权专家Ficsor认为,只有视力和阅读障碍者才有权利使用本条约所言的作品,即无障碍格式作品;[2]而Band则认为,条约规定的无障碍格式作品仅限于受益者使用,但是这不意味着仅供视障者使用的无障碍格式作品才属于本条约所规定的作品,本条约所规定的作品还应当包括大号字体印刷品、录音制品、带

---

[1] 王迁:《论〈马拉喀什条约〉及对我国著作权立法的影响》,载《法学》2013年第10期。

[2] Ficsor M J. Commentary to the Marrakesh Treaty on AccessibleFormat Copies for the Visually Impaired [EB/OL]. [2017-04-10]. http://www.copyrightseesaw.net/data/documents/documents/d/1/2/d12ec5c8382563487dbc7602a0ceb27c.doc.

有声音说明的视听作品。[1]尽管此类作品能同时被视障者和普通公众获取,但是,不能因此而缩小了视障者所使用作品的范围。我们较为赞成 Band 的观点,我们不能看谁有能力去使用作品版本来判断适用此条约规定作品的范围,而应当从实际使用者角度来理解条约规定作品的范围。

(3)《马拉喀什条约》将"被授权主体"定义为经政府授权或者承认,不以非营利为目的,向受益人提供无障碍格式作品服务的实体。同时,此条约还指出,被授权实体还包括其职能之一是向受益人提供无障碍格式作品服务的非营利组织或者官方机构。据此定义,被授权主体应当满足三个基本条件:一是产生途径——必须经过政府的授权或承认;二是运作方式——以非营利的方式运作;三是运作目的——向受益人提供无障碍格式作品服务。

(4)对于受益人的范围,《马拉喀什条约》第 3 条作出了列举性规定,"受益人"主要有三类:①盲人;②因视觉、知觉缺陷或者阅读障碍,通过治疗、矫正等手段或者借助外界设备仍无法改善到与无障碍者同等阅读效果的人;③因其他身体残疾而无法持书或者翻书的人,抑或无法移动目光或无法集中目光进行正常阅读的人。为促进各缔约国对此条的理解,作为该条约附件的"关于第 3 条第(2)项的议定声明"指出,"无法改善"并不意味着残疾人必须使用了所有可能促进自己康复的诊断程序和治疗方法,任何用矫正镜片无法改善的视障者也被囊括于受益人范围内。例如,白内障患者无法通过矫正镜片来改善自己的视力,但不能因其可以通过手术治疗根除病症而将其排除在受益人范围之外。[2]

四、《残疾人职业康复和就业公约》

职业康复和就业是残疾人融入社会、实现自我价值的重要途径。通过职业康复和就业,残疾人能够获得经济独立、增强自信、提高生活质量和社会地位。同时,也有助于减少社会负担,促进社会经济发展。《残疾人职业康复和就业公约》对于保障残疾人权益、促进社会和谐发展具有重要意义。

---

[1] Band J. A User Guide to Marrakesh Treaty [EB/OL]. [2018-04-11]. http://www.llrx.com/features/marrakeshtreaty.htm.

[2] 崔汪卫:《〈马拉喀什条约〉对图书馆无障碍服务的影响与立法建议——兼析〈著作权法(修订草案送审稿)〉无障碍服务条款》,载《图书馆建设》2018 年第 8 期。

（一）《残疾人职业康复和就业公约》的制定背景

国际劳工组织大会，经国际劳工局理事会召集，于 1983 年 6 月 1 日在日内瓦举行第六十九届会议，并注意到包含于 1955 年（残疾人）职业康复建议书和 1957 年人力资源开发建议书中的现行国际标准，并注意到 1955 年（残疾人）职业康复建议书通过以来，在对康复需要的认识，康复服务的范围和组织，以及许多会员国在该建议书所涉及问题的法律和实践等方面都有重大发展，并考虑到联合国大会已宣布 1981 年为国际残疾人年，其主题为"充分参与和平等"。同时，一项关于残疾人的综合性世界行动计划将在国际和国家级别上为实现残疾人"充分参与"社会生活和社会发展的目标，以及"平等"的目标而提供有效措施，并考虑到这些发展已使得宜于就此主题通过新的国际标准，这些新标准特别考虑到保障城市和农村地区各类残疾人在就业和与社会结合方面对机会和待遇均等的需要，并经决定采纳本届会议议程第四项关于职业康复的某些提议，并确定这些提议应采取国际公约的形式，于 1983 年 6 月 20 日通过以下公约，引用时称之为 1983 年《残疾人职业康复和就业公约》，也称《第 159 号公约》。

（二）《残疾人职业康复和就业公约》的主要内容

《残疾人职业康复和就业公约》主要分为定义和范围、残疾人职业康复原则和就业政策、发展残疾人职业康复和就业服务的国家级的行动、最后条款四个部分，将残疾人康复与就业权利保障以国际公约的形式进行细化和固定。该公约认为残疾人是指由于被正当承认的身体或精神上的损伤致使其获得和保持合适的职业并得以提升的前景大为降低的个人。其主旨是倡导各会员方应把职业康复的目的视为使残疾人获得和保持合适的职业并得以提升，从而促使其与社会结合或重新结合为一体，并呼吁各会员方通过适合国家条件和符合国家实践的措施予以实施。

在残疾人职业康复的就业政策方面，该公约提出各会员方应根据国家条件、实践和可能，制定和实施有关残疾人职业康复和就业的国家政策，同时，定期进行审查。并对"国家政策"的导向进行原则性规定：一是国家残疾人康复与就业政策应旨在保证为各类残疾人提供适当的职业康复措施，增加残疾人在公开的劳力市场中的就业机会；二是上述政策应以残疾工人与一般工人机会均等的原则为基础，尊重男女残疾工人的机会和待遇均等。为此，该公约特别将政府对残疾人的"特殊积极措施"进行了阐释,认为为落实残疾工人与其他工人机会和待遇均等而采取的特殊积极措施,其特殊性在于扶助残疾人获得均等执业空间,这种"优待"在于促进平等,不应被视为对其他非残疾工人的歧视而遭遇阻碍。

此外,该公约还对国家应给予残疾人的基本康复和就业保障措施进行了规定:一是国家应采取措施提供职业指导、职业培训、安置、就业和其他有关服务项目并对之进行评估,以便使残疾人获得和保持职业并得以提升。同时,对这些权利的等级进行了原则性规定,认为现有为非残疾工人的服务项目,只要可能并且合适,均应经必要调整后加以利用。二是对边远地区的残疾人体现了特殊关注,认为应采取措施促进在农村和边远社区建立及发展残疾人职业康复和就业服务。三是提倡培育和健全面向残疾的服务行业及职业,提出国家应致力于保证提供培训和康复顾问以及负责残疾人职业指导、职业培训、安置和就业的其他适当的合格工作人员。

五、《关于残疾人的世界行动纲领》

(一)《关于残疾人的世界行动纲领》的制定背景

1982年12月3日,联合国大会第37届会议通过《关于残疾人的世界行动纲领》(WPA)。鉴于当时全球残疾人的数量达5亿,多数国家的残疾人占人口总数的1/10,并且还在日渐增加,使全球至少1/4的人口因残疾问题而受到不利影响的状况,文件认为有必要有一个多部门和多学科的全球性战略,实施联合协调一致的有关政策和行动,促进推行有关伤残预防和伤残康复的有效措施,促进实现使残疾人得以充分参与社会生活和发展,并享有平等地位,具有与全体公民同等的机会,平等分享由社会和经济发展而改善的生活条件。联合国宣布1983年至1992年为联合国残疾人十年。为此专门设计了象征和平与残疾人、健全人携手互助的徽记。联合国大会在十年中将每年开会审议残疾人问题,督促会员方建立协调中心或委员会调查、了解和评价实施《关于残疾人的世界行动纲领》情况,联合国大会还成立了咨询机构以沟通各国之间的技术交流与合作,提供各种服务。

(二)《关于残疾人的世界行动纲领》的总体框架

《关于残疾人的世界行动纲领》分三个部分。第一部分阐释文件实施的目标、制定的背景、有关残疾的基本概念，促进伤残预防、伤残康复和残疾人机会平等的有效措施与任务，完成该文件各项目标的先决条件。第二部分指出造成致残率升高和残疾人被社会边缘化的原因，重点列举发展中国家残疾人的现状和残疾妇女、残疾儿童、残疾难民等特殊群体的困境，在伤残预防、伤残康复，残疾人在教育、就业、参与社会活动方面遇到的机会不平等的羁绊，残疾问题与新的国际经济秩序、经济和社会发展成果的关系。第三部分是执行文件的建议，明确说明该文件是为所有会员国制定的，要求各会员国政府设立协调中心或全国委员会负责调查、监督下属机构和非政府组织完成该文件所规定的任务。

（三）《关于残疾人的世界行动纲领》的主要内容

（1）提出了统一的宗旨和重要概念。

《关于残疾人的世界行动纲领》第一章明确了纲领的宗旨是致力于实现以下目标，即使残疾人得以"充分参与"社会生活和发展，并享有"平等地位"，并且明确了对所有国家具有统一的适用价值，也就是说无论国家的发展水平如何，纲领中的宗旨和概念所适用的范畴都是一样的。进而，纲领根据世界卫生组织的工作经验，将缺陷、残疾和障碍三者进行了明确划分，得到世界公认。其中，"缺陷"是指心理上、生理上或人体结构上，某种组织或功能的任何异常或丧失。"残疾"是指由于缺陷而缺乏作为正常人以正常方式从事某种正常活动的能力。"障碍"是指一个人，由于缺陷或残疾，而处于某种不利地位，以至于限制或阻碍该人发挥按其年龄、性别、社会与文化等因素应能发挥的正常作用。同时，也明确了残疾人并不是一个单一性质的群体，应当包括精神病者，智力迟钝者，视觉、听觉和言语方面受损者，行动能力受限者和"内科残疾"者等，一定程度上解决了故意或不慎将残疾人范围限缩，影响行权的问题。除此之外，纲领还对残疾预防、康复和机会平等残疾人事业相关的重要概念进行了统一。

对于"残疾预防"，纲领指出了两种类型，包括在前期阶段，预防出现心智、身体和感官缺陷的各项措施，也包括在后期阶段，出现缺陷后，防止它造成不良后果的工作。

对于"康复"，纲领明确其应具备"有既定目标"和"有确定期限"，包括为补偿某一丧失或削弱的功能所采取的各种措施，如采用辅助器械的方式，也包括有助于使他们适应或重新适应社会生活的措施。同时明确，康复这一过程应能够使有缺陷的人在心智上、身体上、参与社会生活的功能上都能达到最佳状态，为其生活的改善提供自身的条件。这为康复工作提供了最低标准，也为各国建设和规范康复产业提供了基本遵循。

对于"机会平等"，纲领明确其概念是使整个社会体系能为人人所利用，诸如物质和文化环境、住房和交通、社会服务和保健服务、教育和就业及包括体育运动和娱乐设施在内的文化和社会生活。同时纲领针对残疾人机会平等问题，提出了引导方向。纲领强调了生活基本因素在残疾人享有平等中的重要作用，认为要达到"充分参与和平等"的目标，仅靠着眼于残疾人的康复措施是不够的，残疾人需要获得生活基本因素的机会，这些基本因素包括家庭生活、教育、住房、经济和人身保障、参加社会团体与政治团体、宗教活动、亲密关系和性关系、享用公共设施、行动自由以及一般的日常生活方式等，只有实现了上述因素的平等获取，才能使残疾人置于"充分参与和平等"的环境中。因此，社会有必要认清和消除妨碍这些人充分参与社会生活的各种障碍，各国政府也有责任保证有残疾公民分享到发展计划所带来的好处。

值得注意的是，纲领同时注重从理念上引导社会"正确"对待残疾人。例如，纲领提出："社会对残疾人的态度可能是残疾人参与社会和取得平等权益的最大障碍。"认为社会看残疾人，应该着重看残疾人所具备的能力，而不是聚焦他们的残疾。又如，纲领认为残疾人承担同等义务也是残疾人享有平等权利的表现，社会应该充分调动他们的才能投入社会变革，而不是提前给他们退休金或资助。这也能够体现纲领的理性和中立价值。

（2）关注发展中国家的残疾人问题。

《关于残疾人的世界行动纲领》明确提出，发展中国家的残疾人问题需要给予特别重视。在发展中国家里，一些国家的残疾人所占人口比例估计高达20%，如果算上家属和亲属，就有50%的人受到残疾的不利影响。在这类国家中，残疾人问题由于人口激增而变得更加复杂，迫切需要帮助这些国家制定人口政策、防止残疾人口的增加，并且努力对已经有残疾的人进行康复并提供服务。除了呼吁性内容，纲领也提出了多种切实解决方案。第一，通过信托基金方式。联合国大会为"国际残疾人年"设立的信托基金应用来满足发展中国家和残疾人组织的援助要求，用来促进世界行动纲领的实施。明确在一般情况下，需要增加给予发展中国家实施世界行动纲领目标的资源。同时，鼓励各国政府和私人为发展中国家捐款以扶持残疾人事业。第二，开展地域间援助。发展中国家在调动足够的资源来满足他们的残疾人和千百万条件不利的人的需求方面越来越困难。因此，联合国各地域委员会和其他地域性机构应促进发展中国家间技术合作领域的活动，应促进残疾人组织的发展。国际社会应根据上面第82条、第83条两条[1]，支持这些国家本身作出的努力，大幅增加流向发展中国家的资源。关于残疾人预防和康复方面的发展中国家技术合作和技术援助问题世界专家讨论会制订专门的行动计划，作为世界行动纲领范围内进行技术合作的指导方针。

此外，《关于残疾人的世界行动纲领》还对造成残疾的原因，执行纲领的建议等内容作出了详细规定，并明确该纲领是为所有国家制定的，要求各国政府设立协调中心或全国委员会来调查、监督下属机构和非政府组织完成纲领所规定的任务。

---

[1]《关于残疾人的世界行动纲领》：82.《关于残疾人的世界行动纲领》的目标旨在促进采取有效措施，以进行残疾人预防、康复并实现有关残疾人充分参与社会生活和发展及取得平等的各项目标。应当认识到，执行世界行动纲领，本身就会因为动员了全部人力资源和全体人民的充分参与而对社会发展进程作出贡献。83. 残疾人的状况与整个国家的全面发展密切相关。

第四章 残疾人司法保护的实践探索

第一节 刑事保护的司法实践

残疾人的刑事司法保护，是我国刑事司法实践中一直高度关注的问题。最高人民法院、最高人民检察院历年来多次发布关于残疾人司法保护的文件，如2015年，最高人民检察院、中国残疾人联合会联合发布了《关于在检察工作中切实维护残疾人合法权益的意见》；2018年，最高人民法院、中国残疾人联合会联合发布了《关于在审判执行工作中切实维护残疾人合法权益的意见》，两份意见均强调要对侵害残疾人权益的各种刑事犯罪加大打击力度，要充分保障残疾人被告人的辩护权等合法权益。2022年，最高人民法院、最高人民检察院、公安部、司法部、中国残疾人联合会联合发布的《关于深入学习贯彻习近平法治思想 切实加强残疾人司法保护的意见》更是特别强调，各级人民法院要坚持宽严相济的刑事政策，依法惩治侵害残疾人的犯罪，充分保障刑事案件的残疾人被告人的辩护权，依法对残疾人被告人从宽量刑。该意见从依法惩治侵害残疾人的犯罪，保护残疾被害人和依法保障残疾被告人的合法权益，对残疾被告人从宽量刑两个方面强调了对残疾人的刑事司法保护要求。

一、残障被害人司法保护的实践

残疾人作为社会上的弱势群体，其人身和财产权利均较容易遭受犯罪行为的侵害，为了有效筑起防范残疾人遭受犯罪侵害的屏障，切实保护残疾人的合法权益，法律对侵害残疾人的犯罪行为依法予以惩治，形成震慑效应十分必要。

（一）依法惩治侵犯残疾人人身权利的犯罪

侵犯残疾人人身权利的犯罪多种多样，几乎所有侵犯人身权利的犯罪都有可能以残疾人为犯罪对象。但从实践情况来看，常见多发的主要还是性侵，拐卖智力或精神残障妇女，组织残疾人乞讨，故意伤害残疾人以及发生在家庭内部的虐待、遗弃残疾人的犯罪案件。

智力或精神残障妇女由于缺乏辨认和控制能力，较容易受骗，故较容易成为性侵或拐卖犯罪的犯罪对象。实践中发生的侵犯残疾人的犯罪有很大一部分都是此类犯罪。司法机关高度重视此类犯罪案件的办理工作，公安机关切实加大立案查处力度，检察机关积极履行公诉职能，法院秉持对残疾人的平等保护理念，依法惩治此类犯罪。如在喻某某强奸案中，被告人喻某某在明知被害人丽某（化名）是精神病人的情况下，仍先后两次与丽某发生性关系。法院综合考虑其具有坦白、认罪认罚情节，最终以强奸罪对其判处有期徒刑三年六个月。

性侵精神残障妇女的案例中，很多就是如该案一样以"骗奸"的形式发生的，行为人并未采用普通强奸案件中常用的暴力、胁迫等行为方式，但由于精神残障妇女本身不具备性承诺能力，故即使其形式上同意发生性关系，也不能阻却行为人行为的违法性。该案中，被告人的行为属于强奸罪的基本犯，依法应处三年以上十年以下有期徒刑，法院综合考虑其坦白、认罪认罚情节，以强奸罪对被告人判处有期徒刑三年六个月，在刑罚裁量上与普通强奸案件的量刑尺度大体平衡，充分体现了法院对精神残障妇女的性权利给予平等保护的司法理念。

该案裁判中体现出的对残障妇女性权利平等保护的理念难能可贵。为残障被害人提供刑事司法保护，并不是一味强调对侵害残疾人的犯罪予以从重处罚，是否从重处罚还是应视具体情况而定。客观而言，残障妇女的性权利与健康妇女的性权利在法律上都是平等的，应当受到平等保护，所以，无论是性侵残障妇女还是性侵健康妇女，至少在客体层面并不存在要对哪类犯罪从重处罚的理由。事实上，有罪必罚体现出来的对被害人的保护效果要远大于从重处罚。或许，对精神残障妇女的刑事司法保护更应该关注的重点是如何才能有效地做到对此类性侵行为的有罪必罚。

平等保护的理念同样体现在拐卖妇女类犯罪案件的审判中。如某地法院发布的卢某甲、卢某乙拐卖妇女案中，被告人卢某乙以外出打工挣钱为由将精神残障妇女刘某拐骗至外地，并伙同被告人卢某甲以介绍婚姻的名义将刘某出卖给他人为妻，得款3.5万元后瓜分。两人的行为均已构成拐卖妇女罪，依法应处五年以上十年以下有期徒刑。法院最终以拐卖妇女罪分别判处卢某甲有期徒刑五年六个月、卢某乙有期徒刑五年。这样的刑罚实际上也与拐卖健康妇女的案件几无差异。

事实上，无论是强奸罪还是拐卖妇女罪，刑法条文以及司法解释都是将残障妇女和健康妇女一视同仁，并没有区别对待。可以说，从法律层面就体现了平等保护的精神。从上述两个典型案例可以看出，司法实践实际上就是在贯彻落实法律关于平等保护的精神。

对于侵犯残疾人人身权的犯罪，究竟是应当给予平等保护还是需要一些特殊考虑，我们认为，关键还是要看法律或司法解释的规定及其精神。法律或者司法解释没有针对残障被害人作出特别规定的，原则上应当坚持平等保护。当然，如果法律或者司法解释有特别规定的，那就必须按照规定给予特别保护。比如，组织残疾人乞讨罪就是一种特别规定，只有组织对象是残疾人才能构成该罪，如果是组织健康成年人乞讨一般不构成犯罪。当然，如果组织乞讨的手段行为触犯其他罪名，构成其他犯罪的另当别论。该罪名的设置固然是鉴于残疾人被组织进行乞讨的现象常见多发，但加强对残疾人的特别保护，避免残疾人的合法权益遭受组织乞讨者的侵害也是应重点考虑的问题。

上述发生在家庭之外的侵犯残疾人人身权的犯罪行为，保护难点在于发现和纳入司法困难。进入司法程序后，依法惩治并无多大困难。在利用看护残疾人的职业便利虐待残疾人的案件中，法院还注重通过对被告人依法适用从业禁止的方式，达到保护残疾人合法权益的效果。不过，在涉及家庭内部的侵犯残疾人人身权行为时，情况显然更为复杂，不仅案件发现和纳入司法保护的过程更为困难，而且依法惩治也会面临难题。例如父母虐待、遗弃残障儿类案件，常会被认为是家务事而得不到司法的介入和保护。即使司法已经介入，司法人员根据法律规定对犯虐待罪、遗弃罪的父母定罪量刑时，也要面对残障儿由谁来监护和照顾的难题。残障儿的其他亲属中有人愿意并且能够承担这样的责任还好，但如果没有呢，又该怎么办？实践中就有这样的案例。张某遗弃亲生儿案中，张某的妻子在生下张甲（智力残疾）后离家出走。张甲一直由祖母照顾，后祖母年老，遂将张甲送还其生父张某，张某见7岁的张甲生活不能自理，而将张甲遗弃于距家数公里外的村庄道路处。法院认定张某的行为已构成遗弃罪，对其判处拘役四个月，缓期六个月执行。后张某又因在缓刑期间殴打张甲而被监督收监执行。

该案中，法院最初之所以对张某适用缓刑，不排除考虑了残疾人张甲的监护和照顾还需要张某来承担的因素，但张某因犯遗弃罪受到刑事处罚后仍然不思悔改，在缓刑期间又殴打虐待张甲，这种状况显然已经违背了法院对其适用缓刑的初衷，也违反了缓刑期间的监管规定，法院依法对其撤销缓刑、收监执行。但张某被收监执行后，张甲的监护和照顾问题却是法院不得不考虑的一个难题。撤销张某的监护人资格，依法为张甲另行指定监护人或许是一条路径，但张甲的母亲失踪，祖母年老，已经没有其他亲人能对其进行监护和照顾，又去哪寻找合适的监护人呢？或许最终村委会或者社会福利机构能够提供这样一种托底保障，但法院无疑会有大量的协调工作需要去做。类似这样的案件中，残障儿童的合法权益如何有效保障仍是需要我们不断探索的问题。

（二）依法严惩侵犯残疾人财产权利的犯罪

不同于对残疾人人身权的保护以平等保护为基调，司法实践对残疾人财产权利总体上以特别保护为基调。相对健康人而言，残疾人获取财产更为不易，所以，相同数量的财产，对于健康人和残疾人而言，其意义可能是完全不一样的。因此，有必要给予特别保护。司法实践中，最常见的侵犯残疾人财产权利的犯罪是盗窃罪与诈骗罪。我国盗窃罪和诈骗罪司法解释均将盗窃或诈骗残疾人作为从重处罚的情节予以明确规定。根据最高人民法院、最高人民检察院《关于办理盗窃刑事案件适用法律若干问题的解释》第2条第5项的规定，"盗窃残疾人、孤寡老人、丧失劳动能力人的财物的"，"数额较大"的入罪标准可以减半计算；该司法解释第6条规定，具有上述情形的，法定刑升格的数额标准也可以减半计算。而根据最高人民法院、最高人民检察院《关于办理诈骗刑事案件具体应用法律问题的解释》第2条第1款第4项的规定，"诈骗残疾人、孤寡老人、丧失劳动能力人的财物的"，可以依照诈骗罪的规定酌情从严惩处；根据该条第2款的规定，如果具有上述情形，且诈骗数额接近"数额巨大""数额特别巨大"的标准，可以直接认定具有"其他严重情节""其他特别严重情节"，从而升格法定刑档次。这些是司法解释中明确规定的对侵害残疾人财产犯罪从严打击的依据。在我国，司法解释具有法律效力，是法官在司法过程中必须遵循的。因此，司法解释对于残疾人财产权保护的特别规定彰显了我国残疾人财产权刑事司法保护的力度。

在盗窃、诈骗残疾人作为从重处罚情节，是否需要行为人主观明知侵害对象是残疾人的问题上，实践中存在一定争议。一种观点认为，需要行为人对侵害对象是残疾人具有主观明知，否则有违主客观相一致原则；另一种观点认为，侵害对象是残疾人只是客观的超过要素，并不要求行为人对此具有主观明知。例如，在单某盗窃案中，单某在歌厅唱歌时，偶见隔壁包房无人却有一部手机在充电，遂起意将手机偷走。经鉴定，该手机价值 1500 元。被害人杨某是残疾人。

该案中，当地普通盗窃入罪的数额标准为 3000 元。而根据最高人民法院、最高人民检察院《关于办理盗窃刑事案件适用法律若干问题的解释》第 2 条第 5 项的规定，"盗窃残疾人、孤寡老人、丧失劳动能力人的财物的"，"数额较大"的入罪标准可以减半计算。单某的行为是否能构成盗窃罪，关键就在于其行为能否被认定具有"盗窃残疾人"的情节。一种意见认为，定罪量刑应当坚持主客观相统一原则，单某在拿走手机时，主观上并不明知是残疾人所有，其没有盗窃残疾人财物的故意，故不构成盗窃罪。但法院最终并未采纳该意见，而是采纳了第二种意见，以客观的超过要素为由，认定单某的行为已构成盗窃罪。该案裁判体现出刑事司法实践对残疾人较大的保护力度，这种保护有点类似于严格责任，即不论盗窃行为人主观上是否知道其盗窃行为侵害的是残疾人的财产，只要其行为客观上侵害了残疾人的财产，就同样对其适用从重的处罚标准。

拖欠残疾人工资、赔偿金的案件中，拒不执行判决、裁定罪也值得关注。这类犯罪往往会使得残障被害人本就艰难的生活雪上加霜，甚至威胁到残障被害人的生存权。人民法院对此类犯罪深恶痛绝，坚决予以刑事打击，切实维护残疾人获取工资、赔偿金等合法权益。例如，在韩某某拒不执行判决案中，莫某某在被告人韩某某的矿场工作时因工致残，法院判决韩某某赔偿 58.2 万余元。执行阶段，双方达成和解协议，韩某某履行部分义务后，逃避履行。法院经调查发现韩某某有履行能力而拒不履行的事实。据此，以拒不执行判决罪判处被告人韩某某有期徒刑一年零六个月，有力地打击了"老赖"的嚣张气焰。

总而言之，司法机关对以残疾人为侵害对象的犯罪行为，在实践中始终严格依照《刑法》及其司法解释的规定，依法予以惩治，切实加大打击力度，保护残障被害人的合法权益。

二、残障被告人司法保护的实践

残疾人虽然是社会上的弱势群体，但不可避免的是，其也会涉嫌犯罪、成为被告人。当其涉嫌犯罪、成为被告人时，司法实践是否会给予其特别保护呢？

答案是肯定的。但需要强调的是，这种特别保护并不一定是实体性的。

（一）残障被告人辩护权保障的实践

《关于深入学习贯彻习近平法治思想　切实加强残疾人司法保护的意见》强调要"充分保障刑事案件的残疾人被告人的辩护权"。落实到司法实践中，在国家大力推进刑事案件律师辩护全覆盖的背景下，残疾人被告人的辩护权保障更是司法机关关注的重点，各地司法机关一般都能较好地做到为没有委托辩护人的残疾人被告人指定法律援助律师为其提供辩护，甚至为残疾人被告人参与刑事诉讼提供其他必要的便利，如为聋哑被告人提供手语翻译等，司法机关也都较为注重，会尽可能地予以保障。在聋哑人刘某盗窃案中，法院受理案件后，第一时间向刘某送达了起诉书并了解其身体状况，并指派了辩护律师，进行法律援助。同时，法院还邀请专业人士全程参与诉讼过程，为刘某提供手语翻译。庭审中，主审法官将语速放慢，控制庭审节奏，方便手语老师准确完整地将指控内容、合议庭发问等同步翻译给刘某，并确保刘某用手语表达的内容能够清晰完整地传递给诉讼参与人员。最终，刘某被判处有期徒刑九个月，并处罚金人民币2000元。

正是基于完善的程序保障，残疾人被告人刘某感受到了公正与温暖，该案判决后，刘某明确表示接受判决结果并努力服刑改造，并对手语老师和法院表达了感谢，案件审判取得了很好的社会效果。该案裁判向我们展示了，程序上的公正保障实际上更容易为残疾人被告人感知，对于残疾人被告人信任判决结果的公平公正具有十分重要的意义。

（二）残疾人被告人从宽处罚的实践把握

在涉及残疾人被告人的犯罪案件中，虽然有从宽量刑的政策导向，但法院是否实体上给予从宽量刑，往往还要结合具体案件进行具体分析。我国刑法只对聋哑人和盲人犯罪规定了从宽处罚，即《刑法》第19条规定的"又聋又哑的人或者盲人犯罪，可以从轻、减轻或者免除处罚"。对于其他类型的残疾人，刑法并没有关于从宽处罚的明确规定。司法实践中，对于其他类型的残疾人犯罪，是否从宽处罚以及从宽处罚的尺度都由法官酌情把握，而法官对此的把握往往是实质性的，会综合考虑被告人的残障严重程度，被告人的残障状态是否影响其在实施犯罪过程中的辨认和控制能力，被告人的主观恶性程度等因素，作出一个综合判断。如果是一些轻微残障的被告人，其实施的犯罪行为与其残障没有关系的，法官并不一定会给予其从宽处罚。

刑法对聋哑人或者盲人犯罪，有"可以从轻、减轻或者免除处罚"的明确规定，司法实践一般都会考虑适当给予从宽处罚，不过，从宽处罚的尺度往往还要结合其他情节一并予以把握。例如，在聋哑人黄某某、陈某盗窃案中，被告人黄某某有盗窃前科且拒不认罪，而被告人陈某认罪悔罪态度较好，虽然法院考虑到两名被告人黄某某、陈某均是又聋又哑的人，依法可以从轻或减轻处罚，但最终判决对认罪悔罪态度较好的被告人陈某给予了减轻处罚，而对拒不认罪的被告人黄某某，从宽尺度则是十分有限的。

刑法之所以规定又聋又哑的人或者盲人犯罪，可以从轻、减轻或者免除处罚，原因在于残障导致的辨认和控制自己行为能力减弱，从而导致刑事责任能力的降低。如果有证据证明又聋又哑的人或者盲人在实施某一犯罪的时候，其辨认和控制能力并没有减弱，理论上也可以不对其从宽处罚。而且，刑法规定的是"可以从轻、减轻或者免除处罚"，而不是"应当从轻、减轻或者免除处罚"，所以，对于又聋又哑的人或者盲人实施的一些特别恶劣的犯罪，不给予其从轻处罚也是有依据的。司法实践中，对于又聋又哑的人或者盲人犯罪，最高刑同样可以判处死刑。在程序性权利给予充分保障的基础上，对于主观恶性很深的残疾人实施的恶性犯罪案件，该判处死刑的，人民法院也毫不手软。如"上海浦北路杀害小学生案"中，被告人黄某某经精心谋划、踩点，于中午放学时，在小学校园门口附近对放学的小学生实施无差别砍杀，造成两名小学生死亡的严重后果。后被告人黄某某被鉴定为患有精神分裂症，具有"限定刑事责任能力"。但该案中，法院并未因被告人的精神残障而给予其从宽处罚。法院认为，被告人的罪行极其严重，人身危险性极大，且其精神残障对其作案时辨认、控制自己的行为能力没有明显影响，并据此对被告人黄某某判处死刑。最终，该案的死刑判决得到了最高人民法院的核准。

该案的典型意义在于向社会宣示刑事司法对残障被告人的从宽也是有限度的，精神残障并非"免死金牌"。在以往的司法实践中，精神残障的限定刑事责任能力人不会被判处死刑几乎是一种固有的认识，否则无从体现对精神残障被告人的从宽处罚。该案向我们揭示了，这种认识实际上是片面的，精神残障虽然会影响行为人的行为，但对行为人的辨认和控制能力的影响并不是绝对的。精神分裂症患者也能心思缜密地谋划一场谋杀犯罪，包括连续的踩点、作案时机的选择等，无一不显示其对自身行为的辨认和控制能力，法院据此认为被告人的精神残障对其作案时辨认、控制自己行为能力没有明显影响,这是一种实质性的判断。这一实质判断对于被告人在该案中的刑事责任认定至关重要。在法官看来,司法精神病鉴定得出的被告人是限定刑事责任能力人的结论是一般性的结论,刑法规定的"尚未完全丧失辨认或者控制自己行为能力的精神病人",究竟其辨认和控制能力丧失到何种程度,应当结合案情进行具体判断,并将其作为认定被告人刑事责任的重要因素。被告人丧失辨认或者控制自己行为能力的程度越重,对其给予从宽处罚的正当性就越高;被告人丧失辨认或者控制自己行为能力的程度越轻,对其给予从宽处罚的正当性就越低。如果结合具体案情判断被告人的精神残障对其实施具体犯罪行为的辨认和控制能力的影响微乎其微的,也可以不对其从宽处罚。该案作为一起对精神残障的限制刑事责任能力被告人判处死刑的典型案例,不仅树立了对精神残障被告人实施犯罪时的辨认和控制能力进行实质审查的规则,也给具有辨认和控制能力的精神残疾人敲响了警钟,警示其不要误入歧途,明确精神残障从此不再是"免死金牌"。

(三) 精神残疾人强制医疗的实践探索

司法实践中,精神残疾人实施的危害社会行为类案件常见多发,如果行为人最终被鉴定为不具有辨认和控制能力的精神病人,则依法不负刑事责任,但应对其实施强制医疗。强制医疗制度旨在消除精神残疾人的危险状态、帮助其回归社会,虽然具有保安处分性质,但不可否认其本身就是对实施了暴力危害社会行为的精神残疾人的一种特殊的保护制度。相较于刑罚,强制医疗具有无明确期限的特点,只有在精神残疾人经过治疗已经不具有人身危险性、不需要再继续强制医疗,而且有适格的监护人对其进行监管的情形下,方可予以解除。强制医疗制度在实践运行中较多遭受诟病的就是其解除制度不够完善,导致精神残疾人有被无限期实施强制医疗的风险。对于强制医疗机构来说,"人身危险性已经消除"这样的判断,是不容易作出的,因为精神病很难完全治愈,且容易复发,强制医疗机构贸然作出精神病人"人身危险性已经消除"的判断,从而解除其强制医疗,将会承担很大的责任风险。因此,司法实践中,被决定强制医疗的案例远多于解除强制医疗的案例。无限期的强制医疗对于精神病人来说无疑是十分不利的,因此,在今后的司法实践中,对解除强制医疗的探索与完善应是我们努力的方向,这对于被强制医疗的精神病人而言意义重大。

(四) 被告人和被害人双方都是残疾人的司法处理

在涉及残疾人的有组织犯罪中,残疾人实施侵害残疾人的犯罪的情形十分常见,如组织残疾人乞讨、盗窃的头目往往也都是残疾人。在被告人和被害人双方都是残疾人的情形下,究竟如何才能更好地体现对残疾人的刑事保护,更是对司法者的考验。例如,在安徽亳州特大聋哑人盗窃集团案中,32名被告人中有29人均为聋哑人,被告人全某某、王某某、焦某某既是该盗窃集团的组织者,其本身也是聋哑人。该盗窃集团采用诱骗方式欺骗在校聋哑学生加入,并对成员身体和精神进行多重控制,胁迫其不断实施盗窃,涉案金额特别巨大。

该案中,对于被胁从实施盗窃的聋哑人,法院都依法给予了从轻处罚,不少被告人被宣告缓刑或者免予刑事处罚后,都由家长带回了家。这些人虽然因盗窃犯罪站在了被告人席上,但从某种意义上说,他们都是被害人,是被全某某等犯罪集团的首脑哄骗、胁迫而参与犯罪,所以,法院对这些被告人的量刑充分体现了从宽精神,并提前通知家长在宣判时到法院将孩子带回家,避免其再次流入社会,陷入新的犯罪团伙。但对于盗窃犯罪集团的首要分子全某某、王某某、焦某某等是否应给予其从宽处罚,是法官需要思考的一个重要问题。从犯罪行为来看,全某某、王某某、焦某某等诱骗聋哑学生参加犯罪集团,通过实施身体和精神控制,胁迫聋哑学生实施盗窃,手段情节都可谓十分恶劣。但全某某、王某某、焦某某本身又都是聋哑人,依法属于"可以从轻、减轻或者免除处罚"的情形。法院最终对三人判处了十年至十二年有期徒刑。但从案例中,我们难以看出法院是否对这三名犯罪集团的首要分子给予了从宽处罚,因为其中没有明确的表述,而"可以从轻、减轻或者免除处罚"的情节,对于有些罪大恶极、性质极其恶劣的被告人并不是必须给予从宽的,正如前文中提到的"上海浦北路杀害小学生案"中,被告人的精神残障并没有成为其"免死金牌",法院并未给予其从宽处罚。该案中,对于犯罪集团的三位首要分子,法院也完全有可能在综合考虑后不给予其从宽处罚。而对该三人的严惩,在我们看来,正是对那些遭受其诱骗、胁迫而加入犯罪集团的聋哑学生的保护。

第二节 民事保护的司法实践

残疾人的民事司法保护问题涉及面更为宽广,其中无障碍和平等保护是民事司法保护中十分重要的两个方面。2022年《关于深入学习贯彻习近平法治思想 切实加强残疾人司法保护的意见》对无障碍司法服务给予了特别强调和关注。该意见指出,要将无障碍服务贯穿诉讼全流程,各级法院积极设立"助残绿色通道",采用网上立案、跨域立案、上门立案等方式,方便残疾人立案。要加强诉讼程序的引导和释明,大力推广车载法庭、就地审理、上门调解等巡回审判模式,充分运用网上开庭、网上调解等信息化手段,方便残疾人当事人诉讼。要为有需求的残疾人及时提供手语、盲文、大字体、字幕等信息交流服务,建立规范化的提供手语、盲文等诉讼辅助服务的人员名册,让残疾人可以无障碍地接受诉讼服务。

一、无障碍保障的司法实践

残疾人的无障碍司法保障实际上包含两个方面:一是保障其参与诉讼活动过程的无障碍;二是以司法手段保障残疾人在生活中的无障碍。

残疾人参与诉讼活动过程的无障碍保障是《关于深入学习贯彻习近平法治思想 切实加强残疾人司法保护的意见》重点强调的内容,各司法机关都在努力推进。例如,上海市第二中级人民法院就是较早致力于为残疾人打造全流程无障碍通道的法院。残疾人到上海第二中级人民法院参与诉讼活动,法院优先进行安全检查,主动为其提供轮椅等辅助设备。进院后,诉讼服务大厅的工作人员主动了解残疾人需求,并陪同前往窗口优先办理包括申请立案在内的各项业务。残疾人前往法庭区域的,安保人员引导其搭乘无障碍电梯;诉讼活动结束后,辅助人员亦陪同其直至离开法院。目前,上海各家法院基本都已实现了对残疾人提供友好的无障碍服务。据了解,江苏法院近年来在服务残疾人群体方面也推出诸多举措,包括灵活运用立案措施,为不方便书面立案的残疾人提供口头立案条件,为不会、不便使用网络的残疾人提供诉讼指引;推进法院接待场所、审判场所的无障碍设施建设,设置残疾人无障碍专用通道,配备拐杖、轮椅等器械,保证残疾人无障碍参加诉讼活动;推进聋哑人无障碍交流环境建设,根据案件情况,允许相关辅助、陪护人员陪同残疾当事人出庭等。浙江、广东等多个省份在残疾人无障碍司法服务保障方面也都取得了不错的成效。例如,深圳市龙岗区法院在审理一起聋哑人之间的民间借贷纠纷案件中,就通过积极设立"助残绿色通道",将无障碍服务贯穿诉讼全流程。案件办理坚持"快立案、快送达、快审理、快结案"的工作思路,庭前主动通过短信为残疾人当事人提供诉讼指导和释明,在征得双方当事人同意后,采用移动微法院方式进行线上庭审,并安排手语老师提供全程手语翻译服务,切实保障残疾人平等、充分、方便地参与诉讼活动,案件审判取得了较好的效果。

当然，残疾人无障碍司法服务保障方面，存在地区差异或许是我们不得不承认的事实。有的地区或许做得还不够好，尚有较大的改进和完善空间。不过，既然《关于深入学习贯彻习近平法治思想　切实加强残疾人司法保护的意见》对此进行了重点强调，为我们指明了方向，而且还有上海、江苏、浙江、广东等地的先进经验可供借鉴，相信在不久的将来，全国的残疾人无障碍司法服务保障必将取得更好的成效。

司法机关除自身注重对残疾人提供友好的无障碍环境外，对于残疾人在社会生活中遇到的因无障碍设施不合格给其生活造成困扰而引发的纠纷中，也注重以司法手段保障残疾人的权利。例如，在某物业公司与业主钱某、某房地产公司物业服务合同纠纷案中，残疾人钱某与某房地产公司订立购房合同时，明确约定交房条件包括"满足使用功能要求"，且交房前物业费由某房地产公司承担，交房后物业费由钱某承担。后因房屋未能满足钱某轮椅出行的要求，钱某拒绝收房并拒绝交纳物业费而引发纠纷，物业公司将钱某诉至法院要求其缴纳物业费。

法院在该案审理中查明，涉诉房屋的单元大门虽经改造成为斜坡，但坡度较陡，无法满足轮椅通行需求。该住宅建设不符合无障碍设计原则，虽然经建设项目竣工验收合格，并向建设行政主管部门备案，符合一般条件下的交付标准，但无法满足需要借助轮椅出行的残疾人业主的需求。钱某未收房是因为开发商未尽到合同义务，故相关物业费不应由其承担。据此，判决驳回了物业公司的全部诉讼请求。

该案判决虽然是从开发商未尽到合同义务的角度，支持了钱某的抗辩，判决驳回了物业公司的诉讼请求。但法院在事实查明中提到该住宅建设不符合无障碍设计原则的表述尤为值得称道。随着社会的发展进步，建筑物通用设计的理念已经逐渐深入人心。所谓通用设计，根据《残疾人权利公约》第2条表述，是指"尽最大可能让所有人可以使用，无需作出调整或特别设计的产品、环境、方案和服务设计"。住宅建设中，适宜轮椅通行的无障碍坡道设计就是一种通用设计，不管该楼栋是否有需要使用轮椅的残疾人业主，都应当作出这样的设计，以便未来有实际需要者能便利地使用，而且这样的设计在建设之初就将其纳入规划所增加的成本其实是微乎其微的。

无障碍环境建设是我国重点推进的民生工程，2023年通过并施行的《无障碍环境建设法》第2条第1款明确规定："国家采取措施推进无障碍环境建设，为残疾人、老年人自主安全地通行道路、出入建筑物以及使用其附属设施、搭乘公共交通运输工具，获取、使用和交流信息，获得社会服务等提供便利。"当前城市中，很多老旧多层住宅都不符合无障碍环境建设的理念，给残疾人、老年人的出行带来了很大困扰，为此，近年来，老旧多层住宅小区加装电梯是政策层面大力推进的一项工程。但该项工程实际推进过程中，因低楼层业主与高楼层业主的利益冲突问题甚至是小区其他业主与加装电梯楼栋业主的利益冲突问题，面临重重困难与阻力，甚至因此引发了不少纠纷和诉讼。在该项民生工程推进中，我国民事司法从法律层面给予了强有力的支持。从最高人民法院发布的老旧小区既有住宅加装电梯典型案例来看，当前民事司法基本都是向着促成电梯加装的方向努力的，如强调依法加装电梯的业主有权请求相邻楼栋业主停止妨碍加装电梯的行为；强调依法加装电梯占用公共绿地对其他业主影响较小的，有权请求其他业主停止阻挠施工、排除妨碍；强调业主诉请拆除电梯但无充分证据证明依法加装的电梯影响其通风、采光及通行的，人民法院不予支持；强调业主违法阻挠加装电梯施工应当依法承担赔偿责任。结合上述典型案例来看，当前民事司法对老旧小区既有住宅加装电梯的态度基本就是业主自愿安装，且安装协议达成后，获得审批通过的加装电梯就大力给予保护。从宏观上看，当前的民事司法对老旧小区既有住宅加装电梯秉持的态度，对于促进无障碍环境建设，保障残疾人的无障碍通行无疑具有十分积极的意义。

二、平等保护的司法实践

民事司法对残疾人的平等保护，最主要就是体现在反歧视这一点上。当前社会环境下，残疾人在求学、就业等各方面都存在遭受歧视的现实可能。民事司法中的平等保护，目的就是要逐步消解这类针对残疾人的歧视，虽然司法的努力能够给予救助的只是少数人，但人们观念的转变就是在这样的逐步推动中发生的，正是秉持这样的信念，人民法院的民事审判一直奋斗在反歧视的路上。例如，在周某与某农产品公司确认劳动关系案中，周某为智力二级残疾人士，在某农产品公司从事搬运工作长达4年半之久。后周某向劳动人事争议仲裁委员会提起仲裁，请求确认双方存在劳动关系，劳动人事争议仲裁委员会却以周某为智力二级残疾人士，不具有劳动能力为由，裁决驳回周某的仲裁请求。周某不服，向法院提起诉讼。法院最终根据查明的事实判决确认了周某和某农产品公司存在劳动关系。

该案中，根据残疾人证记载的残疾等级标准，周某本应不具备劳动能力。但法院通过庭审查明，周某的实际情况与残疾人证记载不符，所以并未简单地以残疾人证记载为据裁判，而是依据客观事实认定其为自食其力的劳动者，判决确认了其与某农产品公司之间存在劳动关系。该案裁判凸显了法院维护残疾人合法权益、追求实质公正的司法理念，对保障残疾人的平等权利起到了示范作用。

该案使我们不禁联想到近来被炒上热搜的"武汉无臂男子体验地铁无障碍通行被要求出示残疾人证"事件，虽然地铁公司有关于体验无障碍通行需要出示残疾人证的规定，但出示残疾人证的根本目的就是证明行为人是残疾人，而地铁工作人员面对如此明显的残疾人，仍然机械地要求出示残疾人证方允许其体验无障碍通行，显然本末倒置，不仅没有做到为残疾人提供合理便利，甚至在社会公众看来，有些故意为难残疾人了。这件事情的发生，固然有工作人员机械执行规定的原因，但更深层次的原因还是其没有树立实质保障残疾人合法权益的理念。最终，武汉地铁也为此事表达了歉意，承认工作人员处置问题不妥。

实践中，机械适用法律或者规定，不考虑法律或者规定制定背后的意图，不考虑机械适用法律或者规定的后果，由此而产生的问题可谓屡见不鲜。背后的原因，有的是欠缺对立法意图的实质考虑，有的是规避被指责为违法违规的风险。但无论如何，这都不是一种妥当的处理方式，如果发生在司法过程中，就会引起人们对于司法公正性的怀疑。好在上述案件中，法院坚持实质判断，纠正了劳动争议仲裁委员会的错误仲裁结论，案件审判取得了很好的效果，并因此成为平等保护残疾人劳动权益的典型案例。

尽管法院在通过司法裁判努力引领对残疾人平等保护的理念，当前残疾人遭受歧视的现象仍是屡见不鲜。用人单位因原本拟录用的人员存在身体残障而不予录用的报道屡屡见诸媒体，如双腿残疾的河南洛阳应届毕业生杨某与某单位签订三方就业协议，但报到时，却被告知自己不在录取名单内，主要原因就是单位认定其因残障而不能胜任工作。残疾人遭受歧视的事件，绝大部分都没有进入诉讼程序。

平等保护的另一个重要侧面是平等承认，主要涉及精神残疾人的平等承认问题。当前监护制度下，精神残疾人通常被视为不具有自主决策能力的个体，其民事行为都需要监护人代替其作出，方被认可具有法律效力。这对于那些并非完全失智的精神障碍者而言，就会陷入无法自证具有民事行为能力的尴尬境地，也就是日常生活中所提出的带有一丝戏谑性的问题"精神病人如何才能证明自己没有精神病"，这种状况对于精神残疾人的平等保护无疑是非常不利的，由此而引发的矛盾纠纷时有发生。"精神卫生法第一案"的徐某案中，徐某"逃离疯人院"的过程可谓一波三折、历尽艰难，在其不懈坚持下，最终通过诉讼中的司法鉴定确定其是具有民事行为能力的人，方才结束了其长达14年的精神病院的生活。该案值得我们思考的问题是，当前对精神残疾人的监护制度是否还存在改进和完善的空间？如何才能有效保障类似徐某这样的患者出院的权利？有观点将类似徐某的窘境归结为家属不愿意接纳，这样的观点实际上失之偏颇，因为其还是立基于监护人本位的前提之上。既然精神病院都认为病人已经康复可以出院，为什么已经康复的病人就不能自主决定出院呢？我们又凭什么认定已经康复可以出院的病人一定还需要家属的照顾，凭什么认定其不能为自己的行为负责呢？之所以在家属不接纳的情况下，医院认为可以出院的病人仍然滞留医院，医院怕承担不起责任恐怕是其中很重要的一个原因。虽然医院能够对病人的状况作出专业性判断，但它需要一个权威的机构来为其下结论，比如由法院出具法律文书来认定病人已经康复、具有民事行为能力，已经不需要再接受精神病院的治疗。问题的关键在于对精神残疾人自主决策的制度保障还有待进一步健全，对精神残疾人或许应该有个更为精准的分级或分类，对其民事行为能力或许不应采取全有或者全无这样一种相对粗疏的界定，至少对待类似本案中的徐某这样的精神残疾人，不应采取与对待完全失智的精神残疾人一样的标准，这或许是今后相关法律制度改革完善的一个方向。

三、监护权保障的司法实践

监护权益的保障主要涉及的是无民事行为能力或者限制民事行为能力的残疾人，主要是精神残障或者智力残疾人，由于其民事行为能力缺失，无力维护自身的合法权益，故需要由监护人来帮助维护其合法权益。但司法实践中，有的残疾人的法定监护人本身也是残疾人，并无能力履行监护职责，这就导致了监护权的实质缺位，残疾人的合法权益无法得到保障，此时就需要司法的介入，为残疾人重新确定适格的监护人，以便有效地保护残疾人的合法权益。例如，在徐某玲被指定监护一案中，徐某玲是智力残疾人，其父母也均为精神或智力残疾人，徐某玲的日常生活主要由其祖母花某某照顾。花某某去世后，徐某玲处于无人照顾的状态，曾先后两次遭受不法分子性侵。后由当地福利院临时监护。村民委员会向法院提起诉讼申请撤销其父母的监护人资格，指定村民委员会为徐某玲的监护人。法院判决对村民委员会的诉请予以支持。

该案中，徐某玲的父母作为其法定监护人，均因自身的精神智力残障而无能力对徐某玲履行监护职责，徐某玲的合法权益难以得到保障。徐某玲两次遭受不法分子性侵，与监护权的实质缺位不无关系。村民委员会向法院申请撤销其父母的监护人资格，并指定村民委员会为徐某玲的监护人，体现了村民委员会的主动担当。正是基于有利于保护残疾人徐某玲的合法权益考虑，法院对村民委员会的诉请予以了支持。法院的判决结果对徐某玲合法权益的保障无疑具有十分积极的意义。该判决对于类似的监护人无能力履行监护职责情形下，如何实现对残疾人的有效监护，以切实保障残疾人的合法权益具有重要的参考价值。

不仅监护人没有能力履行监护职责的情形下，法院会接受为其重新确定监护人的诉请，对于监护人虽有能力履行监护职责，但却不履行监护职责，甚至侵犯残疾人权益的情形下，法院出于保护残疾人合法权益考虑，也会接受为其重新确定适格监护人的诉请。例如，在陈某乙诉请撤销谢某监护人资格案中，陈某甲是精神残疾人，谢某是陈某甲的丈夫。谢某在与陈某甲婚后生活期间，未履行对陈某甲的监护职责，致其衣不蔽体，经常在外四处流浪。后又将陈某甲锁在房屋内吃喝拉撒，生活环境极其恶劣。陈某甲的胞妹陈某乙及村民委员会等知悉情况后要求谢某送陈某甲就医，但均被拒绝。陈某乙向公安机关报案后，陈某甲被送医救治。陈某乙遂向法院请求撤销谢某监护人资格。法院支持了陈某乙的诉请，撤销了谢某的监护人资格，并经综合考虑后指定陈某乙为陈某甲的监护人。

该案中，谢某作为陈某甲的丈夫本应对具有精神残障的陈某甲履行监护职责，但其不仅怠于履行该监护职责，而且还将陈某甲锁在房屋内，恶劣的生活环境致陈某甲病情日益严重，生活不能自理。在陈某乙报案、公安机关对谢某以涉嫌虐待罪立案侦查后，陈某甲才得以就医，其行为已完全符合我国《民法典》第36条规定的监护人实施严重损害被监护人身心健康的行为或怠于履行监护职责导致被监护人处于危困状态的情形，按照该条规定，人民法院可根据有关个人或组织的申请，撤销其监护人资格，并按照最有利于被监护人的原则依法指定监护人。本案中，人民法院依法撤销被申请人谢某的监护人资格，指定申请人陈某乙为陈某甲的监护人，有力保障了残疾人陈某甲获得合格监护的权益。

适格监护人对于无民事行为能力或限制民事行为能力的残疾人的合法权益保护意义重大，因为监护人是残疾人合法权益的法定守护人，如果监护人不能或者怠于履行职责，残疾人的合法权益将难以得到有效保障。正如上述两个案例中所显示的，由于监护的缺位，残疾人徐某玲、陈某甲在很长的一段时间里，合法权益都是处于被侵害的状态，徐某玲遭遇了两次性侵，而陈某甲则一直处于被虐待的状态，徐某玲案中直到福利院对其临时监护，陈某甲案中直到陈某乙报案，两名残疾人合法权益遭受侵害的情况才得以缓解。所以，法院十分注重对残疾人监护权益的实质保障，绝不允许无民事行为能力的残疾人缺乏监护的情况存在。甚至在有些离婚案件中，如果对于残障儿的监护职责没有落实到位，法院会因此驳回当事人的离婚诉讼请求。例如，在李某与刘某的离婚诉讼中，二人的女儿李某某是唐氏综合征患者，二人因生活琐事及孩子生病等问题产生矛盾，夫妻感情出现隔阂。李某向法院提起离婚诉讼，刘某同意离婚，但双方均以有实际困难为由拒绝抚养李某某，法院因此判决不准予李某与刘某离婚。

该案中，法院之所以作出不准予李某与刘某离婚的判决，就是考虑到残障儿李某某的抚养问题没有解决。虽然保障离婚自由是我国婚姻家庭法的基本原则，但绝不容许以此逃避对残障子女的抚养责任，在双方未就残障子女的抚养问题达成一致的前提下，如果以保障离婚自由为由判决准予离婚，将患病的李某某判归夫妻一方抚养，势必会加大直接抚养方的经济和精神压力，还可能会导致其心有不甘，不愿尽心抚养，这都不利于对残障儿李某某合法权益的保障。所以，法院判决自愿离婚的双方不准离婚，就是要促使双方对残障子女的抚养问题作出合理的安排，以解决残障儿李某某抚养问题的后顾之忧。如果双方不是十分坚决要离婚，这也是一个劝和双方，实现夫妻双方共同抚养残障儿的契机；如果双方坚持要离婚，那法院也会通过判决表明态度，双方必须要对残障儿李某某的抚养问题作出合理的安排，法院对离婚请求才予以准许。无论如何，这对于残障儿李某某监护权益的保障都是十分有利的。

四、特殊关爱的司法实践

残疾人作为社会弱势群体，在其参与的民事讼诉中，人民法院通常会给予其超越普通诉讼参与人的特殊关爱,这种特殊关爱不仅体现在案件办理的程序上,也体现在案件的实体处理上。例如,在孙某诉张某、郭某、张某一占有保护纠纷案中,诉争房屋原承租人为张氏夫妇,自20世纪50年代起,张氏夫妇与包括张某在内的十个子女在诉争房屋内居住。其他子女成家后陆续搬离,张氏夫妇与本案被告张某、郭某(均是残疾人)及二人之女张某一继续共同居住在诉争房屋内。后张氏夫妇相继去世,孙某的母亲作为张氏夫妇的子女之一,被变更为诉争房屋的承租人,后孙某又继其母亲成为房屋承租人。孙某诉请张某等三人腾房并支付房屋占有使用费。法院最终判决支持了孙某要求张某一腾房的诉讼请求,但驳回了其要求张某、郭某腾房的诉讼请求。

在论述裁判理由时,法院指出,孙某是诉争房屋的承租人,当占有人的占有状态具有不法性时,其作为权利人可以对不法占有人行使返还原物请求权。但张某、郭某、张某一三人对诉争房屋的居住使用均有合理原因,并不属于非法占有。按照论述逻辑,此处法院似应认定孙某对三人不能行使返还原物请求权。但实际上,法院并未作此论述,而是转而论述张某、郭某均是残疾人,需要该房屋满足基本的生活居住需求,故对孙某要求二人腾房的诉请不予支持,但对于健康人张某一,法院判决又支持了孙某要求其腾房的诉请。照此理解,合理居住似乎并不足以构成拒绝腾房的抗辩理由,否则,张某一也不会被判决要求腾房。或许,满足残疾人基本的生活居住需求才是法院对张某、郭某和张某一作出不同判决的关键。该案判决充分展现了民事司法对残疾人权利保障的特殊关爱。

民事司法对残疾人的特殊关爱还体现在对案件的证据审查中。"谁主张,谁举证"是民事诉讼的一项基本原则,一般而言,如果原告不能就自己的主张充分举证,就会承担败诉的后果。但在涉及残疾人的民事诉讼中,法院却往往并不会简单地遵守这一举证规则,基于残疾人举证能力薄弱的考虑,法院发挥主观能动性,帮助残障原告开展调查取证的做法屡见不鲜。例如,刘某诉某通信公司侵权案中,刘某是视力残疾人,某日其被路边电线杆的斜拉线绊倒,摔伤之后被附近群众送至医院救治。后刘某对涉案电线杆的管理者某通信公司提起诉讼,请求判令其承担侵权责任。但由于举证能力相对薄弱,原告刘某无法提供充分的证据证明被告存在过错。为查明事实,承办法官及时前往案发现场进行实地勘查,全面、细致查看涉案电线杆周围布局及拉线情况,了解到电线杆附近缺乏相应警示标志及防护措施,并及时保存证据。在掌握事实和证据的基础上，为了实质化解矛盾、减少残疾人诉累，承办法官又积极开展调解工作，为双方当事人厘清法律关系、明晰事实、释明风险，最终促成双方达成一致，由被告公司一次性给付刘某医疗费用等1.8万余元。

该案是某地人民法院发布的典型案例，原告如果不是残疾人，判决结果可能完全不同。法院很可能会根据"谁主张，谁举证"的原则，要求原告承担相应的举证责任，如果原告未能就自己的主张充分举证，法院也很有可能因此判决原告败诉。该案原告之所以能够胜诉，与法院基于其身体残障、自行收集证据客观上存在困难的考虑，依法主动帮助其调查取证，查明案件事实存在重要的关联。案件最终能顺利达成调解，也是建立在查明事实的基础之上，充分体现了我国民事司法对举证能力薄弱的残疾人的特殊关爱。

当然，从法院发布的典型案例中，我们也能看到残障原告因举证不能而被判败诉的案件，尽管败诉判决最终经过申诉程序得以纠正，但这还是反映出个别法院在涉残疾人民事诉讼案件审判中，对残疾人的特殊性认识不到位，对残疾人的合法权益保护没有引起足够重视的问题。例如，在李某广与何某朝提供劳务者受害责任纠纷案中，聋哑人李某广在受雇为何某朝提供劳务期间摔倒并受伤，何某朝将其送医救治且为其垫付了住院期间的医疗费。李某广出院后向何某朝提起了损害赔偿诉讼，何某朝否认李某广为其提供了劳务。原审法院就以李某广未举证证明其与何某朝存在劳务关系为由，驳回了李某广的诉讼请求。后该案经上级法院指令再审，纠正了原判的错误，判决认定了李某广是在为何某朝提供劳务过程中受伤，据此判令何某朝承担了相应的赔偿责任。

从该典型案例来看，法院对于在涉残疾人合法权益保护的民事诉讼案件中，对于机械地秉持"谁主张，谁举证"的原则进行裁判的做法是持鲜明的否定态度的。上级法院在指令再审中，明确指出了原审未充分考虑聋哑人的举证能力和条件，直接判决驳回聋哑原告诉讼请求的错误。这是一种导向，通过反面典型警示提醒全国法院的民事法官，在审理残疾人原告提起的民事诉讼中，不能简单地按照"谁主张，谁举证"的原则来把握。在此类案件的审理中，要充分考虑残障原告在举证能力上的不足，要充分发挥主观能动性，引导和帮助残障原告调查取证，尽力查明案件事实，然后才能作出公正合理的判决。该案再审过程中，法官对案件事实进行了深入细致的调查，通过阅卷、听取诉辩双方的意见，由李某广当庭通过肢体演示展示其受伤过程，再结合出租车司机出庭作证的证言，最终认定李某广与何某朝之间存在劳务关系，李某广是在给何某朝提供劳务时受伤这一基本事实，据此判决何某朝承担相应的赔偿责任，切实维护了聋哑人李某广的合法权益。

人民法院在民事诉讼中，对残疾人的特殊关爱远不止上述案例中所展示的，而是体现在民事诉讼过程中的方方面面。如在双方自愿签订的离婚协议中，财产分配对残障方是显失公平的，法院会以此为由进行调整，充分保障残障方的权益。在涉及遗产继承中，法院对残障继承人会给予特殊关照。在相邻关系纠纷中，法院会运用证据规则为残疾人提供倾向性保护。在涉及残疾人合法权益保护的民事案件执行中，法院会充分考虑残疾人的现实困难，而选择最有利于保障残疾人合法权益的执行方案，确保残疾人的合法权益及时得到保障。在残疾人遭受家庭暴力类案件中，法院会运用人身安全保护令制度为遭受家庭暴力的残疾人提供保护，对于残疾人自身无法申请人身安全保护令，残疾人联合会等单位代为申请的，法院会依法受理并及时作出裁定，确保残疾人免受家庭暴力的侵害。凡此种种，都体现了人民法院在民事司法中对残疾人的特殊关爱与保护。

第三节　行政保护的司法实践

对残疾人的行政司法保护，在实践中多体现为司法机关通过行政公益诉讼的方式促进相关单位依法履职，保障残疾人不受歧视、无障碍通行等各方面的合法权益。

一、平等保护的行政司法实践

政府部门在残疾人平等保护的实现方面起着举足轻重的作用，如果相关政府部门怠于履职，依靠法院等司法机关的民事诉讼和刑事打击，是不足以支撑起对广大残疾人的平等保护的。司法机关的民事诉讼和刑事诉讼在促进残疾人的平等保护方面的作用是有限的，促进残疾人平等保护的责任主要还应当由政府承担。不过，行政诉讼的制度设计还是为司法机关在督促政府推进残疾人平等保护方面提供了有效抓手，司法机关在其中确实能够有所作为。近年来，司法机关十分注重发挥行政公益诉讼的作用，对残疾人在工作生活中遭受不公平待遇的情形，通过行政公益诉讼督促有关部门依法履职，切实为残疾人获得平等保护保驾护航。例如，广州某检察机关调查发现，某公司等用人单位在某大型互联网招聘网站上发布关于用工的招聘广告，招聘要求中明确注明"无残疾"，但招聘工种均为一般的简单工种，并没有要求掌握特殊技能或者是对身体协调性较强的岗位。检察机关认为，广州某公司等用人单位的招聘涉嫌就业歧视，损害了残疾人的平等就业权。检察机关为此与劳动保障行政部门进行磋商，督促其依法履职，对该就业歧视行为进行执法监督整改。后劳动保障行政部门反馈，相关用人单位已经删除了平台广告中含有残疾人歧视的相关内容，并在劳动保障行政部门督促下，积极参与残疾人平等就业权的保护，计划完成新增残疾人就业任务数100人。

平等就业权是残障劳动者享有的一项重要权利，是残疾人能够自食其力、融入社会的权利保障。当前社会上对残疾人的就业歧视是需要我们着力去解决的问题，劳动保障行政部门作为劳动者权益的法定保障机关，应该担当起维护残疾人平等就业权利的保护责任，对于残疾人就业歧视的行为，应当发现一起、查处一起，切实加强打击整治的力度，促进相关企业单位牢固树立不得歧视残疾人的理念。该案是一起检察机关在履职过程中发现的残疾人就业歧视案件，检察机关在查明案件事实后，积极作为，通过磋商的方式，督促劳动保障行政部门迅速开展查处，最终广州某公司等用人单位不仅删除了招聘广告上涉嫌残疾人就业歧视的内容，还额外承诺为残疾人提供100个就业机会，案件处理取得了很好的效果，有力地维护了残疾人的平等就业权。

除平等就业外，残疾人的平等受教育权保护也是司法机关重点关注的领域。社会生活中，残疾人在教育领域受到歧视的现象并不鲜见，甚至不少残障儿童的家长本身就不重视残障儿童的教育，残障儿童辍学在家的情况多有发生，这也是造成当今社会上残疾人文化水平普遍较低的直接原因。"百年大计，教育为本"，受教育权是每一个孩子（包括残障儿童）应有的权利。近年来，司法机关高度关注残障儿童的平等受教育权保障，努力通过行政公益诉讼的方式督促相关部门切实履行保障残障儿童平等受教育权的责任。

二、无障碍通行保障的行政司法实践

无障碍通行是《残疾人权利公约》和我国《残疾人保障法》明确规定的残疾人权利。政策层面，我国正大力推进无障碍环境建设。民事司法中，也有不少保障残疾人无障碍通行的司法案例。但实践中，总有一些地方对无障碍环境建设未引起足够的重视。例如，城市的盲道是盲人出行需要借助的重要设施，盲道的规范化建设对于盲人的无障碍通行具有重要的保障意义，但有些地方的盲道建设存在不规范之处，给盲人的出行造成安全隐患。从小的方面说，这是行政管理部门的失职；从大的方面说，这是对我国当前大力推进的无障碍环境建设政策导向的无视。对此，司法机关积极作为，通过行政公益诉讼大力促进盲道建设规范化，切实保护盲人的出行安全。例如，在某县检察院督促保护残疾人盲道安全行政公益诉讼案中，检察机关在履职中发现该县多个路段上的多处盲道存在缺失、毁损及建设不规范等问题，严重影响残疾人交通安全。遂向该县住建局发出诉前检察建议，但经多次跟踪反馈，整改情况并未达到预期。检察机关遂向法院提起行政公益诉讼，法院采纳检察机关的意见，判令被告县住建局对仍未整改的8条道路盲道35处问题自判决生效之日起两个月内整改完毕。无独有偶，在某区人民检察院诉区城市管理局不履行法定职责行政公益诉讼案中，检察机关发现该区部分路段存在停车位设置距离盲道安全距离不足等情形，遂向该区城市管理局制发诉前检察建议，同样是因为整改不到位，检察机关提起公益诉讼。不过，该案在审理过程中，该区城市管理局再次对部分停车位距离盲道安全距离不足等情形进行了整改，对此，检察机关认可其已履行法定职责，故将诉讼请求变更为确认被告未依法履行市政设施设置与维护监管职责的行为违法。法院经审理后判决支持了检察机关的诉请。

上述案例具有很强的指导意义。当前，全国法院都在推行人民法院案例库案例强制检索制度，法院在裁判案件时都要求检索人民法院案例库，参考案例库中的类案后作出裁判，因此，人民法院案例库案例起着类似判例的作用，对全国法院今后审理的类似案件都具有一定的实质性拘束力。两案判决对于在盲道建设和管理中未依法履职的行政机关是一种警示。涉及残疾人权益保护的事都不是小事，要引起高度重视，要切实采取有效举措解决问题，切实保障残疾人的安全出行等合法权益，任何不作为或拖沓都有可能会承担行政诉讼败诉的后果。在当前法治政府考核不断强化的背景下，在行政诉讼中的败诉无疑是扣分项。两案的判决对于推进政府相关部门依法履职、切实保障城市盲道的规范化建设和管理、保障盲人的出行安全树立了很好的典范。

无障碍通行主要保障的对象是两类残障群体：一类是视障者；另一类是肢体残疾人。公共设施中，对视障者的无障碍通行保障设施主要有盲道和语音提示设施，而对肢体残疾人的无障碍通行保障设施则主要是坡道、电梯和升降平台等。对于需要借助轮椅出行的残疾人，在遇到一些公共设施只有楼梯而没有电梯或升降平台的情形下，无疑是比较尴尬的。比如有些地方的人行天桥，可能因为建设较早、设计时考虑不够周全等原因，并未配套建设电梯等无障碍通行设施，无法满足老、幼、病、残、孕等特定群体的出行需求，上海徐汇区就遇到过这样的情形。有人大代表为此提出了开展对人行天桥进行适应特定群体改造的建议。检察机关积极担当作为，进行了立案审查，通过实地勘察对全区18座人行天桥中7座应改未改的天桥进行了逐项分析，查摆原因，并向相关行政机关了解改建工程进展情况。对于人行天桥改造中的困难和问题，会同区建设和管理委员会召开全市首例无障碍设施检察公益诉讼公开听证会，邀请3名市人大代表担任听证员，同时邀请徐汇区市政管理中心和承担天桥设计工作的工程设计研究院参会，共商解决方案，最终形成了较为科学合理的"斜挂式升降平台+上下行自动扶梯"改造方案作为磋商结论。目前，徐汇区的人行天桥适应残疾人等特定群体改造项目均已竣工，为残疾人等特定群体的无障碍通行提供了便利，取得了很好的成效。

三、反侵权的行政司法实践

社会调查的结论显示，残疾人是易受侵害的群体，残疾人的合法权益遭受违法犯罪行为侵害的情况十分常见。在保护残疾人免受违法犯罪行为侵害方面，刑事司法的功能是依法惩治侵害残疾人合法权益的犯罪行为，形成震慑效应；民事司法的功能是让侵权者承担损害赔偿责任，使残疾人遭受的损害得到赔偿；行政司法的功能则更多是从推进规范管理角度，促进对侵犯残疾人合法权益行为的治理，从而达到保护残疾人合法权益的目的。例如，在某市人民检察院督促保障残疾人就业行政公益诉讼案中，检察机关在调研中发现，某市盲人医疗按摩行业虽然蓬勃发展，但行业管理不规范问题突出，存在假借盲人按摩进行虚假宣传等情形，侵犯了合规从业盲人的正当权益，损害了盲人医疗按摩行业的健康有序发展。检察机关遂启动行政公益诉讼立案程序，向该市市场监管、卫生健康等部门发出诉前检察建议，并召集相关部门召开诉前圆桌会议，共同研究盲人医疗按摩行业规范化建设方案并积极推进整改落实，为促进盲人医疗按摩行业规范化、品牌化、法治化发展贡献了智慧和力量。

该案具有典型意义。侵犯残疾人合法权益行为的表现方式多种多样，侵权行为有时并不一定是对残疾人人身财产权益的直接侵犯。该案中假借盲人按摩名义虚假宣传的行为，实际上是一种不正当竞争行为，但该行为无疑会对盲人按摩的行业生态产生较大的负面影响，进而影响正规的盲人按摩从业者的合法权益。对此类行为进行打击、规范、整治，营造清朗的行业环境，对于保障盲人的创业、就业，增强盲人群体的获得感、幸福感、安全感具有十分积极的作用。

对残疾人的侵权行为，绝大多数都是故意侵权行为，但有的时候无意的行为也会侵犯残疾人的合法权益。例如，在某县人民检察院督促保护残疾人个人信息权益行政公益诉讼案中，县财政局在县政府信息公开平台上公示的残疾人困难生活补贴、重度护理补贴信息中，含有未经去标识化处理的残疾人身份证号码、银行卡号、残障类型等个人信息上万余条，导致大量残疾人的个人信息被泄露。检察机关为此制发诉前检察建议，督促县财政局依法履职，规范政府信息公开工作，切实保障残疾人个人信息权益。县财政局高度重视，积极落实整改，于一周时间内对案涉1.2万余条个人信息进行了去标识化处理。

该案中，县财政局在政府信息公开中对残疾人个人信息的泄露显然是无意的，相关工作人员或者是不了解政府信息公开的具体规定，或者是在工作中存在疏漏，导致未经去标识化处理的大量残疾人个人信息公示发布在信息网络上，造成泄露，侵犯了残疾人的个人信息安全权益，这是一种过失侵权。但这一侵权行为的隐患是很大的，泄露的信息很有可能会被电信诈骗等犯罪分子获取并利用，从而以"发放补贴"等虚假名义对残疾人实施精准诈骗。残疾人本身大多社会经验不足，电信诈骗犯罪分子掌握其个人信息，容易骗得残疾人的信任，使其步入圈套，遭受财产损失。有时候，电信诈骗中的后果很可能会成为残疾人不能承受之重。因此，该案中县财政局的侵权行为虽然是出于过失，但十分值得引以为戒。检察机关就该案启动公益诉讼，充分显示了其敏锐性，值得褒扬。信息网络时代，个人信息安全已成为人身安全的重要组成部分，且其重要性日益凸显。现代社会中每一个人都应当树立信息安全意识，特别是政府部门的工作人员，在大量的政府信息公开工作中，要时刻紧绷个人信息安全保护的弦。

四、医保社保待遇保障的行政司法实践

残疾人往往由于缺乏劳动能力，没有收入来源，经济能力大多较弱，其生活和就医等需要医保社保给予支持，但医保社保给予残疾人的待遇往往也仅能满足其基本的生活医疗需求，一旦医保社保待遇落实不到位，残疾人的生活很可能就会面临困境。因此，对于医保社保待遇落实不到位的情况，检察机关也

高度关注,积极通过行政公益诉讼督促相关部门抓好落实,切实保障残疾人的权益。例如,在某市人民检察院督促保障残疾人康复训练权益行政公益诉讼系列案中,检察机关发现实践中存在残疾人医疗康复训练费用无法纳入医保支付的问题,导致有些家庭无力负担,被迫减少甚至放弃康复训练,错失干预治疗黄金期的情况。检察机关为此通过诉前司法建议督促相关部门落实规定,有力保障了残疾人的合法权益。

规定是基础,落实是关键。国家对残疾人社会保障有明确规定,但有关部门如果不抓好落实,对于有康复训练需求的患者而言,那就还是一纸空文。国家医保政策的保障如果能够落到实处,残疾人本应有机会康复到更好的状态,但这些患者迫于本不应该由其承受的经济压力而放弃了康复治疗的机会,这种放弃造成的后果绝大多数都是不可逆的。检察机关通过行政公益诉讼积极推动医保政策落实的做法值得褒扬。

五、公共服务保障的行政司法实践

公共服务要创造条件为残疾人提供可及的便利,这是残疾人权利保障的应有之义。但现实生活中,公共服务项目没有做到最大限度地覆盖残疾人群体、为其提供可及的便利的现象时有发生,这对于残疾人合法权益的保障十分不利。检察机关高度重视并通过行政公益诉讼促进公共服务系统的完善,保障残疾人便利获取公共服务的合法权益。例如,某市检察机关接群众反映,该市的120急救调度系统不具备文字信息报送和文字呼叫功能,无法满足听力障碍、言语障碍人士在紧急情况下的自主呼救需求。检察机关查明情况属实后,召开了公开听证会,并向该市卫生健康局制发了诉前检察建议,建议其督促市医疗急救指挥中心尽快完善呼救系统相关功能,切实保护特定群体合法权益。在检察机关的推动下,最终该市120急救调度系统完善了文字报警功能,听力障碍、言语障碍人士自主呼救的需求得到了保障。

该案实际上是一起关于残疾人信息无障碍保障的诉讼。医疗急救的公共服务领域尤为重大敏感,因为其涉及残疾人生命健康安全的保障。独居的聋哑人能否在其需要时自主获得120急救系统的支持,关系到其最终能否获救。如果其在需要获取120急救系统支持时,却因为信息的不畅,只能束手无策,这样的急救系统无疑是存在很大缺陷的。相关政府部门应当及时、主动地发现该致命的缺陷并加以弥补完善。好在检察机关主动担当作为,充分发挥其行政公益诉讼职能，推动相关政府部门认识和重视这一问题，采取有效举措积极加以改进，最终使得聋哑人自主获取 120 急救服务的权利得到保障。该案作为一起典型案例，对于推动公共服务系统为不同类型的残疾人提供可及的便利具有重要的指导作用。

第四节　国际残疾人司法保护的实践

为残疾人提供司法保护是《残疾人权利公约》的明确要求，《残疾人权利公约》第 13 条明确规定："一、缔约国应当确保残疾人在与其他人平等的基础上有效获得司法保护，包括通过提供程序便利和适龄措施，以便利他们在所有法律诉讼程序中，包括在调查和其他初步阶段中，切实发挥其作为直接和间接参与方，包括其作为证人的作用。二、为了协助确保残疾人有效获得司法保护，缔约国应当促进对司法领域工作人员，包括警察和监狱工作人员进行适当的培训。"为了推进对残疾人的司法保护在各缔约国的有效落实，联合国在 2020 年 8 月还制定并发布了《残疾人获得司法保护权利的国际原则和准则》，这是联合国历史上首份以"残疾人司法保护"为主题的规范性文件。联合国残疾人权利问题特别报告员会定期对缔约国残疾人司法保护的落实情况开展调查并发布调查报告，以敦促各缔约国落实公约规定，切实加强对残疾人的司法保护。

一、平等保护的司法实践

欧美等发达国家在对残疾人的司法保护方面虽然总体上较为先进，但被联合国残疾人权利问题特别报告员调查通报的情况也很常见。比如，在针对澳大利亚的调查中，联合国残疾人权利委员会就指出了澳大利亚在三起关于强制医疗的案件中，存在违反《残疾人权利公约》关于"法律面前获得平等承认""司法保护"规定义务的情形。这三起案件分别是曼努威·杜兰诉澳大利亚（M. D. v. Australia）案、C. L. 诉澳大利亚（C. L. v. Australia）案和马龙·诺贝尔诉澳大利亚（Marlon Noble v. Australia）案。三人均因具有精神残障，被认定为不具有刑事责任能力，因而未进入正式审判程序，澳大利亚司法机关对三人进行强制医疗，但强制医疗的时间远超过三人如果具有刑事责任能力的情形下，其罪行应当被判处的监禁刑期，特别是在 C. L. 诉澳大利亚案中，这样的差值几乎达到了 6 倍。联合国残疾人权利委员会对澳大利亚司法中存在的上述问题表示了关切。

　　残疾人获得法律上的平等承认和保护，特别是精神残疾人的平等承认问题是一个世界性的难题，发达国家在这方面也不例外。

　　刑事司法中涉及强制医疗期限过长是否侵犯残疾人合法权益的问题。强制医疗究竟是应以治愈为解除标准，还是应设置一个与被强制医疗对象实施的危害行为程度相当的期限？如果设置了这么一个相当的期限，那么在相当期限内，强制医疗对象并未得到治愈，其仍具有人身危险性，是否应当解除对其的强制医疗？如果因到达期限而解除强制医疗，又应如何更好地对其实施监管，以防范其仍存在的人身危险性？如何更好地平衡强制医疗的社会防卫功能与残疾人平等保护之间的关系？对于这些问题，很多发达国家的司法实践中也并未进行过深入的思考，并未寻找到一条行之有效的解决之道，上述案件中，澳大利亚被残疾人权利委员会指责未履行《残疾人权利公约》义务的三个案例便是明证。

　　民事司法中则是涉及精神残疾人的行为能力承认问题。精神残疾人能否作出自主决策，法律是否承认精神残疾人自主决策的效力以及在何种程度上承认其效力？《残疾人获得司法保护权利的国际原则和准则》第1条规定，"所有残疾人都具有法律能力，任何人不得因残障被拒绝诉诸司法"。落实到精神残疾人身上，如果精神残疾人要提起一项民事诉讼，但该项民事诉讼并未得到其监护人的认可，法院是否应当受理？如果不受理，是否就违反了《残疾人获得司法保护权利的国际原则和准则》第1条规定，是否构成对精神残疾人的歧视？正是考虑到监护制度下的替代决定对精神残疾人民事自主权的抹杀有违《残疾人权利公约》精神，不少发达国家正在推进旨在维护精神残疾人民事自主权的制度改革，从监护制度的替代决定向协助决定转变。如2012年，美国纽约州最高法院通过Dameris案确立了协助决定的法律地位。2013年，美国联邦上诉法院第四巡回审判庭通过Hatch案对协助决定进入美国法律体系起到了重要的推动作用。2015年，得克萨斯州成为美国第一个承认协助决定作为监护替代措施的州。目前，美国正在不断推进协助决定作为监护替代措施的普及和实施。不仅是美国，加拿大、澳大利亚、德国、瑞士、奥地利等国家也都在不遗余力地推进协助决定制度改革，切实保障残疾人的自主决定权益。

　　平等保护的另外一层重要含义就是融入和非隔离。现实生活中，残疾人被隔离和标签化的现象十分常见，残障儿童在受教育方面往往无法和健康儿童一起,而是会进入特殊学校,接受特殊教育。福利机构的残疾人往往都被安置定居在福利机构中,与社会相对隔离。这种隔离对于残疾人平等融入社会无疑是十分不利的。在 Olmstead v. L. C. 一案中,美国最高法院就对该问题表明了态度。法院认为,不合理地将残疾人安置或保留在机构中,严重限制了他们与外界的接触,因此构成一种基于残障的歧视形式。对于被告关于安置资金不足的抗辩,法院予以驳回。法院要求各州必须根据《残疾人权利公约》和《美国残疾人法》的规定,在社区环境中安置精神残疾人,而不是在机构中,并要求各州合理地调配资源以为实现反对该基于残障的歧视与隔离的目标提供支持与保障。该案是美国最高法院作出的裁判,在美国这样的判例法国家效力层次极高,对于美国推进残疾人反对隔离、融入社区的平等保护具有里程碑式的意义。

融入和非隔离是反歧视的要求,但融入和非隔离并不足以消灭歧视。当前,不少发达国家都在推进全纳式教育。所谓全纳式教育,即让残障学生和健康学生进入相同的学校,一起学习,一起接受教育。全纳式教育的初衷是促进残障学生的融入和非隔离,以此促进对残障学生的平等保护。但现实总是没有那么简单和美好,有时残障学生虽然和健康学生一起进入了相同的学校,但是却没有接受到平等的教育,歧视仍然不同程度存在。新西兰"丹尼尔等诉教育部案"就是由此而引发的。该案中,丹尼尔等残障学生虽然进入了普通学校,但其认为并未受到和健康学生平等的教育,因此将新西兰教育部诉至法院,要求享受平等的受教育权。一审法院支持了丹尼尔等的诉请,但上诉法院又驳回了丹尼尔等的诉请。之所以两审得出截然不同的判决,是因为对受教育权的性质理解上存在本质区别。一审法院认为受教育权是一项实质性权利,所以教育部有实质性保障残障学生平等受教育的义务,但上诉法院认为受教育权是一项程序性权利,只能保障残障学生平等入学,但对于学校提供的教学的质量和标准无法评判。虽然该案以丹尼尔等败诉为结局,但该案反映的问题实际上仍在新西兰持续发酵,残障学生及其父母争取实质性平等教育的行动有愈演愈烈之势。或许,全纳式教育推进过程中,如何实质性地实现对残障学生平等受教育权的保护将是新西兰政府必须面对的课题。

二、无障碍保障的司法实践

无障碍是《残疾人权利公约》第 9 条重点规定的保障残疾人能够独立生活和充分参与生活的各个方面的权利。根据《残疾人权利公约》的规定,无障碍主要包括物质无障碍和信息无障碍。物质无障碍是指要确保残疾人在与其他人平等的基础上，无障碍地进出物质环境、使用交通工具等；信息无障碍是指要确保残疾人在与其他人平等的基础上，无障碍地利用信息、通信和其他服务，包括电子服务和应急服务。

欧美等发达国家都十分注重对残疾人无障碍权利的保障。以美国为例，未提供无障碍保障的行为在美国具有可诉性，除《建筑障碍法》和《公平住房法案修正案》规定的行政救济前置情形外，都可以向直接向法院提起诉讼。而对于规定的行政救济前置情形，原告必须先穷尽行政救济手段后，方能向法院提起诉讼，否则会被以违反程序规定为由驳回起诉。例如，在Cooke v. U. S. Bureau of Prisons案中，坐轮椅的被拘留人员起诉美国监狱管理局，称该机构未考虑拘留人员残障状况提供无障碍设备，违反《建筑障碍法》和《康复法案》。法官以原告未穷尽前置的行政救济程序为由驳回了原告的起诉。之所以设计这样的制度，是为了避免大量的无障碍保障案件涌入法院，过度占用司法资源。该制度设计也从某一方面反映出美国关于无障碍保障的纠纷数量不在少数，美国残疾人的维权意识相对较强。

为了避免因昂贵的律师费阻碍残疾人诉权的实现，美国允许在无障碍案件中采用风险代理。没有经济能力的残障当事人可以与律师签订风险代理协议，以将来可能获得的赔偿作为支付律师费的资金来源，如果案件败诉，当事人未能获得赔偿，则无须支付律师费用。风险代理制度在无障碍案件中的适用，使得缺乏经济能力的残疾人获得律师帮助而诉诸法律的可能性大幅增加。风险代理制度将当事人的利益与代理律师的利益高度捆绑。律师成为当事人利益的积极守护者，尽心尽力地帮助当事人打赢官司，当事人的合法权益因此而得到积极的保障。

除风险代理以外，美国联邦法律规定的单向律师费用转付机制也适用于无障碍案件。在该机制下，原告只要取得胜诉或者部分胜诉，其律师费就转由被告承担，即使原告败诉，其也无须承担被告的律师费用。这一制度与风险代理制度一起构成了残障原告诉权行使的有力支撑。风险代理制度下，原告胜诉获得的赔偿本应支付律师代理费用的部分转而由被告承担，原告完整地获得了赔偿金额，其合法权益得到了更好的保障。即使原告败诉了，其也无须承担被告的律师费，不会造成其经济状况因诉讼而更加恶化。唯一不足之处在于，原告胜诉概率不高的情形下，是否有律师愿意接受其委托为其进行风险代理。因为在是否接受风险代理方面，律师也会有自己的评估考虑，如果委托人胜诉并获得赔偿的概率较高，律师会乐于接受风险代理，但如果委托人胜诉并获得赔偿的概率较低，风险代理对于律师来说就不是一个理性的选择。不过，单向律师费用转付机制也能在一定程度上对律师接受风险代理具有促进作用。因为对被告而言，诉讼中聘请律师是有较高成本的，而无论其胜诉还是败诉，其聘请律师费用都得由其自己支付，这就给原告方增加了谈判的筹码，原告的风险代理律师可以以此为诉讼策略促使双方当事人达成和解，原告可以和解的方式获取对方给付的赔偿金，而原告律师则可以从中获取报酬。风险代理和单向律师费用转付这两项机制结合，无疑可以起到鼓励残疾人和代理律师更加积极地寻求司法救济的效果，并以此倒逼相关部门推进无障碍环境建设。

虽然在美国的司法实践中有很多因无障碍设施的缺失而遭受损害的残疾人提起的诉讼，但无障碍诉讼并不只是为了维护特定个体的利益，而且是为了维护所有具有无障碍需求者的群体利益，所以，无障碍诉讼本质上是一种公益诉讼。考虑到无障碍诉讼的公益性质，美国的无障碍诉讼突破了传统的当事人适格理论，该诉讼既可以由遭受损害的个人提起，也可以由利益相关的群体提起，甚至可以由美国联邦机构提起，多元化的诉讼主体也为无障碍诉讼的发起提供了便利。

（一）个人诉讼

个人提起无障碍诉讼具有原告主体适格性的要求，即原告必须是残疾人，且该残障必须属于法案规定的范围之内。如果属于行政程序前置类案件，还必须穷尽所有的行政救济后方能提起诉讼，否则将会被法院直接驳回。有些领域还要求被告必须有歧视性意图，方可通过诉讼给予救济。不过，就《康复法案》案件而言，歧视性意图不是提起诉讼的必要条件，即使被告没有歧视性意图，但只要客观上没有实现对原告的无障碍保障，原告也可依据《康复法案》提起诉讼，要求被告履行提供无障碍保障的义务。

个人诉讼是无障碍诉讼中最常见的诉讼形式，因为每一个残疾人都是无障碍保障缺失环境的潜在受害人，当其亲历无障碍保障缺失环境给其带来的困扰，都有可能成为无障碍诉讼的原告。广大残疾人积极参与维权行动，必将成为推动无障碍环境建设的强大力量。在强有力的政策导向下，美国残疾人关于无障碍的维权意识也是非常强烈的，任何机构，如果没有提供有效的无障碍保障，都有可能成为法庭上的被告。例如，在 Rose v. United States Postal Service 案中，身有残疾的原告 Rose 对美国邮政总局提起了诉讼，要求其不得租赁残疾人无法进入的建筑物，并要求其租赁设施必须遵守无障碍标准供残疾人使用。法院最终支持了原告的诉请，判决确定美国邮政总局在其租赁的大楼内有义务提供保障残疾人无障碍通行的设施。

(二) 集团诉讼

集团诉讼又称"代表人诉讼"，是共同诉讼的一种特殊形式，是指当事人一方人数众多，其诉讼标的是同一种类，由其中一人或数人代表全体相同权益人进行诉讼，法院的判决效力及于全体相同权益人的诉讼。根据《美国联邦民事诉讼规则》第 23 条的规定，集团诉讼应具备以下条件："(1) 人数众多且不可能全部到庭参加诉讼；(2) 所有集团成员存在着共同的事实问题或法律问题；(3) 请求或抗辩属于同一类型；(4) 代表人能够代表和维护所有集团成员的利益。"对照来看，无障碍诉讼完全符合提起集团诉讼的条件。而且，作为弱势群体的残疾人也需要凝聚起来以形成更为强大的力量在诉讼中与强大的政府、企业等被告对抗。理论上，无障碍诉讼中应当有较多的集团诉讼。然而，事实并非如此，相对于踊跃的个人诉讼，无障碍诉讼中的集团诉讼实际上占比很少。其原因可能有以下几点：一是集团诉讼的组织工作较为繁杂，残疾人胜任起来较为困难，因此，即使有残疾人主观上想要发起集团诉讼，但限于客观上组织难度的限制，最终也不得不放弃提起集团诉讼策略；二是无障碍诉讼中，美国对个人诉讼的保障比较到位，风险代理和单向律师费用转付机制等的保障使得残疾人能较为方便地提起个人诉讼，所以有诉讼意愿的残疾人更偏向于提起个人诉讼；三是相较于无障碍设施的缺失对个人造成的具体伤害而言，集体遭受的损害相对抽象，举证方面具有更大的难度。

无障碍集团诉讼的法律责任一般不限于损害赔偿，主要还是要求被告落实无障碍保障措施，以实现对原告群体的合法权益保障。法院一般会以禁止令或宣告判决的形式明确被告的无障碍保障责任，以此对社会公共政策起到影响和改变的作用。

(三) 联邦机构提起诉讼

为履行在《残疾人权利公约》上承担的义务，切实推进无障碍环境建设，美国联邦机构也会作为原告对某些重大的涉及公共利益的无障碍案件提起诉讼。联邦机构提起的无障碍诉讼虽然相对而言数量较少，但大多具有十分重要的意义。例如，在美国国家铁路公司（Amtrak）案中，不少残疾人在搭乘列车过程中，因美国铁路系统无障碍保障设施的不完善而遭受侵害，为此他们向美国司法部提出申诉，请求美国司法部出面维护他们的合法权益。美国司法部为此对美国国家铁路公司开展了长达五年的调查，详细查明了美国国家铁路公司在无障碍保障方面存在的不足之处，并据此向法院提起了无障碍诉讼，控告美国国家铁路公司违反《美国残疾人法》关于无障碍保障相关规定的违法行为。

美国司法部提起的诉讼大多通过"同意令"得以解决。在 Aleeha Dudley and United States v. Miami University，案中，根据拟议的同意令，迈阿密大学承诺将切实做好整改，以确保做到校园环境对残疾人无障碍，并向残障受害人支付 2.5 万美元的补偿款。同时成立大学无障碍委员会，提供无障碍技术援助。

随着信息网络逐渐深度融入人们的生活，美国涉及信息无障碍的诉讼也呈现爆发性增长态势。据统计，2022 年美国联邦法院涉及网站信息无障碍的案件数量，相较 2017 年时几乎增加了 10 倍。这与信息网络时代，大量企业拓展网上业务密切相关，在网商领域，企业对信息无障碍关注较低的现象普遍存在，很多企业的网上经营系统都难以为视力障碍的残疾人提供服务，引发了一系列关于信息无障碍的诉讼。其中，最为著名的当属 Robles v. Domino's Pizza, LL 案。该案中，原告 Robles 是一位视力残疾人，她向法院控诉达美乐公司的官方网站和手机 App 无法满足视力残疾人的点餐要求，即使使用读屏软件，她也无法实现网上点餐，达美乐公司的官方网站和手机 App 设置违反了《美国残疾人法》第三章关于有实体店的商家要确保其网站或其他线上平台对于残疾人实现无障碍的要求。达美乐公司对此提出了抗辩称《美国残疾人法》不适用于网站，因为美国司法部（DOJ）没有关于网络可访问性的具体技术标准，缺乏标准侵犯了美国宪法第十四修正案规定的正当程序权利。地区法院驳回了此案，Robles 向第九巡回上诉法院提出上诉，该法院得出了截然不同的结论，认为《美国残疾人法》适用于网站（PDF），并且达美乐公司已收到其数字内容必须符合《美国残疾人法》的公平提示，因此对原告 Robles 的诉讼请求予以了支持。达美乐公司向美国最高法院递交了关于请求推翻第九巡回法院意见的请愿书，美国最高法院最终对该请愿书予以了驳回，有效地确立了《美国残疾人法》适用于数字内容的先例。但网络可访问性标准的缺乏确实是一个问题，这个问题很大程度上影响了实体商家关联的网站或应用程序为残疾人提供无障碍服务的进程。美国最高法院关于《美国残疾人法》适用于数字内容的判例已经作出，关于网络可访问性标准的制定和明确或将是美国推进针对残疾人的信息无障碍保障中的当务之急。

第五章　残疾人司法保护的问题与挑战

第一节　法律制度不完善

2012年7月20日，全国人民代表大会内务司法委员会公布的《关于〈中华人民共和国残疾人保障法〉立法后评估的报告》中指出，我国以宪法为核心，以残疾人保障法为基础，以行政法规、地方性法规为配套，以国务院部门规章和地方政府规章为补充的保障残疾人权益法律规范体系基本形成。党的十八大以来，我国进一步提高对人权事业的重视，不断加强对残疾人权益的保障。2023年公布的《无障碍环境建设法》更是对保障残疾人权益法律规范体系的进一步完善。人民法院作为审判机关，运用新时代能动司法理念，切实发挥司法审判职能化解纠纷。人民法院高度重视残疾人权益保护工作，会同中国残疾人联合会出台一系列加强残疾人保护的规范性文件；发挥十大典型案例传递价值导向；不断完善无障碍环境设施建设，多种举措为残疾人权益提供有力的司法保障和服务。残疾人对美好生活的向往随着经济社会的发展日益增长，司法保障力度也要与时俱进。

一、残疾人司法保护中的法律梳理及完善方向

在保障残疾人权益法律规范体系中，我国《宪法》处于核心位置。作为根本法，关于残障的规定只有一条，即第45条，其主要内容为：一是明确从国家和社会获得物质帮助权享受的权利主体是年老、患病或者丧失劳动能力的人，国家同步发展对应的社会保险、社会救济和医疗卫生事业；二是明确对残废军人、家属的保障；三是明确对盲、聋、哑和其他有残疾的公民的帮助。

在保障残疾人权益法律规范体系中，《残疾人保障法》是我国第一部专门

保障残疾人权益的法律，重点从残疾人享有的康复服务的权利、平等接受教育的权利、劳动就业创造价值的权利、平等参与文化生活的权利、享有社会保障的权利、无障碍环境建设6个角度予以规范，重点是细化国家、各级地方政府的职责，切实保障残疾人的权利。

在保障残疾人权益法律规范体系中，《无障碍环境建设法》是第二部专门保障残疾人权益的法律，重点规范了无障碍设施建设流程标准，明确了保障无障碍信息交流的途径，明确了无障碍社会服务的举措，以及国家、各级地方政府的保障措施。

在保障残疾人权益法律规范体系中，以《残疾人保障法》确定的残疾人享有的6项权利依次检索，涉及的行政法规有《残疾预防和残疾人康复条例》《残疾人教育条例》《残疾人就业条例》《无障碍环境建设条例》。

如果以残疾作为关键词在法信上进行检索，可以发现截至2024年5月末，存在的法律立法解释120条、司法解释109条、行政法规183条、部门规章1246条、其他文件397条、地方性法规1712条、地方政府规章855条、地方司法文件359条、地方规范性文件26 866条、立法资料777条、司法资料320条。从这些数字的背后，我们看到残疾人司法保护工作，特别是在教育、康复、就业等切实涉及残疾人权益方面取得了长足的进步，努力为残疾人提供更完善的司法保护工作。在保障残疾人司法权益过程中，我们能做的还有很多。

(一) 加快反残障歧视立法

我国关于反残障歧视的规定没有专门法律，分散分布在如《残疾人保障法》《残疾人就业条例》等规范中。以《残疾人保障法》为例，关于反残障歧视的规定有3条：一是第3条第3款规定禁止基于残疾的歧视；二是第38条第2款中规定的在劳动就业上不许歧视；三是第64条规定遇到歧视的法律救济。上述条文存在规定过于原则、反残障歧视定义不明确、法律救济途径不确定等问题，这些问题在其他法律规范中也同样存在。之所以要加快反残障歧视立法，原因在于：

第一，遵守公约，顺应国际发展趋势的要求。我国于2008年6月26日被批准加入《残疾人权利公约》，该公约在序言部分指出，因残疾而歧视任何人是对人的固有尊严和价值的侵犯；第5条指出，缔约国要确认法律面前人人平等、禁止一切基于残疾的歧视，要给予残疾人平等有效的法律保护。公约倡导，对残疾人应以平等和不歧视的态度对待，并且接受法律的保护。美国联邦和州政府通过立法的方式保护残疾人免于遭受歧视。可以说，加快反残障歧视立法是大势所趋。

第二，贯彻平等看待残疾人理念的要求。残障作为人类社会发展过程中不可避免的状态，残疾人只是在出生时或者后天遭遇特殊偶然情况，造成肢体不健全、身体某些器官无法正常发挥功能等，而后成为残疾人。固然残疾人在出行等方面确实存在不便需要社会提供便利，但这种便利与其他遇到困难需要社会帮助的性质是相同的，是国家和社会对公民合法需求的保障，我们应该平等地看待残疾人。早在2016年国务院公布的《"十三五"加快残疾人小康进程规划纲要》主要任务第四项依法保障残疾人平等权益中就规定，要依法保障残疾人平等权益，开展反残障歧视等立法研究。截至目前，我国在反残障歧视立法上学术研究众多，但是立法过程推进缓慢，有必要加快反残障歧视立法论证，明确反残障歧视的内涵与外延，切实解决反残障歧视的法律监督等问题。

(二) 加快残疾人文化生活立法

与反残障歧视立法一样，当前我国没有规范残疾人文化生活权的专门法律，仅在《残疾人保障法》第五章用5个条文予以规定，主要内容在于国家、社会、各级政府应当采取多种措施，为残疾人参加各种文化、体育、娱乐活动积极创造条件，丰富残疾人的精神生活。加快残疾人文化生活立法最主要的原因在于：实现共同富裕，必然要确保残疾人精神生活富裕。小康、全面小康、共同富裕是中国式现代化在不同发展阶段的关键词。当前，我国已全面建成小康社会，正在为实现共同富裕而努力。全体人民的共同富裕包括物质生活富裕和精神生活富裕两个部分。于残疾人而言，在保障其物质生活富裕的同时，也要注重对精神生活的保障。通过专门立法的形式保障残疾人享有平等参与文化生活权，对举办特殊艺术演出和残疾人体育运动会频次、残疾人活动场所的设立数量、公共图书馆设立盲文读物的数量等内容予以细化，切实保障残疾人享受到文化生活带来的自信，实现推动物质文明和精神文明协调发展。

(三) 完善残疾人就业立法

完善的残疾人权益法律规范体系不仅包含有法可依，更应该包含根据经济社会发展需要及时修订法律。在保护残疾人劳动就业方面，我国制定了《残疾人就业条例》，但该行政法规已施行十多年，有些法律条文需要修正。回归到现实生活中依然存在诸多问题，例如，集中提供就业岗位与残疾人自身能力不太匹配，无法充分发挥残疾人优势；部分企业为了获取税收优惠福利，采用买证、挂靠、名义安置残疾人等方式，并未实际解决残疾人就业问题；就业保证金缺乏有效监管，被肆意挪用。因此，可以以修正《残疾人就业条例》为契机，重点修正以下内容：明确歧视残疾人就业的情形、判断标准；明确财政部门和审计机关监督检查残疾人就业保障金使用情况的途径、频率、处理结果；明确就业援助服务机构的管理归属。同时需要强调，不得歧视残疾人就业的法律规定不应该仅仅停留在基本的社会保障上，更应该包括提供平等的就业机会。如果残疾人的残障状态并不影响正常工作，该残疾人就应该视同为普通人、正常人，此时的残障应该视为残疾人的隐私，不可过多干预，帮助残疾人体面地融入社会生活，使得他们在劳动力市场中获得无差别、非歧视的待遇。

需要特别强调的是，《立法法》在 2023 年 3 月完成了第二次修正，其中第 7 条第 2 款规定："法律规范应当明确、具体，具有针对性和可执行性。"立法技术水平的评价标准包含了法律规范是否明确，条文内容是否具有针对性、可执行性，法律效果是否明显等多个方面。当前《残疾人保障法》《无障碍环境建设法》存在过多使用宣示性、政策性、鼓励性词语的情形，前者以"鼓励"作为检索词进行查找共计 16 处，涉及 16 个条文，后者以"鼓励"作为检索词进行查找共计 18 处，涉及 15 个条文。因此为确保后续法律规范有更强的确定性、可执行性，建议适当减少政策性、鼓励性词语，并且更加注重明确法律责任，确保残疾人司法保护法律规范体系愈加完善。

二、残疾人司法保护中的案例分析及完善途径

2022 年《关于深入学习贯彻习近平法治思想 切实加强残疾人司法保护的意见》指出，要努力让残疾人在每一个案件中感受到公平正义。2024 年 3 月 8 日，在第十四届全国人民代表大会第二次会议上，张军代表最高人民法院向大会所做的报告指出，在 2023 年明确老旧小区加装电梯规则……引导互谅互让，携手解决老年人、残疾人上下楼难题。[1]以"残疾人保障法""无障碍环境建设法"作为关键词在人民法院案例库上进行查找，共检索到 3 件参考案例，分别是牛某某诉上海某物流公司劳动合同纠纷案（以下简称案例一）、康某等人诉刘某等人排除妨碍纠纷案（以下简称案例二）、重庆市巴南区人民检察院诉

---

〔1〕 张军：《最高人民法院工作报告》，载《人民日报》2024 年 3 月 16 日，第 5 版。

重庆市巴南区城市管理局不履行法定职责行政公益诉讼案（以下简称案例三）。人民法院案例库收录的参考案例是裁判已经发生法律效力，且对类案审判具有参考示范价值的案例。通过分析入库案例、中国裁判文书网发布的案例，笔者发现，在裁判文书写作、司法案例宣传上存在不足，探索残疾人司法权益保护工作还有不少进步空间。

（一）形式上提升裁判文书的规范性

如果一篇裁判文书在形式上符合《人民法院民事裁判文书制作规范》、各种法律文书样式规定技术规范标准的要求，内容上符合《关于加强和规范裁判文书释法说理的指导意见》的要求，则必然增强当事人对该文书所载明的裁判结果的可接受性。为切实提高裁判文书质量，最高人民法院公布民事申请再审、涉外商事海事、破产程序、民事简易程序、刑事诉讼、行政诉讼、国家赔偿案件文书样式，组织优秀裁判文书评比、组织裁判文书写作培训。但在实践过程中，基于法学教育中专门学习撰写法律文书课程不到位、案多人少、文书纠错不到位、更加注重裁判结果等因素影响，依然存在标点符号使用不规范，如在（一）之后加上标点符号"、"，在（1）之后加上标点符号"."，以及序号层级不规范、有错别字等现象。这种法律文书中会出现的现象在涉及残疾人司法案例中的文书也存在。

截至2024年5月末，在中国裁判文书网以"残疾人保障法"为关键词检索到2024年判决书2篇，第一篇（2023）沪0106民初39514号民事判决书诉讼请求部分："现原告起诉要求被告承担2021年1月28至2022年12月26日原告因就医所产生的交通费、住院期间餐费、医疗器材费、营养费、工伤保险未报销医药费"，这一句日期表述缺少"日"，表述不完整；在查明事实部分，对引用当事人的话未加注引号；第二篇（2023）云0921民初1830号民事判决书诉讼请求部分："（1）赔偿金：380 590.20元；（2）一次性伤残就业补助金100 971.00元"，在数字前是否用冒号不统一；在法律依据表述上"《中华人民共和国劳动合同法》第三条第二款、第三十九条第一款第二项、《工伤保险条例》第三十七条、《中华人民共和国民事诉讼法》第六十七条第一款、《最高人民法院关于适用〈中华人民共和国民事诉讼法〉的解释》第九十条规定"，全部使用顿号。这些不起眼、容易被忽视的小问题，会使当事人对案件认可度、司法公信力产生影响，因此要高度注意，尽可能避免类似现象产生。随着文书纠错越来越智能化、精准化，司法工作人员素质、水平、理念的提升，我们相信未来裁判文书会越来越规范。

(二) 内容上强化裁判文书的说理性

案例一中原告牛某某持有残疾人证，与某物流有限公司签订了为期一年的劳动合同，在合同履行过程中，某物流有限公司以牛某某对公司隐瞒持有残疾人证、拒绝上级安排工作，并且要求公司给予残疾人的福利待遇，事后未得到批准，威胁领导、恐吓上级，严重违反公司规章制度为由解除劳动合同。后牛某某申请仲裁，仲裁程序结束之后又提起诉讼，一审法院判决某物流公司于判决生效之日起十日内支付牛某某违法解除劳动合同赔偿金5860元。双方均不服提起上诉，二审驳回上诉，维持原判。

双方当事人均上诉，从侧面反映出一审裁判文书的判决理由并没有使当事人真正信服、自觉接受。同时该案例还存在一个问题，即从已经发布的二审生效裁判文书中看，法院认定某物流公司存在违法解除劳动合同的情形，以《劳动合同法》第87条作为裁判依据，裁判文书中并未提及《残疾人保障法》。上述案例出现的裁判文书中未援引《残疾人保障法》，裁判文书说理性不强的缺点，也是审理残疾人案件普遍存在的一个问题。截至2024年5月末，以"残疾人保障法"为关键词在中国裁判文书网上检索案件显示，审判程序刑事案件21件（一审13件、二审6件、审判监督2件）；民事案件656件（一审339件、二审253件、审判监督58件、特别程序5件、其他1件）；行政案件352件（一审139件、二审95件、审判监督27件、非诉审查91件）。通过数据可以发现，无论是刑事、民事还是行政案件，二审上诉率均超过50%，最高达74.6%。不可否认的是，二审上诉率高是多种因素造成的结果，但众多因素必然包括裁判文书的说理性不强。试想，如果案例一在一审裁判文书中，从《残疾人保障法》《劳动合同法》的角度充分释法明理，更加耐心地判后答疑，则当事人很可能服判息诉。如果在审理所有案件中，法院均能做到裁判文书说理性强，则当事人在案件中感受到的公平正义会更加强烈，毫无疑问也节约了司法资源，形成了良性循环。

(三) 丰富残疾人司法案例宣传方式

在法信平台上，以"加装电梯"作为关键词精确查询，截至2024年5月末，可以检索到案件数2024年95件、2023年450件、2022年429件、2021年464件。通过这组数据我们可以看到，加装电梯案件呈下降趋势，在2024年出现转折点。我们不禁要问，在无障碍环境建设、便利残疾人士、老年人出行的理念越来越深入人心、老旧小区加装电梯项目日益增多的背景下，相关诉讼案件为什么会减少。一种现象的出现肯定是多种原因耦合形成的，但老旧小区加装电梯案能在2024年出现特别明显的下降，必然有司法案例宣传的因素。案例三确定了老旧小区加装电梯案件裁判规则，并且写进最高人民法院工作报告，成为人民法院案例库参考案例，人民法院报、中国建设报、四川法治报、成都日报等多家新闻媒体均发表专门文章予以介绍，核心观点就在于：落实《无障碍环境建设法》的重要措施之一便是对既有住宅，特别是既有居民住宅中存在老年人、残疾人的小区增设电梯，在增设电梯过程中，增设用户与其他业主会在是否占用公共绿地面积，加装行为是否会导致他人采光、通行、安全等方面产生争议。如果占用公告绿地的面积、位置合理，则相关业主应当秉持友好、方便生活的原则，给予电梯加装活动便利，这种理念与社会主义核心价值观也相吻合。新闻媒体的宣传报道，使得老旧小区加装电梯应遵守的规则在更广范围内知晓。

司法案例宣传是一项系统性工作，要确保宣传的针对性、实效性。在残疾人群体中高质量宣传司法案例需要结合受众群体的实际情况。在宣传方式上，针对肢体残疾或行动不便群体，可以采用媒体、司法机关官方微信账号、微博账号、短视频账号的方式进行科普；针对盲人或视力不好的群体，可以制作盲文、字体大一点的宣传材料；还可以充分利用各地区残疾人联合会的集体活动进行宣讲。在宣传内容上，尽可能以喜闻乐见的方式呈现，不采用纯粹的文字罗列。我们深信，在全社会共同努力下，残疾人司法案例宣传将达到事半功倍的效果，每位残疾人都能感受到公平正义。

三、残疾人司法保护中的诉讼服务及完善方式

当残疾人合法权益遭受侵害，在维权的过程中，如果能更容易地找到法律援助组织、更便捷地抵达诉讼服务大厅、更高效地知晓法律规定，将极大地提高维权效率，这也是司法机关提供优质诉讼服务的目标。上海奉贤区人民法院专门为残疾人提供残疾人士通道、盲文引导标识等无障碍诉讼服务，湖北鹤峰县人民法院发出盲文版判决书，广东深圳南山区人民法院法官主动学习手语、成立"法律助残合作工作室"，湖南长沙天心区人民法院安装无障碍智能服务桩、低位一体化无障碍服务台……这些硬件设施、暖心举措，让残疾人切实体

会到诉讼的便利。但并不是所有的司法机关、场所都能做到提供优质的诉讼服务，为残疾人提供诉讼服务上依然存在地区发展不平衡的问题。

（一）提高无障碍环境建设标准

2024年2月26日，《关于为残疾人提供更加优质诉讼服务的十条意见》与附件《人民法院诉讼服务中心无障碍环境建设规范》一起公布，从无障碍通行设施、标识、辅助设备、诉讼资料多角度细化了诉讼服务中心无障碍环境建设的具体标准，这些标准也正是司法机关在保护残疾人合法权益的道路上需要继续努力的方向。残疾人无障碍环境建设的重要性毋庸置疑，且已通过法律的形式予以规范。近年来无障碍环境建设和改造也是司法机关便民服务的重要组成部分，通过物理环境无障碍改造为残障群体提供参与司法活动的合理便利，如绝大多数法院设置了无障碍出入口、无障碍通道、轮椅坡道或缘石坡道、残疾人专用卫生间，但是依然存在如专用卫生间放置其他物品；调解室、审判法庭等特殊区域未设置轮椅席位；未配备有声、大字、电子、盲文等无障碍版本的诉讼资料；没有专门的无障碍法庭、无障碍调解室等问题。

（二）提供精细化诉讼服务

21世纪是以数字化、网络化、智能化为重要特征的信息时代。司法机关顺应时代发展的潮流，及时回应人民群众需要，搭建了诉讼服务大厅、人民法院在线服务等平台、12368诉讼服务热线等平台。我们要充分发挥平台的便利性，为残疾人提供精细化诉讼服务。精细化诉讼服务体现在：第一，针对已到达诉讼服务大厅的残疾人士，及时引导至绿色服务窗口，根据残疾人具体情况专人对接，如为盲人匹配了解盲文的工作人员，为聋哑人匹配会手语的工作人员，耐心询问咨询事项，有针对性地指导办理相关业务；第二，针对电话咨询、不方便到达现场的情况，及时告知线上操作流程，耐心指导完成线上立案，对于符合条件的残疾人及时开展司法救助，依法提供缓、减、免诉讼费等服务；第三，在审理案件过程中，结合残疾人实际情况及案件整体情况，在充分尊重残疾人意愿的基础上有针对性地进行调解，走到群众中采用上门法庭等形式，及时审结案件；第四，对于以判决结案的案件，要充分利用判后答疑释法明理，确保残疾人在案件中感受到公平正义。

（三）强化沟通协调机制

司法机关要强化同残疾人联合会的沟通协调，就近期残疾人涉诉法律纠纷情况、残疾人是否感受到公平正义、残疾人存在的法律困惑等及时沟通协调。同时建立协调机制，残疾人联合会协助司法机关完成手语翻译、盲文翻译，司法机关协助残疾人联合会将纠纷化解在萌芽状态。除此之外，司法机关还要强化同法律援助中心的沟通，湖北省咸宁市咸安区人民法院的诉讼服务中心设立了法律援助中心驻人民法院工作站，走进这里的当事人可以获得免费法律咨询、代写起诉状等帮助。当然司法机关还需要及时向相关机构反馈就审理案件中发现的法律援助工作人员存在的问题，确保法律援助发挥实效。截至2024年4月17日，中国残疾人联合会发布的《2023年残疾人事业发展统计公报》数据显示：全国成立残疾人法律援助工作协调机构2901个，建立残疾人法律援助工作站2676个。如果这些法律援助机构可以以强有力的责任心高标准完成法律援助服务，对于残疾人司法权益保护将大有裨益。

四、残疾人司法保护中的脚步追寻与完善发展

《残疾人权利公约》是联合国历史上通过的第一部旨在保护残疾人权益、保护残疾人事业发展的国际公约，是残疾人权利的政治宣言书，为世界各国的残疾人权益保护树立了价值理念、行动纲领、规则体系。[1]公约全文共50条，在序言部分回顾了残疾人保护的历程、确认共同认知，在具体议定内容上，重点确认公约宗旨、确定缔约国应遵循的一般原则与义务、确定残疾人应享有的基本权利。《残疾人权利公约》涉及的残疾人享有的权利众多，除我国明确保留的条款外，其他权利均应充分遵守、维护、实现。自加入该公约以来，我们通过多种方式遵守公约、履行公约确定的义务，在法治建设、文化建设等多领域取得了长足进步。鉴于篇幅有限，下文仅选取残疾人婚姻自由权、受教育权两项权利进行分析并提出完善措施。

（一）残疾人婚姻自由权

《残疾人权利公约》第23条是关于尊重家居和家庭的规定，其中第1款主要内容为：缔约国应该采取有效、适当的措施，在涉及婚姻、家庭、生育和个人关系的一切事项中消除歧视，以确保所有适婚年龄的残疾人自由表达同意结婚、建立家庭的权利获得承认，且残疾人可以自由决定子女人数和生育间隔。

---

[1] 赵明霞、张晓玲：《〈残疾人权利公约〉框架下我国残疾人权利的保护》，载《人权》2018年第1期。

换言之，如果国家要充分尊重适婚残疾人自由充分地表达结婚意愿、生育意愿的权利。

在残疾人婚姻自由的保障上，我国在立法上通过《民法典》予以保护，其第 1041 条第 1 款和第 2 款规定："婚姻家庭受国家保护。实行婚姻自由、一夫一妻、男女平等的婚姻制度。"第 1046 条规定结婚应当男女双方完全自愿。在具体措施上使用无障碍格式文件帮助残疾人完成结婚登记。与此同时要看到：第一，残疾人领取结婚证、离婚证存在困境。如河南巩义一男子想要同聋哑女子结婚，因聋哑女子不会手语和表达暂未登记成功，工作人员称在女子接受手语教学、可以自由表达意愿后，方可登记结婚；宁夏回族自治区银川市，一对年老夫妻办理离婚手续，因女子是盲人而且手患风湿变形未完成离婚事宜，后续通过口述并录制视频的方式完成相关手续。无障碍格式结婚证在 2024 年 3 月 12 日首次出现，还未在全国范围内推广。第二，部分法律需要及时修正。《母婴保健法》虽然在 2017 年完成了修正，但是有些条文，如第 10 条规定："经婚前医学检查，对诊断患医学上认为不宜生育的严重遗传性疾病的，医师应当向男女双方说明情况，提出医学意见；经男女双方同意，采取长效避孕措施或者施行结扎手术后不生育的，可以结婚。但《中华人民共和国婚姻法》规定禁止结婚的除外。"在《婚姻法》已经失效的情形下，有必要修正该条文。

（二）残疾人受教育权

《残疾人权利公约》第 24 条是关于残疾人受教育权的规定，该条款共包含五项，第一项是确认残疾人享有受教育的权利，各缔约国应实行包容性教育制度和终身学习，从而达到充分开发人的潜力、发展个性、才华和创造力以及智能和体能，所有残疾人均能切实参与社会生活的目标；第二项是缔约国不得排斥拒绝残疾人、特别是残障儿童享受教育，并且要提供便利保证他们切实获得教育；第三项至第五项均是明确缔约国需要履行的义务，即应当提供为学习盲文和手语聘请老师、培训相关人员等各种合理便利方式。公约倡导残疾人享受教育权的关键词是"包容"。残疾人接受教育是其有尊严地生活、摆脱贫困、快速融入社会生活、享受各种便利的基础。放眼世界，每个国家对残疾人教育的制度各具特色。例如，日本残障儿童有选择进入特殊学校或者普通学校的权利，美国残疾人教育经历了隔离教育、回归主流、全纳教育三个阶段，在英国也实行全纳型教育。

2021 年感动中国十大人物之一江梦南，半岁失聪却一路逆袭成为清华博士,激励无数人。在她成长的经历中,学校破格录取,并没有因她失聪而剥夺她上学的权利。该案例仅仅是我国保障残疾人受教育权众多案例中的缩影。近年来,我国持续高度关注残疾人受教育权,2018年在校生与2013年在校生相比增长81%,家庭经济困难残障学生可以享受12年免费教育。同《残疾人权利公约》相比,我国在保障残疾人受教育权立法上还未对包容性教育进行含义解释或者范围界定,《残疾人教育条例》作为针对残疾人教育的专门立法,距离上次修正已过7年;在切实保障残疾人接受高等教育、终身学习方面还需要提升,从而减少或者避免残疾人因自身残障原因无法进入心仪学校的现象。当前大部分残疾人进入普通高等院校的前提是考试,在考试前残疾人需要申请,相关机构准备特定考试场所,但是现在很多残疾人在申请时就遭遇拒绝,如果能改变这种申请模式,直接在考试的时候准备相关场所,残疾人根据自己的情况选择教室进入考场,这样的模式值得期待。

第二节　司法实践中的困境

党的十八大以来,以习近平同志为核心的党中央高度重视残疾人权益保障工作。2014年5月16日,习近平总书记在北京会见第五次全国自强模范暨助残先进集体和个人表彰大会受表彰代表时深刻指出,"残疾人是社会大家庭的平等成员,是人类文明发展的一支重要力量,是坚持和发展中国特色社会主义的一支重要力量",并强调要弘扬人道主义精神,尊重和保障人权,完善残疾人社会保障制度和关爱服务体系,促进残疾人事业全面发展,支持和鼓励残疾人自强不息。

2024年2月,《关于为残疾人提供更加优质诉讼服务的十条意见》从完善无障碍设施建设、加强无障碍信息交流、提供精细化诉讼服务等十个方面,要求各级人民法院建造符合规定的诉讼服务场所和服务设施,在诉讼服务场所为不同残疾类别的残疾人提供语音、大字、同步字幕等无障碍信息交流服务,对符合条件的残疾人依法提供缓、减、免诉讼费等司法救助,对符合受理条件的起诉,做到"有案必立、有诉必理",为残疾人在全国法院开展诉讼活动提供更加精准的诉讼指引。

由此可见,我国目前虽然已经形成了以《宪法》为依据,以专门社会法为基干,以刑事、民事、行政等法律为基础,以具体领域专门规定为支撑的残疾人士权益保障法律法规体系,但是在具体个案的司法适用过程中,仍然面临诸多问题和挑战，有诸多需要不断完善和改进的地方。本节将从法律适用和解释、司法配套设施和服务障碍、证据收集和呈现、案件处理时间、判决执行问题五个方面入手，分析涉及残疾人士的司法个案在处理过程中所面临的困难。通过深入探讨这些问题，可以为改善残疾人士司法保护的现状提供具体的分析和建议。

一、法律适用和解释

在中国，尽管法律已经设立多项保护残疾人士权益的规定，但在具体个案的法律适用与解释过程中，仍存在不少难题与挑战。这些问题不仅影响了残疾人士相关权益的实现，也反映了我国在法律完善性、执行理念等方面的不足。

首先，《残疾人保障法》在司法实践中发挥的作用十分有限。"法律的生命力在于实施，法律的权威也在于实施。"我国目前虽然形成了以《残疾人保障法》为核心的残疾人权益保障法律法规体系，但是作为我国第一部专门规定残疾人保障的基本法律，《残疾人保障法》于1990年12月正式发布，历经2008年4月和2018年10月两次修改后，在司法实践中发挥的作用却远远没有达到预期。

2013年至2018年，我国涉及残疾人士的案件数量高达83 854件，民事案件占比73%、刑事案件占比21%、行政案件占比6%。[1]但是相关数据显示，在《残疾人保障法》实施之日起至2018年12月5日止，全国各级法院以此为依据进行裁判的生效文书总计仅有87份，其中刑事案件文书4份、民事案件文书56份、行政案件文书27份。[2]不难发现，在涉及残疾人士的诉讼案件中，法官几乎不会直接援引《残疾人保障法》作为裁判理由，民法、刑法、行政法的相关规定仍然是法官裁判说理的主要依据。在这样一种司法惯性之下，《残疾人保障法》在未来的个案处理中被进一步忽视在所难免。

除此之外，从整体来看，在以《残疾人保障法》为裁判依据的生效文书中，法院援引《残疾人保障法》中的条款相对分散。《残疾人保障法》全文共68条，在涉及残疾人士的诉讼案件中，目前仅有34条被法院援引，剩余的50%的条文则自始至终都未曾进入过法官视野。[3]从具体适用的条款来看，在

---

〔1〕 参见赵树坤、徐艳霞：《从516份司法裁判文书看残疾人权益保障及其完善》，载《残疾人研究》2021年第1期。

〔2〕 数据来源于《〈残疾人保障法〉在司法裁判中的适用情况统计分析报告》。

〔3〕 参见王群、修君：《〈残疾人保障法〉的司法适用：样态、功能与进路——基于244份残疾人司法裁判文书为分析样本》，载《残疾人研究》2024年第2期。

各个章节中，法院适用的具体条款则呈现较为集中的特征。例如，适用第一章"总则"的文书主要集中适用第 3 条、第 8 条和第 9 条，适用第六章"社会保障"的文书主要集中适用第 50 条，适用第八章"法律责任"的文书主要集中适用第 67 条。[1]

法律的适用是其发挥效能的前提。不论是整体援引率较低，还是真正具有生命活力的条款较为集中，都说明《残疾人保障法》在司法审判中既没有、更无法充分发挥其功能。

其次，《残疾人保障法》的大部分规定都比较抽象、笼统。《残疾人保障法》是我国为保障残疾人权益而制定的一部重要法律，其规定了残疾人在政治、经济、文化、社会和家庭生活等方面享有同其他公民平等的权利，并规定了国家和社会在保障残疾人权利方面的责任。这部法律的制定和实施，对于促进残疾人事业的发展，保障残疾人的合法权益，推动社会文明进步具有重要意义。但是，作为我国残疾人士保护的基本法，《残疾人保障法》的很多条文都是倡导性的、宣示性的，且缺乏具体的制度规定。[2]例如，在《残疾人保障法》第四章"劳动就业"中，第 33 条第 1 款规定，"国家实行按比例安排残疾人就业制度"，第 34 条规定，"国家鼓励和扶持残疾人自主择业、自主创业"，但是对于具体的执行标准及惩罚措施却缺乏明确的界定。此外，精神障碍者和智力障碍者的特殊需要在很多情况下也没有得到足够的重视和具体规定。

正因如此，在大多数司法个案中法院无法将《残疾人保障法》的相关规定直接作为裁判标准，法官也难以通过《残疾人保障法》实现对残疾人士合法权益的保护。以上述 56 份民事案件的司法文书为例，有将近一半的法院在适用《残疾人保障法》时都选择引用第一章"总则"的概述性条款，引用第二章"康复"条款的为 1 份，引用第四章"劳动就业"条款的共 3 份，引用第五章"文化生活"条款的共 2 份，引用第六章"社会保障"条款的共 13 份，引用第七章"无障碍环境"条款的为 1 份，引用第八章"法律责任"条款的共 8 份。[3]即使引用了"总则"以外章节的具体条款，大部分条款对于当事人的权利义务也并不会产生任何实质性的影响，例如，适用第八章"法律责任"第 67 条的司法文书有 7 份，但是《残疾人保障法》第 67 条仅规定："违反本法规定，侵害残

---

[1] 数据来源于《〈残疾人保障法〉在司法裁判中的适用情况统计分析报告》。
[2] 参见戴东光：《残疾人法律保护的现状、问题与对策》，载《中国残疾人》2012 年第 5 期。
[3] 数据来源于《〈残疾人保障法〉在司法裁判中的适用情况统计分析报告》。

人的合法权益,其他法律、法规规定行政处罚的,从其规定;造成财产损失或者其他损害的,依法承担民事责任;构成犯罪的,依法追究刑事责任。"实际上,该条并未规定任何意义上的法律责任,仅仅是对现有其他法律中有关责任的重申,法院适用该条也仅仅出于形式上的考虑。

最后,在涉及残疾人士的案件中,目前司法实践中慈善模式视角下的司法理念与《残疾人保障法》倡导的权利模式存在冲突,社会观念与司法人员的司法理念有待更新。2006 年,联合国大会通过了《残疾人权利公约》,该公约第 1 条就指出:"本公约的宗旨是促进、保护和确保所有残疾人充分和平等地享有一切人权和基本自由,并促进对残疾人固有尊严的尊重。"2008 年,我国成为该公约的缔约国后,于同年 4 月修订的《残疾人保障法》第 1 条同样规定:"为了维护残疾人的合法权益,发展残疾人事业,保障残疾人平等地充分参与社会生活,共享社会物质文化成果,根据宪法,制定本法。"由此可见,进入"公约时代"以后,法律对待残疾人的视角正在从传统的慈善模式转变为人权模式。

两者的区别在于,在慈善模式视角下,残疾人士被认为与正常群体存在差别,是弱势群体,是需要社会给予特殊关注的群体;而在人权模式视角下,要求政府和社会把残疾人看作"正常的人",强调残疾人作为国民应该享有的基本权利(包含福利待遇等),认为政府和国家有责任和义务保护残疾人的合法权利。[1]即便立法上已经完成了残疾人士权利保护的视角转向,但是想要转变固有的社会观念并非一日之功,我国民众仍普遍将残疾人士视为需要特殊对待的弱势群体,这种观念在一定程度上也影响了司法理念的更新迭代。例如,在夏某某与惠州市东江公共汽车公司公路旅客运输合同纠纷一案中,原告夏某某搭乘惠州市 202 路公共汽车时向被告司机售票员出示了残疾人证要求优惠乘车,被告称市郊没有办法享受优惠,原告说明根据《广东省残疾人扶助办法》,优惠乘车是残疾人的权利,被告仍要求原告买票。最终,法院虽然支持了原告的诉讼请求,但是在裁判理由中认为:"全社会应当发扬人道主义精神,理解、尊重、关心、帮助残疾人,支持残疾人事业;县级以上人民政府对残疾人搭乘公共交通工具,应当根据实际情况给予便利和优惠。"[2]这仍然是一种慈善模式

---

〔1〕 参见杨立雄:《中国残疾人福利制度建构模式:从慈善到社会权利》,载《中国人民大学学报》2013 年第 2 期。

〔2〕 广东省惠州市惠城区人民法院民事判决书,(2014)惠城法民一初字第 1081 号。

视角下的法治观念。

在慈善模式下，残疾人被看作是值得同情的弱势群体，是一群需要社会加以重点关注的对象，只有给予他们特殊优待，才能使他们摆脱弱势地位。[1]这种观点实际上会加深社会对残疾人的偏见。同时，这种观念人为地将残疾人士分离于正常的社会运作体系之外，不利于残疾人士更好地融入社会。

二、司法配套设施、服务障碍

"物质环境无障碍是残疾人正常参与社会生活之前提，也是保障残疾人士行使自身权利的必需。"[2]司法程序中的无障碍访问是实现残疾人士权利和利益保护的重要方面，是残疾人士通过司法程序维护自身权利和利益的前置性条件。然而，现实情况是诸多残疾人士在参与司法程序时常常面临多种障碍，包括物理环境的不便利、辅助设施和服务的不足、信息技术的支持缺乏，以及司法人员对残障特性的不了解等。这些障碍严重影响了残疾人士权利和利益的维护与实现。

残疾人士参与司法诉讼首先需要进入法院，而在进入法院过程中，残疾人士对无障碍环境需求相对较高，例如，没有坡道或电梯可能让轮椅使用者无法进入法庭，而楼梯的台阶对于视力障碍者来说也是难以克服的障碍。"如果残疾人甚至无法'踏进'法院的大门，那么让残疾人真正参与诉讼、有效保障其诉讼权利自然无从论起。"[3]《残疾人保障法》第52条第1款规定："国家和社会应当采取措施，逐步完善无障碍设施，推进信息交流无障碍，为残疾人平等参与社会生活创造无障碍环境。"2018年《关于在审判执行工作中切实维护残疾人合法权益的意见》等文件同样要求："大力推进法院接待场所、审判场所的无障碍设施建设，方便残疾人参加诉讼。"

但是在司法实践中，许多法院建筑的设计并没有充分考虑到残疾人士的需求。2021年有学者随机选取国内30家法院，就法院建筑的轮椅坡道、无障碍电梯、无障碍卫生间的设置、无障碍机动停车位的配备以及轮椅席位的配置情况展开实证研究，研究结果令人震惊：作为研究对象的30家法院中，按照《无

---

[1] 参见杨立雄：《中国残疾人福利制度建构模式：从慈善到社会权利》，载《中国人民大学学报》2013年第2期。

[2] 唐亚南：《试析残障人无障碍权益的法律保障》，载《法律适用》2023年第8期。

[3] 李静：《无障碍视角下的残障人司法保护研究》，载《残疾人研究》2023年第2期。

障碍设计规范》（GB 50763—2012）的规定设有轮椅坡道的仅有10家，占样本法院数的33.3%；设有无障碍电梯的仅有11家，占样本法院数的36.7%；设有无障碍卫生间的仅有3家，占样本法院数的10%；30家法院均未设无障碍机动停车位以及轮椅席位。并且，即便是设有轮椅坡道、无障碍电梯、无障碍卫生间的法院，部分设施也并不完全符合《无障碍设计规范》（GB 50763—2012）的标准。[1]

缺少轮椅坡道、专用停车位等无障碍设施或者轮椅坡道过陡、电梯按钮设置过高或过低等物理障碍的普遍存在，很可能限制残疾人士进入法庭或参与庭审活动。当司法配套设施向残障群体表达出排斥、拒绝的态度时，残障群体本就艰难的司法维权环境无疑会雪上加霜。[2]更重要的是，这些限制不仅使残疾人士难以行使自己的诉讼权利，进一步削减了残疾人士融入社会、通过司法途径维护自身权利的动力，还可能让他们感到被排斥和歧视，在心理上给予他们额外的压力。

随着信息技术的发展，电子诉讼等方式开始在司法系统中得到应用。然而，残疾人在使用这些技术时亦常常遭遇困难。很多司法相关的网站和应用程序没有设计无障碍功能，如屏幕阅读器的支持不足、互动元素无法通过键盘操作，这使得残疾人难以通过这些平台获取信息或参与在线诉讼。因此，使残疾人士的信息无障碍权利符合数字时代的全新要求也是司法实践中面临的全新挑战。[3]

同时，充分知情和有效沟通是通过庭审化解矛盾与冲突的前提。除却物理障碍外，在法庭审理过程中，听障、视障或言语障碍的残疾人往往需要特殊的通讯辅助设备和服务才能参与并理解诉讼程序，诉讼辅助设备和服务的缺乏同样会在很大程度上影响残疾人士依法维护自身合法权益。最高人民法院、中国残疾人联合会《关于为残疾人提供更加优质诉讼服务的十条意见》指出："各级人民法院应当在诉讼服务场所为不同残疾类别的残疾人提供语音、大字、同步字幕等无障碍信息交流服务。"信息无障碍建设无疑是帮助残疾人士通过法定程序维护自身合法权益的重要步骤。"通过信息无障碍建设，消解残障群体固有

---

[1] 参见徐艳霞：《司法场域的残障人权利保障研究》，西南政法大学2021年博士学位论文。
[2] 参见李静：《无障碍视角下的残障人司法保护研究》，载《残疾人研究》2023年第2期。
[3] 参见李静：《论残障人信息无障碍权：数字时代下的理论重构》，载《中外法学》2023年第3期。

的交流障碍，充分保障残障群体在符合个体利益追求和主观意愿的前提下，选择参与司法活动的自由，并达到相应的效果。"[1]

然而，与残疾人士顺利参加诉讼紧密相关的设备和服务在很多地区仍然相当缺乏。例如，手语翻译服务供不应求，视障人士无法获得盲文或语音化的诉讼文件等，这些障碍使得残疾人士既无法充分了解案件情况和参与诉讼过程，更无法准确描述案件事实并向法庭清晰地传达自己的诉求。"在30件涉及听力残疾人的案件中，仅有19件案件中的当事人申请了手语翻译；在25件涉及少数民族人士案件中，0例申请少数民族语言翻译；在31件涉及视力残疾人案件中，0例申请盲文读写支持；在169件涉及肢体残疾人案件中，0例申请轮椅服务。"[2]此外，由于缺乏专业培训，很多法庭工作人员并不了解如何使用这些辅助设备，也不懂得如何与残疾人沟通，进一步加剧了这一问题。这些困难都可能使残疾人士在庭审中处于不利地位，影响他们维护自身权益的能力。

当然，残疾人士在诉讼过程中对于一些法律术语和程序也可能存在理解上的障碍。"近年来，涉及残疾人士的民事、行政案件数量有所上升，可以合理推测该群体权利意识有所提高，能够通过司法来寻求权利救济。"[3]但是，部分残疾人士尤其是那些有认知障碍或学习障碍的人在理解复杂的法律术语和司法程序中面临困难。司法系统的语言普遍专业且复杂，对于这部分残疾人来说，缺乏适当的解释和指导会增加他们在诉讼中的不便和不利。

就此而言，法律援助和司法援助能够在很大程度上帮助残疾人士切实行使相应的权利。[4]2017年司法部《关于"十三五"加强残疾人公共法律服务的意见》指出，"建立健全公共法律服务体系，为残疾人提供更多、更优惠、更便捷高效的公共法律服务，切实维护残疾人合法权益"。就刑事案件中的法律援助而言，《刑事诉讼法》第35条第2款直接规定："犯罪嫌疑人、被告人是盲、聋、哑人，或者是尚未完全丧失辨认或者控制自己行为能力的精神病人，没有委托辩护人的，人民法院、人民检察院和公安机关应当通知法律援

---

[1] 李静：《无障碍视角下的残障人司法保护研究》，载《残疾人研究》2023年第2期。
[2] 赵树坤、徐艳霞：《从516份司法裁判文书看残疾人权益保障及其完善》，载《残疾人研究》2021年第1期。
[3] 赵树坤、徐艳霞：《从516份司法裁判文书看残疾人权益保障及其完善》，载《残疾人研究》2021年第1期。
[4] 参见黎建飞、王喜荣：《中国特色残疾人事业的法律保障》，载《残疾人研究》2018年第1期。

助机构指派律师为其提供辩护。"但是在民事诉讼领域,《法律援助条例》仅仅保障了经济困难的公民获得必要的法律服务,忽视了包括残疾人士在内的一些特殊群体的诉求。〔1〕司法实践中,相关数据同样表明涉及残疾人士案件的法律援助情况并不乐观,目前只有13.1%的残障当事人能够获得援助律师的帮助。〔2〕

由此可见,虽然现阶段我国法律援助制度建设取得了一定的成果,但是在涉及残疾人士的法律援助领域还有很多方面亟须完善,这就需要法律工作者与国家政府相关部门一起努力,共同构建一个完善的、体系化的残疾人士法律援助机制以帮助残疾人士克服司法过程中法律术语和程序理解难的障碍,更加高效地依法维护自身合法权益。

三、证据收集和呈现

在司法程序中,证据的收集和呈现是确保公正审判的核心环节。对于残疾人士而言,这一过程充满了挑战,这些挑战不仅来源于他们自身的身体或心理条件,也与司法系统的不完善有关。

首先,在残疾人士参与最多的民事诉讼领域,我国《民事诉讼法》提出了"谁主张,谁举证"的证明原则。〔3〕但是在司法实践中,处于弱势地位的残疾人士甚至很难自主搜集、整理相关证据。例如,行动不便的残疾人士可能难以前往事发现场收集、调取证据,视听残疾障碍可能导致部分残疾人士的感知能力变弱进而影响他们观察和记录事实。又如,在具体的劳动争议纠纷中,虽然法律已经规定用人单位应当提供给残疾人适合其身体条件的工作岗位,但是否有适合的工作岗位以及劳动者的能力能否胜任工作往往是由用人单位作出判断的,残疾人士面临证明"劳动能力"难、"适当工作"举证不能等困境,使得其诉讼请求最终难以被法院接受。〔4〕并且,由于部分残疾人士受教育程度较低、法律知识欠缺,即使其能够完成证据的收集工作,也无法辨别哪些证据是

---

〔1〕参见陶杨等:《残疾人法律援助制度研究》,载《海南大学学报(人文社会科学版)》2016年第3期。

〔2〕参见赵树坤、徐艳霞:《从516份司法裁判文书看残疾人权益保障及其完善》,载《残疾人研究》2021年第1期。

〔3〕《民事诉讼法》第67条第1款规定:"当事人对自己提出的主张,有责任提供证据。"

〔4〕参见蒋正阳:《残障者劳动权的司法救济——基于司法裁判案例的分析》,载《人权》2019年第1期。

关键的，哪些证据是次要的，这使得他们很难有效地收集并使用证据，进一步导致其在诉讼过程中处于不利的地位。程序正义是实现实体正义不可或缺的前提条件。[1]不难发现，我国相关法律法规在如何完善举证规则以促进残疾人士更好实现实体权利这一问题上仍有一定的完善空间。

其次，我国《民事诉讼法》第76条规定，证人原则上应当出庭作证。但是对于许多残疾人士来说，出庭就是一个巨大的挑战。一方面，物理障碍仍然是主要障碍之一。国内多数法庭建筑并未完全实现无障碍设计，以及视障或听障人士所需要的特殊的交流辅助设备同样会对残疾人士出庭作证产生影响。另一方面，从心理层面来看，残疾会对个体造成慢性压力。一些残疾人由于身体上的痛苦、经济拮据等原因，长期处于应激状态下，情绪紧张，负面情绪增多。[2]而出庭作证往往意味着将要受到对方当事人、律师乃至法官的高强度责问。可以预见的是，这对于残障证人而言，在心理层面也是不小的挑战。

再次，由于部分残疾人士存在一定缺陷，他们提供的证据往往会被质疑。

最后，交叉询问是司法程序中至关重要的一环，但对于许多残疾人士来说，这同样是一个充满压力的过程。交叉审问的快节奏和对表达的精确要求对于许多残疾人士来说是一个巨大的挑战。特别是对于听障或者语言障碍的人士，他们可能无法迅速理解对方的问题并作出回应，参与举证质证、法庭辩论仍然依赖于助听器、手语翻译等诉讼辅助设备或服务。并且，审问过程中的语言和情感压力可能进一步加重残疾人士的紧张或焦虑情绪，影响他们的表现。在没有足够的心理支持和适应措施的情况下，这些压力甚至可能导致残疾人士的健康权利损害。

四、案件处理时间

在司法实践中，长时间的诉讼过程不仅会占用大量的司法资源，导致整体司法效率降低，而且诉讼过程越长，参与各方需要投入的时间、精力和金钱也就越多，无论是原告还是被告，都需要承担额外的经济负担。2018年，最高人民法院、中国残疾人联合会发布的《关于在审判执行工作中切实维护残疾人合法权益的意见》又明确提出要加快涉及残疾人士的司法案件的审理流程："对

---

[1] 参见周湖勇、蔡潇琳：《社会法特别诉讼举证责任分配探究》，载《集美大学学报（哲社版）》2024年第2期。

[2] 参见闫洪丰等：《成年残疾人心理健康现状评估与分析》，载《残疾人研究》2013年第4期。

涉残疾当事人的案件，依法繁简分流，提高诉讼效率。及早开庭、及时判决、尽快结案，缩短办案周期。充分运用小额诉讼程序，发挥一审终审优势，尽快实现残疾当事人的合法权益。"

然而在司法实践中，涉及残疾人士案件的处理往往较普通案件而言更为缓慢。"93.9%的案件在审结期限内审结，6.1%的案件属于超审限审结。"[1]这种延时是由多方面因素造成的，例如，在立案审查阶段，由于身体或心理上的限制，残疾人士在获取法律信息、了解诉讼流程方面往往面临较大困难，这使得他们在准备立案材料、填写相关表格等方面需要花费大量时间，甚至因为材料不全或格式不正确而多次往返法院。又如，在法庭审理阶段，残疾人士案件往往涉及更为复杂的法律和医学问题，如残疾等级的鉴定、残疾赔偿的计算等，对于法院工作人员而言，这些都需要额外的时间来审查和处理，难以作出快速有效的决策。

但是对于残疾人士而言，由于其特殊的生理和心理需求，案件及时、迅速地处理显得十分重要。审判期限的延长不仅加剧了他们的困境，也在一定程度上削弱了法律的保护效力。据统计，在涉及残疾人士的民事诉讼案件中，相关残疾人士的诉求主要聚焦于金钱补给方面，医疗费、抚养费、精神赔偿金等金钱方面的诉求占到全部诉讼请求的89%；在行政诉讼案件中，行政赔偿、工伤赔偿、残疾人生活救助金等涉及金钱的诉求，共占45%，比例同样不低。[2]更为重要的是，我国残疾人生活水平整体偏低。"只有不足1/3的残疾人能够自己养活自己，有1/3左右的贫困残疾人处于绝对贫困状态，2/3左右的贫困残疾人处于相对贫困状态。"[3]由此可见，残疾人士维权案件处理时间的延长会直接影响残疾人士的生存权、财产权等基本权利和生活质量。在等待期间，残疾人士极可能因为无法获得及时的赔偿和支持而面临经济压力，他们的生活和医疗需求可能无法得到满足。此外，长时间的法律程序也可能给残疾人士带来额外的心理负担，增加他们的不安和焦虑。

---

[1] 赵树坤、徐艳霞：《从516份司法裁判文书看残疾人权益保障及其完善》，载《残疾人研究》2021年第1期。

[2] 参见赵树坤、徐艳霞：《从516份司法裁判文书看残疾人权益保障及其完善》，载《残疾人研究》2021年第1期。

[3] 王丽君：《残疾人法律援助的重要性》，载《科学中国人》2014年第2期。

五、判决执行问题

"执行难"实际上早已成为我国民事诉讼领域一个老生常谈的问题。"近三十年特别是最近十年来，全国执行案件出现了爆炸式增长。2009 年以前，16 年内全国法院执行案件数增长了 1.46 倍；2009 年以后仅十年，该数量便已经增长了 2.41 倍。"[1]《全国法院司法统计公报》的公开数据显示，自 2013 年开始，全国法院执行案件的实际执行到位率呈快速下降趋势，从 2012 年的 81.53%下降至 2015 年的 49.08%。[2] 在司法实践中，残疾人士在判决执行阶段同样会面临"执行难"的问题。2018 年，最高人民法院、中国残疾人联合会发布的《关于在审判执行工作中切实维护残疾人合法权益的意见》指出："残疾当事人胜诉案件，当事人不自动履行的，要直接移送执行，尽快进入执行程序，加大执行力度，依法从快执结，及时实现残疾人合法权益。"但是由于执行力度和司法人员人数不足、资源和支持缺乏等问题，残疾人士的合法权益依旧很难得到切实维护。

首先，执行力度不足是残疾人士乃至所有民事诉讼原告在执行阶段面临的一个主要问题。导致这种现象的原因有很多，诸如法律规定欠缺、公民诚信意识不强或者执行难度大等。我国《民事诉讼法》明文规定的主要执行手段仅有查封、冻结、扣押、拍卖。[3]"对于逃避执行的企业，现行法律没有关于委托审计、银行提供资金走向的明确规定，司法拘留适用非常审慎且存在收拘机关要求条件苛刻、限制多、异地拘留交接困难等问题。"[4]部分债务人在陷入财产纠纷之后，也不是想着怎么还钱，而是思考如何"赖账"。2024 年 1 月最高人民检察院印发一批共 8 件维护弱势群体合法权益民事执行检察监督的典型案例中，农民工周某在一次生产事故中右手受伤，并落下残疾。经过劳动仲裁和

---

[1] 左卫民：《中国"执行难"应对模式的实证研究 基于区域经验的分析》，载《中外法学》2022 年第 6 期。

[2] 数据来源于最高人民法院 2002—2015 年《全国法院司法统计公报》。

[3] 《民事诉讼法》第 253 条规定："被执行人未按执行通知履行法律文书确定的义务，人民法院有权向有关单位查询被执行人的存款、债券、股票、基金份额等财产情况。人民法院有权根据不同情形扣押、冻结、划拨、变价被执行人的财产。人民法院查询、扣押、冻结、划拨、变价的财产不得超出被执行人应当履行义务的范围。人民法院决定扣押、冻结、划拨、变价财产，应当作出裁定，并发出协助执行通知书，有关单位必须办理。"

[4] 黄文俊等：《新时代人民法院"执源治理"问题研究》，载《中国应用法学》2023 年第 6 期。

法院审判，用人单位建筑公司须支付周某各项费用共计6.6万余元。涉案建筑公司的实际经济效益并不差，本案的赔偿数额也不大，但在判决生效后，赔偿款一直未能执行到位。最终，经过检察机关依法开展执行监督，事情才得以解决。〔1〕此外，当法院判决要求某机构提供特定的辅助设施或服务时，由于成本和实施难度等问题，这些判决的实际执行就可能成为问题。例如，武汉市硚口区人民法院认为经开发商简易改造后的无障碍通道未达到《无障碍设计规范》（GB 50763—2012）轮椅坡道1∶16的标准，判决驳回物业公司要求小区住户钱某支付物业费的诉讼请求。物业公司是否会继续按照《无障碍设计规范》（GB 50763—2012）对无障碍通道进行整改以及整改的效果如何仍然有待观察。

其次，司法工作人员人数显著不足也是导致执行困难的另一重要原因。"以2022年为例，全国法院执行案件结案917.03万件，执行员额法官人均办案537件，有的法院执行员额法官人均办案甚至达1000件以上。"〔2〕与此同时，和解正在成为一种重要的案件执行方式。〔3〕这意味着相关司法人员需要耗费更多的时间和精力才能促成案件的顺利解决，而涉及残疾人士的执行调解案件，往往花费的时间也会更久。例如，偏瘫残疾人士孔某某入住的老年公寓发生火灾后，该老年公寓不再实际经营，负责人亦没有履行能力，在相关业务外包给泰安市某养老中心后，经过多次协商、调解，泰安市某养老中心同意作为利益相关方以某老年公寓的名义一次性赔偿孔某某442 060.76元，长达六年的执行难案才成功终结。〔4〕但是在更多的个案实践中，迫于案件积压带来的压力，相关司法工作人员很难做到长时间关注案件进展并积极组织各方调解以确保残疾人士的合法权益最终得到维护。

最后，由于残疾人士在身体、心理等方面存在的特殊困难，他们在判决执行过程中同样需要比普通公民更多的支持和资源来实现他们的权利。例如，对于行动不便的残疾人士，如肢体残疾人或患有严重疾病的人，他们可能无法亲自前往法院或相关执行机构以跟进执行进度或提供必要的材料。又如，复杂的法律程序和术语对于智力残疾人士来说也可能难以理解，他们很可能因为缺乏

---

〔1〕参见于潇：《这些案例，为破解"执行难"提供了检察方案》，载《检察日报》2024年第114期，第5版。

〔2〕黄文俊等：《新时代人民法院"执源治理"问题研究》，载《中国应用法学》2023年第6期。

〔3〕参见栗峥：《中国民事执行的当下境遇》，载《政法论坛》2012年第2期。

〔4〕《因案施策 巧解执行难题 泰山区法院切实维护残疾老人胜诉权益》，载澎湃新闻网，https://m.thepaper.cn/baijiahao_23305076，最后访问日期：2023年6月10日。

对执行程序的了解而错过关键步骤或错过维护自己权益的机会。概言之，残疾人士在申请法院执行的过程中可能需要无障碍的交通工具、专业的法律援助、心理辅导等资源或支持。但是司法实践中资源分配不均、支持不足等问题，导致残疾人士在执行阶段面临更多困难，使得残疾人士即便在法庭上胜诉后，也难以在生活中真正感受到公平正义的实现。

第三节　国际合作与交流的不足

一、国际法律框架和标准的落实差异

自20世纪90年代以来，国际社会一直在参与《残疾人权利公约》的起草，以保障残疾人的基本权益。《残疾人权利公约》在2006年12月13日获得联合国大会的批准，2007年3月30日开放供签字，为全球残疾人士提供了一个平等融入社会的机会，更好地促进实现残疾人士的福祉与尊严。2007年3月30日，中国宣布成为《残疾人权利公约》的缔约国。中国一直在努力促进《残疾人权利公约》的实施，为确保其真正落实，2008年4月，全国人大常委会第二次会议经过审议对《残疾人保障法》进行修订；同年6月26日，正式批准《残疾人权利公约》。

《残疾人权利公约》的签署者们负有责任，努力推动各项残疾人权益的保护和落实，包括减少对残疾人的偏见，创造一个没有阻碍的生活环境（无障碍），为他们提供更多的基本生活、司法资源，如法律援助、司法救助等。但是由于各国在落实《残疾人权利公约》时出现了各自法律与司法制度不兼容的问题，且受到本国传统的制约，妨碍了国际残疾人司法保护的合作。

第一，国内法院适用《残疾人权利公约》的效力不同。一类是直接适用《残疾人权利公约》本身。他们认为，内国法与国际法之间不存在适用障碍，属于一个法律体系，本国法院可以依据《残疾人权利公约》的规定进行司法裁决。例如，瑞士的国内法院就可以直接适用《残疾人权利公约》的规定对提起诉讼的残疾人的权利给予救济。还有些国家认为内国法与国际法分属不同的法律体系，二者发生冲突时，内国法通常优先。因此，即使《残疾人权利公约》依据该国的法律程序生效，国内法院也只有在纳入或者转化该公约的情况下，才能依据《残疾人权利公约》的相关规定对残疾人的权利进行司法救济。比

如,罗马尼亚签署了《残疾人权利公约》,由此承诺在公共政策中贯彻,通过宪法规定的方式使《残疾人权利公约》成为国内法院适用的法律依据。另一类是贯彻《残疾人权利公约》,通过修改内国法实现对于残疾人权利的司法救济。比如,芬兰签署了《残疾人权利公约》,但是其需要对于本国《住宅法》《社会福利法》等一系列相关法律按照《残疾人权利公约》的规定进行修改。只有修改本国法律和建立国家监督和协调机构的工作完成以后,《残疾人权利公约》才能得到实施。

第二,各国法律文件的本土化程度较高,导致相互之间缺乏必要的兼容性。以就业权为例,德国将残疾人士的劳动就业权列入国家宪法,而法国更进一步将此列入刑事条文,任何形式的歧视,都将被认定为违反社会公德的行为,可能被认定为犯罪。印度也制定了相关的法律,将歧视残疾人列入惩戒范围之内。很多国家采取了特殊的政策来促进残疾人就业,如日本颁布《残疾人就业促进法》,爱尔兰颁布《就业平等法》。此外,全球范围内大部分国家都将无障碍视作一项基本权益,德国、美国、西班牙、澳大利亚都制定了大量关于无障碍的相关法律,来保护和提高残疾人的生活环境和地位。还有些内国法受本国经济因素影响并未将无障碍环境权特别规定,大多散见于各种法律法规中,缺乏系统性和体系性,过于笼统、单薄,导致司法救济方面存在一定困难。

由于各国在落实《残疾人权利公约》等国际法律文件上的差异、标准不同,削弱了国际法律文件的执行力,使得国际合作经常遇到壁垒和障碍,影响了国际交流顺畅进行。

二、跨国合作机制的缺乏

尽管国际社会对《残疾人权利公约》涉及的残疾人国际合作问题有过激烈的争论[1],但对此实践还是做了大量努力,主要集中在康复、疾病、教育等领域,而司法保护方面的国际合作项目鲜有开展。残疾人司法保护方面的跨国合作机制应该说是十分有限和匮乏的。首先,有关残疾人司法保护国际合作项目的信息交流和分享不足,导致不同国家和地区相互间无法及时了解最新进展和经验。其次,国际上缺乏一个有效的平台用于分享和交流有关司法保护方面

---

〔1〕 发达国家特别是欧盟担心国际合作会引起发展中国家和转型国家对履行公约能得到更多援助的期望,进一步担心会使发展中国家采用这样一种立场,即缺少额外帮助的情况下,公约无法在国内执行。

的信息，这使得国家之间处于封闭状态，难以获得有关残疾人司法保护国际合作的信息。另外，无障碍技术比较缺乏，使得残疾人本身难以参与司法保护方面的国际合作项目。比如，网站和文档不具备无障碍功能，使残疾人难以访问。最后，资源分配不均，残疾人司法保护国际合作项目往往需要大量的资源和资金支持，但这些资源的分配可能不均衡，发达国家可能会拥有更多的资金、资源，而发展中国家则面临严重的资金、资源短缺问题。

三、文化、社会差异的挑战

世界上每个国家都拥有独特的文化，所以它们对待残疾人的方式也可能大相径庭。通过跨文化沟通，我们可以看到残疾人士所面临的挑战，包括所面临的歧视。一些国家重视集体主义的理念，并将其应用到促进共享、共担责任的实践当中，以此为基础建立起残疾人福祉系统，支持其获得职位。然而，由此带来的问题却是，由于社会的过分保障，将残疾人与其他成年人沟通分割开来，削弱了其参与社会服务、发展的可能性，也让其难以真正融入当地的文化环境。还有一些国家积极推行个性化的教育理念，取消传统的教育模式，并利用先进的信息、技术以及有效的管理措施，来支持残疾人士的就业与发展。两种价值观形成强烈反差。基于历史、文化、制度不同，我们不能简单评判哪一种价值观绝对正确。总而言之，受经济发展水平、对外开放程度、政治体制、社会历史等差异性影响，各国也面临不同的司法问题。呈现在残疾人司法保护方面，会有不同的关注点。有的关注残疾人的平等就业权，有的关注残疾人的无障碍权利，有的关注残疾人的康复权。由于国际合作是国家间一种共同利益，当"关注点"不同时，就必然导致缺乏实质性的交流，难以达成共识。

四、语言和沟通障碍

残疾人国际合作，涉及不同国家参与，语言差异是主要障碍之一。打破语言障碍是实现残疾人司法保护国际合作的基础。各国语言不同，交流受阻，影响、限制合作的顺利进行。残疾人司法保护涉及法律知识和技术转移等专业方面，是精准、严谨思维的体现。普通翻译人员只能对法律论文等有主观能动性的发挥空间，但对于国家层面的法律法规、规范性文件等主观发挥的空间受到限制，不能代替司法机关代行解释。这就需要专门法律翻译对文件进行精准理解，但不可避免，不同国家法律翻译人员理解不同，转化为目的语会存在很大的偏差。稍不注意就会造成概念不对等和缺位，小则影响项目的合作进度，大则涉及国家合作关系的持续等。

五、技术和创新的不平等获取

当今世界正处于"数字时代"，互联网信息技术已广泛应用于日常生活中。这些发展对于保障残疾人的合法权利至关重要。如果网络、软硬件、终端设备以及信息传递渠道不能达到完善，那么许多残疾人将不得不离开我们的社交圈。使全球范围内的残疾人享受到更多的信息服务和安全保障，这一趋势得到了《残疾人权利公约》缔约国的积极响应。许多发达国家率先适应数字时代，推动本国加强残疾人权利司法保护。美国法院将《美国残疾人法》应用于互联网领域，禁止任何形式的歧视性待遇；1998 年《残疾人康复法》第 508 节更是加强了这一规定，规定政府所有的信息产品及服务都应当符合无障碍的特性。英国于 2010 年颁布《平等法》，旨在保护残疾人享受信息服务无障碍的机会。欧盟也曾颁布相关法规，以确保成员方政府部门在信息服务方面加强对残疾人的无障碍保护。2019 年，欧盟进一步加强对残疾人消费者的通信产品无障碍服务的支持，以确保他们获得平等的消费体验。受经济社会发展水平所限，发展中国家的科学技术水平远远低于发达国家，因此，他们在残疾人信息服务、共享、立法等方面的差距日益凸显。尽管这些国家努力推进信息无障碍建设，但是由于缺乏有效的政策支持，还处于起步阶段。

六、资金和资源的不均衡分配

国际合作中资金和资源分配不均衡问题主要体现在三个方面。一是资金不足。残疾人国际合作项目往往需要大量的资金支持，资金来源比较有限，当各国财政预算不足、民间组织及非政府组织的"慈善"捐赠缺乏时，可能不足以满足项目的需求，可能会导致项目的实施受到影响或者项目的成果无法达到预期。二是资源分配不均。残疾人国际合作项目往往需要许多资源支持。但这些资源的分配可能不均衡。国家之间经济、政治、社会、文化特点不尽相同，在资源占有方面呈现不均衡态势。发达国家会拥有更多的资源，而发展中国家则可能面临严重的资源短缺。三是资源分配不当。在资源分配过程中，可能会出现项目资源被不当地分配给那些不需要或不适合使用该项目资源的国家。国际合作中资金和资源分配的不均衡对提高残疾人司法保护水平构成巨大挑战。各国政府、民间组织以及国际社会应当加强合作,不仅要有民间资本捐助,而且所有参与国际合作的国家和机构都应该对资源、资金负责,为国际合作项目提供持续支持,共同提升残疾人司法保护的水平和能力。

七、国际非政府组织和民间社会的作用

残疾人事业的发展,离不开民间组织的广泛参与,特别是目前残障社会服务界中民间力量已经占据了相当比例。鼓励、支持民间残障组织发展,政府部门与民间组织形成良好的合作伙伴关系,可以有效地推动残疾人事业的发展。通过国际交流合作,民间社会组织为不同地区的人们带来了较大帮助,尤其是在司法领域。例如,一些发达国家设立"实践中的精神障碍法"暑假学校,为精神障碍患者带来福祉。经过多种形式的教育培训、实践案例,欧洲和非洲的法律专业人士、志愿者等成员已经大幅提升了对于精神卫生、残疾人权益的理解、保护能力。此外,带动更多受益者也积极投身于当地的精神障碍残疾人权益保护中。从国际合作法治发展角度观察,由于各国司法体制、法治文化不同,民间社会在推动残疾人司法保护国际合作中的参与度和影响力明显微不足道。各国政府对民间残障社群力量总体重视还不够,支持手段比较匮乏,还不能有效促进民间组织的发展。

八、政策制定和实施的一致性

"条约必须遵守"被视作《维也纳条约法公约》的核心原则,第 26 条对其进行了详细的阐述。该公约是国际领域保障残疾人权益的标准。缔约国在签订后,制定相关残疾人司法政策时,要充分考虑与该公约等国际法律文件的一致性,大致从三方面考量。一是及时修正,即对本国法律法规进行清理、修订。2008 年 4 月,我国修订《残疾人保障法》,第一次提出"禁止基于残疾的歧视"的理念,确保残疾人能够享有同样的基本权利和机遇,并且明确规定,对于侵犯残疾人合法权益的行为,将依照相关法律规定追究责任。特别是在《残疾人保障法》的修订中,增加"法律援助"的相关规定。二是加强"预防"。在新的司法保护政策制定过程中,不违反上述公约等国际法律文件也成为各缔约方的一项要求。在实践中,对照该公约制定政策,或者在政策草案形成后与国际标准对比,已成为各缔约方的常规程序。三是制度性保护机制。残疾人权利委

员会[1]报告制度、来文制度[2]、调查程序和发表一般性意见等对于缔约国的残疾人权利展开较为全面的保护。该公约强调，应当在任何情况下都给予残疾人充分的支持，以确保他们能够得到充分的治疗、护理、照顾。残疾人委员会处理来自阿根廷的来文，就涉及缔约国为接受刑事监禁的残疾人的医疗康复和日常生活提供合理便利的义务。残疾人权利委员会在关于哥斯达黎加的结论性意见当中认为，哥斯达黎加要保证国家在法院里面提供手语翻译，在法院的言辞辩论环节，或者是其他交流环节当中，要使用替代性的办法。该公约通过这些制度促进缔约国完善本国法律、政策，与国际法律文件保持一致性。

九、教育和培训机会的限制

法律教育培训是联系、促进残疾人司法保护国际合作的重要手段。根据《残疾人权利公约》第13条的规定："……二、为了协助确保残疾人有效获得司法保护，缔约国应当促进对司法领域工作人员，包括警察和监狱工作人员进行适当的培训。"美国政府不断加强国际法治文化交流，建立多元的奖励性基金，以及专门的培训计划，以便让更多的外国法官、检察官、律师来美国深造，了解美国的司法制度。中国也投入了一定的资源加强与其他国家的法律文化交流，并积极为东盟等其他国家提供法学教育培训。但是，受经济发展等因素影响，大部分国家对于国际合作教育培训的投入是不够的，而且目前国际上还没有形成一个统一的框架体系来专门规划残疾人司法保护方面的法律文化交流和法学教育培训工作。

十、监测和评估机制缺失

尽管许多国家已经制定了以国际法律文件为基础的、进步的残障政策，并且加强了对本国残疾人在诉讼等环节的司法保护。但是无论是政策出台，还是法律的修订，都与"实施"之间存在一定的"鸿沟"。人们都意识到修订法律、出台政策的必要性，但是在司法部门或政府中几乎没有支持实施的激励措施。

---

[1]《残疾人权利公约》所设置的监督程序中核心的一项就是残疾人权利委员会。依据《残疾人权利公约》第34条的规定，该委员会在审议缔约国报告并对其作出回应，以及向联合国大会和经济及社会理事会汇报方面发挥作用。

[2] 如果一个国家加入了公约的议定书，公约所规定的权利受到该国侵犯的个人可以向残疾人权利委员会提出申诉。对于加入公约议定书的国家，委员会在收到个人投诉后会通知成员方，让成员方对委员会作出解释和答复，委员会对这些答复再加以评论。

这一点在发展中国家体现得更为典型。另外，国际社会目前还没有一套既定的基准供各国监测和评价残疾人司法保护工作成果，同样缺乏坚实的监测框架来评估各国残疾人司法保护的进展。因此制定监测和评估框架对残疾人司法保护至关重要。首先，为了更有效地实施《残疾人权利公约》，残疾人权利委员会应该发挥其重要的监督、协调作用。该机构具有独立的法律地位，负责监督和协助成员方落实《残疾人权利公约》义务。在会议期间，委员会会仔细审核缔约国的报告和个人来文，并根据审查结果提出建设性的意见和建议。其次，各国履行好自身监督义务。有必要的话可以建立对接国际机构的协调机制，通过国内独立机构或者依托相关部门，专门负责监测司法保护进展情况、收集相关数据。最后探索民间组织参与独立评估。比如，新西兰于2007年进行的一次审查评估。新西兰残障事务办公室，委托一家独立评估与研究公司执行。这次评估不仅面对政府，而且将全社会的参与纳入。如果设立独立评估机构，可以制定一系列评估指标与问题来评估残疾人司法保护相关政策的落实情况，分析实施中的阻碍和有利因素，同时为下一阶段的实施做准备。

加强国际交流合作对推动残疾人司法保护具有不言而喻的重要作用。然而，由于各国的文化信仰、发展水平、法律制度等方面的差异，寻找一条有效的道路可能会比较困难。笔者建议从以下几个方面考虑。

第一，在认识层面凝聚共识。要确保参与残疾人司法保护的国家通力合作，无论是发展中国家还是发达国家，其认识必须有共同的基础：一是共同的重视度。国际上必须统一对残疾人司法保护工作重要性的认识。各国间的共同利益是深入推进残疾人权益保护司法交流合作的动力。二是合作共赢。帮助别人的人同时获得别人的帮助。倡导残疾人司法保护国际合作始终建立在尊重主权和平等互利的基础上，共同研究解决新情况、新问题。三是共同的责任感。国际社会都应充分认识到加强残疾人司法保护是每个国家司法机关义不容辞的责任，履行职责不仅要竭尽全力，更重要的是取得实际成效。

第二，遵循共同国际规则。为了促进残疾人司法保护和融合发展，各国应当采取积极的行动，以确保各方利益均衡。《残疾人权利公约》以及其他有关国际法律文件得到了广泛的国际认可。因此，各国应当在《残疾人权利公约》及其他国际法规的基础上，公正地参与并共同努力，实现合作共赢。同时，国际性规则是开展国际合作的价值规范来源，要逐步扩大影响，在开展国际合作中加以融合、补充、维护，助推更多的残疾人保护方面的国际法转化为本国法律及政策。

第三，有效的协调和保障机制。为了促进残疾人司法保护的国际交流，我们必须建立一个有效的冲突协调机制以及法治保障体系，并通过双边、多边协定等法律手段来实现这些目标。国际社会已普遍认识到，残疾人司法保护国际合作，不仅可以推动参与国的残疾人保障法律制度发展，而且能带动整个社会、经济进步。这一共识为订立广泛的国际司法合作条约、协定提供了可能。另外，受本国社会经济发展制约，大多数发展中国家的残疾人司法保护体系存在着很多不足之处。在探索一种有效的冲突协调和法治保障机制时，要平衡各方利益，充分考虑到发达国家的司法政策、制度的成熟性以及发展中国家的法律关注程度和研究深度的差异。由于残疾人司法保护工作是一项相当专业且繁琐的工作，对国际信息、司法交流等有许多特殊的要求，建议可以尝试探索建立专业化的国际协调机构，负责司法合作中内国法冲突协调工作。

第四，共同开发和建立信息平台。考虑不同地区的法律体系、文化习俗以及跨语言的障碍，为更好地促进各方的理解，以及更加全面地收集有效的资料，建议建立一个专门的、可靠的残疾人司法保障数据库，以便及时、有效地传递相关的法律信息，并且能够更好地指导各国司法行动。通过建设一个全球性的信息平台，可以有效地缓解因为语言、文化等差异而导致的法律问题，从而更好地实现多向沟通、协调、共赢，同时还能加强各国之间的理论联系、实践互动、政策沟通，推动全球性的经济、文化、法治等领域的发展。同时，建议探索在各国司法机关中建立专司国际信息交流与司法合作的机构，强化主管部门间的直接联系，减少国际交流、合作所需的时间，提高工作效率。

第五，共同开展司法人才交流与培训。妨碍信息交流和国际合作的一个重要原因是司法人员和工作人员对彼此国家残疾人保障政策以及法律程序的运作了解不够。这种情况可以通过加强有关人员的交流和培训来改善。在全球范围内，各国应该积极探索、建立一套有力的、完善的、能够持续发展的司法人才培养政策，使之能够满足各国发展需求。这一政策应该涵盖培训对象、地点、课程、资金、考评指标、考评结论等。首先，从培训对象上讲，主要是开展负责残疾人司法保护工作的人员，即各国的司法人员以及律师所等法律服务领域，甚至是非政府组织和民间组织的法律顾问或相关人员。其次，从培训内容上看，定期培训的内容应该重点关注各个地区的语言、法律文化、法规、实务技能，并结合当前的热点问题，为学习者带来更多的知识，还应设计专门的培训课程，让学习者可以更好地理解不同国家的相关规则,为他们的未来发展打下坚实的基础。再次,从开展培训的区域来看,重点是发达国家与发展中国家之间交流合作,互通有无。最后,从培训人员和机构上看,考虑编制和机构设置的问题涉及诸多因素,可以依托现有机构来设置,如各国国家层面的司法、行政人员培训中心、学院等。

第六,加强资金扶持力度。开展国际合作,需要大量资金投入。显然,目前有关残疾人司法保护方面的国际合作资金缺口较大。特别是发展中国家受本国政局、经济发展水平所限,难以负担巨大的资金投入,其中一些发展中国家的资金投入仍主要依赖于国际社会支持。要实现残疾人权益保护国际合作的深入开展,需要各国加强资金扶持力度,推进融资模式多元化,从主要依靠各国公共部门投入转向拓展非政府组织、民间社会深度参与项目融资等渠道。同时,建议探索建立残疾人司法保护国际合作的专项基金和操作程序,以保障国际交流合作资金来源稳定。

第七,鼓励多元化主体参与。当前非政府组织和民间社会参与残疾人司法保护,国际化水平不高,机制尚不健全。应当鼓励和支持民间社会参与国际合作项目的建设,并且鼓励他们与项目所在国建立多样化的合作伙伴关系。一方面,要拓展非政府组织和民间组织参与国际事务合作的渠道,构建合作平台。非政府组织和民间组织可以作为国家代表团的成员,参加各种残疾人国际交流会议,直接向政府提出意见,甚至进行谈判,参加半官方的国际会晤等。此外,民间社会组织的专家也可以个人名义参加国际组织组建的顾问团,参与制定残疾人保障政策,并参与实施国际方案和起草条约。另一方面,还要建立沟通、协调机制。由本国政府相关部门定期沟通相关非政府组织和民间组织,拓展残疾人司法保护国际交流合作活动的领域和范围。

第六章 利用数字化对全球残疾人司法保护的构建

残疾人的分布和影响是一个全球性议题,涉及社会、经济、文化和政治等多个方面。残障不仅影响个人的生活质量和机会,还对家庭和社会产生广泛的经济和社会影响。残疾人可能面临就业难、教育机会有限、社会参与度低等问题;残疾人的家庭可能需要承担额外的经济和护理负担。根据世界卫生组织(WHO)和其他国际组织的数据,全球大约有 10 亿人存在不同形式的残障,其中大约 80%的残疾人生活在发展中国家。残障通常被定义为个人在身体、智力或感知功能上的长期限制,这些限制可能阻碍个人在正常社会环境中的参与;残障可以分为多种类型,包括肢体残疾、视觉障碍、听力障碍、智力障碍、精神障碍等。发展中国家的高残障率可能与多种因素有关,包括但不限于:第一,医疗资源不足,许多发展中国家缺乏足够的医疗设施和服务,导致疾病和伤害的治疗不及时或不充分,增加了残障的风险。第二,教育水平低,可能导致人们对预防残障的认识不足,如缺乏对职业安全、营养和健康知识的了解。第三,贫困,可能导致人们无法获得适当的医疗服务、营养食品和安全的居住环境,这些都是预防残疾的关键考虑因素。第四,不平等的社会结构,性别、种族、社会经济地位等因素可能导致某些群体更容易遭受残障。

第一节 残疾人司法保护的实际境遇

残疾人是社会特殊困难群体,需要特别关注。近日,最高人民法院、最高人民检察院、公安部、司法部、中国残疾人联合会认真贯彻习近平总书记关于残疾人事业重要指示精神,联合发布了《关于深入学习贯彻习近平法治思想 切实加强残疾人司法保护的意见》，就进一步加强残疾人权益保护提出明确指引，人民法院认真贯彻落实意见精神，加大了司法助残保障力度，构建助残社会联动体系，努力让残疾人感受到司法温情、重拾生活信心，为社会安定和谐提供有力司法保障。

一、国内外的实践经验

国内外在利用数字化对残疾人司法保护方面有着积极的探索和实践。在美国，法院在司法实践中将1990年《美国残疾人保护法》进行了扩展，以加强对残疾人信息无障碍权利的保护与救济。这体现了数字时代应对残疾人与普通人之间"数字鸿沟"的新立法潮流。中国最高人民法院与中国残疾人联合会首次联合发布了残疾人权益保障十大典型案例，这些案例涉及残疾人生活的多个方面，包括财产权益、身体权、健康权、出行便利等。例如，在继承纠纷中对生活有特殊困难、缺乏劳动能力的残疾人在分配遗产时予以适当照顾；在人身安全保护方面，由残疾人联合会代家暴受害残疾人申请人身安全保护令，这种方式在全国尚属首次。

（一）通过立法和司法来加强对残疾人的司法保护

为了更好地发挥数字化对残疾人事业发展的支撑和促进作用，中国制订了相关的实施方案。这些方案旨在提升数字化应用水平，依照《"十四五"残疾人保障和发展规划》，加快残疾人事业信息化的发展，如在汪某红诉汪某华继承纠纷案中，法院考虑到原告为视力残疾人，对其在继承中的特殊情况给予了特别照顾。在卢某某申请人身安全保护令案中，法院针对家暴受害者的残疾情况，依法快速作出保护令，保障了残疾人的人身安全。综上所述，通过这些案例可以看出，中国正在努力通过司法实践来加强对残疾人的司法保护，确保残疾人能够平等地享受到法律赋予的权利。数字化的应用在提高残疾人生活质量、保障其合法权益方面发挥了重要作用，这不仅有助于缩小残疾人与社会的差距，也体现了社会的包容性和进步性。未来，随着信息技术的不断发展，可以期待更多创新的司法保护措施被开发出来，以更好地服务于残疾人群体。

在一些国家和地区，数字化技术的应用已经深入各个领域，包括对残疾人的司法保护。美国的残疾人司法保护主要体现在《美国残疾人法》。该法案规定，所有公共设施和服务机构都必须为残疾人提供便利。在数字化方面，美国政府通过建立网站、开发应用程序等方式，为残疾人提供便捷的法律服务。例如，美国司法部的"残疾权益办公室"（DOJ/Civil Rights Division's Disability Rights Section）网站提供了丰富的资源，包括法律咨询、案例分析、研究报告等，帮助残疾人了解和维护自己的权益。

英国《平等法》规定，禁止因残疾而歧视任何人。在数字化方面，英国政府通过建立网站、开发应用程序等方式，为残疾人提供便捷的法律服务。例如，英国司法部的"平等与人权委员会"（Equality and Human Rights Commission）网站提供了丰富的资源，包括法律咨询、案例分析、研究报告等，帮助残疾人了解和维护自己的权益。

德国《严重残疾人权利法》规定，严重残疾人享有一系列的权益，包括接受教育、就业、参与社会活动等。在数字化方面，德国政府通过建立网站、开发应用程序等方式，为残疾人提供便捷的法律服务。例如，德国联邦劳动和社会事务部的"残疾人门户网站"（Bundesagentur für Arbeit）提供了丰富的资源，包括法律咨询、案例分析、研究报告等，帮助残疾人了解和维护自己的权益。

以上案例表明，大多国家利用数字化对残疾人进行司法保护的主要方式是通过网络平台提供法律服务，包括法律咨询、案例分析、研究报告等。这种方式既方便了残疾人获取法律信息，也提高了法律服务的效率和质量。同时，这也体现了各国对残疾人权益的尊重和保护，以及对数字化在公共服务中的应用的重视。

（二）发展中国家利用数字化对残疾人的司法保护

随着信息技术的快速发展，越来越多的发展中国家开始利用数字化手段来改善残疾人的司法保护。这些创新尝试不仅有助于提高残疾人的法律意识，还有助于提高司法保护的效率和质量。建议一些发展中国家在利用数字化对残疾人司法保护方面作出如下创新尝试：

第一，建立专门的残疾人法律援助网站和热线。许多发展中国家已经建立了专门为残疾人提供法律援助的网站和热线，以便他们能够更方便地获取法律信息和服务。这些网站和热线通常提供多种语言版本，以满足不同残疾人群体的需求。第二，利用社交媒体和移动应用程序进行宣传和教育。通过社交媒体和移动应用程序，发展中国家可以更有效地宣传残疾人权益，提高公众对残疾人司法保护的认识。此外，这些平台还可以为残疾人提供一个交流和分享经验的场所，帮助他们互相支持和鼓励。第三，利用视频会议和远程技术提供司法服务。对于居住在偏远地区的残疾人来说，前往法院或其他司法机关可能非常困难。为了解决这个问题,一些发展中国家开始利用视频会议和远程技术为残疾人提供司法服务,如远程庭审、在线调解等。第四,利用大数据和人工智能技术提高司法保护效率。通过收集和分析大量关于残疾人权益案件的数据,发展中国家可以利用大数据和人工智能技术来预测和预防潜在的歧视行为,从而提高司法保护的效率。第五,培训专门的残疾人法律服务人员:为了确保残疾人能够获得专业的法律服务,一些发展中国家已经开始培训专门的残疾人法律服务人员,以便他们能够更好地了解残疾人的需求和权益。第六,加强国际合作和交流:通过与其他国家和地区的合作和交流,发展中国家可以借鉴先进的经验和技术,不断完善自己的残疾人司法保护体系。总之,发展中国家利用数字化对残疾人司法保护的创新尝试已经取得了一定的成果,但仍有很多工作需要继续努力。通过不断探索和实践,相信发展中国家会为残疾人提供更加完善和高效的司法保护。

二、残疾人在司法领域面临的困境

优化对残疾人法律援助与服务体系是一个重要的社会问题,涉及残疾人的权益保护和社会公平。为了确保残疾人能够获得法律援助,政府和相关机构应该采取措施提高法律援助的可及性。这包括在各个地区设立法律援助中心,提供免费或低收费的法律咨询和服务,以便残疾人能够及时获得法律支持。许多国家已经制定了相关法律保障残疾人的权益,如联合国通过了《残疾人权利公约》旨在保障残疾人的人权和尊严;各国还制定了一些具体法律法规。各国政府为残疾人提供了一定程度的社会保障,包括养老金、医疗保险、失业保险等。这些保障措施有助于提高残疾人的生活质量和社会地位。为了提高残疾人的教育水平和就业能力,各国政府和国际组织都在努力推动残疾人教育和培训。例如,联合国教科文组织推出了"全民教育计划",旨在确保所有儿童和青少年,包括残障儿童和青少年,都能接受优质的教育。为了方便残疾人出行和生活,各国政府要求公共建筑和交通工具提供无障碍设施,如坡道、电梯、盲道等。还有一些专门为残疾人设计的辅助设备,如轮椅、助听器等。在全球范围内,残疾人的保护措施和挑战是一个重要议题。各国政府和国际组织都在努力采取措施,以保障残疾人的权益,提高他们的生活质量。

(一)司法领域无障碍设施匮乏

联合国将每年5月的第三个星期四定为"全球无障碍宣传日",倡导信息无障碍理念。W3C 组织制定的 WCAG2.0 作为国际标准，指导网站无障碍建设。中国互联网协会制定了《Web 信息无障碍通用设计规范》，推动信息无障碍建设。中国政府网站和公共事业单位网站正按照国内外标准进行改造，以实现无障碍访问。通过加强无障碍设施和辅助设备建设，能够帮助残疾人更好地融入社会，提高生活质量。

全球残疾人面临着多方面的挑战，包括福利政策的缺乏、社会融合困难、经济状况不佳、健康医疗服务获取难、法律保护不足、技术辅助的需求以及公众意识的提升等。改善残疾人的现状，需要国际社会、政府、社会组织和公众共同努力，推动相关政策的制定和实施，提高残疾人的生活质量和社会参与度。一是加强专门场所无障碍建设，加大资金投入，建立残疾人绿色诉讼通道，在接待场所、审判场所改造增设无障碍电梯、无障碍厕所、无障碍车位等设施，配备轮椅、助起器、助听器、老花镜、急救箱等各类用具和必备品。二是建立专业团队，探索建立相对固定的专业审执团队负责涉残疾人案件办理，深入研判涉残疾人纠纷案件特征和处理方式，与时俱进更新审判理念，夯实司法助残工作组织保障。目前，一些法院、律师事务所等场所并没有为残疾人提供便利的无障碍通道、卫生间等设施，使得残疾人在寻求法律服务时面临很大的困难。因此，各级政府和有关部门应当加强无障碍设施的建设和管理，确保残疾人能够顺利地进入司法机关和律师事务所等场所，获得免费或低成本的法律援助服务。三是建立热线和在线服务平台，使残疾人能够轻松获取法律信息和援助。

法庭和其他司法机关应提供无障碍设施。法庭和其他司法机关应提供无障碍设施，包括轮椅通道、手语翻译、听力辅助设备等，以便残疾人能够无障碍地进入和使用这些设施。这是确保残疾人能够有效参与司法程序的基础条件。各国应通过立法和政策确保残疾人在司法过程中的权利得到保护。这包括反歧视法律、残疾人权利法案以及相关的实施细则和指导方针。法官、律师、法院工作人员和其他司法人员应接受有关残障意识和无障碍服务的培训，以提高他们对残疾人特殊需求的认识和理解，从而提供适当的支持。同时，还要确保残疾人能够获得法律援助服务，包括由政府或非政府组织提供的免费或低成本的法律咨询、代理和其他相关服务。司法文件和信息应以易于理解的方式提供，必要时应提供盲文、大字体、简化语言或录音等形式，以便不同需求的残疾人能够获取和理解。司法程序应具有灵活性，以适应残疾人的特殊需求。例如，可以为听力障碍的人安排特别的听证时间，或者为智力障碍的人提供额外的解释和支持。应定期监测和评估无障碍司法服务的提供情况,确保这些服务能够真正满足残疾人的需求,并根据反馈进行改进。各国可以通过国际合作和交流,分享最佳实践和经验,以促进全球范围内残疾人司法保护水平的提升。总之,确保残疾人能够平等地获得司法保护,需要政府、司法机关、法律专业人士以及社会各界的共同努力。通过提供无障碍设施和适应性服务,可以确保残疾人在法律面前享有与其他公民相同的权利和机会,这是构建包容性社会的基石。

(二) 专业人才不足

由于残疾人的特殊需求,他们需要具备专业知识和技能的法律人才来为他们提供法律服务。然而,目前很多法律人才对残疾人的法律需求了解不足,缺乏为残疾人提供专业服务的能力。因此,政府和社会应当加强对法律人才的专业培训,提高他们为残疾人提供法律服务的能力。

(1) 设立专门的残疾人法庭。设立专门的残疾人法庭,提高司法效率,保障残疾人的诉讼权益,残疾人作为特殊群体,需要得到更多的关注和保护。为残疾人提供专门的法庭能够体现司法机关对所有人平等对待的决心,从而增强公众对司法系统的信任和支持。为残疾人设立专门的法庭或提供特殊法律服务以确保他们能够平等地获得公正的司法审判。简化涉及残疾人案件的审理流程,提供无障碍的司法服务设施,确保残疾人能够便捷地获得司法服务,以确保他们在法律面前享有与其他公民相同的权利,不会因身体或心理障碍而受到歧视。同时,也应提供特殊辅助,残疾人可能需要特殊的通信方式、翻译服务或其他辅助工具来理解和参与诉讼过程。专门法庭可以更好地满足这些需求,减少残疾人心理压力;对于许多残疾人来说,进入普通的法庭可能会感到害怕或不自在;而专门的法庭可以为残疾人提供一个更为友好和舒适的环境。了解残疾人的特殊需求后,法官和工作人员可以更加高效地进行审判,减少不必要的延误和误解。进步和文明的社会,关心和保护弱势群体是其基本责任,为残疾人设立专门法庭是这一责任的具体体现。总之,为残疾人设立专门的法庭不仅是对他们权益的保护,也是社会公平、公正和人文关怀的体现。

(2) 建立专门的法律援助机构或部门。残疾人往往由于信息不对称和知识缺乏而无法维护自己的权益。因此,政府和相关机构应该加强对残疾人的法律宣传和教育,提高他们的法律意识和维权能力。为了更好地满足残疾人的特殊需求,可以考虑建立专门的法律援助机构或部门,专门负责处理与残疾人权益相关的法律事务。这些机构应该配备有专业知识和经验的律师,能够为残疾人提供专业的法律咨询和代理服务。优化对残疾人法律援助与服务体系需要各个部门的密切合作。政府、法院、律师协会、残疾人组织等各方应该加强沟通和协作，共同推动残疾人法律援助事业的发展。例如，建立跨部门的信息共享平台，及时交流残疾人法律援助的需求和资源情况。考虑到残疾人可能存在的语言和沟通障碍，法律援助机构应该提供多语言和无障碍服务，包括提供手语翻译、盲文资料等，以便残疾人能够顺利获得法律援助。为了确保残疾人法律援助与服务体系的有效运行，需要建立健全的监督和评估机制。政府和相关机构应该定期对法律援助工作进行监督和评估，及时发现问题并采取改进措施。总之，优化对残疾人法律援助与服务体系是一项长期而复杂的任务，需要政府、社会各界和残疾人自身共同努力。只有通过不断完善和改进，才能真正保障残疾人的合法权益，促进社会的公平与正义，促进残疾人的社会融入和平等参与。

（三）社会支持的不足

很多残疾人在遇到法律问题时，由于缺乏家庭、亲友等社会支持，很难获得及时、有效的法律帮助。因此，政府和社会应当加强对残疾人的社会支持，建立健全残疾人法律援助网络，提供心理疏导、生活帮扶等服务，帮助残疾人渡过法律困境。由于各国法律体系的差异，残疾人在国际间的法律问题往往更难以得到有效解决。因此，各国政府应当加强国际合作，共同制定和完善国际法律法规，保障残疾人在国际间的权益。总之，残疾人的司法需求是一个复杂而多元的问题，需要政府、社会、家庭和个人共同努力，才能确保残疾人在司法领域享有平等的权利。只有这样，我们才能真正实现残疾人的平等参与，共同构建和谐社会。

无障碍设施和辅助设备能够帮助残疾人更好地融入社会，残疾人通常更容易陷入贫困，他们的经济状况普遍较差。这与他们较低的就业率和收入水平有关，也与缺乏适当的社会保障措施有关。残疾人在获得医疗服务和健康保障方面也存在障碍。他们可能无法获得必要的治疗和康复服务，这进一步加剧了他们的健康问题。虽然许多国家和地区已经制定了保护残疾人权益的法律，但在实际执行过程中仍存在诸多挑战。随着科技的发展，辅助技术的发展为残疾人带来了新的希望。社会对残疾人的认识和态度正在逐渐改变，但仍存在偏见和歧视。提高公众对残疾人权利和需求的认识是实现残疾人全面参与社会生活的关键。事实上，有些国家因经济条件、交通不便等原因，残疾人很难获得及时、有效的法律帮助。因此，各国政府和社会应当加大对残疾人的法律援助力度，提供免费或低收费的法律咨询、代理诉讼等服务，确保残疾人在遇到法律问题时能够得到及时的救助。

三、解决可及性难题需要提升法律服务普及度

法律服务的普及度和可及性是全球多数地区面临的共同挑战。要解决这一难题，需要采取多方面的措施来提高公众对法律服务的访问能力和质量。

（一）残疾人应享有与其他公民相同的权利

残疾人作为社会的弱势群体，其法律地位和司法权益的保护一直是人权领域关注的焦点。同时，残疾人往往面临着更多的歧视和不公。残疾人平等地获得司法保护，意味着他们在法律面前享有与其他公民相同的权利和机会。这不仅是法律公正的体现，也是社会文明进步的标志。通过司法途径解决残疾人遇到的问题，可以有效地保障他们的合法权益，防止和减少对残疾人的不公平对待。残疾人在获取法律服务时可能会遇到更多的障碍，如交通不便、沟通困难、经济条件有限等。因此，提供针对残疾人的法律援助服务显得尤为重要。这些服务包括但不限于免费或低成本的法律咨询、代理诉讼、法律知识普及等。通过法律援助，可以帮助残疾人更好地理解和维护自己的权益，提高他们在法律程序中的参与度和胜诉率。随着信息技术的发展，热线和在线服务平台成为提供法律援助的有效途径。这些平台可以为残疾人提供即时的法律咨询、心理支持、紧急求助等服务。通过热线电话、网站、移动应用程序等形式，残疾人可以在任何时间、任何地点获取帮助，大大提升了服务的可及性和便捷性。此外，这些平台还可以作为收集残疾人权益问题的重要渠道，为政策制定者提供决策参考。尽管上述措施对于保障残疾人权益至关重要，但在实施过程中也可能会遇到一些挑战，如资金不足、专业人才缺乏、公众意识不强等。因此，需要政府、社会组织、法律服务机构和残疾人自身共同努力，通过立法保障、财政投入、人才培养、宣传教育等多种手段，共同推动这些措施的有效实施。总之，确保残疾人能够平等地获得司法保护、提供法律援助、建立热线和在线服务平台，是实现残疾人权益保障的关键步骤。这不仅需要法律和政策的支持，也需要社会各界的关注和参与，共同构建一个更加公平、包容的社会环境。

尽管时代在飞速发展，但全球范围内残疾人的福利政策并没有显著提高。例如，联合国在2000年至2015年开展的"千年发展目标"中，并没有针对残疾人的具体目标。而在预计2030年实现的"可持续发展目标"中，虽然涉及残

疾人群的次级目标有11个，但没有面向残障问题的正式目标。残疾人难以获得与非残疾人同等的机会，这不仅限制了他们的个人发展，也影响了他们的社会融入。

（二）建立全球性组织和机构

建立全球性组织和机构有助于促进残疾人平等地获得司法保护，这是全球性人权议题的核心内容。为了实现这一目标，建立一个全球性的组织至关重要。国际法已经确认了残疾人的权利，《残疾人权利公约》是一个里程碑式的国际条约，旨在保护残疾人的权利和尊严，包括平等获得司法保护的权利。

（1）建立促进国际标准实施的全球性组织。全球性组织可以作为一个平台，为残疾人争取更强有力的法律保护和政策变革。这包括倡导无障碍的法律系统，确保残疾人在司法过程中的参与和代表性；这样的组织不但可以促进国际间的知识交流和最佳实践分享，还能帮助各国建立或改进其对残疾人的法律保护机制。通过提供技术支持、培训和研究，帮助各国提高其保护残疾人的能力，促进跨国界的合作。建立国家机构、非政府组织和残疾人组织之间的网络——这种合作对于在国际层面上提升残疾人权利至关重要。全球性组织可以发挥监督作用，确保各国遵守其国际义务，并对未能保护残疾人权利的行为进行问责，可以通过发布定期报告、审查和提出建议来实现。通过确保残疾人在司法系统中的平等地位，帮助社会更加包容残疾人，这不仅有利于残疾人，也有助于整个社会的进步和和谐。总之，建立一个全球性组织来确保残疾人能够平等地获得司法保护，是实现残疾人权利国际化、促进全球公正和平等的重要步骤。通过国际合作、资源共享和持续的政策倡导，不仅能够在全球范围内推动残疾人权利进步，还可以提供一个平台，供各国交流最佳实践，从而进行能力建设和相互技术援助。

（2）国家内部设立专门的机构，负责处理残疾人的法律需求和权益保护。确保残疾人能够平等地获得司法保护是国际社会普遍关注的问题。设立专门机构有助于提高社会对残疾人权益保护的重视程度。通过专门机构的宣传教育工作，可以提高公众对残疾人权益的认识，消除歧视和偏见，为残疾人创造一个公平、公正的社会环境。专门机构可以为残疾人提供专业化的服务，包括法律咨询、心理辅导、康复指导等。这些服务不仅能够帮助残疾人更好地了解自己的权益，提高自我保护能力，同时能够为他们提供解决问题的途径；确保残疾人权益保护政策的科学性和有效性；对政策实施情况进行监督，确保政策落地生效；协调政府部门、社会组织、企事业单位等各方力量，共同推动残疾人权益保护工作的开展。通过合作，不同主体实现资源共享，提高工作效率，更好地满足残疾人的需求。设立专门机构有助于加强国际交流与合作。通过参与国际组织、参加国际会议等方式，学习借鉴其他国家在残疾人权益保护方面的经验和做法，为国内工作提供参考。设立专门机构，能够为残疾人提供一个表达诉求、解决问题的平台，有利于维护社会公平正义。

综上所述，为确保残疾人能够平等地获得司法保护，各国内部应设立专门机构。这不仅有利于保障残疾人的权益，也有助于推动社会的和谐发展。

第二节 利用数字化对残疾人司法保护的完善

在全球范围内建立针对残疾人的司法信息共享平台是一项庞大而复杂的工程，它不仅需要国际合作、技术创新、法律支持和持续的管理与维护，也需要大量的资金和资源。在全球化的今天，信息技术发展为各国之间的合作提供了前所未有的可能性；然而，残障群体往往由于身体或认知上的限制，在获取司法保护方面面临着更多的挑战。建立一个全球性的司法信息共享平台可以为残疾人提供更加平等的法律服务和支持，确保他们的权益能够得到充分的保护。政府资助是最直接的资金来源，政府可以为这个项目提供直接的资金支持，或者提供税收优惠等政策支持。同时，国际组织资助，如联合国、世界银行等国际组织，可能会对这种有助于全球治理和公平正义的项目感兴趣，并提供资金支持。在私人投资方面，包括企业和个人的投资。如通过发行股票、债券等方式吸引私人投资。通过互联网平台，向公众募集资金可以吸引大量的小额投资。寻找有共同目标的合作伙伴，如其他国家和地区的政府、非政府组织、研究机构等，以便提供资金、技术、人力等资源。

一、数据隐私和知识产权保护

建立全球性的司法信息共享平台是一个宏大的项目，它需要整合不同国家和地区的法律体系、技术架构以及数据保护标准。在评估现有的资源与技术时，需要考虑以下几个方面。

（一）数据隐私保护

各国对残疾人个人数据的处理和保护有着不同的法规（如欧盟的 GDPR），

需要统一的隐私保护标准。要实现各个国家对残疾人隐私保护标准的统一，可以采取以下几个步骤：国际合作与对话方面，各国政府、国际组织和非政府组织应加强合作与对话，共同探讨和制定残疾人隐私保护的国际标准，可以通过双边或多边会议、工作组和研讨会等形式进行。可以参考联合国《残疾人权利公约》等现有的国际法律框架，这些框架已经为残疾人的权利提供了基本的指导原则，包括隐私权。[1]无障碍技术与标准的融合，在产品、技术和标准的早期阶段就应充分考量并融入无障碍标准，确保残疾人的隐私保护不被忽视。立法与政策制定方面，各国应制定或修订相关立法和政策，将残疾人的隐私保护纳入法律体系，并确保这些法律在全国范围内得到实施。教育与培训方面，提高公众和相关行业人员对残疾人隐私权重要性的认识，通过教育和培训提升他们的意识和能力，以更好地保护残疾人的隐私。监督与执行方面，建立有效的监督机制，确保各国遵守统一的隐私保护标准，并对违反标准的行为进行惩处。技术创新与支持方面，鼓励和支持技术创新，开发更多能够帮助残疾人保护隐私的技术和工具。反馈与改进方面，建立反馈机制，收集残疾人及其代表组织的意见和建议，不断改进和完善隐私保护的标准和措施。文化敏感性，考虑到不同文化背景下对隐私的理解可能存在差异，统一标准时应尊重各国文化特点，寻求最大公约数。经济支持方面，为发展中国家提供技术和经济支持，帮助其提升保护残疾人隐私的能力。通过上述步骤，可以逐步推动全球范围内残疾人隐私保护标准的协调和统一，从而更好地保障残疾人的权益。

（二）知识产权保护

知识产权保护（尤其是跨国界分享信息）是另一个需要考虑的法律问题。在建立全球性司法信息共享平台时，保护知识产权是至关重要的。为确保在跨国界分享信息时，充分保护知识产权，必须做到以下几点：一是制定国际法规和标准，各国应共同制定国际法规和标准，明确规定在司法信息共享平台上分享信息的知识产权保护要求。这可以确保所有参与国家在知识产权保护方面有共同的理解和遵守。二是在全球范围内设立专门的知识产权保护机构，负责监督和管理全球性司法信息共享平台上的知识产权问题。该机构应具备专业知识和技术能力，以便及时发现和解决潜在的知识产权纠纷。三是采用加密技术对

---

[1] 参见李婕：《人脸识别信息自决权的证立与法律保护》，载《南通大学学报（社会科学版）》2021年第5期。

数据进行保护，以防止敏感信息未经授权的访问和使用。对于涉及知识产权的数据，可以采用数字水印等技术，确保数据的所有权和来源可追溯。四是建立许可和授权机制，确保只有获得全球性司法信息共享平台授权的用户才能访问和使用涉及知识产权的信息。此外，对于使用他人知识产权的行为，应支付相应的许可费用，以保障原作者的权益。五是各国应加强在知识产权保护方面的国际合作，共同打击跨国界的知识产权侵权行为。通过签署双边或多边协议，建立有效的知识产权保护协作机制。通过宣传和教育，提高公众对知识产权保护的意识，使更多人了解知识产权的重要性，自觉遵守相关法律法规，维护创作者的权益。各国政府应鼓励创新和研发，为知识产权创造提供良好的环境。同时加大对侵犯知识产权行为的惩罚力度。以上措施可以在建立全球性司法信息共享平台的同时，确保知识产权能够得到充分保护，促进全球范围内的知识创新和传播。

二、平台架构要素与设计

在建立全球性的司法信息共享平台时，技术架构是至关重要的。技术架构应该具备以下几个要素。

（一）平台架构要素

为了确保平台具有高度的可扩展性和可靠性，采用分布式架构是一个明智的选择。这将使平台能够在全球范围获得良好的性能。一是云服务，利用云计算服务可以降低基础设施成本，提高灵活性和可扩展性。可以考虑使用多个云服务提供商，以确保在不同的地理区域都有良好的覆盖。二是微服务架构，将平台划分为多个独立的微服务，每个服务负责处理特定的功能。[1]这将有助于提高系统的可维护性和可扩展性，同时便于团队并行开发和部署。三是数据存储和管理，采用多种数据存储解决方案，以满足不同类型的数据需求。关系型数据库可用于存储结构化数据，如用户信息和案件数据；非关系型数据库（如NoSQL）可用于存储半结构化数据，如文档和图片；大数据存储解决方案（如Hadoop和Spark）可用于处理大规模的数据分析任务。四是数据安全和隐私保护，确保平台的数据安全和用户隐私至关重要。采用加密技术（如SSL/TLS）

---

[1] 周志敏：《基于区块链技术的后勤管理数据安全保障研究》，载《信息记录材料》2023年第8期。

来保护数据传输过程中的安全；实施严格的访问控制策略，确保只有授权用户才能访问敏感数据；[1]对敏感数据进行脱敏处理，以降低泄露风险。五是 API 和标准协议，为平台提供一套完整的 API，以便与其他系统和服务进行集成。使用标准的协议和数据格式（如 RESTful API、JSON 和 XML）可以简化集成过程，提高互操性。六是用户体验，设计一个直观、易用的用户界面，以便用户能够轻松地访问和共享信息。考虑到不同地区和文化的差异，可能需要提供多语言支持和定制化的界面。七是监控和日志记录，实施实时监控和日志记录机制，以便及时发现和解决潜在的问题。这将有助于确保平台的稳定运行，同时为未来的优化提供宝贵的数据。八是持续集成和部署，采用自动化的持续集成和部署流程，以便快速地发布新功能和修复漏洞。这将有助于提高开发效率，降低错误率。九是数据标准化，为了确保数据可以被不同系统理解和处理，需要制定统一的数据标准和分类体系。十是数据清洗和整合，将不同来源的数据进行清洗、整合，确保数据的准确性和一致性。十一是数据安全。加密技术、访问控制和网络安全措施是保护数据不被未授权访问的关键。十二是多语言支持。作为一个全球性平台，需要提供多语言的用户界面以适应不同国家和地区的用户。十三是法律和合规性。确保平台遵循相关的法律法规和行业标准，如 GDPR（欧洲《通用数据保护条例》）和 HIPAA（《美国健康保险流通与责任法案》）。这将有助于避免潜在的法律风险，增强用户对平台的信任。十四是项目管理。建立这样的平台需要跨国家、跨部门的合作，需要有效的项目管理来协调各方的工作。十五是持续更新和维护。技术在不断发展，法律法规也在不断变化，平台需要不断更新以适应新的需求和挑战。十六是初始投资。建立平台的初期需要大量的资金投入，包括硬件设施、软件开发和人员培训等。日常运营、维护和升级也需要持续的资金支持。十七是信任与合作。不同国家和地区之间需要建立信任关系，愿意共享敏感的司法信息。十八是文化差异，需要考虑到不同文化背景下对法律和司法信息的理解可能存在差异。

综上所述，建立全球性的司法信息共享平台是一项复杂的工程，它不仅需要先进的技术支持，还需要国际社会的广泛合作和法律政策的协调一致。此外，还需要考虑数据安全、隐私保护、成本控制等多方面的挑战。尽管存在诸多难

---

〔1〕 勒鹏娟、王川、黄彩仪：《人工智能伦理：隐私保护与数据安全的平衡之道》，载《山西科技报》2024 年 4 月 25 日，第 A6 版。

题，但随着技术的发展和国际合作的深入，这样的平台有望逐渐成为现实，为全球司法合作和公正提供强有力的支持。

（二）风险评估与应对

建立全球性的司法数字化平台是一个复杂的项目，涉及数据安全、跨境法律问题、技术标准等多方面的内容。

一是数据安全风险。加强残疾人数据保护与隐私安全不仅涉及残疾人的基本权益，也关系到社会公平和正义。每个人都有权保护自己的个人数据和隐私，残疾人也不例外。他们有权决定自己的信息是否被收集、存储和使用，以及如何被使用。在信息时代，数据是一种重要的资源。如果残疾人的数据被不当使用，可能会加剧社会的不公平。因此，保护残疾人的数据就是保障社会的公平。如果残疾人的数据被不当使用，可能会导致他们遭受歧视。如果雇主能够访问到残疾人的健康信息，可能会因此而拒绝雇用他们。因此，保护残疾人的数据和隐私，可以防止他们因数据泄露而遭受歧视。如果残疾人相信他们的数据得到了保护，可能会更愿意参与社会活动，如在线购物、社交媒体等。这不仅可以增强他们的生活体验，也可以推动社会发展。

许多国家和地区的法律都要求保护个人（包括残疾人）数据。因此，加强残疾人的数据保护是遵守法律的要求。总体来说，加强残疾人数据保护与隐私安全是一个复杂但必要的任务，它需要政府、企业和个人共同努力，以保护残疾人的权益，防止歧视，保障公平，提高信任，共同遵守法律。

二是如何应对这一风险。数据泄露、黑客攻击、内部人员滥用权限等可能导致敏感信息泄露。如何应对这一风险？实施严格的数据加密技术，采用多层次的防火墙和入侵检测系统，定期进行安全审计和漏洞扫描是保护数据的必要措施，[1]明确个人数据和法律案件敏感信息被不当使用或泄露应该追究相应的责任[2]。

第一，应制定严格的数据保护政策，实施匿名化和去标识化处理，确保只有授权人员才能访问敏感数据。不同国家和地区的法律、监管要求差异可能导致合规性问题。深入了解各国法律法规，建立合规性审查机制，与国际法律顾

---

[1] 王立非、滕延江：《新时代语言资源管理体系构建与阐释》，载《山东外语教学》2024年第1期。
[2] 参见李婕：《刑法如何保护隐私——兼评〈刑法修正案（九）〉个人信息保护条款》，载《暨南学报（哲学社会科学版）》2016年第12期。

问合作以确保平台的全球合规性。

第二,制定技术标准和采取兼容性风险防御措施。不同国家的技术标准和系统可能不兼容,影响信息的共享和交流,采用国际通用的技术标准和协议,推动国际合作以实现系统间的相互操作性。

第三,防范政治和外交风险。政治因素可能影响国际合作,导致项目受阻,因此建立多边合作机制,通过国际组织和论坛促进沟通和协调。

第四,化解资金和资源风险。项目资金不足,或者资源分配不均可能导致项目进度延迟或失败;因此制订详细的预算计划,寻求多渠道融资,确保资源的合理分配和使用。

第五,化解用户接受度风险。用户对新系统的接受度不高,可能影响平台的普及和使用效果。因此进行用户调研,设计易用性强的界面,提供充分的培训和支持,逐步推广使用。

第六,解决文化和语言差异风险。不同国家和地区的文化、语言差异可能影响信息的交流和理解。提供多语言支持,尊重不同文化背景,提供定制化的服务和内容。

第七,防范可持续发展风险。技术迅速发展,平台可能迅速过时,因此建立持续更新和升级的机制,跟踪最新技术动态,确保平台的长期可持续性。

第八,防范项目管理风险,项目管理不善可能导致资源浪费、时间延误和目标未达成。采用专业的项目管理方法,设置明确的里程碑和评估指标,确保项目按计划推进。建立全球性的司法数字化平台需要综合考虑上述风险,并制定相应的应对措施,以确保项目的成功实施和长期运营。

综上所述,建立全球性的司法信息共享平台对于提升残疾人的司法保护水平具有重要意义。建立平台可以为残疾人提供一个更加公正和包容的法律环境,确保他们的权利能够得到充分的尊重和保护。通过国际合作、技术创新、法律支持和有效的管理,可以实现这一目标。这需要各国政府、国际组织、非政府组织和私营部门的共同努力,以及对残疾人权益的持续关注和投入。

三、完善相关法律、法规和机制

中国建立了以《法律援助法》为核心的一系列法律法规和规章制度,为残疾人提供了有力的法律保障。这些法律法规明确了残疾人在司法程序中应当得到特别保护,包括提供辅助器具、手语翻译等无障碍服务。中国政府设立了专门的法律援助机构,并鼓励和支持社会力量参与残疾人法律援助工作。这些机构为残疾人提供免费的法律咨询、代理诉讼等服务,帮助他们维护自己的合法权益。中国政府还加强了对法律援助人员的培训和管理,确保他们具备为残疾人提供专业法律服务的能力。同时,政府也积极推广法律知识,提高公众对残疾人权益的认识和尊重。总之,中国政府通过完善法律法规、设立专门机构、加强人员培训和推广法律知识等措施,努力解决残疾人在司法领域面临的法律服务可及性问题。然而,由于身体或智力上的障碍,残疾人在司法领域面临着诸多困难和挑战。残疾人的司法保护是确保他们在社会生活中享有平等权利的基础,应当着力加强对残疾人权益的法律宣传,提高社会对残疾人权益的认识和尊重。

(一)平等获取程序性权利

残疾人程序性权利的平等获取指残疾人在法律、政策和社会生活中享有与其他公民平等的权利,包括教育、就业、社会保障、文化、健康等方面的权益。这一理念体现了对社会公平、正义和人权的尊重,是构建和谐社会的重要基石。

(1)教育领域残疾人平等获取程序性权利。残疾人有权获得与其他公民平等的受教育机会,包括学前教育、基础教育、职业教育和高等教育。政府和社会应当为残疾人提供无障碍教育环境,包括无障碍设施、特殊教育资源和个性化教育方案,以满足残疾人的特殊需求。此外,还应当加强对残疾人教育的投入,提高残疾人教育质量,为残疾人提供更多的学习和发展机会。

(2)就业领域残疾人平等获取程序性权利。残疾人有权获得与其他公民平等的就业机会,政府和社会应当采取措施消除对残疾人的就业歧视,提供职业培训和就业指导,帮助残疾人实现自主就业或者融入社会就业。同时,还应当鼓励和支持残疾人创业,为残疾人提供更多的发展空间。

(3)社会保障领域残疾人平等获取程序性权利。残疾人有权获得与其他公民平等的社会保障待遇,包括养老、医疗、失业、工伤等方面的保障。政府和社会应当完善残疾人社会保障制度,确保残疾人在遇到困难时能够得到及时的帮助和支持。

(4)文化、健康等方面残疾人平等获取程序性权利。残疾人有权参与文化活动,享受文化成果,政府和社会应当为残疾人提供丰富的文化资源和服务。在健康方面,残疾人有权获得与其他公民平等的医疗服务,政府和社会应当加强残疾人医疗卫生服务体系建设,提高残疾人健康水平。总之,残疾人程序性权利的平等获取是社会公平、正义和人权的体现，是构建和谐社会的重要基石。政府和社会应当共同努力，消除对残疾人的歧视，为残疾人提供更多的发展机会，让残疾人真正成为社会的平等成员。

（二）加大司法助残保障力度

司法助残保障力度指国家通过司法手段，保障残疾人的合法权益，维护社会公平正义，促进残疾人全面参与社会生活的程度。司法助残保障力度是衡量一个国家法治水平和社会公平正义程度的重要指标。各国政府应当加大对残疾人权益保障的投入，完善相关法律法规，加强司法救济和法律援助工作，提高司法监督水平，推动国际合作，共同为残疾人创造一个公平、公正、和谐的社会环境。司法机关需要加大司法助残保障力度，构建助残社会联动体系，以确保残疾人的合法权益得到有效保护，包括提供必要的辅助设施和服务，以及确保残疾人无障碍地参与司法程序。加大司法助残保障力度是确保残疾人合法权益得到有效维护和实现社会公平正义的重要措施。残疾人作为社会的弱势群体，其权益的保障直接关系到社会的公平与正义。通过加大司法助残保障力度，可以确保残疾人在法律面前享有平等的权利，不受歧视和不公平对待，这是构建和谐社会的基础；通过法律援助、法律宣传等方式提高残疾人的法律意识，使他们更好地了解自己的权利和义务，学会运用法律武器保护自己的合法权益。残疾人在生活中可能遇到就业歧视、教育障碍、医疗保障不足等问题。通过司法助残，可以为残疾人提供必要的法律支持和服务，帮助他们解决这些问题，改善生活质量。

司法助残的过程中发现的现行法律法规中存在的不足和漏洞，可以为立法机关提供实践依据，推动相关法律法规的修订和完善，从而更好地保障残疾人的合法权益。通过加大司法助残保障力度，可以提高全社会对残疾人权益保护的认识，形成尊重、理解和帮助残疾人的社会风尚，促进社会整体的文明进步。在国际社会普遍关注残疾人权益保护的趋势下，加大司法助残保障力度有助于我国履行国际人权公约的义务，提升国际形象，促进国际交流与合作。

综上所述，加大司法助残保障力度不仅是确保残疾人合法权益得到有效维护的必要措施，也是推动社会公平正义、完善法制建设、提升国家国际形象的重要途径。

（三）完善相关法律法规

政府和立法机构需要制定和实施更多有利于残疾人的政策和法律（如《残

疾人保障法》），以消除他们在司法过程中遇到的障碍。在现有法律体系中加入或强化残疾人权益保护的条款，确保残疾人在教育、就业、医疗、交通等方面享有平等权利。各国在残疾人权益保障方面开展国际合作，共同推动残疾人权益保障法律完善。例如，联合国通过《残疾人权利公约》，为国际社会提供了共同遵循的法律框架，推动了全球范围内残疾人权益保障水平的提高。公约倡议建立健全残疾人法律援助体系，为经济困难的残疾人提供免费或低成本的法律咨询、代理等服务。为了保障残疾人的诉讼权利，各国应普遍开展法律援助工作，为残疾人提供免费的法律咨询、代理诉讼等服务。这些援助服务旨在消除残疾人在诉讼过程中可能面临的经济、信息、技能等方面的障碍，确保其合法权益得到维护。在法院、检察院等司法机关设立残疾人服务窗口，简化办事流程，提供便捷的司法援助服务。同时，培训律师、法律顾问等专业人员，使他们具备为残疾人提供专业法律服务的能力和敏感性。鼓励法律专业人士参与志愿服务，为残疾人提供法律咨询和帮助。

　　司法机关加强对残疾人权益保障工作的监督力度，确保相关法律法规得到有效执行。对于侵犯残疾人权益的行为，司法机关应依法予以惩处，形成有力的震慑。一是探索建立残疾人利益监督团、扶残律师保护团等组织，对涉及残疾人的案件进行专门的监督和管理，确保残疾人权益不受侵害。二是提升公众意识，通过教育和宣传活动，提高公众对残疾人权益保护的意识，促进社会对残疾人的尊重和支持。三是强化后续跟踪，对涉及残疾人的案件判决后，应有有效的后续跟踪机制，确保判决得到执行，保护残疾人的实际利益。四是保障信息透明，确保涉及残疾人案件的审理过程和结果对社会公开透明，接受社会监督。五是鼓励社会参与，鼓励社会各界，包括非政府组织、志愿者组织等参与到残疾人权益保护工作中，形成合力。上述措施加强了对残疾人案件的司法监督，保障残疾人的合法权益，促进社会的公平正义。总之，通过媒体、公共讲座等方式普及残疾人权益保护的法律知识。针对残疾人及其家庭成员开展专门的法律教育培训，提高他们的法律意识和自我保护能力。

　　促进国际合作与交流，学习和借鉴国际先进的经验和做法。参与国际组织的相关活动，提升国内残疾人权益保护的国际影响力。通过上述措施的实施，可以有效地加大司法助残保障力度，保障残疾人的合法权益，促进社会的全面进步和和谐发展。解决残疾人面临的司法问题需要政府、司法机关、社会组织和公众的共同努力，以确保残疾人能够在司法领域享有平等的权利和机会。

（四）完善"多元化纠纷解决机制"

残疾人及其家庭在生活中可能面临更多困难，因此在处理涉及残疾人的纠纷时，法院需要更多细心和关怀。法院在审理残疾人案件时，可以采用"多元化纠纷解决机制"；该机制旨在为残疾人提供更加便捷、高效的司法服务，确保其合法权益能够得到充分保障。例如，鼓励对涉及残疾人的案件优先立案、审判和执行，以减少残疾人在诉讼过程中的时间成本和心理压力。灵活运用多元纠纷解决方法，以适应残疾人的特殊需求和情况。例如，在案件管理系统中对涉残疾人案件专门标识，以便快速识别和处理。对符合条件的残疾人提供缓交、减交或免交诉讼费用等司法救助措施，降低其诉讼经济负担。鼓励通过调解、仲裁等非诉讼途径解决纠纷，这些方式通常更为灵活、高效，有助于双方当事人达成满意的解决方案。引入社会组织、专业人士等社会力量参与纠纷解决过程，提供专业的辅助和支持，增强解决方案的公正性和可接受性。为残疾人提供法律咨询和援助，帮助其更好地理解自身权利和法律程序，提高其维权能力。同时，利用现代信息技术手段，如在线服务平台，为残疾人提供更加便捷的诉讼服务和信息获取渠道。建立和完善多元化纠纷解决机制的监督评估体系，确保其有效运行并不断优化改进。总体来说，这些措施，可以为残疾人提供更加人性化、高效率的司法服务，帮助他们更好地维护自身权益。

第三节 未来数字技术发展对残疾人司法保护带来的机遇

一、数字技术的发展对残疾人司法保护的影响

随着数字技术的飞速发展，特别是人工智能、大数据、区块链等技术的广泛应用，司法领域也面临着前所未有的挑战和机遇。数字技术不仅改变了传统的工作模式，还对法律适用、证据收集、审判过程以及执行等方面产生了深远的影响。

（一）人工智能（AI）对残疾人司法保护的影响

人工智能是模拟人类智能过程的技术，包括学习、推理、自我修正和适应新环境，AI的发展，从自动化数据分析到语音识别和自然语言处理，正在迅速

改变许多行业[1]。对于残疾人来说，AI 可以提供更智能的辅助设备，改善生活质量，帮助他们更好地融入社会。

人工智能对残疾人司法保护的影响主要体现在以下几个方面：一是提高无障碍服务水平。人工智能技术的发展有助于提升无障碍服务的水平，使得残疾人能够更加便捷地获取法律服务和信息。例如，通过语音识别、文字转语音等技术，可以帮助视听障碍人士更容易地接入法律咨询和诉讼服务。二是辅助决策和裁判。人工智能的数据分析能力可以帮助法官和律师在处理案件时，更准确地分析案情，避免"类案不同判"的情况发生。这有助于确保残疾人在司法过程中获得公正的待遇。三是提供智能化法律援助。人工智能可以提供智能化的法律援助，如通过聊天机器人为残疾人提供初步法律咨询，或者通过智能系统帮助他们理解法律文件和程序。四是监控和评估司法环境。人工智能技术可以帮助监控和评估司法环境的无障碍设施，确保残疾人在使用这些设施时的权益得到保护。五是提升法庭无障碍环境。在法庭设计中，人工智能可以帮助规划和实施更适合残疾人使用的无障碍环境，如自动门、语音导航系统等。六是促进法律政策制定。人工智能的大数据分析能力可以帮助立法者更好地理解残疾人群体的需求，从而制定出更加合理和有效的法律政策。七是增强社会参与。通过人工智能辅助技术，残疾人可以更有效地参与司法活动，如远程视频作证等，这不仅保护了他们的权益，也增强了他们的社会参与感。

总体来说，人工智能的发展为残疾人在司法领域的权益保护提供了新的可能性，通过技术手段改善无障碍服务的质量和效率，促进了法律服务的普及和平等。随着技术的不断进步，未来数字化技术在提高残疾人司法保护方面的应用（如语音识别、手语翻译软件、触觉反馈设备等无障碍技术）、改善人机交互方面的潜在影响，特别是对于有视觉、听觉或认知障碍的人群有着重大意义。

（二）大数据分析对残疾人司法保护的影响

大数据技术涉及从大量复杂的数据集中提取信息的过程。随着数据量的不断增长，大数据分析工具变得更加强大，能够帮助发现模式、趋势和关联，这对于个性化服务和预测性分析至关重要。在残疾人司法保护方面，大数据分析可以帮助制定更有效的政策和程序，以及评估服务的效果。随着数字公民身份理论的

---

[1] 参见李婕：《智能风险与人工智能刑事责任之构建》，载《当代法学》2019 年第 3 期。

推广，未来将关注残疾人在实现信息无障碍过程中的主体性和参与性，[1]包括在产品、技术和标准的早期阶段就充分考量并融入无障碍标准，以确保残疾人能够方便地访问和使用各类信息系统。"十三五"期间，残疾人事业数字化快速发展，残疾人大数据初具规模。未来将继续强化残疾人基础数据的管理，通过统一的数据采集平台，实现数据的分级分类管理和高效利用。这将有助于提供更加精准的"一人一案"服务响应，满足残疾人个性化的服务需求。为了帮助残疾人跨越"数字鸿沟"，未来信息技术的发展还将包括智能化辅助技术的应用。例如，可以将电脑屏幕上的信息转化为盲文和声音的设备，以及其他为视障、听障等不同类型残疾人设计的辅助技术，都将得到进一步开发和完善。探讨不同地区和社会群体之间在获取和使用信息技术方面的差异时，如何确保所有残疾人都能平等地受益于数字化技术是我们应该关注的重中之重。

（三）区块链和物联网（IOT）对残疾人司法保护的影响

区块链技术是一种去中心化的数据库系统，它通过加密保证数据的不可篡改性和透明性。区块链可以为残疾人提供一个安全的信息存储和共享平台，确保他们的个人信息和权益能够得到保护。此外，区块链还可以用于创建智能合约，自动执行法律协议，从而简化司法流程。为了更好地保障残疾人权益，未来可能更多地整合政府、社会组织、企业和科研机构的资源，共同推进残疾人司法保护工作的数字化进程。随着无障碍法制建设的不断完善，未来将有更多针对性的法律和政策出台，以支持信息技术在残疾人司法保护中的应用和发展。

物联网是指通过网络互联的物理设备系统，它们能够收集和交换数据。IOT技术可以使家庭和公共空间更加智能化，为残疾人提供更好的无障碍设施和服务。例如，智能家居系统可以帮助行动不便的人控制家中的各种设备，提高他们的生活自理能力。未来信息无障碍将继续从物理环境和信息服务两个方面入手，优化残疾人获得平等司法保护的程序。线下方面，法院将加强无障碍通道和设施建设；线上方面，通过建立专门的服务平台或优化现有服务流程，确保残疾人能够及时有效地获取司法信息和服务。

未来信息技术发展的趋势表明，这些技术将变得更加集成化、普及化和友好化。随着技术的不断进步，我们可以预见到以下几个方面的发展趋势：一是可穿戴技术和生物识别技术将促进信息无障碍普及，为残疾人提供实时健康监

---

[1] 李静：《论残障人信息无障碍权：数字时代下的理论重构》，载《中外法学》2023年第3期。

测和紧急响应服务。二是虚拟现实（VR）和增强现实（AR）技术将为残疾人提供新的教育和培训工具，以及改善他们的社交互动体验。三是云计算将继续提供弹性、可扩展的资源，使残疾人能够更容易地访问服务和应用程序。四是机器学习和深度学习将进一步提高 AI 的能力，使其能够更好地理解和预测残疾人的需求和行为。

为了更好地实现对残疾人的司法保护，未来我们还应该着重探讨以下问题。一是培训与教育，分析未来技术发展对法律专业人员和残疾人自身的培训需求，包括如何使用新技术工具来提供更好的司法服务和保护自己的权利。二是伦理和社会问题，讨论未来技术可能引发的伦理和社会问题，如算法偏见、自动化决策的道德责任，以及这些问题对残疾人司法保护的影响。三是国际合作与标准制定，探讨国际社会如何合作，制定标准和共享最佳实践，以利用数字化技术提升全球残疾人的司法保护水平。四是实施与监测。讨论如何有效实施数字化技术，并建立监测机制来评估这些技术在提高残疾人司法保护方面的实际效果。五是道德和社会正义。讨论在推进数字化进程中，如何确保道德原则和社会正义得以体现，特别是在涉及残疾人权益的情况下。六是法律框架，探讨国际法和各国国内法中关于残疾人权利保护的规定，以及如何通过数字化手段加强国际法和各国国内法的实施。七是跨部门合作，探讨不同政府部门、非政府组织、私营部门和残疾人组织之间的合作机制，以及如何通过数字化手段促进这种合作等。

综上所述，未来数字技术在残疾人司法保护中的发展将是一个全方位、多层次的过程，涉及技术、数据、服务和法规等多个方面的协同进步，旨在构建一个更加包容和公正的司法环境，使残疾人能够更好地享有平等的司法保护和服务。我们应分析现有法律框架和政策如何适应数字化技术的发展，以及未来可能需要进行的法律改革或政策更新，以确保残疾人能够充分享受司法保护。因此，技术开发者和政策制定者应确保内容具有前瞻性、实用性和包容性，同时要考虑到不同文化和经济背景下的适用性和可行性。此外，还应关注数字化可能带来的新问题，如数字鸿沟、网络安全和技术依赖性等，确保这些技术能够真正造福于残疾人群体。技术开发者和政策制定者通过综合考虑这些关键问题，可以为未来数字化技术的发展对残疾人司法保护带来的机遇与挑战提供一个全面的分析框架。

二、数字技术推动法律服务普及性与便捷性提升

数字化对残疾人进行司法保护，在很大程度上促进法律服务的普及化与便捷性。通过互联网平台，残疾人在家中就能获取专业的法律咨询服务，无须出门奔波。因此，数字化在为残疾人提供司法保护方面发挥着积极作用，不仅提高了服务的可及性和效率，还有助于构建一个更加包容和支持的社会环境。

（一）残疾人在司法保护方面的体验将更加优化

随着数字技术的不断进步，未来残疾人在司法保护方面的体验将更加优化，其法律权益将得到更好的保障。一是数字化可以帮助残疾人更方便地获取法律知识和相关信息。通过互联网、移动应用程序等途径，残疾人可以随时随地了解法律法规、政策解读、法律援助等信息，提高他们的法律意识和维权能力。二是数字化可以为残疾人提供便捷的在线服务，如在线咨询、在线申请法律援助等。这样一来，残疾人就可以在家中或其他地方轻松获得法律服务，避免行动不便等原因而无法亲自前往律师事务所或法院的困扰。三是数字化可以帮助法院、检察院等司法机关提高工作效率。通过电子化办案、网络审判等方式，可以缩短案件处理时间，提高办案效率。同时，数字化还可以帮助司法机关更好地协调资源，合理分配人力，提高工作效率。四是数字化有助于保障司法公平公正。通过电子化记录、视频监控等手段，可以确保证据的真实性和完整性。五是数字化可以提高司法透明度，让公众更好地监督司法工作，有利于维护社会公平正义。六是数字化可以帮助残疾人更方便地参与司法活动。通过网络直播、视频会议等方式，残疾人可以在远程参与庭审、调解等活动，避免因行动不便等原因而无法亲自参加的困扰。七是数字化可以为残疾人提供智能化辅助设备，如语音识别、文字转语音等技术，帮助残疾人更好地表达自己的意见和需求，提高司法保护的质量。总之，数字化可以提高司法保护的效率和质量，有利于维护残疾人的合法权益，促进社会公平正义。

（二）大数据分析准确地了解残疾人的法律需求

大数据分析是通过收集、处理和分析大量数据来提取有用信息的方法。在了解残疾人需求方面，大数据分析具有巨大潜力，因为它可以帮助我们更准确地了解残疾人的需求、偏好和行为模式。大数据分析的第一步是收集大量数据。在了解残疾人需求的过程中，我们可以从多个渠道收集数据（如政府统计数据、

医疗机构、教育机构、社会福利机构等）。这些数据包括残疾人的基本信息、健康状况、教育水平、就业状况、生活状况等。由于收集到的数据可能包含错误、重复或不完整的信息，在进行大数据分析之前，需要对数据进行清洗、整理和标准化。这有助于确保分析结果的准确性和可靠性。通过运用各种数据分析方法（如描述性统计、关联规则挖掘、聚类分析、预测模型等），我们可以从数据中提取有关残疾人需求的信息。例如，通过聚类分析，根据残疾人需求和特点划分为不同的群体，从而为每个群体提供更有针对性的支持和服务。大数据分析的结果需要结合实际情况和专业知识进行解释。这有助于我们更好地理解残疾人的需求，并为政策制定者、服务提供者和其他利益相关者提供有价值的建议。同时，我们还可以通过持续收集和分析数据，不断优化和改进我们的方法和策略，从而为残疾人提供更有针对性的支持和服务。然而，我们也应注意到大数据分析的局限性，如数据质量、隐私保护等问题。因此，在应用大数据分析时，我们需要充分考虑这些因素，确保分析结果的准确性和可靠性。这样不仅可以提高法律服务的普及化和便捷性，还可以提高法律服务的效率和质量，更好地保护残疾人的合法权益。同时，通过网络平台，也可以为残疾人提供在线的法律援助服务，包括法律咨询、案件代理等。残疾人可以在线提交诉讼材料，参与在线庭审，对于视力或听力有障碍的残疾人，可以通过信息技术，如语音识别、文字转语音等方式，帮助他们更好地获取和理解法律信息。通过社交媒体，可以让更多的人了解残疾人的权益，提高社会对残疾人权益的关注和保护。

三、全球协作：提升残疾人司法保护的监督效能

强化国际合作与交流可以有效提升对残疾人的司法保护效果。通过国际合作，各国可以分享各自在残疾人司法保护方面的成功经验和做法，从而拓展其他国家在这一领域的政策和法律框架。国际合作有助于制定统一的残疾人权利保护国际标准，如《残疾人权利公约》，为各国提供了共同遵循的准则，促进了国内相关法律的完善和实施。国际交流可以提高公众对残疾人权利的认识，促进社会对残疾人的包容和支持，这对于改善残疾人的法律地位和社会环境至关重要。国际合作还可以促进技术和资源共享，帮助发展中国家建立和完善残疾人司法保护体系，并提供必要的技术支持和资金援助。区域性合作项目，如"亚太残疾人十年"，加强了区域内国家之间的沟通和协调，共同推动残疾人权

利保护的进步。支持国际残疾人组织合作交流，如康复国际等，可以让这些组织在全球范围内发挥更大的作用，推动国际社会对残疾人权益的关注和保护。各国应认真履行其在残疾人权利保护方面的国际条约义务，通过国际合作来监督和评估各国的履约情况，确保残疾人权利能够得到实质性的保护。

通过国际合作来监督和评估各国履约情况是一种重要的全球治理手段，它有助于确保各国遵守国际法律、条约和协议。这种方法可以促进公平、透明和可持续的全球发展，同时维护国际秩序和稳定。通过国际合作，各国可以共享资源、技术和经验，以便更有效地监督和评估履约情况。这有助于减少重复劳动，提高工作效率，从而更快地实现共同目标。国际合作可以提高各国履约情况的透明度，使公众和其他利益相关者能够更好地了解各国的表现。这有助于建立问责制度，确保各国为其行为承担责任。通过共同努力监督和评估履约情况，各国可以建立信任，加强合作关系，有助于打破恶性循环，促进和平与安全。国际合作有助于确保各国在遵守国际法律、条约和协议方面的权益得到平等保护。这有助于维护国际法治，促进公平和正义。国际合作有助于提高国际法律和规范的有效性，使其更具约束力，进而维护国际秩序和稳定，防止冲突和危机。国际合作可以促进技术创新和知识传播，帮助各国更好地履行其国际义务，有助于提高全球竞争力，促进经济增长。

总之，通过国际合作与交流，不仅可以提升各国在残疾人司法保护方面的能力，还能够促进全球范围内对残疾人权利的尊重和保障，实现残疾人平等参与社会生活的目标。为了实现这些目标，各国应积极参与国际合作，共同维护国际秩序和稳定。

（一）保障残疾人平等享有司法保护

针对残疾人的司法保护建立全球网络平台旨在保障残疾人能够平等享有司法保护。

一是创建国际法律框架。国际法律框架应确保残疾人享有平等的诉权，这意味着残疾人应能够不受歧视地访问正式和非正式的司法渠道。包括提供经济上可负担的司法救济和确保司法全过程的无障碍与合理便利；确保司法运行过程及其结果能够促进残疾人在社会中的融合发展与实质平等。这涉及对残疾人权益的具体保护措施，如合理的工作场所调整、社会保障等。残疾人应有机会平等地参与到司法的各个环节，并能够影响司法相关政策、法律的修改与完善。这要求法律框架中包含相关机制，以确保残疾人的声音被听到并得到充分考虑。

《残疾人权利公约》第13条明确指出,为了便利残疾人参与到所有法律诉讼程序中,应当提供程序便利和适龄措施。这意味着国际法律框架应当包含具体的规定,以降低残疾人在司法过程中可能遇到的障碍;同时,国际社会应加强合作,共同推动和维护残疾人司法保护的国际法律框架。

二是建立监督机制,确保各国履行其在残疾人司法保护方面的国际义务。提高残疾人及其家庭成员的法律意识和知识水平,使他们能够更好地理解自己的权利,并能够在必要时寻求和获得法律援助;为残疾人提供无障碍的法律服务设施,包括但不限于无障碍的法庭环境、法律文件的易读版本以及手语翻译等服务。对法官、律师和其他法律服务提供者进行有关"残障意识"和"无障碍法律服务"的培训,以提高他们对残疾人需求的理解和服务质量。在国家层面制定和实施反歧视立法,保护残疾人免受基于残障的歧视,特别是在司法领域内,鼓励各国根据国际法律框架制定或修改国内法律,以更好地保护残疾人的司法权利。

三是建立跨部门合作机制,包括司法部门、社会福利部门和残疾人组织,共同推动残疾人司法保护的实施和改进。

四是建立定期评估机制,监测法律框架的实施效果,并根据反馈进行调整,以确保法律框架始终符合残疾人的实际需求。通过这些措施,可以构建一个全面的国际法律框架,确保残疾人能够在司法领域内获得平等的保护和服务,从而在更广泛的社会环境中实现平等和融合。

五是制定或加强现有国际公约,确保对残疾人司法保护的明确规定。国际公约是国家间就某一特定问题达成的正式协议,具有法律约束力。通过制定或加强国际公约,可以为残疾人提供一个更加公正、平等的法律环境,确保他们的权益能够得到充分保障。在现有的国际公约中,虽然已经有一些关于残疾人权益的规定,但这些规定往往不够具体,难以落实。因此,需要在国际公约中明确规定残疾人的权益,包括教育、就业、医疗、社会保障等方面的权利。除明确规定残疾人的权益外,还需要加强对这些权益的司法保护。这包括设立专门的司法机构,处理残疾人权益纠纷;提供法律援助,帮助残疾人维权;加大对侵犯残疾人权益行为的惩处力度,形成有效的震慑。各国在残疾人权益保护方面的经验和做法各有特色,通过加强国际合作与交流,可以取长补短,共同提高残疾人权益保护水平。此外,国际合作还有助于推动国际公约的制定和实施,形成全球范围内对残疾人权益保护的共识。制定或加强国际公约只是第一步,更重要的是要持续关注残疾人权益保护的实施情况,根据实际情况不断完善相关法规。既包括对现有规定的修订,也包括对新出现问题的应对。各国应积极参与国际合作,共同努力,为残疾人创造一个公平、公正、无障碍的社会环境。

(二)推动国际标准融入国家法律体系以保障残疾人的司法权益

推动各国将国际标准纳入国内法律,并加以实施,这是全球化时代国际合作和法治发展的重要趋势。这一过程对于维护国际秩序、促进全球治理体系的完善以及保障人权和社会公正具有重要意义。国际标准指为了在全球范围内实现某种程度的统一和协调而制定的标准。这些标准可能涉及贸易、环境保护、人权、劳工权益、健康、安全等多个领域。国际标准的制定通常由国际组织、多边协议或专业机构负责,目的是解决跨国问题、促进国际合作、提高产品与服务的质量和安全性。国际标准本身并不具有直接的法律效力,它们只有被各国通过立法程序纳入国内法律体系,才能在国家层面得到执行和遵守。这一过程有助于确保国际标准在各国得到有效实施,同时有助于促进国内法律与国际规则的一致性,减少国际摩擦和法律冲突。尽管国际标准的重要性被广泛认可,但在实际操作中,将其纳入并在国内法律实施面临着诸多挑战。不同国家的政治体制、利益诉求和发展水平差异可能导致对国际标准的态度不一,缺乏足够的政治意愿去推动相关立法。

国际标准与现有的国内法律相适应,涉及复杂的法律改革和制度调整。发展中国家可能缺乏足够的技术、财政和人力资源来实施这些标准。不同国家的文化背景和社会价值观可能影响对国际标准的接受度和实施方式。通过国际组织和双边或多边合作,提供技术支持和资金援助,帮助有需要的国家进行法律改革。建立有效的监督和评估机制,确保国际标准的实施情况得到监控,并对不遵守标准的行为进行制裁或激励。提高公众对国际标准的认识,通过民间组织和媒体的力量推动政府采取行动都是可行之道。考虑到不同国家的实际情况,可以采取分阶段实施的策略,逐步提高国际标准的实施水平。

总之,将国际标准纳入并在国内法律实施是一个复杂的过程,需要国际社会共同努力,同时需要各国政府的决心和行动。通过这一过程,可以促进全球治理的有效性,提高国际法的权威性,最终实现残疾人司法保护的共同的国际目标和价值。

第七章　全球残疾人数字化司法服务平台的应用

全球残疾人司法服务平台（GDJSP）是一个专注于为残疾人提供全方位、无障碍法律服务的平台。该平台通过整合全球资源，结合先进的科技手段，为全球残疾人提供法律咨询、业务办理、援助服务、教育培训和权益保护等服务，致力于帮助残疾人维护合法权益，提升获得感和幸福感，促进社会公平正义。

第一节　GDJSP 简介

一、GDJSP 面向群体

GDJSP 旨在为全球残疾人群体提供一个便捷、无障碍的在线平台。该系统致力于提供全面的司法信息、法律援助和在线服务，帮助残疾人更好地了解并维护自己的合法权益，获得更多的帮助，推动全球残疾人司法保障事业的发展。系统提供多种语言服务，提供与其他国家司法服务平台的对接功能。

（一）发达国家

发达国家通常能够为残疾人提供优质、高效的司法保障服务。GDJSP 可结合当地国家的语言和残障语言特点，联合当地的法院、律协、仲裁、调解等法律服务机构和法律专业人士，提供多元化一体化的司法服务。

GDJSP 为发达国家的法律服务人士提供国际残疾人司法保障的发展动态。各国可通过系统了解国外先进经验和做法，为残疾人提供更加国际化的法律援助服务。

GDJSP 为残疾人和公益机构、法律机构、残疾人服务机构、法律专业人士、社会工作者、志愿者等群体提供交流、分享经验的平台，促进国内外残疾人和法律专业人士之间的合作与交流。吸引国外的社会工作者和志愿者参与残疾人司法保障工作。

（二）发展中国家

发展中国家通常拥有较大数量的残障群体，因经济和社会发展水平相对较低等原因，无法及时获取法律服务。GDJSP 为这些残疾人提供发布援助需求、信息获取、司法程序指导等服务，帮助他们更有效地找到可以获取司法帮助服务的机构或人员，为维护残疾人的合法权益提供平台渠道。系统注重无障碍设计，确保残疾人能够顺利访问和使用，降低因身体条件带来的使用门槛。

GDJSP 为公益机构、法律机构、残疾人服务机构、法律专业人士、社会工作者、志愿者等群体提供可以进行援助、提供帮助和交流、分享经验的平台，收集残疾人群体的反馈和建议，为政策制定提供参考。GDJSP 在线为残疾人提供法律咨询、代理等服务，帮助他们解决法律纠纷。系统同时提供普法宣传、政策宣传功能，向公众普及残疾人司法保障的重要性和相关政策。

二、无障碍辅助能力和 AI 能力

（一）引入新质生产力赋能无障碍交流

新质生产力在无障碍服务领域的作用日益显著，它通过技术革新和模式创新，为残疾人带来了前所未有的便利。

（1）引入先进科技是提高服务质量的关键手段。新质生产力利用人工智能、大数据等先进技术，不断提高服务质量。例如，GDJSP 通过大数据分析，可以更准确地了解残疾人的需求，从而提供更精准的服务。同时，人工智能的应用，如语音识别、图像识别等，也使得残疾人能够更方便地使用各种服务。

（2）新质生产力提升了无障碍服务的质量。通过引入先进的技术和设备，如智能轮椅、智能导盲犬等，使得残疾人能够享受到更加便捷、高效的服务。同时，新质生产力还推动了无障碍服务模式的创新。例如，通过智能化的服务方案，可以根据残疾人的具体情况，提供个性化的服务，满足他们的多样化需求。同时，新质生产力还通过推动无障碍服务的发展，帮助残疾人更好地融入社会。例如，通过提供无障碍的网络环境，使得残疾人能够更方便地获取信息，参与社会活动。同时,新质生产力还通过提升无障碍服务的普及率,使得更多的残疾人能够享受到这些服务,享受平等、尊严的生活。总体来说,新质生产力通过技术革新和模式创新,为无障碍服务领域注入了强大的动能,不仅优化了服务流程,提升了服务质量,还推动了无障碍服务模式的创新,帮助残疾人更好地融入社会,享受平等、有尊严的生活。

(二) 无障碍辅助能力

GDJSP 在接收和发出司法服务指令时,结合平台提供的无障碍服务能力,转换成不同残疾人可以接收和接受的服务模式进行人机交互,提供无障碍的司法服务。

(三) 无障碍语言转换

无障碍语言转换功能为使用不同语言或存在沟通障碍的残疾人提供了极大的便利。该功能通过智能技术将文本、音频或视频内容转换成易于残疾人理解的形式,如语音转盲文、手语翻译等,确保信息的无障碍传递。这不仅有助于语言障碍者更好地获取信息,还促进了不同语言和文化背景人群之间的有效沟通。

(四) AI 赋能残疾人法律保障服务

通过 5G 技术,促进移动端和一体机终端实现高速度、低延迟的数据传输。云计算技术为系统提供了强大的数据存储和处理能力,使得海量的法律数据和智能服务能够被高效地管理和利用。区块链技术则保障了数据的真实性和不可篡改性,为残疾人提供了更加可靠的证据和敏感数据传输。物联网技术能够实时收集残疾人的相关信息,为系统提供更加精准的服务依据。人机交互技术的运用,使得系统能够与残疾人进行更加自然、顺畅的交互,提升了使用体验。大数据技术能够对大量的数据进行深度挖掘和分析,为系统提供更加智能化的服务和决策支持。这些先进的信息技术结合无障碍能力共同构成了全球残疾人司法服务平台的核心技术支撑,使得系统能够为残疾人提供更加精准、精细、智能的司法援助服务,帮助他们更好地维护自身权益,享受法律带来的公平和正义。

(五) 无障碍辅助能力和 AI 能力相结合

AI 能力和无障碍辅助能力的结合旨在打造一个既智能又包容的系统环境,为残疾人提供更为顺畅和个性化的服务体验。这种结合使得系统能够智能识别并响应不同残障类别人员的需求，通过自然语言处理、图像识别、语音交互、认知感应等 AI 技术，结合口语、手语、盲文、色彩、字幕、触觉交流等无障碍服务，实现信息的无障碍传递和交互。

三、GDJSP 的特点

（一）GDJSP 平台具有高效性

它利用互联网技术，实现了线上与线下服务的无缝对接，让残疾人可以随时随地获取法律服务。同时，平台还提供了多语言支持，确保不同国家和地区的残疾人都能够方便地使用。此外，GDJSP 还采用了智能推荐算法，根据用户的具体情况和需求，为其匹配最合适的法律专家和服务内容。

（二）GDJSP 平台具有精准性

它对用户需求进行深入分析，为用户提供个性化的法律服务方案。例如，对于需要办理残疾证的用户，平台会提供详细的办理流程和所需材料清单；对于需要申请法律援助的用户，平台会根据其经济状况和案件类型，为其推荐合适的援助机构和律师。这种精准化服务不仅能够提高用户的满意度，还能够提高整个平台的运营效率。

（三）GDJSP 平台具有普及性

它面向全球范围内的残疾人群体，无论他们身处何地，只要有网络覆盖，就能够享受到 GDJSP 提供的法律服务。这对于那些生活在偏远地区或者经济条件较差的残疾人来说，无疑是一个巨大的福音。同时，平台还积极与各国政府、非政府组织和企业合作，共同推动残疾人法律服务的发展和完善。

（四）GDJSP 平台具有创新性

它打破了传统的法律服务模式，将互联网、大数据和人工智能等先进技术引入残疾人法律服务中来，为残疾人带来更加便捷、高效和个性化的服务体验。同时，它也为全球范围内的残疾人提供了一个共同交流、学习和成长的平台，有力地推动了全球残疾人事业的发展。

总之，全球残疾人司法服务平台（GDJSP）凭借其高效性、精准性和普及性等特点，在全球范围内为残疾人提供了全方位、无障碍的法律服务。GDJSP 有理由相信，随着 GDJSP 平台的不断发展和完善，它将为全球残疾人带来更多的福祉和希望。

第二节　GDJSP 规划方案

一、GDJSP 的建设目标

GDJSP 的主要目标是确保残疾人在线获取司法服务的过程中享有与其他人平等的权利和机会。GDJSP 通过消除残疾人在线参与司法活动时所面临的障碍，促使他们享受到多元化的司法服务，从而保障他们的合法权益。

（一）打造泛感知、泛应用的司法服务新生态

为了实现为全球残疾人提供精准化、精细化、智能化的司法服务，打造泛感知、泛应用的司法服务新生态，GDJSP 采取以下措施：

（1）利用 5G 技术提高数据传输速度和稳定性，确保残疾人在获取司法服务时能够享受到快速、流畅的网络体验。

（2）借助云计算技术，云计算技术为系统提供强大的数据存储和处理能力，使得海量的法律数据和智能服务能够被高效地管理和利用。

（3）利用人工智能技术，对司法服务进行智能化改造。例如，通过智能语音识别、自然语言处理等技术，帮助残疾人更方便地与司法系统进行沟通和交流。

（4）通过虚拟现实技术，为残疾人提供沉浸式的司法服务体验。例如，通过虚拟现实法庭模拟、在线庭审等方式，让残疾人感受到更加真实、直观的司法环境。

（5）利用区块链技术，确保司法服务的数据安全和透明，同时通过智能合约等技术，简化司法流程，提高司法效率。

（6）借助物联网技术，将各种司法服务设备连接起来，实现设备之间的数据共享和协同工作，为残疾人提供更加智能化、便捷的司法服务。

（7）通过人机交互技术，优化司法服务的界面设计，使得残疾人能够更加轻松地操作和使用司法服务。

（8）利用大数据分析技术，对残疾人的司法需求进行深入挖掘和分析，为残疾人提供更加精准、个性化的司法服务。

（9）建立全球性的司法服务网络，对残疾人的司法需求进行深入挖掘和分析，为残疾人提供更加精准、个性化的司法服务。

（10）加强与其他领域的合作，如与医疗、教育、社会服务等领域的融合，

为残疾人提供全方位的支持和保障。

通过实施以上措施，GDJSP 将为全球残疾人打造一个泛感知、泛应用的司法服务新生态，让残疾人在享受司法服务的过程中感受到科技带来的温暖和关怀。

（二）打造全球残疾人高度认可的司法服务平台

为了确保各类型残疾人均能获得有针对性的辅助服务，实现人机交互无障碍，GDJSP 平台具备以下功能，以为残疾人所认可。

（1）无障碍设计：平台的用户界面（UI）应遵循无障碍设计原则，包括足够的对比度、可调整的字体大小、兼容性屏幕阅读器等，以确保视觉受限用户也能轻松访问。

（2）辅助技术集成：集成先进的辅助技术，如语音识别、眼球追踪、脑电波控制等，以便身体残疾的人可以通过多种方式与平台互动。

（3）多语言支持：提供多语言选项，确保不同语言背景的残疾人都能理解和使用平台。

（4）个性化设置：允许用户根据个人需求自定义设置，包括界面布局、交互方式和内容展示等。

（5）培训和支持：提供在线和离线培训资源，帮助残疾人熟悉平台的使用，并设立专门的支持团队以解答技术和操作上的疑问。

（6）法律信息无障碍：确保所有法律信息和文档都以无障碍格式提供，如文本、大字版、音频和手语视频等。

（7）案件管理工具：开发易于使用的案件管理工具，帮助残疾人跟踪他们的案件进度，提交文件，以及与律师或法庭工作人员沟通。

（8）安全和隐私保护：强化平台的安全性，保护用户的个人信息和案件数据，同时确保遵守相关的隐私法规。

（9）反馈和改进机制：建立有效的用户反馈机制，鼓励残疾人提出意见和建议，持续改进平台的功能和服务。

（10）合作伙伴关系：与残疾人组织、法律援助机构、技术开发者和政府机构建立合作，共同推动平台的发展和改进。

通过上述措施，GDJSP 司法服务平台将能够为全球残疾人提供一个无障碍、高效、安全且用户友好的环境，使他们能够平等地获得司法服务和信息，从而提升他们的生活质量和社会参与度。

二、GDJSP 的服务内容

(一) 定向化的无障碍法律专项服务

定向化的专项服务在当今社会显得尤为重要,尤其是对于全球残疾人群体而言。这一服务的核心宗旨在于为残疾人提供全面且贴心的无障碍法律服务,以保障他们的合法权益并提升他们的生活质量。为了实现这一目标,GDJSP 从多个维度出发,确保服务的有效性和针对性。

(1) 关注残疾人的特殊法律需求是提供有效服务的前提。残疾人群体由于身体或心理条件的限制,可能会遇到一系列特殊的法律问题,如残障歧视、工作权保护、福利申请等。因此,提供专项服务的机构需要对这些特殊需求深刻理解,以便能够提供精准的法律咨询和援助。

(2) 优化服务流程对于提供高效服务至关重要。传统的法律服务流程可能对残疾人不够友好,存在诸多物理或信息获取上的障碍。因此,GDJSP 应当通过简化手续、提供在线咨询、设置无障碍设施等方式,使服务流程更加便捷。随着人工智能、大数据等技术的发展,GDJSP 可以利用这些技术来优化服务模式,如通过智能辅助系统提供 24 小时在线咨询服务,利用大数据分析预测和解决残疾人可能遇到的法律问题,以及通过虚拟现实技术进行模拟法庭训练等。

(3) 提供个性化法律咨询和援助是满足残疾人多样化需求的必要措施。每位残疾人的情况都是独特的,他们的法律需求也会有所不同。因此,GDJSP 应当根据每个人的具体情况,提供量身定制的服务方案,包括但不限于个性化的法律建议、案件代理、心理支持等。

(4) 确保每一位残疾人都能够便捷、无障碍地获取到所需的法律服务,不仅需要 GDJSP 的努力,还需要政府、社会组织和公众的支持和配合。例如,政府可以制定相关政策和法规,保障残疾人的法律权益;社会组织可以提供资金和资源支持,帮助服务机构扩大服务范围;公众可以通过提高意识和消除偏见,为残疾人创造一个更加包容和平等的社会环境。

综上所述,定向化的专项服务对全球残疾人来说是一项至关重要的服务。通过关注特殊需求、优化服务流程、引入先进科技、提供个性化咨询和援助,以及社会各界的共同努力,努力确保每一位残疾人都能够获得所需的法律服务,维护他们的合法权益,并最终提升他们的生活质量。这不仅是对残疾人群体的承诺,也是构建一个更加公正和平等社会的重要步骤。

(二) "一中心三平台" 一站式服务

1. 残疾人司法大数据中心

残疾人司法大数据中心是一个集数据存储、管理、分析和应用于一体的综合平台。它主要收集、整理、分析和发布与残疾人司法保障相关的数据，为业务办理、援助服务、普法宣传、案例研究、政策制定、法律实践、社会服务和科研活动提供有力的数据支持。

残疾人司法大数据中心主要包括全球范围内的残疾人权利相关的法律法规库、案例库、残疾人基础信息库、残疾人个性化服务信息库、公益服务库、服务机构库、服务人员库、无障碍服务能力库、业务办理库、数据分析模型库、全球司法服务共享库等，构成支撑"三平台"建设的基础资源库。

2. 司法服务平台

（1）信息发布。发布与残疾人相关的新闻动态、工作资讯、就业信息、康复知识等。如发布残疾人领域的新闻报道、活动信息和社会热点，传递正能量，增强社会对残疾人的关注和支持。报道各级残联组织、残疾人服务机构的工作进展和成果，展示残疾人司法事业发展的积极成果。

（2）政策解读。最新的政策资讯、法律法规等信息，让残疾人能够及时了解政策变动。

（3）普法宣传。专注于为残障群体提供便捷、易懂的法律知识普及。通过发布法律法规解读、案例分析、法律常识等内容，帮助残疾人增强法律意识，了解自身权益，学会依法维权，为残疾人融入社会、实现平等参与提供法律支持。

（4）参阅案例。为残疾人群体提供了丰富的法律实践案例资源。这些案例涵盖了残疾人权益保障、法律援助、就业教育等多个领域，旨在通过真实案例的展示，帮助残疾人深入了解法律在实际生活中的应用，为他们在遇到法律问题时提供参考和借鉴，从而更有效地维护自身权益。

（5）我要诉讼。为残疾人群体提供了全面的法律诉讼服务支持，包括详细的立案流程指引、完整的法院机构名册、便捷的文书模板下载功能，以及在线立案、案件查询和在线庭审服务。这些功能旨在为帮助残疾人提供针对性的审判一站式服务，使残疾人能够更便捷地获取法律帮助，维护自身权益。

（6）我要仲裁。系统提供查询仲裁机构名册、查询仲裁员、获取仲裁流程指引、文书模板下载等功能，用户可以在线提交立案信息，提高办理效率，为残疾人提供一站式的仲裁服务体验。

(7) 我要调解。系统提供查询调解机构名册、查询调解人员、获取调解流程指引和在线提交调解申请等功能，并随时跟进调解进度，大幅提升了调解服务的效率和便捷性。

(8) 我要公证。系统提供了公证流程指引，查询公证机构名册和公证员名册，表格模板下载和在线提交公证申请等功能，提高了公证服务的便捷性和效率。

(9) 我要找律师。系统提供查询律所名册，可以查找和了解不同律师事务所的专业领域和服务特色。同时，系统提供了律师查询功能，残疾人可以根据自身需求查询合适的律师，了解其执业经验和专业背景。直接通过系统向心仪的律师发起委托，简化了传统的委托流程，提高了法律服务的效率和便捷性。

(10) 我要鉴定。系统鉴定指引，查询鉴定机构名册和在线鉴定需求等功能，并随时跟进办理进度，提升了鉴定服务的便捷性和效率。

(11) 法律援助。系统提供了法律援助流程指引，查询法律援助机构名册、法律基层工作者名册和在线提交法律援助申请等功能，为残疾人提供了定向的服务支持。

(12) 法律咨询。系统提供便捷的法律咨询功能，通过平台随时随地提问残疾人相关法律问题，获取针对性的法律建议和解答。

(13) 普法培训。为残疾人群体设计的法律教育活动，旨在提高他们的法律意识和法律素养，帮助他们更好地维护自身权益。通过深入浅出的法律讲解、案例分析以及互动交流，残疾人能够了解基本的法律知识，掌握与自身生活密切相关的法律条款，学会运用法律手段解决生活中遇到的问题。这不仅有助于残障群体增强自我保护能力，还能促进社会的公平与正义，为构建更加包容、和谐的法治社会贡献力量。

(14) 法律岗位培训。专门为提升残疾人在法律领域专业能力和素养而设计的综合性培训功能。通过系统的教学和实践，使残疾人能够掌握法律基础知识、司法实务技能，并培养他们具备高度的职业道德和职业操守，以确保他们能够胜任司法工作。法律岗位培训在为更多的残疾人提供服务的同时，也为残疾人提供了更多的就业机会和发展空间，促进残疾人事业的全面发展。

(15) 全球残疾人司法论坛。系统包含论坛和个人空间分享功能，是一个汇集各类型残疾人、公益者、法律从业者及残疾人相关服务者的重要交流平台。该论坛旨在加强各国的残疾人在司法方面的交流和分享成功案例新途径。论坛加入 AI 虚拟社区概念，实现不同类型的残疾人无障碍沟通。让更多的残疾人可以分享经验、相互扶持。

3. 服务援助平台

服务援助平台提供多种渠道供残疾人发布求助信息，如 PC 端、一体机、微信小程序等，确保残疾人可以根据自己的习惯和便利性进行选择帮助。残疾人发布的求助信息包含关键内容，姓名、年龄、联系方式等，求助类型（如法律援助、陪同、专业用具等）、具体情况描述以及所需的帮助等。这些信息有助于其他用户或服务机构更好地理解并响应求助。平台还通过智能匹配规则，为残疾人推荐合适的法律援助律师或机构，确保他们获得专业、及时的法律帮助。同时，平台会对发布的求助信息进行审核，确保信息的真实性和合规性。审核通过后的信息将被展示在平台上，供其他用户查看和响应。

服务援助平台建立了完善的响应机制，确保求助信息能够得到及时、有效的响应。当有新的求助信息发布时，平台会立即将信息推送给相关的服务机构和服务人员。响应者可以通过平台提供的联系方式（如电话、短信、邮件等）与求助者取得联系，进一步了解具体情况并提供帮助。同时，平台也支持在线交流功能，方便双方进行实时沟通。平台会跟踪求助响应的进度，确保求助者能够及时得到帮助。响应者可以在平台上更新响应状态（如已联系、正在处理、已完成等），以便求助者和平台了解处理情况。

4. 服务管理平台

服务管理平台是一个集成化的系统，旨在提供全面、高效、便捷的服务管理功能。该平台通过集中化的信息管理、自动化的流程处理、智能化的数据分析等功能，实现对司法服务平台和司法援助平台的基础信息管理和服务过程的精准监控。服务管理平台涵盖了公益管理，入驻机构管理，入驻人员管理，残疾人管理，残疾人司法就业管理，残疾人学生管理，无障碍能力管理，内容管理、权限管理、积分服务管理、业务流程管理、数据分析管理等多个方面，通过精细化的用户权限设置，确保只有授权人员才能访问和编辑相关数据。通过基础信息、过程监控和数据分析的多重管理，持续提升服务质量。后台管理支持数据分析与报告生成，为业务办理、法律援助服务的优化和决策提供有力支持。通过数据分析持续提升各项服务的质量，为残疾人提供更加便捷、高效、专业的业务办理和法律援助等服务。

三、GDJSP 的参照标准及依据

（一）国内标准

在构建和设计网站时，确保无障碍访问至关重要，它使得包括残疾人在内的所有用户都能平等地获取信息和使用服务。为了达到这一目标，GDJSP 遵循中华人民共和国信息产业部发布的《网站设计无障碍技术要求》（YD/T 1761—2012）的相关标准作为技术依据。该要求提供了一套全面的指导原则，旨在通过消除技术和设计的障碍，实现强化级别的无障碍访问。

（二）国际标准

除遵循中国的标准外，GDJSP 还参考了国际标准化组织（ISO）和万维网联盟（W3C）制定的相关国际标准。这些国际标准包括：

（1）ISO/IEC 21838：2019 -信息技术——无障碍网站内容——指南和成功标准：这个国际标准提供了创建无障碍网站内容的指南和成功标准。它旨在帮助网站开发者、设计师和内容创作者了解如何使网站对所有用户，包括那些有视觉、听觉、认知和运动障碍的用户，具有可访问性。

（2）WCAG（Web Content Accessibility Guidelines）2.1：这是由 W3C 发布的国际标准，提供了一套广泛的指导原则，以确保网站内容对残疾人是可访问的。WCAG 2.1 定义了三个级别的一致性（A、AA 和 AAA），每个级别都有一组成功标准，网站必须满足这些标准才能达到相应的无障碍水平。

（3）WAI-ARIA（Web Accessibility Initiative - Accessible Rich Internet Applications）：这是由 W3C 发起的倡议，旨在提高网页的可访问性，特别是对于动态内容和互联网应用程序。通过使用 ARIA（可访问互联网应用程序）技术，开发者可以添加额外信息，以帮助辅助技术（如屏幕阅读器）更好地理解和呈现网页内容。

通过结合这些国际标准和《网站设计无障碍技术要求》，GDJSP 能够创建出既符合中国国家标准又符合国际最佳实践的网站，从而为全球用户提供更广泛、更一致的无障碍访问体验。这种综合标准不仅有助于提升网站的可访问性，而且有助于促进包容性和平等的数字化环境。

四、GDJSP 的相关机构和人员

（一）残疾人群体

GDJSP 为残障群体提供了一个便捷、无障碍的在线服务平台，使他们能够更加容易地了解司法信息、获取法律援助、参与司法活动等。系统通过提供无障碍服务帮助视觉残疾、听力残疾、肢体残疾等各类型的残疾人，促使他们顺畅地访问和使用系统，获得帮助。

（二）法律服务机构和法律专业人士

法院、仲裁委员会、调解机构、公证机构、律协、律所、鉴定和法律援助等法律机构和法律专业人士为残疾人提供在线的司法服务，他们通过在 GDJSP 为残疾人提供专业的诉讼、仲裁、法律咨询、调解矛盾、公证文件、鉴定证据等服务，确保残疾人在法律面前享有平等的权利和机会，帮助他们有效维护自身权益，促进社会公平正义。

（三）公益机构和公益组织

公益机构和公益组织在残疾人司法保障中发挥着重要作用。GDJSP 为公益机构和公益组织提供了一个在线交流和合作的平台。公益机构和公益组织使他们能够更好地了解残疾人的法律需求，为经济困难的残疾人提供更有针对性的法律援助、职业培训、服务支持、资金支持等更加精准和有效的服务。

（四）社会工作者和志愿者

社会工作者和志愿者是残疾人司法保障的重要力量，GDJSP 系统为他们提供了一个获取信息和交流经验的平台，使他们能够更好地为残疾人服务。社会工作者和志愿者通过该平台了解残疾人的法律需求，参与法律援助活动，为残疾人提供心理支持、法律咨询等服务。

（五）残疾人服务机构和特殊教育学校

这类机构是司法保障服务中必不可少的群体，他们更深入地理解残疾人的需求和困境，共鸣和同理心使得服务更加贴心和有效。社会工作者和志愿者可以通 GDJSP 获取更多的信息和服务支援。系统可以帮助残疾人服务机构和特殊教育学校做法律宣传和推广相关的法律政策和知识，提高残疾人的法律意识和维权能力。

（六）其他群体

GDJSP 还可以面向其他与残疾人司法保障相关的群体，如政策制定者、法律专业人士、研究人员等。这些群体可以通过系统了解残疾人的法律需求、研究残疾人司法保障的现状和发展趋势、参与残疾人司法保障的政策制定和改革等。

第三节 GDJSP 平台结构

一、架构设计

平台架构的设计和实施是构建现代软件解决方案的核心。GDJSP 框架采用了多种先进技术和方法，以确保系统的集成性、可扩展性和维护性。

（1）前端响应式设计：为了提升用户体验，GDJSP 采用了响应式设计原则。这意味着平台的前端能够自动适应不同设备的屏幕尺寸和分辨率，无论是桌面电脑、平板电脑还是智能手机。这种设计不仅改善了用户的交互体验，还极大地提高了开发效率。

（2）微服务后台架构：后端采用微服务架构，将整个系统分解为多个小型、独立但相互协作的服务模块，每个服务模块负责一个特定的功能，如用户管理、订单处理或数据分析等，这种松耦合的设计使得各个服务可以独立开发、测试、部署和扩展，大幅提高了系统的灵活性和可维护性。此外，微服务架构还支持使用不同的技术和编程语言来开发各个服务，从而优化性能和资源利用。

（3）通用语言：为了确保服务的跨平台和跨国家兼容性，GDJSP 选择了支持广泛且具有强大生态系统的面向对象编程语言。这种语言不仅提供了丰富的数据库和框架，还支持国际化和本地化，使得平台可以轻松地适应不同国家和地区的语言及文化需求。

（4）数据管理和安全性：平台采用了先进的数据库管理系统，支持大数据存储和高效查询。同时，通过实现多层安全措施，包括数据加密、访问控制和定期安全审计，确保用户数据的安全性和隐私保护。

（5）持续集成和持续部署（CI/CD）：为了提高开发效率和缩短上市时间，GDJSP 采用了 CI/CD 流程。这允许开发者频繁地将代码更改合并到主分支，并自动进行构建、测试和部署。这种方法不仅加快了开发周期，还确保了代码质量和系统稳定性。

（6）可扩展性和高可用性：平台设计考虑了未来的扩展需求，支持水平和垂直扩展。通过负载均衡、冗余部署和自动故障转移机制，确保了高可用性和服务的连续性。

总之，GDJSP 的平台架构是一个综合性的解决方案，是一个可靠、高效和易于维护的平台，它结合了最新的技术和最佳实践，以满足不断变化的业务需求和市场挑战。

二、基础架构

基础架构的设计和实施是构建现代信息系统的关键组成部分，它直接影响系统的性能、可靠性、可维护性和扩展性。在当今的数字化时代，随着数据量的激增和计算需求的不断上升，传统的基础架构已经难以满足企业和个人用户的需求。因此，采用云计算技术成为一种趋势。

（1）采用云计算技术的动态扩展和弹性调度：云计算技术的核心优势在于其能够提供资源的动态扩展和弹性调度。这意味着，当业务需求增加时，可以迅速增加计算资源，如 CPU、内存和存储空间，而当需求减少时，又可以相应地减少资源，从而避免资源浪费。这种按需分配的模式，不仅提高了资源的利用率，也降低了成本。

（2）高性能服务器和稳定的网络环境：为了确保平台的稳定性和可靠性，选择高性能的服务器是至关重要的。这些服务器通常具备强大的处理能力和高速的数据处理速度，能够满足复杂计算和大数据分析的需求。同时，一个稳定的网络环境也是不可或缺的，它保证了数据的快速传输和低延迟的通信，对于提供实时服务和处理大量并发请求至关重要。

（3）分布式架构设计：分布式架构是现代基础架构设计的重要组成部分，它通过将计算任务分散到多个节点上，来提高系统的处理能力和容错能力。这种设计允许系统在单个或多个节点出现故障时仍然保持运行，从而提高系统的可用性。此外，分布式架构还支持水平扩展，即通过增加更多的节点来提升系统的整体性能，这使得系统能够灵活地应对不断增长的业务需求。

（4）高性能、高并发、高可用性和可扩展性的需求：在设计基础架构时，需要考虑到系统将要面临的各种挑战，包括处理大量的并发请求、保证服务的持续可用以及应对未来业务增长的能力。高性能确保了系统能够快速响应用户的请求；高并发能力使得系统能够同时处理大量用户的请求；高可用性保证了系统即使在部分组件失效的情况下也能继续提供服务；可扩展性则意味着系统能够随着业务的增长而平滑地扩展其能力。

总之，一个精心设计的基础架构是支撑现代信息系统的基石。通过采用云计算技术、部署高性能服务器和稳定的网络环境，以及实施分布式架构设计，能够确保 GDJSP 系统满足高性能、高并发能力、高可用性和可扩展性的需求，从而为用户提供稳定、可靠和高效的服务。

三、业务架构

GDJSP 将业务功能划分为独立的中台模块，意味着在内部构建一个中心化的服务平台，该平台通过标准化的 API（应用程序编程接口）和服务进行交互。这种架构模式允许不同的前端应用和系统与中台模块通信，从而实现数据的共享、功能的重用和业务流程的集成。

中台模块设计通常遵循微服务架构原则，这意味着每个模块都是独立部署和可扩展的，它专注于特定的业务功能，如用户管理、订单处理、服务流程等。这些模块通过定义清晰的接口和协议来提供服务，确保不同模块之间的低耦合性和高内聚性。

集中管理是中台架构的一个关键特点，它允许系统统一监控和维护各个服务模块。通过集中管理，系统可以更容易地控制服务质量、确保数据一致性，并且能够快速响应市场变化和业务需求。此外，集中管理还有助于提高安全性，因为安全策略和更新可以在中心位置进行，并统一应用于所有模块。

协同创新是中台架构的另一个优势。由于业务逻辑和共享服务被抽象和封装成可复用的组件，开发团队可以更快速地构建新功能或改进现有功能，而不需要从零开始。这种模块化和组件化的方法促进了跨团队和跨项目的合作，加速了创新过程。

中台能力的可复用性、可扩展性和可维护性对于支撑前台业务的快速迭代至关重要。前台业务通常指直接面向客户的应用程序和服务，如电商平台、移动应用或客户门户网站。中台提供的稳定和可靠的服务基础使得前台团队能够专注于用户体验和市场需求，而不是底层的技术细节。

中台架构还能够满足与其他国家的服务对接需求。随着全球化的发展，系统需要与不同国家和地区的合作伙伴、供应商和客户进行交互。中台架构通过提供统一的接口和服务，简化了跨国界的系统集成和数据交换，使得企业能够更容易地适应不同地区的法规、文化和商业习惯。

综上所述，GDJSP 将业务功能划分为独立的中台模块，并通过标准化的 API 和服务进行交互，不仅实现了集中管理和协同创新的架构模式，而且提供了一个灵活、可扩展和高效的核心业务平台，支持前台业务的快速迭代和创新，同时满足了全球服务对接的需求。

四、数据库架构

数据库架构是信息系统设计中的关键部分，它决定了数据的存储、管理和访问方式。在为残疾人服务的信息系统中，选择合适的数据库架构尤为重要，因为这涉及敏感数据的保护和高效处理大量不同类型的数据。GDJSP 将选择以下几种数据库类型叠加使用。

（一）关系型数据库

关系型数据库因其成熟的技术、强大的查询能力和事务管理功能而成为存储结构化数据的首选。关系型数据库提供了一种直观且易于维护的数据组织方式。关系型数据库通过表和字段来定义残疾人基本信息（如姓名、年龄、残疾类型、联系方式等）以及服务机构信息（如机构名称、地址、提供的服务类型等），确保数据的完整性和一致性，同时利用主外键关系来维护数据之间的关联性关系型数据库。关系型数据库在数据完整性、事务支持、成熟度方面具有优点。首先，通过约束和触发器确保数据的准确性。其次，保证数据操作的原子性、一致性、隔离性和持久性。最后，基于丰富的理论和实践基础，拥有大量的优化技术和工具。

（二）非关系型数据库和分布式文件系统

随着互联网技术的发展，非结构化数据（如图片、视频、音频等）的数量急剧增加。这些数据通常不适合存储在传统的关系型数据库中，因为它们的大小和格式变化很大，且不易于以表格形式组织。因此，采用非关系型数据库或分布式文件系统来存储这类数据成为一种趋势。关系型数据库或分布式文件系统提供自动数据复制和恢复功能，适合构建高可用性的存储集群，具有灵活性、可扩展性、高性能等优点。首先，适应非结构化数据的自然格式，无须预先定义模式。其次，容易添加更多节点来处理增长的数据量。最后，针对特定类型的查询和数据访问模式进行优化。

在实际应用中，GDJSP通常会结合使用关系型和非关系型数据库以及分布式文件系统，以充分利用各自的优势。例如，可以将残疾人的基本信息存储在关系型数据库中，而将相关的医疗记录、康复训练视频等大型文件存储在非关系型数据库或分布式文件系统中。这种混合架构不仅保证了数据管理的灵活性和效率，还提高了整个系统的可靠性和可扩展性。通过精心设计的数据库架构，可以为残疾人提供更高效、更安全的服务，同时为相关机构提供了一个强大的数据管理和分析平台。

五、安全架构

安全架构是系统信息安全的核心组成部分，它通过一系列的技术和管理措施来保护组织的信息资产免受各种威胁和攻击。

（1）数据加密：安全架构采用先进的加密算法，如AES（高级加密标准）或RSA，对敏感数据进行加密处理。这些加密技术确保数据在存储和传输过程中的安全性，即使数据被未授权人员获取，也无法解读其内容。

（2）权限管理：通过精细化的权限管理系统，安全架构确保用户只能访问他们有权访问的资源。这包括文件、数据库、应用程序和其他系统资源。权限管理通常与角色基础访问控制（RBAC）结合使用，以简化权限分配和管理。

（3）防篡改机制：为了防止恶意软件或攻击者篡改系统数据，安全架构包括数据完整性检查和系统完整性监控。这些机制可以检测和防止未授权的更改，从而保护系统的完整性。

（4）身份验证：安全架构要求所有用户都必须通过严格的身份验证过程才能访问系统。这包括双因素认证、生物识别技术或多因素认证等方法，以确保只有合法用户才能访问系统。

（5）访问控制：除身份验证之外，访问控制策略确保用户只能执行他们被授权的操作。这包括最小权限原则，即用户仅被授予完成工作所必需的权限，以及细粒度的访问控制，以限制对特定数据和功能的访问。

（6）安全审计和监控：安全架构包括审计日志和实时监控系统，以记录和分析用户活动。这有助于检测潜在的安全事件，并提供调查和应对安全事件所需的信息。

（7）网络安全防护：安全架构还包括防火墙、入侵检测系统（IDS）和入侵防御系统（IPS）等网络安全防护措施，以防止未授权的网络访问和攻击。

（8）定期更新和维护：为了应对不断变化的威胁环境，安全架构需要定期更新和维护。这包括打补丁、更新安全策略和配置以及升级硬件和软件组件。

（9）安全培训和意识：安全架构的成功实施还依赖于用户的安全意识和行为。因此，系统应提供定期的安全培训和意识提升活动，以教育员工关于安全最佳实践和潜在威胁。通过上述综合性的安全措施，安全架构为组织提供了一个多层次的防御体系，以保护其信息资产免受各种内部和外部威胁的影响。

综上所述，GDJSP 通过结合无障碍能力、优化无障碍司法服务等方式，提升残疾人的获得感和满意度。该系统致力于维护残疾人权益，确保他们能够在法律框架内平等地享受相关权益和服务。通过降低沟通难度，降低援助门槛、优化工作机制等措施，确保更多残疾人能够获得及时有效的司法援助服务。该系统服务范围扩至全球，形成横向走出国门、纵向覆盖城乡的全方位司法服务。作为国际残疾人司法服务的桥梁，它促进了国际社会在残疾人司法保障领域的交流与合作，为全球残疾人权益保障事业作出了积极贡献。

附 录

附录一 全球残疾人司法保护规划方案（中英文）

全球残疾人司法服务平台

前 言

全球残疾人司法保护规划方案旨在为残疾人提供全面且无障碍的服务平台。该方案通过整合全球资源，结合先进科技手段，为全球残疾人提供法律咨询、业务办理、援助服务、教育培训及权益保护等多元化服务。其目标是帮助残疾人有效维护自身合法权益，增强其获得感与幸福感，进而推动社会公平与正义。

建立全球残疾人司法服务平台不仅能够提升一个国家在国际上的地位，还能够促进国内的社会进步和经济发展，同时，为全球残疾人群体带来实质性的福祉改善。主要体现在以下几个方面：

（1）科技与创新：平台的建设和运营一定会需要先进的信息技术和创新解决方案，这将推动国家在科技创新方面的发展，并能成为其他国家学习的榜样。

（2）领导力与影响力增强：作为全球残疾人司法保护规划方案的发起者和运营者，该国一定会在国际残疾人事务中发挥领导作用，影响全球残疾人权益保护的标准和政策制定。

（3）经济与社会发展：平台可能会吸引国际资金和专业知识，促进相关产业的发展，如辅助技术、康复服务等。同时，提高残疾人的社会地位和经济参与度，有助于国家的全面发展。

（4）法律与政策创新：为了支持全球残疾人司法保护规划方案，该国可能需要完善相关的法律和政策框架，这可能会成为其他国家效仿的典范，提升该国在全球法治建设中的地位。

（5）社会责任与道德领导：该国通过提供全球性的司法保护规划方案，展现了对全球弱势群体的关怀，这种道德领导一定会提升其在国际社会中的道德权威。

<h2 style="text-align:center">目 录</h2>

一、GDJSP 流程图

二、方向

三、目标

四、参照标准

五、面向群体

六、涉及机构和人员

七、架构

八、无障碍辅助能力

九、无障碍语言转换

十、无障碍能力和 AI

十一、一中心三平台

十二、残疾人司法大数据中心

十三、司法服务平台

十四、服务援助平台

十五、管理平台

十六、小结

一、GDJSP 流程图

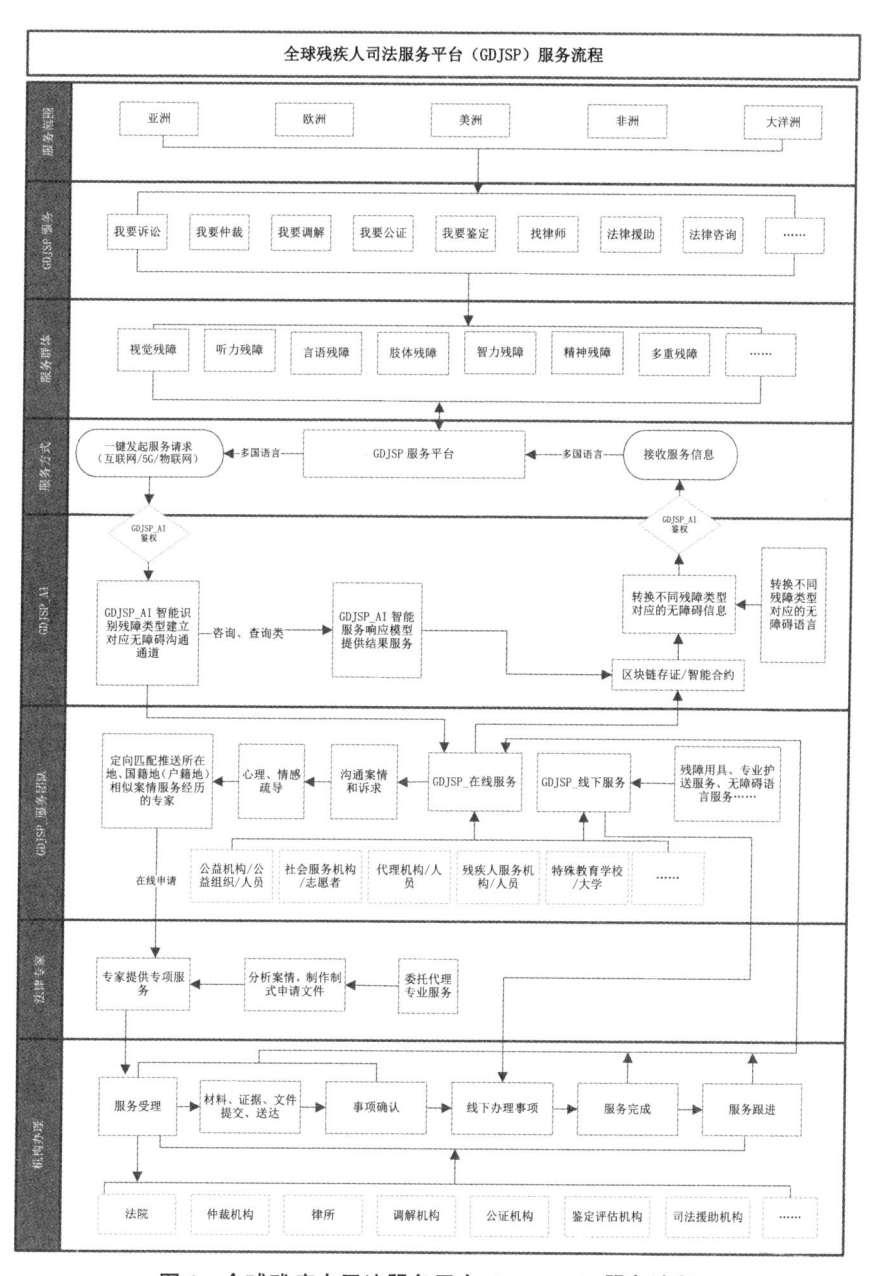

图 1　全球残疾人司法服务平台（GDJSP）服务流程

二、方向

（一）定向化的专项服务——面向全球残疾人提供的无障碍法律服务平台。

（二）新质生产力赋能无障碍交流——利用科技创新技术结合不同类型的残疾人的特点，打造的无障碍服务平台。

三、目标

1. 打造泛感知、泛应用的司法服务平台新生态

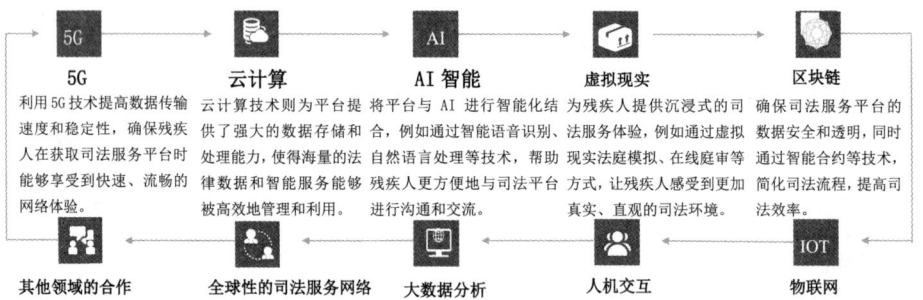

5G	云计算	AI 智能	虚拟现实	区块链
利用5G技术提高数据传输速度和稳定性，确保残疾人在获取司法服务平台时能够享受到快速、流畅的网络体验。	云计算技术则为平台提供了强大的数据存储和处理能力，使得海量的法律数据和智能服务能够被高效地管理和利用。	将平台与AI进行智能化结合，例如通过智能语音识别、自然语言处理等技术，帮助残疾人更方便地与司法平台进行沟通和交流。	为残疾人提供沉浸式的司法服务体验，例如通过虚拟现实法庭模拟、在线庭审等方式，让残疾人感受到更加真实、直观的司法环境。	确保司法服务平台的数据安全和透明，同时通过智能合约等技术，简化司法流程，提高司法效率。

其他领域的合作	全球性的司法服务网络	大数据分析	人机交互	物联网
例如，与医疗、教育、社会服务等领域的融合，为残疾人提供全方位的支持和保障。	该平台是跨国界的合作服务平台，旨在促进全球范围内的残疾人平等享有司法服务的综合性网络平台。	对残疾人的司法需求进行深入挖掘和分析，为残疾人提供更加精准、个性化的司法服务平台。	优化司法服务平台的界面设计，使得残疾人能够更加轻松地操作和使用司法服务平台。	将各种司法服务设备连接起来，实现设备之间的数据共享和协同工作，为残疾人提供更加智能化、便捷的司法服务。

2. 打造全球残疾人司法服务平台

- 无障碍设计
- 多语言支持
- 培训和支持
- 案件管理工具
- 反馈和改进机制
- 合作伙伴关系
- 安全和隐私保护
- 法律信息无障碍
- 个性化设置
- 辅助技术集成

四、参照标准

(1) 国际标准化组织 (ISO):

· ISO/IEC 21838: 2019 -无障碍网站内容,无障碍网站内容的指南和成功标准;

· WAI-ARIA (Web Accessibility Initiative - Accessible Rich Internet Applications) -W3C 发起的一个倡议,提高网页的可访问性;

(2) WCAG (Web Content Accessibility Guidelines) 2.1-W3C 发布的一个国际标准,提供了一套广泛的指导原则,以确保网站内容对残疾人是可访问的。

五、面向群体

为全球残疾人提供服务

发达国家	发展中国家
1. 对接当地法律服务机构和残疾人服务机构实现业务协同办理; 2. 为残疾人和服务人员提供需求援助和提供服务的渠道平台; 3. 为残疾人提供国际化的法律援助服务; 4. 法律服务人士和残疾人经验分享。	1. 为残疾人和服务人员提供需求援助和提供服务的渠道平台; 2. 法律服务人士和残疾人经验分享; 3. 提供统计数据和分析报告,为政策制定提供依据。

六、涉及机构和人员

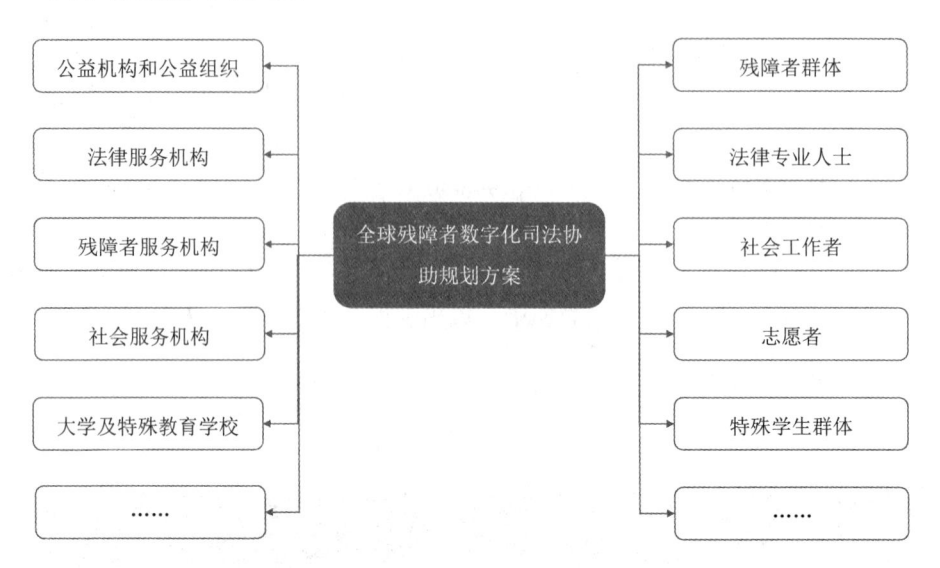

```
公益机构和公益组织 ──┐                    ┌── 残障者群体
法律服务机构       ──┤                    ├── 法律专业人士
残障者服务机构     ──┤ 全球残障者数字化司法协 ├── 社会工作者
社会服务机构       ──┤    助规划方案      ├── 志愿者
大学及特殊教育学校 ──┤                    ├── 特殊学生群体
……              ──┘                    └── ……
```

七、架构

- 增强平台的可扩展性；
- 提升平台的可维护性；
- 优化平台的性能；
- 提高平台的容错能力；
- 为技术创新提供灵活性平台。

附 录

```
┌─────────────────────────────────────────────┐
│                   全 球                      │
│  亚洲    欧洲    美洲    非洲    大洋洲       │
├─────────────────────────────────────────────┤
│        发达国家            发展中国家         │
├─────────────────────────────────────────────┤
│                  残障者群体                  │
│  视觉残疾  听力残疾  言语残疾  肢体残疾       │
│          智力残疾  精神残疾  多重残疾         │
├─────────────────────────────────────────────┤
│        全球残障者数字化司法协助规划方案       │
├─────────────────────────────────────────────┤
│         机构                 态势            │
│  公益  法院  仲裁委  律所  社会              │
│  援助  调解  鉴定    公证  志愿              │
│                       态势    数字            │
│                       大数据  分析            │
├─────────────────────────────────────────────┤
│              数据共享                        │
│    API 接口服务            数据分析          │
├─────────────────────────────────────────────┤
│                   业务中台                   │
│  援助  诉讼  律师  公证  法律  参阅  法律     │
│  公益  调解  仲裁  鉴定  法律  培训  全球     │
├─────────────────────────────────────────────┤
│      无障碍服务能力              AI能力      │
│   口语服务    手语服务     感知能力  认知能力 │
│   浅白语言服务 字幕服务    学习能力  推理能力 │
│   盲文服务    字号服务     自然语言处理能 决策能力
│   触觉交流服务 色彩服务                       │
├─────────────────────────────────────────────┤
│                 基础服务中心                 │
│  工作流引擎  积分服务中  用户中心  权限控制中  搜索中心 │
│  无障碍能力  机构中心    消息消心  控制中心    内容中心 │
├─────────────────────────────────────────────┤
│                 基础服务中间件               │
│  消息队列  监控预警  服务治理  日志采集  消息中心 │
│  配置管理  视频转换  音频转换  图片缓存  文件上传 │
├─────────────────────────────────────────────┤
│                   数据中台                   │
│  数据流转  数据处理  数据计算  数据服务       │
├─────────────────────────────────────────────┤
│                   数据存储                   │
│  关系型数据库  非关系型数据库  分布式文件存储  缓存 │
├─────────────────────────────────────────────┤
│                   基础设施                   │
│  云平台  网络  5G  计算资源池  存储资源池     │
└─────────────────────────────────────────────┘
  政策法规和标准规范体系         运行支持和安全保障体系
```

图 2　全球残疾人司法服务平台技术架构

1 系统架构

采用前端响应式设计，提升开发效率和用户体验。采用微服务后台架构，将整个系统划分为多个松耦合的服务模块，每个模块负责一个特定的功能，便于扩展和维护。平台采用通用的面向对象语言，满足跨系统跨国家需求。

2 业务中台架构

将业务功能划分为独立的中台模块，通过标准化的 API 和服务进行交互，实现集中管理和协同创新的架构模式。将核心的业务逻辑和共享服务进行抽象和封装，形成可复用、可扩展、可维护的中台能力，支撑前台业务的快速迭代和创新，满足与其他国家的服务对接。

3 数据库架构

采用关系型数据库存储残疾人基本信息、服务记录等结构化数据。采用非关系型数据库或分布式文件系统，用于存储图片、视频等非结构化数据。

4 安全架构

使用加密算法对敏感数据进行加密存储，防止数据泄露和非法访问。通过权限管理和安全机制，确保不同用户只能访问其被授权的资源。通过身份验证、访问控制等技术手段，实现用户信息和系统数据的安全保护。

5 基础架构

采用云计算技术，实现资源的动态扩展和弹性调度，提高服务效率。采用高性能服务器和稳定的网络环境，确保平台的稳定性和可靠性。采分布式架构设计，满足高性能、高并发、高可用性、和可扩展性的需求。

八、无障碍辅助能力

平台在接收和发出司法服务指令时，结合平台提供的辅助工具，转换成不同残疾人可以接收和接受的服务模式进行人机交互，提供不同的司法服务平台。

视觉残疾：色彩调整、文字图标大小、读屏工具、触觉反馈、盲文打印等辅助工具；

听力残疾：振动反馈、声音大小、语音转文字、手语提示、无障碍输入法等辅助工具；

言语残疾：语音转文字、文字转语音、定制短语等辅助工具；

肢体残疾：文字转语音、语音指令、设备升降支架等辅助工具；

智力残疾：简版辅助工具，浅白语言和直观的图标，以减少理解和操作上的困难；

精神残疾：蓝色绿色页面，简版辅助工具，简单的语言和直观的图标；

多重残疾：结合多种感知通道进行交互，如视觉提示的同时，也提供声音或触觉反馈。

九、无障碍语言转换

无障碍语言转换功能通过智能技术将文本、音频或视频内容转换成易于残疾人理解的形式，如语音转盲文、手语翻译等，确保信息的无障碍传递。这不仅有助于语言障碍者更好地获取信息，还促进了不同语言和文化背景人群之间的有效沟通。

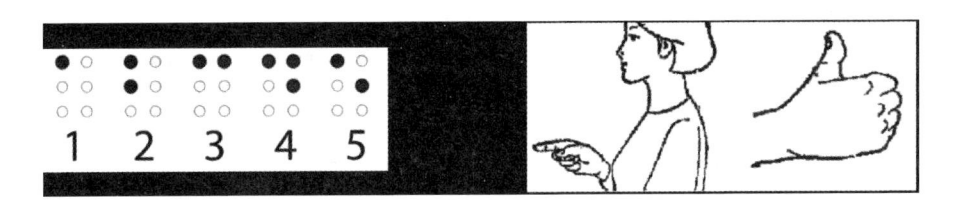

十、无障碍能力和 AI

智能识别并响应不同残疾类别人员的需求，通过自然语言处理、图像识别、语音交互、认知感应等 AI 技术，结合口语、手语、盲文、色彩、字幕、触觉交流等无障碍服务，实现信息的无障碍传递和交互。

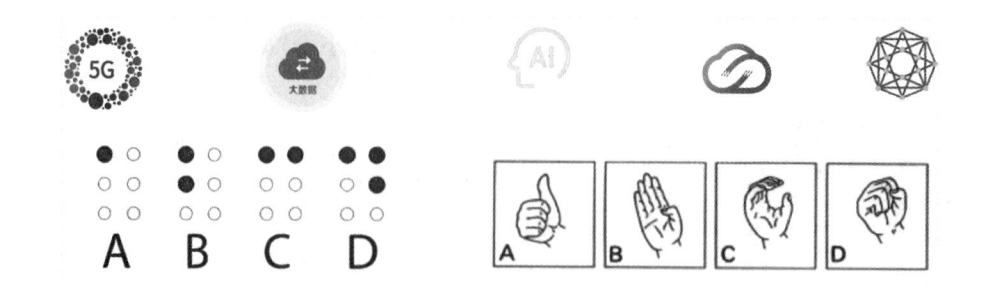

十一、一中心三平台

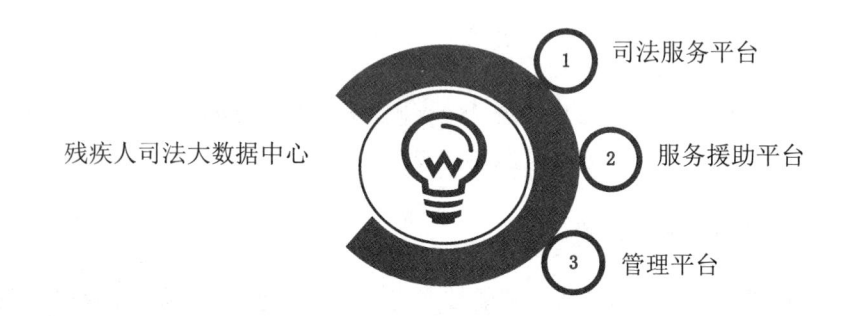

移动端：以微信小程序为主，满足信息获取、业务办理、使用无障碍阅读书写工具等功能。

PC端：信息获取、业务办理、后台管理、培训资源上传、无障碍工具配置等全部功能。

无障碍一体机端：设备升降、打印盲文、耳麦、放大镜、手写板、手语讲解分屏等功能。

十二、残疾人司法大数据中心

全球范围内的残疾人权利相关法律库、法规库、案例库、残疾人基础信息库、残疾人个性化服务信息库、公益服务库、服务机构库、服务人员库、无障碍服务能力库、业务办理库、数据分析模型库、全球残疾人司法服务平台共享库等，它与分布式文件存储构成支撑"三平台"建设的基础库、资源库。

十三、司法服务平台

1 信息发布

发布与残疾人相关的新闻动态、就业信息、康复知识等。

2 政策解读

专业的政策解读服务,帮助残疾人更好的理解政策内容。

3 普法宣传

结合残疾人的特点和需求,以不同宣传形式进行普法宣传。

4 参阅案例

和残疾人相关的案例分享。

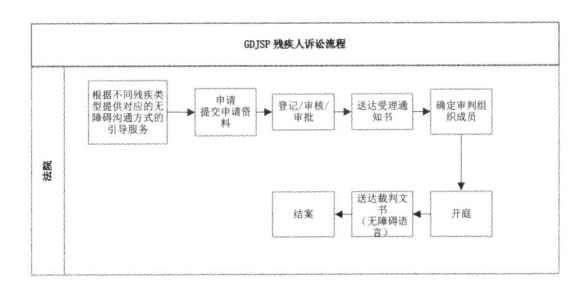

5 我要立案

- 立案流程指引;
- 法院机构名册;
- 文书模版下载;
- 在线立案;
- 案件查询;
- 在线庭审;

图 3 全球残疾人司法服务平台无障碍式诉讼流程示意

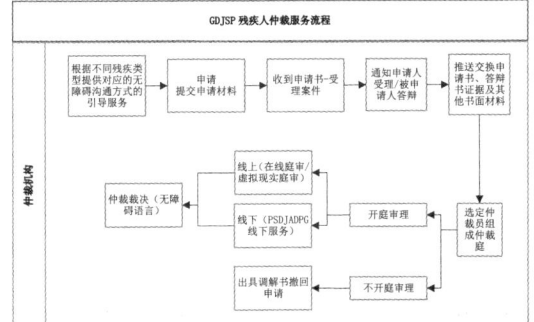

6 我要仲裁

- 仲裁机构名册;
- 仲裁员查询;
- 仲裁流程指引;
- 文书模板下载;
- 在线立案;
- 案件查询;

图 4 全球残疾人司法服务平台无障碍式仲裁服务流程示意

7 我要调解

图 5 全球残疾人司法服务平台无障碍式调解服务流程示意

- 调解流程指引；
- 调解机构名册；
- 调解员查询；
- 在线办理；（可在线填报提交申办调解，调解机构可在线受理。当事人可一键转立案）

8 我要公证

图 6 全球残疾人司法服务平台无障碍式公证服务流程示意

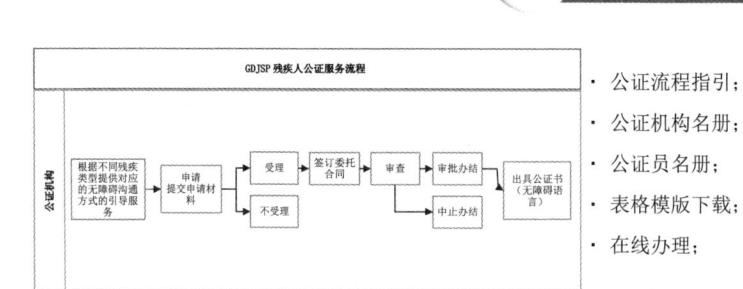

- 公证流程指引；
- 公证机构名册；
- 公证员名册；
- 表格模版下载；
- 在线办理；

9 我要找律师

图 7 全球残疾人司法服务平台无障碍式委托律师服务流程示意

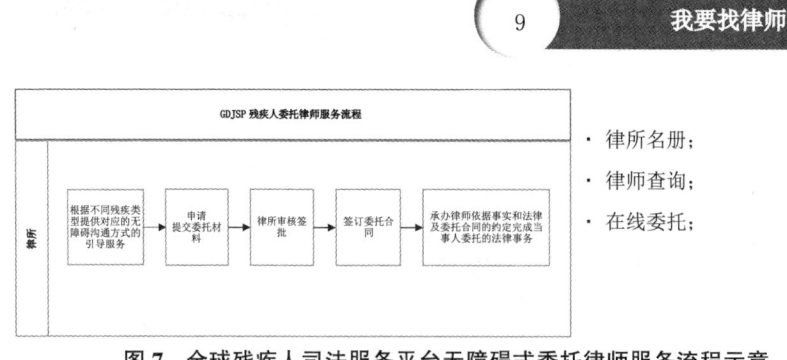

- 律所名册；
- 律师查询；
- 在线委托；

附 录

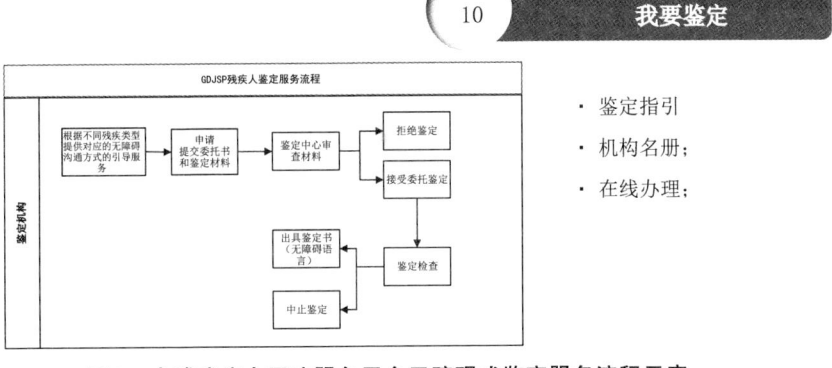

10　我要鉴定

・鉴定指引
・机构名册；
・在线办理；

图 8　全球残疾人司法服务平台无障碍式鉴定服务流程示意

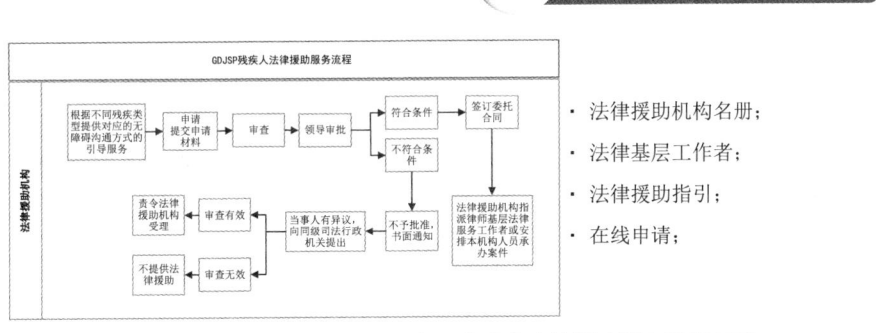

11　法律援助

・法律援助机构名册；
・法律基层工作者；
・法律援助指引；
・在线申请；

图 9　全球残疾人司法服务平台无障碍式法律缓助服务流程示意

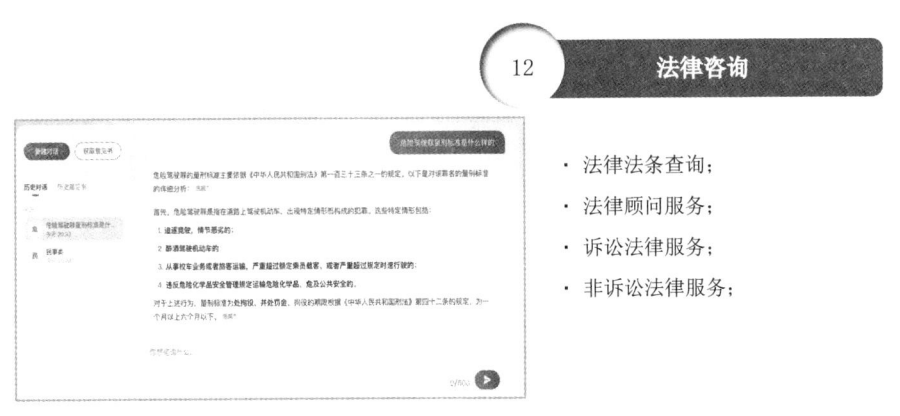

12　法律咨询

・法律法条查询；
・法律顾问服务；
・诉讼法律服务；
・非诉讼法律服务；

图 10　全球残疾人司法服务平台无障碍式法律咨询示意

| 13 | 普法培训 |

提高残疾人的法律意识和自我保护能力;

| 14 | 司法岗位培训 |

为残疾人提供法律相关岗位的培训;

课程管理、教师管理、学习班管理、考试管理、年度计划管理、学习档案管理、统计分析、直播点播管理、信息管理

| 15 | 全球社区 |

构建一个专为全球残疾人服务的AI虚拟社区,旨在借助先进的AI技术消除沟通壁垒。这个平台汇聚了多元文化背景和各行各业的人士,加强全球残疾人之间的交流与联系。例如,视觉障碍者能够与言语障碍者自由交流。通过这一平台,更多的残疾人能够分享彼此的经验,相互支持,共同前行。

十四、服务援助平台

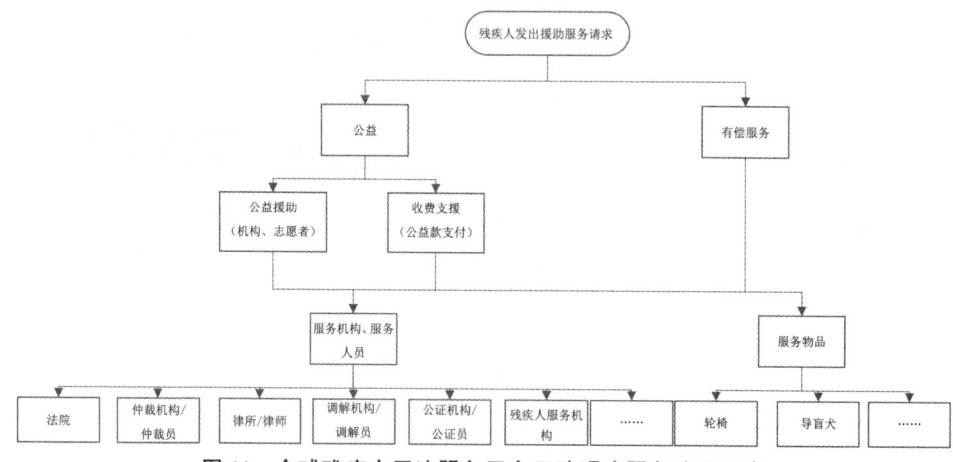

图11 全球残疾人司法服务平台无障碍式服务流程示意

附 录

发布渠道	提供多种渠道供残疾人发布求助信息，如 PC 端、一体机、微信小程序等，确保残疾人可以根据自己的习惯和便利性进行选择。
援助内容	残疾人发布的求助信息包含关键内容，姓名、年龄、联系方式等求助类型（如法律援助、陪同、专业用具等）、具体情况描述以及所需的帮助等。这些信息有助于其他用户或服务机构更好地理解并响应求助。
内容审核	平台会对发布的求助信息进行审核，确保信息的真实性和合规性。审核通过后的信息将被展示在平台上，供其他用户查看和响应。

响应机制

服务援助平台建立了完善的响应机制，确保求助信息能够得到及时、有效的响应。当有新的求助信息发布时，平台会立即将信息推送给相关的服务机构和服务人员。

响应方式

响应者可以通过平台提供的联系方式（如电话、短信、邮件等）与求助者取得联系，进一步了解具体情况并提供帮助。同时，平台也支持在线交流功能，方便双方进行实时沟通。

响应进度跟踪

平台会跟踪求助响应的进度，确保求助者能够及时得到帮助。响应者可以在平台上更新响应状态（如已联系、正在处理、已完成等），以便求助者和平台了解处理情况。

- 公益机构
- 公益组织
- 法院
- 仲裁委员会
- 调解机构
- 公证机构
- 律协/律所
- 鉴定机构
- 法律援助机构
- ……

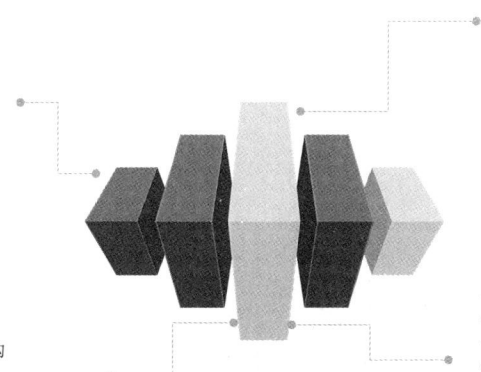

- 法官/助理法官
- 书记员/诉服人员
- 仲裁员
- 调解员
- 公证员
- 律师
- 法律基层工作者
- ……

- 残联
- 残疾人服务机构
- 特殊教育学校
- ……

- 大学里的残疾人及残疾服务人员
- 法律服务岗位的残疾人
- 志愿者
- ……

十五、管理平台

- 司法服务平台管理
- 入驻机构管理
- 入驻人员管理
- 残疾人大学生管理（学校合作）
- 服务援助管理
- 残疾人司法就业管理
- 残疾人管理
- 公益管理

用户在办理事项的过程中，可以在"个人中心"查看进展和结果。

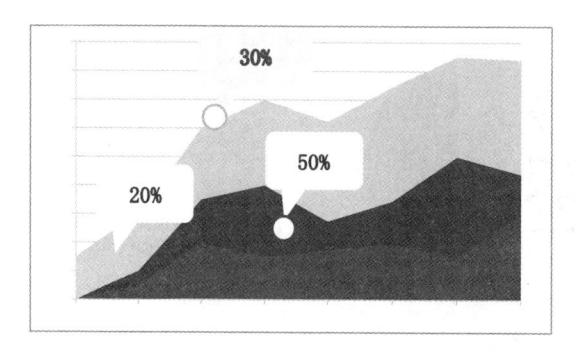

数据分析

机构或办事人员办理事项、残疾人使用服务、机构和人员的服务情况等多维度统计报表功能。

附　录

用户信息管理
包括用户的注册、登录、个人信息查看与修改等功能。

用户分组管理
将用户按照一定规则进行分组，方便进行批量操作和管理。

行为记录管理
记录用户登录、操作等日志，便于追踪和审计系统操作。

注册用户分析
多维度展示分析注册用户情况。

- 机构管理
- 机构用户管理
- 角色管理
- 权限分配及管理
- 日志管理
- API 管理
- 缓存管理

权限类型
- 功能权限
- 数据权限
- 角色权限（关联）

海量非结构化数据：视频、图形、图像、音频、文本

支持管理员添加、编辑、删除和发布机构信息、名册信息、人员信息、指引信息等图文、视频等内容，支持多级审核。

防篡改功能
避免平台被恶意攻击。

备份与恢复
定期备份网站数据，确保数据安全；在需要时恢复数据至指定状态。

数据加密
对敏感数据进行加密存储和传输，确保数据安全。

十六、小结

提升满意度

通过结合无障碍能力、优化无障碍司法服务方案等方式，提升残疾人的满意度和获得感。

加强司法服务

通过降低援助门槛、优化工作机制等措施，确保更多残疾人能够获得及时有效的司法援助服务。

扩大覆盖范围

形成横向走出国门、纵向覆盖城乡的全方位司法服务平台。提供方便快捷、优质高效的残疾人法律服务网络，让更多残疾人受益。

Global Plan for Judicial Protection of the Disabled Persons[1]

Introduction

The Global Plan for the Protection of the Rights of Persons with Disabilities aims to provide a comprehensive and barrier-free service platform for persons with disabilities. The plan integrates global resources and advanced technological means to provide diverse services, including legal consultation, business processing, assistance services, education and training, and rights protection, for persons with disabilities worldwide. Its goal is to help persons with disabilities effectively protect their legal rights, enhance their sense of fulfillment and happiness, and ultimately promote social justice and fairness. The establishment of a global digitallegal assi stance platform for persons with disabiliti es can not only enhance a country's internat ional statusbut also promote domestic soci al progress and economic development, while bringing substantial improvements to th e well-being of persons with disabilities around the world. It is mainly reflected in th e following aspects:

1. Science & technology and Innovations: The construction and operation of this platform will definitely require advanced information technology and innovative solutions, which will promote the development of the country in scientific and technological innovation, and can become a model for other countries to learn from.

2. Enhanced leadership and Influences: As the initiator and operator of the global plan for judicial protection of the disabled persons, this country will certainly play a leading role in international affairs for persons with disabilities and influence the formulation of standards and policies for the protection of rights and interests of persons with disabilities worldwide.

3. Economic and Social developments: This scheme may attract international funding and expertise to promote the development of related industries, such as assistive technology, rehabilitation services, etc. At the same time, improving the social status

---

[1] 全文由唐亚南翻译。

and economic participation of the disabled is conducive to the overall development of this country.

4. Legal and Policy innovations: In order to support the global plan for judicial protection of the disabled persons, this country may need to improve the relevant legal and policy framework, which may become a model for other countries to follow and enhance this country's position in the global rule of law.

5. Social responsibilities and Ethical leadership: By providing a global scheme for mutual legal assistance, this country has demonstrated its concern for the vulnerable around the world, and this moral leadership is bound to enhance its moral authority in the international community.

CATALOGUE

Ⅰ. GDJSP Flow Chart

Ⅱ. Directions

Ⅲ. Goals

Ⅳ. Reference Standards

Ⅴ. Groups Oriented

Ⅵ. Institutions and Persons Involved

Ⅶ. Frameworks

Ⅷ. Barrier-free Auxiliary Abilities

Ⅸ. Barrier-free Language Conversion

Ⅹ. Barrier-free Ability and AI

Ⅺ. One Center and Three Platforms

Ⅻ. Disability Justice Big Data Center

Ⅷ. Judicial Service Platform

XIV. Service Assistance Platform

XV. Management Platforms

XVI. Brief Summary

I. GDJSP Flow Chart

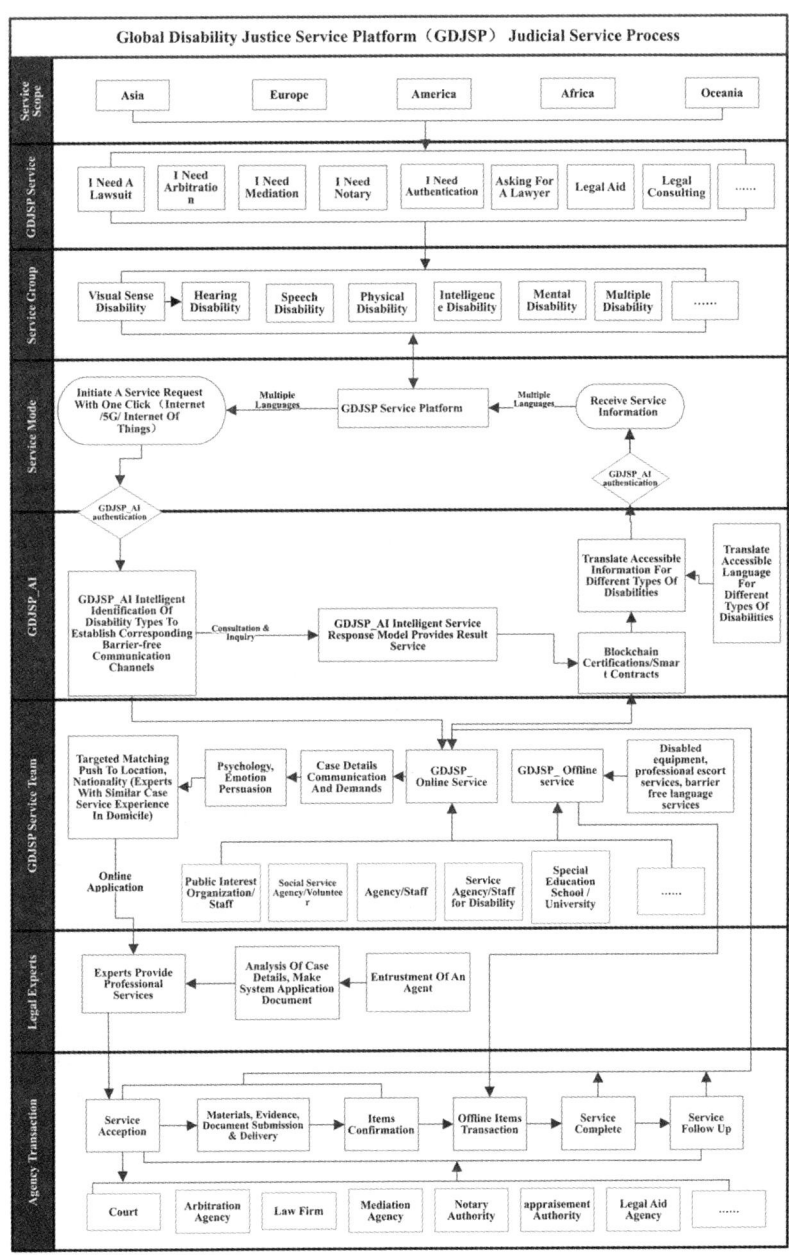

Figure 1　Flow Chart Of Global Disability Justice Service Platform (GDJSP)

II. Directions

1. Targeted special services --- a barrier-free legal service platform for persons with disabilities around the world.
2. New quality productivity enables barrier-free communication --- a barrier-free service platform created by combining the characteristics of different types of disabled persons with scientific and technological innovations.

III. Goals

1. Create a New Ecology of Judicial Services with Universal Perception and Application

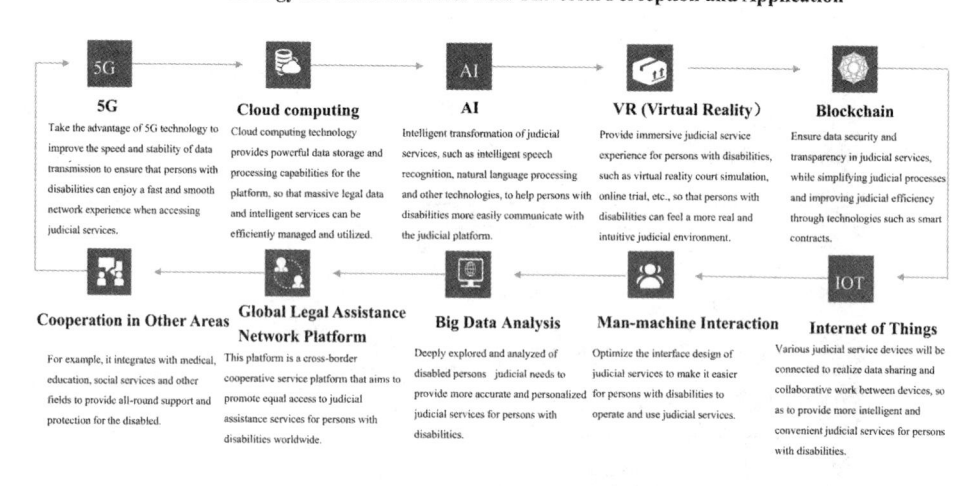

5G
Take the advantage of 5G technology to improve the speed and stability of data transmission to ensure that persons with disabilities can enjoy a fast and smooth network experience when accessing judicial services.

Cloud computing
Cloud computing technology provides powerful data storage and processing capabilities for the platform, so that massive legal data and intelligent services can be efficiently managed and utilized.

AI
Intelligent transformation of judicial services, such as intelligent speech recognition, natural language processing and other technologies, to help persons with disabilities more easily communicate with the judicial platform.

VR (Virtual Reality)
Provide immersive judicial service experience for persons with disabilities, such as virtual reality court simulation, online trial, etc., so that persons with disabilities can feel a more real and intuitive judicial environment.

Blockchain
Ensure data security and transparency in judicial services, while simplifying judicial processes and improving judicial efficiency through technologies such as smart contracts.

Cooperation in Other Areas
For example, it integrates with medical, education, social services and other fields to provide all-round support and protection for the disabled.

Global Legal Assistance Network Platform
This platform is a cross-border cooperative service platform that aims to promote equal access to judicial assistance services for persons with disabilities worldwide.

Big Data Analysis
Deeply explored and analyzed of disabled persons judicial needs to provide more accurate and personalized judicial services for persons with disabilities.

Man-machine Interaction
Optimize the interface design of judicial services to make it easier for persons with disabilities to operate and use judicial services.

Internet of Things
Various judicial service devices will be connected to realize data sharing and collaborative work between devices, so as to provide more intelligent and convenient judicial services for persons with disabilities.

2. To Build a Global Disability justice Service Platform

- Barrier-free Design
- Multilanguage Support
- Assistive Technology
- Training and Support
- Personalized Setting
- Case Management Tool
- Accessibility of Legal Information
- Feedback and Improvement Mechanisms
- Security and Privacy Protection
- Cooperative Partnership

IV. Reference Standards

1. International Organization for Standardization (ISO)

- ISO/IEC 21838:2019 --- Accessible Website content, guidelines and success criteria for accessible website content.
- WAI - ARIA (Web Accessibility Initiative - Accessible Rich Internet Applications) - W3C initiated a porposal to improve the accessibility of web pages.

2. WCAG (Web Content Accessibility Guidelines) 2.1--- An international standard published by the W3C that provides a broad set of guidelines to ensure that website content is accessible to persons with disabilities.

V. Groups Oriented

Provide Services for Persons with Disabilities Worldwide

Developed Country

1. Contect with local legal service agencies and services for the disabled Institutions to achieve business coordination transaction;
2. A channel platform to provide demand assistance and service for persons with disabilities and service personnel;
3. Provide international legal aid services for persons with disabilities;
4. Experience sharing between legal service personnel and persons with disabilities.

Developing Country

1. A channel platform to provide demand assistance and service for persons with disabilities and service personnel;
2. Experience sharing between legal service personnel and persons with disabilities;
3. Provide statistical data and analytical reports to inform policy formulation.

VI. Institutions and persons Involved

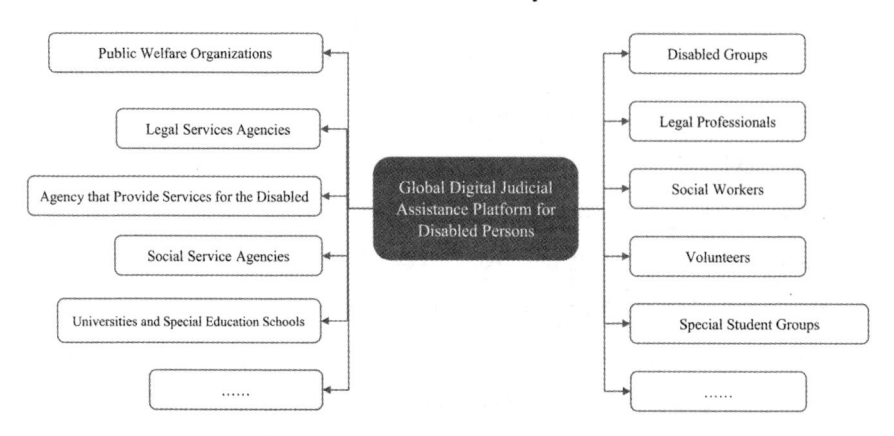

Global Digital Judicial Assistance Platform for Disabled Persons

- Public Welfare Organizations
- Legal Services Agencies
- Agency that Provide Services for the Disabled
- Social Service Agencies
- Universities and Special Education Schools
- ……

- Disabled Groups
- Legal Professionals
- Social Workers
- Volunteers
- Special Student Groups
- ……

VII. Frameworks

- Enhance the scalability of the platform;
- Improve the maintainability of the platform;
- Optimize platform performance;
- Improve the fault tolerance of the platform;
- Provide a flexible platform for technological innovations.

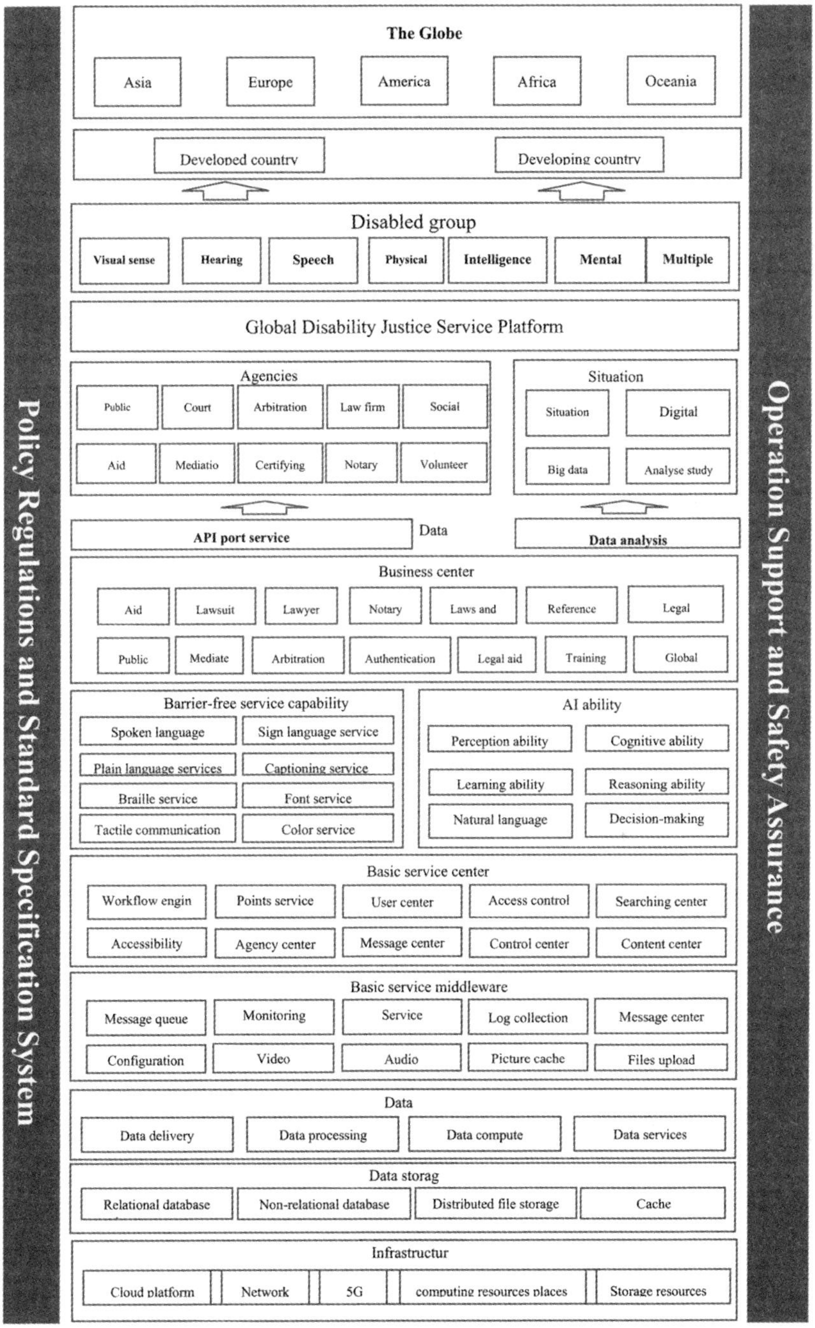

Figure 2 Technical Framework of the Global Disability Justice Service Platform

1. Platform Framework

It adopts front-end responsive design to improve development efficiency and user experience.

Using the microservice backend framework, the whole system is divided into multiple loosely coupled service modules, each module is responsible for one specific function, which is easy to expand and maintain.

This platform uses common object-oriented language to meet cross-platform cross-country needs.

2. Business Middle Platform Framework

Business functions are divided into independent center modules that interact with standardized APIs and services to achieve an architectural pattern of centralized management and collaborative innovations.

Abstract and encapsulate the core business logic and shared services to form a reusable, scalable, and maintainable middle platform center capability, support the rapid iteration and innovation of the front desk business, and meet the service docking with other countries.

3. Database Framework

A relational database is used to store structured data such as basic information and service records of persons with disabilities. Non-relational database or distributed file system is used to store unstructured data such as pictures and videos.

4. Security Framework

It adopts encryption algorithms to encrypt and store sensitive data to prevent data leakage and illegal access.

Rights management and security mechanisms are used to ensure that different users can access only authorized resources.

Through identity authentication, access control and other technical means, the user information and system data's security protection.

5. Infrastructure

It adopts cloud computing technology to realize dynamic expansion and elastic scheduling of resources and improve service efficiency.

High-performance servers and a stable network environment are used to ensure the stability and reliability of the platform. Adopt distributed architecture design to meet the requirements of high performance, high concurrency, high availability, and scalability.

VIII. Barrier-free Auxiliary Abilities

When the platform receives and issues judicial service instructions, combined with the auxiliary tools provided by the platform, it converted into service modes that different disabled people can receive and accept for human-computer interaction, and provides different judicial services.

Visual disability: Color adjustment, text icon size, screen reading tools, haptic feedback, Braille printing and other auxiliary tools;

Hearing disability: Vibration feedback, sound volume, speech to text, sign language prompt, barrier-free input method and other auxiliary tools;

Speech disability: Voice to text, text to voice, customized phrases and other auxiliary tools;

Physical Disability: Text to voice, voice command, equipment lifting bracket and other auxiliary tools;

Intelligence disability: Simplified auxiliary tools, plain language and intuitive icons to reduce the difficulty of understanding and operation;

Mental disability: Blue and green pages, simplified auxiliary tools, simple language and intuitive icons;

Multiple handicaps: Interact with a variety of sensory channels, such as visual cues, but also provide sound or tactile feedback;

IX. Barrier-free Language Conversion

One-stop and Global Disability Justice Service Platform

The Accessible Language conversion function uses intelligent technology to convert text, audio or video content into a form that is easy for people with disabilities to understand, such as voice to Braille, sign language translation, etc., to ensure the barrier-free transmission of information.

This not only helps people with language disabilities gain better access to information, but also facilitates effective communication between people with different language and cultural backgrounds.

X. Barrier-free Ability and AI

One-stop and Global Disability Justice Service Platform

Intelligent recognition and response to the needs of people with different categories of disabilities, through natural language processing, image recognition, voice interaction, cognitive induction and other AI technologies, combined with spoken language, sign language, Braille, color, subtitling, tactile communication and other barrier-free services to achieve information transfer and interaction.

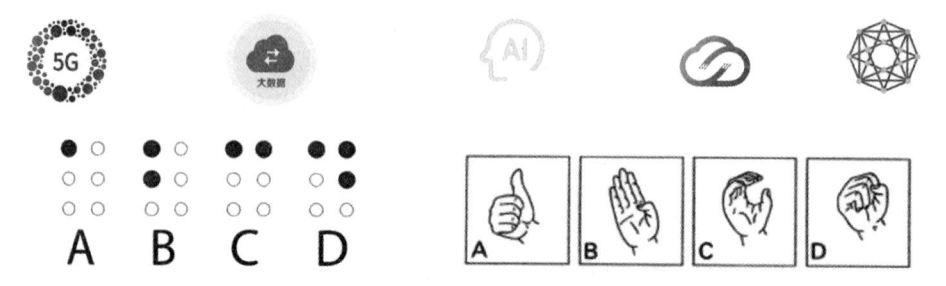

XI. One Center and Three Platforms

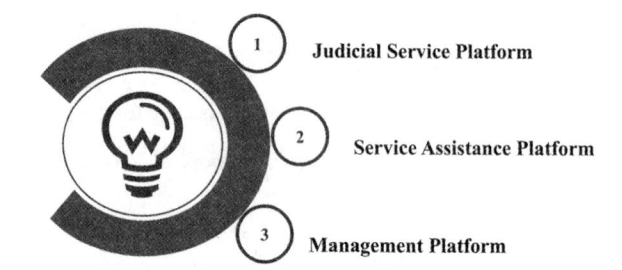

Disability Justice Big Data Center

1. Judicial Service Platform
2. Service Assistance Platform
3. Management Platform

Mobile terminal: Based on wechat mini program, it can meet the functions of information acquisition, business transaction, and the use of barrier-free reading and writing tools.

PC terminal: information acquisition, business transaction, backend management, training resource upload, barrier-free tool configuration and all other functions.

Barrier-free all-in-one terminal: device lifting, printing Braille, headset, magnifying glass, writing pad, sign language interpretation split-screen and other functions.

XII. Disability Justice Big Data Center

▶ DISABILITY JUSTICE BIG DATA CENTER

The global law database, regulation database, case database, basic information database for persons with disabilities, personalized service information database for persons with disabilities, public service database, service organization database, service personnel database, barrier-free service capability database, business processing database, data analysis model database, global judicial service sharing database, etc.

It together with distributed file storage constitute the basic library resource base supporting the construction of "three platforms".

VIII. Judicial Service Platform

1. Information Publish
Release news, employment information and rehabilitation knowledge related to persons with disabilities.

2. Policy Interpretation
Professional policy interpretation services to help people with disabilities better understand the policy content.

3. Law popularizing publicity
According to the characteristics and needs of persons with disabilities, the laws will be publicized in different forms.

4. Reference Cases
Disability related cases will be shared.

5. I Need a Lawsuit.

- Guidelines for register process;
- Roster of court bodies;
- Document template download;
- Online register;
- Case inquiry;
- Online trial;

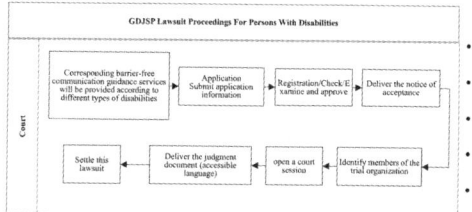

Figure 3: Schematic diagram of accessible lawsuit proceedings in the Global Disability Justice Service Platform

247

6. I Need Arbitration.

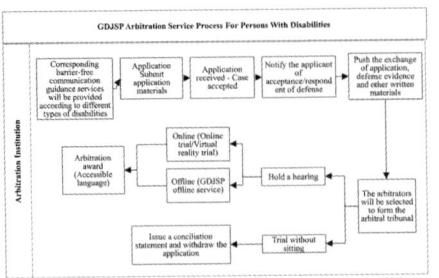

Figure 4: Schematic diagram of accessible mediation services in the Global Disability Justice Service Platform

- Roster of arbitration institutions;
- Arbitrator inquiry;
- Arbitration process guidelines;
- Document template download;
- Online registration;
- Case inquiry;

7. I Need Mediation.

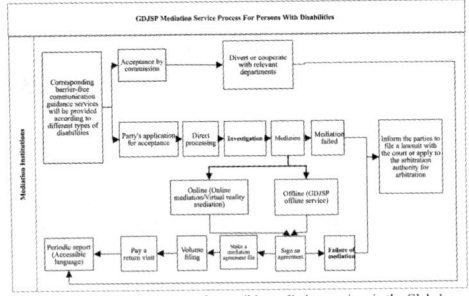

Figure 5: Schematic diagram of accessible mediation services in the Global Disability Justice Service Platform

- Mediation process guidelines;
- List of mediation institutions;
- Enquire the mediators;
- Online processing;

(The application can be submitted online for mediation, and the mediation institution can accept it online. The parties can transfer the case to registration with one click)

8. I Need Notarization.

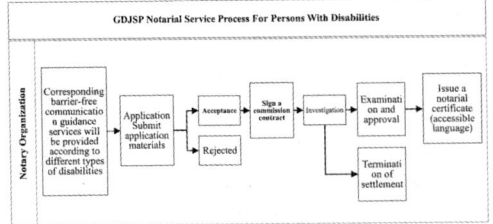

Figure 6: Schematic diagram of the barrier-free notary service process of the Global Disability Justice Service Platform

- Notarization process guidelines;
- List of notarial institutions;
- A list of notaries;
- Form template download;
- Online processing;

9 I Need a Lawyer

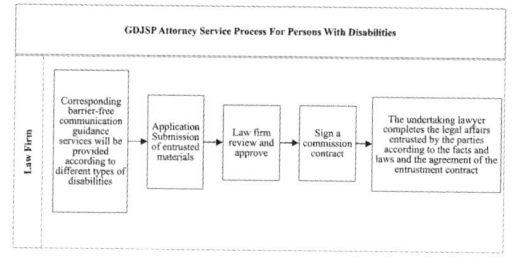

Figure 7: Schematic diagram of the barrier-free attorney service process of the Global Disability Justice Service Platform

- Roster of law firms;
- Lawyer inquiry;
- Online commission;

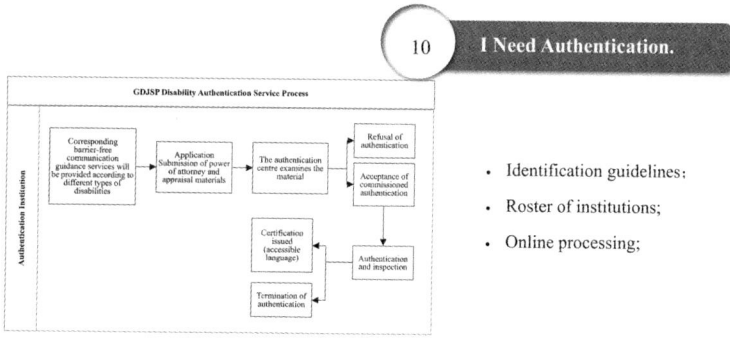

10 I Need Authentication.

Figure 8: Schematic diagram of the Global Disability Justice Service Platform

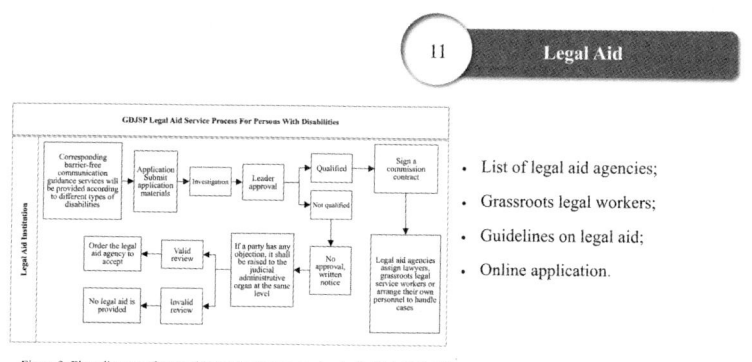

- Identification guidelines;
- Roster of institutions;
- Online processing;

11 Legal Aid

Figure 9: Flow diagram of accessible legal assistance services in the Global Disability Justice Service Platform

- List of legal aid agencies;
- Grassroots legal workers;
- Guidelines on legal aid;
- Online application.

12 Legal Consultation

- Law and regulation inquiry;
- Legal adviser services;
- Litigation legal services;
- Non-litigation legal services

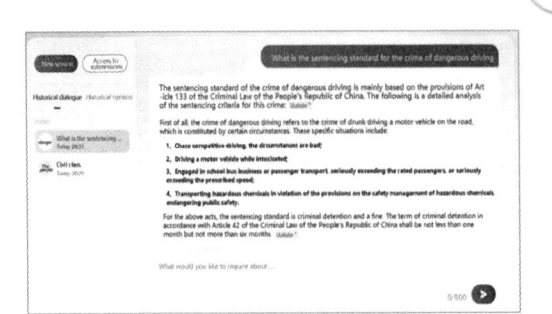

Figure 10: Map of accessible legal advice in Global Disability Justice Service Platform

13 Law Popularization Training

Improve legal awareness and self-protection ability of persons with disabilities;

14 Judicial Post Training

Providing training for persons with disabilities in legal positions;

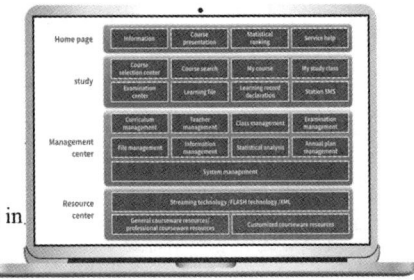

Curriculum management, teacher management, class management, examination management, annual plan management, Study file management, statistical analysis, live on-demand management, information management.

| 15 | Global Community |

We are building an AI virtual community that serves for the persons with disabilities around the world, aiming to eliminate communication barriers with the help of advanced AI technology. This platform brings together persons from diverse cultural backgrounds and all walks of life to strengthen communication and connections among persons with disabilities worldwide. For example, visually impaired persons are able to communicate freely with speech impaired persons. Through this platform, more persons with disabilities can share each other's experience, support each other and strive forward together.²

XIV. Service Assistance Platform

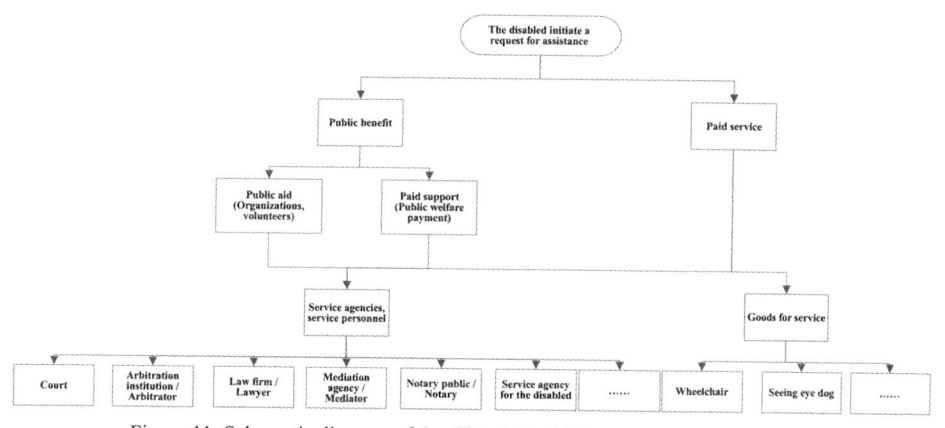

Figure 11: Schematic diagram of the Global Disability Justice Service Platform

Release Channel	Provide a variety of channels for disabled persons to publish help information, such as PC terminal, all-in-one computer, wechat mini program, etc., to ensure that disabled persons can choose according to their own habits and convenience.
Content of Assistance	The information published by persons with disabilities contains key elements, such as name, age, contact information, and other types of assistance (such as legal aid, escort, professional equipment, etc.), a description of the specific situation, and the help needed. This information helps other users or services better understand and respond to requests for help.
Content Review	The platform will review the published help information to ensure the authenticity and compliance of the information. The approved information will be displayed on the platform for other users to view and respond to.

Response Mechanism	Response Mode	Response Progress Tracking
The service assistance platform has established a sound response mechanism to ensure that help information can be timely and effective response. When new help information is released, the platform will immediately push the information to the relevant service agencies and service personnel.	The responder can get in touch with the help seeker through the contact information provided by the platform (such as phone, text message, email, etc.) to further understand the specific situation and provide help. At the same time, the platform also supports online communication functions to facilitate real-time communication between the two sides.	The platform will track the progress of the help response to ensure that help seekers can get help in a timely manner. The responder can update the response status on the platform (such as contacted, processing, completed, etc.) so that the responder and the platform are aware of the processing status.

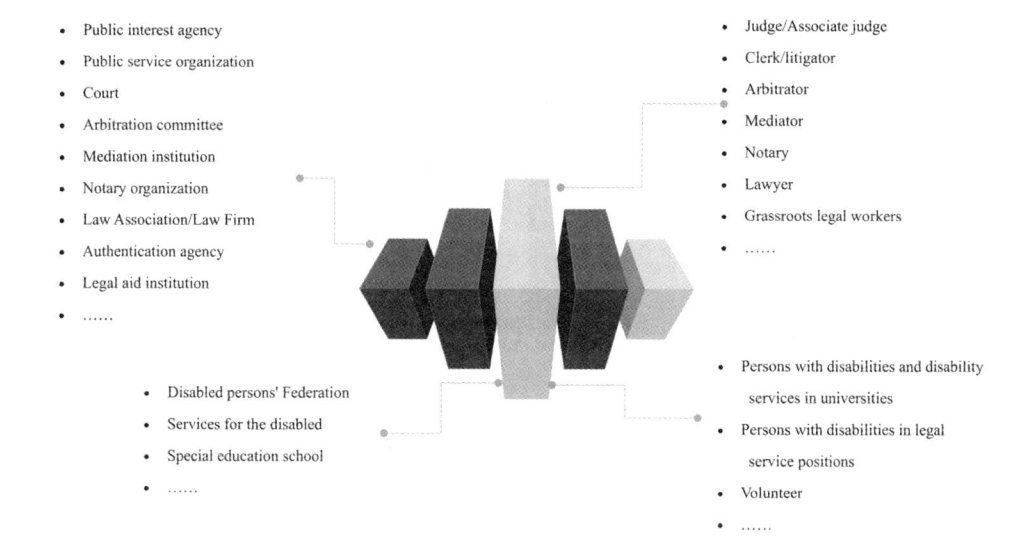

- Public interest agency
- Public service organization
- Court
- Arbitration committee
- Mediation institution
- Notary organization
- Law Association/Law Firm
- Authentication agency
- Legal aid institution
- ……

- Judge/Associate judge
- Clerk/litigator
- Arbitrator
- Mediator
- Notary
- Lawyer
- Grassroots legal workers
- ……

- Disabled persons' Federation
- Services for the disabled
- Special education school
- ……

- Persons with disabilities and disability services in universities
- Persons with disabilities in legal service positions
- Volunteer
- ……

XV. Management Platforms

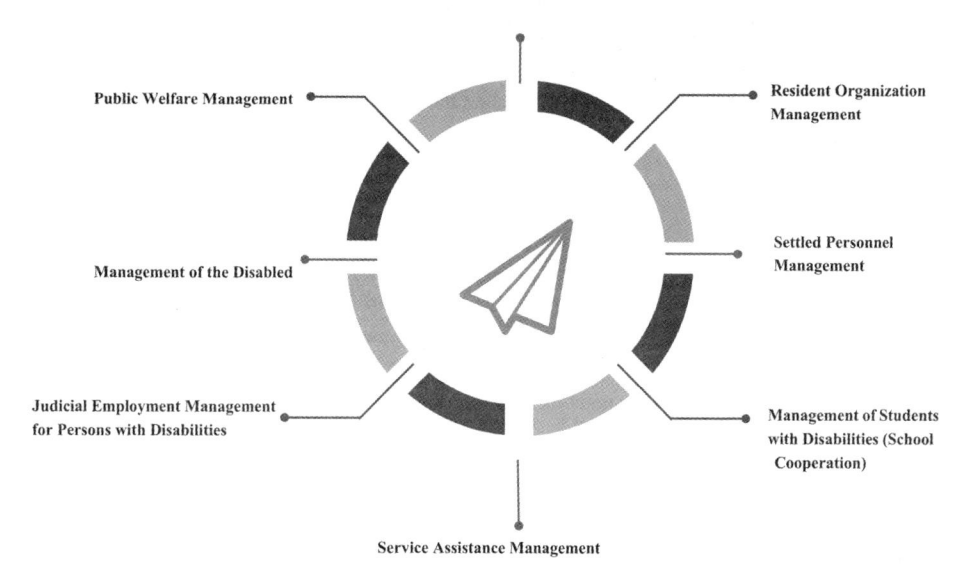

- Judicial Service Management
- Resident Organization Management
- Settled Personnel Management
- Management of Students with Disabilities (School Cooperation)
- Service Assistance Management
- Judicial Employment Management for Persons with Disabilities
- Management of the Disabled
- Public Welfare Management

In the process of handling matters, users can view the progress and results in the "personal center".

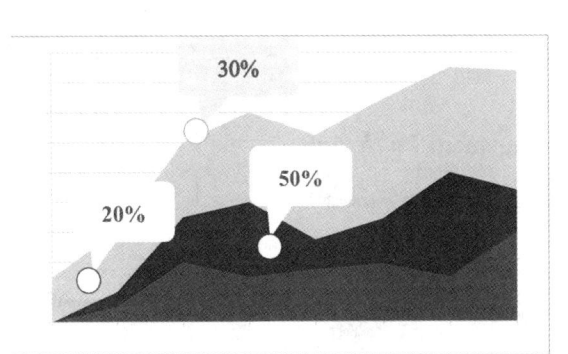

Data Analysis

Institutions or staff handling matters, disabled persons use services, institutions and personnel services and other multidimensional statistical report function.

User Information

Including user registration, login, personal information view and modify functions.

User Group

Users are grouped according to certain rules to facilitate batch operation and management.

Behavior Record Management

Records user login and operation logs, facilitating system operation tracing and auditing.

Registered User Analysis

Multi-dimensional display and analysis of registered users.

附 录

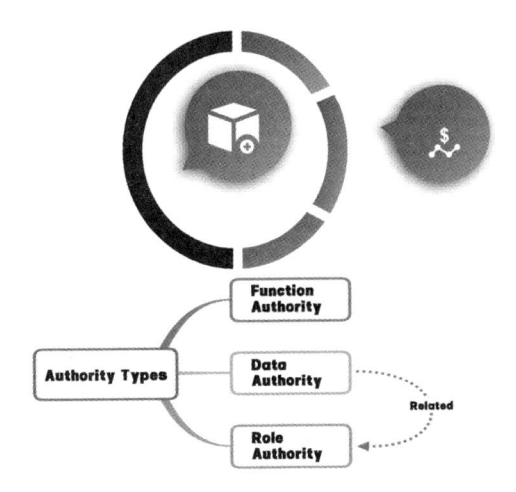

Authority Types
- Function Authority
- Data Authority (Related)
- Role Authority

- Organization management
- Organization user management
- Role management
- Authority allocation and management
- Log management
- API management
- Cache management

Massive unstructured data: Video, Graph, Image, Voice, Text

Support administrators to add, edit, delete and publish organization information, roster information, personnel information, guidelines and other graphic, video and other content, support multi-level audit.

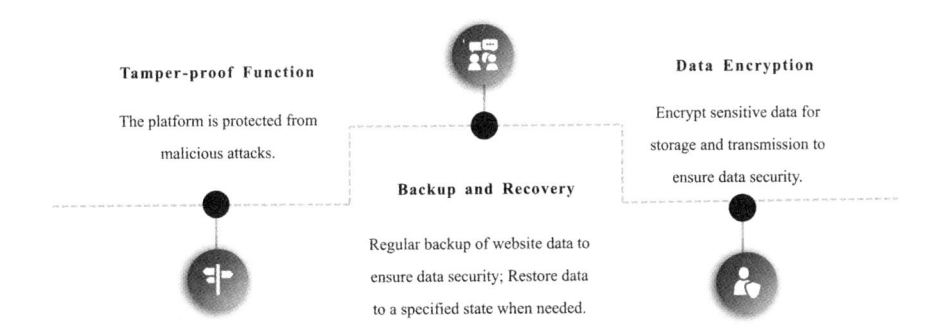

Tamper-proof Function

The platform is protected from malicious attacks.

Backup and Recovery

Regular backup of website data to ensure data security; Restore data to a specified state when needed.

Data Encryption

Encrypt sensitive data for storage and transmission to ensure data security.

XVI. Brief Summary

Increase Satisfaction

By combining barrier-free ability and optimizing barrier-free judicial services, the satisfaction and sense of gain of persons with disabilities will be enhanced.

Strengthen Judicial

Measures such as lowering the threshold of assistance and optimizing the working mechanism have been taken to ensure that more persons with disabilities have access to timely and effective judicial assistance services.

Expand

Form a horizontal out of the country, vertical coverage of urban and rural all-round judicial services. Provide convenient, high-quality and efficient legal service network for persons with disabilities, so as to benefit more persons with disabilities.

附录二 国际条约[1]

一、《残疾人权利公约》（联合国于 2006 年 12 月 13 日通过，公约于 2008 年 5 月 3 日生效，我国于 2007 年 3 月 30 日签署，2008 年 8 月 1 日交存，该公约于 2008 年 8 月 31 日起对我国生效）

序言
公约缔约国，

（一）回顾《联合国宪章》宣告的各项原则确认人类大家庭所有成员的固有尊严和价值以及平等和不可剥夺的权利，是世界自由、正义与和平的基础；

（二）确认联合国在《世界人权宣言》和国际人权公约中宣告并认定人人有权享有这些文书所载的一切权利和自由，不得有任何区别；

（三）重申一切人权和基本自由都是普遍、不可分割、相互依存和相互关联的，必须保障残疾人不受歧视地充分享有这些权利和自由；

（四）回顾《经济、社会、文化权利国际公约》、《公民及政治权利国际公约》、《消除一切形式种族歧视国际公约》、《消除对妇女一切形式歧视公约》、《禁止酷刑和其他残忍、不人道或有辱人格的待遇或处罚公约》、《儿童权利公约》和《保护所有移徙工人及其家庭成员权利国际公约》；

（五）确认残障是一个演变中的概念，残障是伤残者和阻碍他们在与其他人平等的基础上充分和切实地参与社会的各种态度和环境障碍相互作用所产生的结果；

（六）确认《关于残疾人的世界行动纲领》和《残疾人机会均等标准规则》所载原则和政策导则在影响国家、区域和国际各级推行、制定和评价进一步增加残疾人均等机会的政策、计划、方案和行动方面的重要性；

（七）强调必须使残疾问题成为相关可持续发展战略的重要组成部分；

（八）又确认因残疾而歧视任何人是对人的固有尊严和价值的侵犯；

（九）还确认残疾人的多样性；

（十）确认必须促进和保护所有残疾人的人权，包括需要加强支助的残疾人的人权；

---
[1] 国际条约的内容为摘录。

（十一）关注尽管有上述各项文书和承诺，残疾人作为平等社会成员参与方面继续面临各种障碍，残疾人的人权在世界各地继续受到侵犯；

（十二）确认国际合作对改善各国残疾人，尤其是发展中国家残疾人的生活条件至关重要；

（十三）确认残疾人对其社区的全面福祉和多样性作出的和可能作出的宝贵贡献，并确认促进残疾人充分享有其人权和基本自由以及促进残疾人充分参与，将增强其归属感，大大推进整个社会的人的发展和社会经济发展以及除贫工作；

（十四）确认个人的自主和自立，包括自由作出自己的选择，对残疾人至关重要；

（十五）认为残疾人应有机会积极参与政策和方案的决策过程，包括与残疾人直接有关的政策和方案的决策过程；

（十六）关注因种族、肤色、性别、语言、宗教、政治或其他见解、民族本源、族裔、土著身份或社会出身、财产、出生、年龄或其他身份而受到多重或加重形式歧视的残疾人所面临的困难处境；

（十七）确认残疾妇女和残疾女孩在家庭内外往往面临更大的风险，更易遭受暴力、伤害或凌虐、忽视或疏忽、虐待或剥削；

（十八）确认残疾儿童应在与其他儿童平等的基础上充分享有一切人权和基本自由，并回顾《儿童权利公约》缔约国为此目的承担的义务；

（十九）强调必须将两性平等观点纳入促进残疾人充分享有人权和基本自由的一切努力之中；

（二十）着重指出大多数残疾人生活贫困，确认在这方面亟需消除贫穷对残疾人的不利影响；

（二十一）铭记在恪守《联合国宪章》宗旨和原则并遵守适用的人权文书的基础上实现和平与安全，是充分保护残疾人，特别是在武装冲突和外国占领期间充分保护残疾人的必要条件；

（二十二）确认无障碍的物质、社会、经济和文化环境、医疗卫生和教育以及信息和交流，对残疾人能够充分享有一切人权和基本自由至关重要；

（二十三）认识到个人对他人和对本人所属社区负有义务，有责任努力促进和遵守《国际人权宪章》确认的权利；

（二十四）深信家庭是自然和基本的社会组合单元，有权获得社会和国家的保护，残疾人及其家庭成员应获得必要的保护和援助，使家庭能够为残疾人充分和平等地享有其权利作出贡献；

（二十五）深信一项促进和保护残疾人权利和尊严的全面综合国际公约将大有助于在发展中国家和发达国家改变残疾人在社会上的严重不利处境，促使残疾人有平等机会参与公民、政治、经济、社会和文化生活；

议定如下：

第一条　宗旨

本公约的宗旨是促进、保护和确保所有残疾人充分和平等地享有一切人权和基本自由，并促进对残疾人固有尊严的尊重。

残疾人包括肢体、精神、智力或感官有长期损伤的人，这些损伤与各种障碍相互作用，可能阻碍残疾人在与他人平等的基础上充分和切实地参与社会。

第二条　定义

为本公约的目的：

"交流"包括语言、字幕、盲文、触觉交流、大字本、无障碍多媒体以及书面语言、听力语言、浅白语言、朗读员和辅助或替代性交流方式、手段和模式，包括无障碍信息和通信技术；

"语言"包括口语和手语及其他形式的非语音语言；

"基于残疾的歧视"是指基于残疾而作出的任何区别、排斥或限制，其目的或效果是在政治、经济、社会、文化、公民或任何其他领域，损害或取消在与其他人平等的基础上，对一切人权和基本自由的认可、享有或行使。基于残疾的歧视包括一切形式的歧视，包括拒绝提供合理便利；

"合理便利"是指根据具体需要，在不造成过度或不当负担的情况下，进行必要和适当的修改和调整，以确保残疾人在与其他人平等的基础上享有或行使一切人权和基本自由；

"通用设计"是指尽最大可能让所有人可以使用，无需作出调整或特别设计的产品、环境、方案和服务设计。"通用设计"不排除在必要时为某些残疾人群体提供辅助用具。

第三条　一般原则

本公约的原则是：

(一) 尊重固有尊严和个人自主,包括自由作出自己的选择,以及个人的自立;

(二) 不歧视;

(三) 充分和切实地参与和融入社会;

(四) 尊重差异,接受残疾人是人的多样性的一部分和人类的一份子;

(五) 机会均等;

(六) 无障碍;

(七) 男女平等;

(八) 尊重残疾儿童逐渐发展的能力并尊重残疾儿童保持其身份特性的权利。

第四条 一般义务

一、缔约国承诺确保并促进充分实现所有残疾人的一切人权和基本自由,使其不受任何基于残疾的歧视。为此目的,缔约国承诺:

(一) 采取一切适当的立法、行政和其他措施实施本公约确认的权利;

(二) 采取一切适当措施,包括立法,以修订或废止构成歧视残疾人的现行法律、法规、习惯和做法;

(三) 在一切政策和方案中考虑保护和促进残疾人的人权;

(四) 不实施任何与本公约不符的行为或做法,确保公共当局和机构遵循本公约的规定行事;

(五) 采取一切适当措施,消除任何个人、组织或私营企业基于残疾的歧视;

(六) 从事或促进研究和开发本公约第二条所界定的通用设计的货物、服务、设备和设施,以便仅需尽可能小的调整和最低的费用即可满足残疾人的具体需要,促进这些货物、服务、设备和设施的提供和使用,并在拟订标准和导则方面提倡通用设计;

(七) 从事或促进研究和开发适合残疾人的新技术,并促进提供和使用这些新技术,包括信息和通信技术、助行器具、用品、辅助技术,优先考虑价格低廉的技术;

(八) 向残疾人提供无障碍信息,介绍助行器具、用品和辅助技术,包括新技术,并介绍其他形式的协助、支助服务和设施;

（九）促进培训协助残疾人的专业人员和工作人员，使他们了解本公约确认的权利，以便更好地提供这些权利所保障的协助和服务。

二、关于经济、社会和文化权利，各缔约国承诺尽量利用现有资源并于必要时在国际合作框架内采取措施，以期逐步充分实现这些权利，但不妨碍本公约中依国际法立即适用的义务。

三、缔约国应当在为实施本公约而拟订和施行立法和政策时以及在涉及残疾人问题的其他决策过程中，通过代表残疾人的组织，与残疾人，包括残疾儿童，密切协商，使他们积极参与。

四、本公约的规定不影响任何缔约国法律或对该缔约国生效的国际法中任何更有利于实现残疾人权利的规定。对于根据法律、公约、法规或习惯而在本公约任何缔约国内获得承认或存在的任何人权和基本自由，不得以本公约未予承认或未予充分承认这些权利或自由为借口而加以限制或减损。

五、本公约的规定应当无任何限制或例外地适用于联邦制国家各组成部分。

第五条 平等和不歧视

一、缔约国确认，在法律面前，人人平等，有权不受任何歧视地享有法律给予的平等保护和平等权益。

二、缔约国应当禁止一切基于残疾的歧视，保证残疾人获得平等和有效的法律保护，使其不受基于任何原因的歧视。

三、为促进平等和消除歧视，缔约国应当采取一切适当步骤，确保提供合理便利。

四、为加速或实现残疾人事实上的平等而必须采取的具体措施，不得视为本公约所指的歧视。

第六条 残疾妇女

一、缔约国确认残疾妇女和残疾女孩受到多重歧视，在这方面，应当采取措施，确保她们充分和平等地享有一切人权和基本自由。

二、缔约国应当采取一切适当措施，确保妇女充分发展，地位得到提高，能力得到增强，目的是保证妇女能行使和享有本公约所规定的人权和基本自由。

第七条 残疾儿童

一、缔约国应当采取一切必要措施，确保残疾儿童在与其他儿童平等的基础上，充分享有一切人权和基本自由。

二、在一切关于残疾儿童的行动中，应当以儿童的最佳利益为一项首要考虑。

三、缔约国应当确保，残疾儿童有权在与其他儿童平等的基础上，就一切影响本人的事项自由表达意见，并获得适合其残疾状况和年龄的辅助手段以实现这项权利，残疾儿童的意见应当按其年龄和成熟程度适当予以考虑。

第八条 提高认识

一、缔约国承诺立即采取有效和适当的措施，以便：

（一）提高整个社会，包括家庭，对残疾人的认识，促进对残疾人权利和尊严的尊重；

（二）在生活的各个方面消除对残疾人的定见、偏见和有害做法，包括基于性别和年龄的定见、偏见和有害做法；

（三）提高对残疾人的能力和贡献的认识。

二、为此目的采取的措施包括：

（一）发起和持续进行有效的宣传运动，提高公众认识，以便：

1. 培养接受残疾人权利的态度；

2. 促进积极看待残疾人，提高社会对残疾人的了解；

3. 促进承认残疾人的技能、才华和能力以及他们对工作场所和劳动力市场的贡献；

（二）在各级教育系统中培养尊重残疾人权利的态度，包括从小在所有儿童中培养这种态度；

（三）鼓励所有媒体机构以符合本公约宗旨的方式报道残疾人；

（四）推行了解残疾人和残疾人权利的培训方案。

第九条 无障碍

一、为了使残疾人能够独立生活和充分参与生活的各个方面，缔约国应当采取适当措施，确保残疾人在与其他人平等的基础上，无障碍地进出物质环境，使用交通工具，利用信息和通信，包括信息和通信技术和系统，以及享用在城市和农村地区向公众开放或提供的其他设施和服务。这些措施应当包括查明和消除阻碍实现无障碍环境的因素，并除其他外，应当适用于：

（一）建筑、道路、交通和其他室内外设施，包括学校、住房、医疗设施和工作场所；

（二）信息、通信和其他服务，包括电子服务和应急服务。

二、缔约国还应当采取适当措施，以便：

（一）拟订和公布无障碍使用向公众开放或提供的设施和服务的最低标准和导则，并监测其实施情况；

（二）确保向公众开放或为公众提供设施和服务的私营实体在各个方面考虑为残疾人创造无障碍环境；

（三）就残疾人面临的无障碍问题向各有关方面提供培训；

（四）在向公众开放的建筑和其他设施中提供盲文标志及易读易懂的标志；

（五）提供各种形式的现场协助和中介，包括提供向导、朗读员和专业手语译员，以利向公众开放的建筑和其他设施的无障碍；

（六）促进向残疾人提供其他适当形式的协助和支助，以确保残疾人获得信息；

（七）促使残疾人有机会使用新的信息和通信技术和系统，包括因特网；

（八）促进在早期阶段设计、开发、生产、推行无障碍信息和通信技术和系统，以便能以最低成本使这些技术和系统无障碍。

第十条 生命权

缔约国重申人人享有固有的生命权，并应当采取一切必要措施，确保残疾人在与其他人平等的基础上切实享有这一权利。

第十一条 危难情况和人道主义紧急情况

缔约国应当依照国际法包括国际人道主义法和国际人权法规定的义务，采取一切必要措施，确保在危难情况下，包括在发生武装冲突、人道主义紧急情况和自然灾害时，残疾人获得保护和安全。

第十二条 在法律面前获得平等承认

一、缔约国重申残疾人享有在法律面前的人格在任何地方均获得承认的权利。

二、缔约国应当确认残疾人在生活的各方面在与其他人平等的基础上享有法律权利能力。

三、缔约国应当采取适当措施，便利残疾人获得他们在行使其法律权利能力时可能需要的协助。

四、缔约国应当确保,与行使法律权利能力有关的一切措施,均依照国际人权法提供适当和有效的防止滥用保障。这些保障应当确保与行使法律权利能力有关的措施尊重本人的权利、意愿和选择,无利益冲突和不当影响,适应本人情况,适用时间尽可能短,并定期由一个有资格、独立、公正的当局或司法机构复核。提供的保障应当与这些措施影响个人权益的程度相称。

五、在符合本条的规定的情况下,缔约国应当采取一切适当和有效的措施,确保残疾人享有平等权利拥有或继承财产,掌管自己的财务,有平等机会获得银行贷款、抵押贷款和其他形式的金融信贷,并应当确保残疾人的财产不被任意剥夺。

第十三条　获得司法保护

一、缔约国应当确保残疾人在与其他人平等的基础上有效获得司法保护,包括通过提供程序便利和适龄措施,以便利他们在所有法律诉讼程序中,包括在调查和其他初步阶段中,切实发挥其作为直接和间接参与方,包括其作为证人的作用。

二、为了协助确保残疾人有效获得司法保护,缔约国应当促进对司法领域工作人员,包括警察和监狱工作人员进行适当的培训。

第十四条　自由和人身安全

一、缔约国应当确保残疾人在与其他人平等的基础上:

(一) 享有自由和人身安全的权利;

(二) 不被非法或任意剥夺自由,任何对自由的剥夺均须符合法律规定,而且在任何情况下均不得以残疾作为剥夺自由的理由。

二、缔约国应当确保,在任何程序中被剥夺自由的残疾人,在与其他人平等的基础上,有权获得国际人权法规定的保障,并应当享有符合本公约宗旨和原则的待遇,包括提供合理便利的待遇。

第十五条　免于酷刑或残忍、不人道或有辱人格的待遇或处罚

一、不得对任何人实施酷刑或残忍、不人道或有辱人格的待遇或处罚。特别是不得在未经本人自由同意的情况下,对任何人进行医学或科学试验。

二、缔约国应当采取一切有效的立法、行政、司法或其他措施,在与其他

人平等的基础上，防止残疾人遭受酷刑或残忍、不人道或有辱人格的待遇或处罚。

第十六条　免于剥削、暴力和凌虐

一、缔约国应当采取一切适当的立法、行政、社会、教育和其他措施，保护残疾人在家庭内外免遭一切形式的剥削、暴力和凌虐，包括基于性别的剥削、暴力和凌虐。

二、缔约国还应当采取一切适当措施防止一切形式的剥削、暴力和凌虐，除其他外，确保向残疾人及其家属和照护人提供考虑到性别和年龄的适当协助和支助，包括提供信息和教育，说明如何避免、识别和报告剥削、暴力和凌虐事件。缔约国应当确保保护服务考虑到年龄、性别和残疾因素。

三、为了防止发生任何形式的剥削、暴力和凌虐，缔约国应当确保所有用于为残疾人服务的设施和方案受到独立当局的有效监测。

四、残疾人受到任何形式的剥削、暴力或凌虐时，缔约国应当采取一切适当措施，包括提供保护服务，促进被害人的身体、认知功能和心理的恢复、康复及回归社会。上述恢复措施和回归社会措施应当在有利于本人的健康、福祉、自尊、尊严和自主的环境中进行，并应当考虑到因性别和年龄而异的具体需要。

五、缔约国应当制定有效的立法和政策，包括以妇女和儿童为重点的立法和政策，确保查明、调查和酌情起诉对残疾人的剥削、暴力和凌虐事件。

第十七条　保护人身完整性

每个残疾人的身心完整性有权在与其他人平等的基础上获得尊重。

第十八条　迁徙自由和国籍

一、缔约国应当确认残疾人在与其他人平等的基础上有权自由迁徙、自由选择居所和享有国籍，包括确保残疾人：

（一）有权获得和变更国籍，国籍不被任意剥夺或因残疾而被剥夺；

（二）不因残疾而被剥夺获得、拥有和使用国籍证件或其他身份证件的能力，或利用相关程序，如移民程序的能力，这些能力可能是便利行使迁徙自由权所必要的；

（三）可以自由离开任何国家，包括本国在内；

（四）不被任意剥夺或因残疾而被剥夺进入本国的权利。

二、残疾儿童出生后应当立即予以登记，从出生起即应当享有姓名权利，享有获得国籍的权利，并尽可能享有知悉父母并得到父母照顾的权利。

第十九条 独立生活和融入社区

本公约缔约国确认所有残疾人享有在社区中生活的平等权利以及与其他人同等的选择，并应当采取有效和适当的措施，以便利残疾人充分享有这项权利以及充分融入和参与社区，包括确保：

一、残疾人有机会在与其他人平等的基础上选择居所，选择在何处、与何人一起生活，不被迫在特定的居住安排中生活；

二、残疾人获得各种居家、住所和其他社区支助服务，包括必要的个人援助，以便在社区生活和融入社区，避免同社区隔绝或隔离；

三、残疾人可以在平等基础上享用为公众提供的社区服务和设施，并确保这些服务和设施符合他们的需要。

第二十条 个人行动能力

缔约国应当采取有效措施，确保残疾人尽可能独立地享有个人行动能力，包括：

一、便利残疾人按自己选择的方式和时间，以低廉费用享有个人行动能力；

二、便利残疾人获得优质的助行器具、用品、辅助技术以及各种形式的现场协助和中介，包括以低廉费用提供这些服务；

三、向残疾人和专门协助残疾人的工作人员提供行动技能培训；

四、鼓励生产助行器具、用品和辅助技术的实体考虑残疾人行动能力的各个方面。

第二十一条 表达意见的自由和获得信息的机会

缔约国应当采取一切适当措施，包括下列措施，确保残疾人能够行使自由表达意见的权利，包括在与其他人平等的基础上，通过自行选择本公约第二条所界定的一切交流形式，寻求、接受、传递信息和思想的自由：

一、以无障碍模式和适合不同类别残疾的技术，及时向残疾人提供公共信息，不另收费；

二、在正式事务中允许和便利使用手语、盲文、辅助和替代性交流方式及残疾人选用的其他一切无障碍交流手段、方式和模式；

三、敦促向公众提供服务,包括通过因特网提供服务的私营实体,以无障碍和残疾人可以使用的模式提供信息和服务;

四、鼓励包括因特网信息提供商在内的大众媒体向残疾人提供无障碍服务;

五、承认和推动手语的使用。

第二十二条 尊重隐私

一、残疾人,不论其居所地或居住安排为何,其隐私、家庭、家居和通信以及其他形式的交流,不得受到任意或非法的干预,其荣誉和名誉也不得受到非法攻击。残疾人有权获得法律的保护,不受这种干预或攻击。

二、缔约国应当在与其他人平等的基础上保护残疾人的个人、健康和康复资料的隐私。

第二十三条 尊重家居和家庭

一、缔约国应当采取有效和适当的措施,在涉及婚姻、家庭、生育和个人关系的一切事项中,在与其他人平等的基础上,消除对残疾人的歧视,以确保:

(一)所有适婚年龄的残疾人根据未婚配偶双方自由表示的充分同意结婚和建立家庭的权利获得承认;

(二)残疾人自由、负责任地决定子女人数和生育间隔,获得适龄信息、生殖教育和计划生育教育的权利获得承认,并提供必要手段使残疾人能够行使这些权利;

(三)残疾人,包括残疾儿童,在与其他人平等的基础上,保留其生育力。

二、如果本国立法中有监护、监管、托管和领养儿童或类似的制度,缔约国应当确保残疾人在这些方面的权利和责任;在任何情况下均应当以儿童的最佳利益为重。缔约国应当适当协助残疾人履行其养育子女的责任。

三、缔约国应当确保残疾儿童在家庭生活方面享有平等权利。为了实现这些权利,并为了防止隐藏、遗弃、忽视和隔离残疾儿童,缔约国应当承诺及早向残疾儿童及其家属提供全面的信息、服务和支助。

四、缔约国应当确保不违背儿童父母的意愿使子女与父母分离,除非主管当局依照适用的法律和程序,经司法复核断定这种分离确有必要,符合儿童本人的最佳利益。在任何情况下均不得以子女残疾或父母一方或双方残疾为理由,使子女与父母分离。

五、缔约国应当在近亲属不能照顾残疾儿童的情况下,尽一切努力在大家庭范围内提供替代性照顾，并在无法提供这种照顾时，在社区内提供家庭式照顾。

第二十四条　教育

一、缔约国确认残疾人享有受教育的权利。为了在不受歧视和机会均等的情况下实现这一权利，缔约国应当确保在各级教育实行包容性教育制度和终生学习，以便：

（一）充分开发人的潜力，培养自尊自重精神，加强对人权、基本自由和人的多样性的尊重；

（二）最充分地发展残疾人的个性、才华和创造力以及智能和体能；

（三）使所有残疾人能切实参与一个自由的社会。

二、为了实现这一权利，缔约国应当确保：

（一）残疾人不因残疾而被排拒于普通教育系统之外，残疾儿童不因残疾而被排拒于免费和义务初等教育或中等教育之外；

（二）残疾人可以在自己生活的社区内，在与其他人平等的基础上，获得包容性的优质免费初等教育和中等教育；

（三）提供合理便利以满足个人的需要；

（四）残疾人在普通教育系统中获得必要的支助，便利他们切实获得教育；

（五）按照有教无类的包容性目标，在最有利于发展学习和社交能力的环境中，提供适合个人情况的有效支助措施。

三、缔约国应当使残疾人能够学习生活和社交技能，便利他们充分和平等地参与教育和融入社区。为此目的，缔约国应当采取适当措施，包括：

（一）为学习盲文，替代文字，辅助和替代性交流方式、手段和模式，定向和行动技能提供便利，并为残疾人之间的相互支持和指导提供便利；

（二）为学习手语和宣传聋人的语言特性提供便利；

（三）确保以最适合个人情况的语文及交流方式和手段，在最有利于发展学习和社交能力的环境中，向盲、聋或聋盲人，特别是盲、聋或聋盲儿童提供教育。

四、为了帮助确保实现这项权利，缔约国应当采取适当措施，聘用有资格以手语和（或）盲文教学的教师，包括残疾教师，并对各级教育的专业人员和工作人员进行培训。这种培训应当包括对残疾的了解和学习使用适当的辅助和替代性交流方式、手段和模式、教育技巧和材料以协助残疾人。

五、缔约国应当确保，残疾人能够在不受歧视和与其他人平等的基础上，获得普通高等教育、职业培训、成人教育和终生学习。为此目的，缔约国应当确保向残疾人提供合理便利。

第二十五条　健康

缔约国确认，残疾人有权享有可达到的最高健康标准，不受基于残疾的歧视。缔约国应当采取一切适当措施，确保残疾人获得考虑到性别因素的医疗卫生服务，包括与健康有关的康复服务。缔约国尤其应当：

一、向残疾人提供其他人享有的，在范围、质量和标准方面相同的免费或费用低廉的医疗保健服务和方案，包括在性健康和生殖健康及全民公共卫生方案方面；

二、向残疾人提供残疾特需医疗卫生服务，包括酌情提供早期诊断和干预，并提供旨在尽量减轻残疾和预防残疾恶化的服务，包括向儿童和老年人提供这些服务；

三、尽量就近在残疾人所在社区，包括在农村地区，提供这些医疗卫生服务；

四、要求医护人员，包括在征得残疾人自由表示的知情同意基础上，向残疾人提供在质量上与其他人所得相同的护理，特别是通过提供培训和颁布公共和私营医疗保健服务职业道德标准，提高对残疾人人权、尊严、自主和需要的认识；

五、在提供医疗保险和国家法律允许的人寿保险方面禁止歧视残疾人，这些保险应当以公平合理的方式提供；

六、防止基于残疾而歧视性地拒绝提供医疗保健或医疗卫生服务，或拒绝提供食物和液体。

第二十六条　适应训练和康复

一、缔约国应当采取有效和适当的措施，包括通过残疾人相互支持，使残疾人能够实现和保持最大程度的自立，充分发挥和维持体能、智能、社会和职业能力，充分融入和参与生活的各个方面。为此目的，缔约国应当组织、加强和推广综合性适应训练和康复服务和方案，尤其是在医疗卫生、就业、教育和社会服务方面，这些服务和方案应当：

（一）根据对个人需要和体能的综合评估尽早开始；

（二）有助于残疾人参与和融入社区和社会的各个方面，属自愿性质，并尽量在残疾人所在社区，包括农村地区就近安排。

二、缔约国应当促进为从事适应训练和康复服务的专业人员和工作人员制订基础培训和进修培训计划。

三、在适应训练和康复方面，缔约国应当促进提供为残疾人设计的辅助用具和技术以及对这些用具和技术的了解和使用。

第二十七条 工作和就业

一、缔约国确认残疾人在与其他人平等的基础上享有工作权，包括有机会在开放、具有包容性和对残疾人不构成障碍的劳动力市场和工作环境中，为谋生自由选择或接受工作的权利。为保障和促进工作权的实现，包括在就业期间致残者的工作权的实现，缔约国应当采取适当步骤，包括通过立法，除其外：

（一）在一切形式就业的一切事项上，包括在征聘、雇用和就业条件、继续就业、职业提升以及安全和健康的工作条件方面，禁止基于残疾的歧视；

（二）保护残疾人在与其他人平等的基础上享有公平和良好的工作条件，包括机会均等和同值工作同等报酬的权利，享有安全和健康的工作环境，包括不受搔扰的权利，并享有申诉的权利；

（三）确保残疾人能够在与其他人平等的基础上行使工会权；

（四）使残疾人能够切实参加一般技术和职业指导方案，获得职业介绍服务、职业培训和进修培训；

（五）在劳动力市场上促进残疾人的就业机会和职业提升机会，协助残疾人寻找、获得、保持和恢复工作；

（六）促进自营就业、创业经营、创建合作社和个体开业的机会；

（七）在公共部门雇用残疾人；

（八）以适当的政策和措施，其中可以包括平权行动方案、奖励和其他措施，促进私营部门雇用残疾人；

（九）确保在工作场所为残疾人提供合理便利；

（十）促进残疾人在开放劳动力市场上获得工作经验；

（十一）促进残疾人的职业和专业康复服务、保留工作和恢复工作方案。

二、缔约国应当确保残疾人不被奴役或驱役，并在与其他人平等的基础上受到保护,不被强迫或强制劳动。

第二十八条　适足的生活水平和社会保护

一、缔约国确认残疾人有权为自己及其家属获得适足的生活水平,包括适足的食物、衣物、住房,以及不断改善生活条件;缔约国应当采取适当步骤,保障和促进在不受基于残疾的歧视的情况下实现这项权利。

二、缔约国确认残疾人有权获得社会保护,并有权在不受基于残疾的歧视的情况下享有这项权利;缔约国应当采取适当步骤,保障和促进这项权利的实现,包括采取措施:

(一) 确保残疾人平等地获得洁净供水,并且确保他们获得适当和价格低廉的服务、用具和其他协助,以满足与残疾有关的需要;

(二) 确保残疾人,尤其是残疾妇女、女孩和老年人,可以利用社会保护方案和减贫方案;

(三) 确保生活贫困的残疾人及其家属,在与残疾有关的费用支出,包括适足的培训、辅导、经济援助和临时护理方面,可以获得国家援助;

(四) 确保残疾人可以参加公共住房方案;

(五) 确保残疾人可以平等享受退休福利和参加退休方案。

第二十九条　参与政治和公共生活

缔约国应当保证残疾人享有政治权利,有机会在与其他人平等的基础上享受这些权利,并应当承诺:

一、确保残疾人能够在与其他人平等的基础上,直接或通过其自由选择的代表,有效和充分地参与政治和公共生活,包括确保残疾人享有选举和被选举的权利和机会,除其他外,采取措施:

(一) 确保投票程序、设施和材料适当、无障碍、易懂易用;

(二) 保护残疾人的权利,使其可以在选举或公投中不受威吓地采用无记名方式投票、参选、在各级政府实际担任公职和履行一切公共职务,并酌情提供使用辅助技术和新技术的便利;

(三) 保证残疾人作为选民能够自由表达意愿,并在必要时根据残疾人的要求,为此目的允许残疾人自行选择的人协助投票;

二、积极创造环境,使残疾人能够不受歧视地在与其他人平等的基础上有效和充分地参与处理公共事务,并鼓励残疾人参与公共事务,包括:

（一）参与涉及本国公共和政治生活的非政府组织和社团，参加政党的活动和管理；

（二）建立和加入残疾人组织，在国际、全国、地区和地方各级代表残疾人。

第三十条　参与文化生活、娱乐、休闲和体育活动

一、缔约国确认残疾人有权在与其他人平等的基础上参与文化生活，并应当采取一切适当措施，确保残疾人：

（一）获得以无障碍模式提供的文化材料；

（二）获得以无障碍模式提供的电视节目、电影、戏剧和其他文化活动；

（三）进出文化表演或文化服务场所，例如剧院、博物馆、电影院、图书馆、旅游服务场所，并尽可能地可以进出在本国文化中具有重要意义的纪念物和纪念地。

二、缔约国应当采取适当措施，使残疾人能够有机会为自身利益并为充实社会，发展和利用自己的创造、艺术和智力潜力。

三、缔约国应当采取一切适当步骤，依照国际法的规定，确保保护知识产权的法律不构成不合理或歧视性障碍，阻碍残疾人获得文化材料。

四、残疾人特有的文化和语言特性，包括手语和聋文化，应当有权在与其他人平等的基础上获得承认和支持。

五、为了使残疾人能够在与其他人平等的基础上参加娱乐、休闲和体育活动，缔约国应当采取适当措施，以便：

（一）鼓励和促进残疾人尽可能充分地参加各级主流体育活动；

（二）确保残疾人有机会组织、发展和参加残疾人专项体育、娱乐活动，并为此鼓励在与其他人平等的基础上提供适当指导、训练和资源；

（三）确保残疾人可以使用体育、娱乐和旅游场所；

（四）确保残疾儿童享有与其他儿童一样的平等机会参加游戏、娱乐和休闲以及体育活动，包括在学校系统参加这类活动；

（五）确保残疾人可以获得娱乐、旅游、休闲和体育活动的组织人提供的服务。

第三十一条　统计和数据收集

一、缔约国承诺收集适当的信息，包括统计和研究数据，以便制定和实施政策，落实本公约。收集和维持这些信息的工作应当：

（一）遵行法定保障措施，包括保护数据的立法，实行保密和尊重残疾人的隐私；

（二）遵行保护人权和基本自由的国际公认规范以及收集和使用统计数据的道德原则。

二、依照本条规定收集的信息应当酌情分组，用于协助评估本公约规定的缔约国义务的履行情况，查明和清除残疾人在行使其权利时遇到的障碍。

三、缔约国应当负责传播这些统计数据，确保残疾人和其他人可以使用这些统计数据。

第三十二条　国际合作

一、缔约国确认必须开展和促进国际合作，支持国家为实现本公约的宗旨和目的而作出的努力，并将为此在双边和多边的范围内采取适当和有效的措施，并酌情与相关国际和区域组织及民间社会，特别是与残疾人组织，合作采取这些措施。除其他外，这些措施可包括：

（一）确保包容和便利残疾人参与国际合作，包括国际发展方案；

（二）促进和支持能力建设，如交流和分享信息、经验、培训方案和最佳做法；

（三）促进研究方面的合作，便利科学技术知识的获取；

（四）酌情提供技术和经济援助，包括便利获取和分享无障碍技术和辅助技术以及通过技术转让提供这些援助。

二、本条的规定不妨害各缔约国履行其在本公约下承担的义务。

第三十三条　国家实施和监测

一、缔约国应当按照本国建制，在政府内指定一个或多个协调中心，负责有关实施本公约的事项，并应当适当考虑在政府内设立或指定一个协调机制，以便利在不同部门和不同级别采取有关行动。

二、缔约国应当按照本国法律制度和行政制度，酌情在国内维持、加强、指定或设立一个框架，包括一个或多个独立机制，以促进、保护和监测本公约的实施。在指定或建立这一机制时，缔约国应当考虑与保护和促进人权的国家机构的地位和运作有关的原则。

三、民间社会，特别是残疾人及其代表组织，应当获邀参加并充分参与监测进程。

第三十四条 残疾人权利委员会

一、应当设立一个残疾人权利委员会（以下称"委员会"），履行下文规定的职能。

二、在本公约生效时，委员会应当由十二名专家组成。在公约获得另外六十份批准书或加入书后，委员会应当增加六名成员，以足十八名成员之数。

三、委员会成员应当以个人身份任职，品德高尚，在本公约所涉领域具有公认的能力和经验。缔约国在提名候选人时，务请适当考虑本公约第四条第三款的规定。

四、委员会成员由缔约国选举，选举须顾及公平地域分配原则，各大文化和各主要法系的代表性，男女成员人数的均衡性以及残疾人专家的参加。

五、应当在缔约国会议上，根据缔约国提名的本国国民名单，以无记名投票选举委员会成员。这些会议以三分之二的缔约国构成法定人数，得票最多和获得出席并参加表决的缔约国代表的绝对多数票者，当选为委员会成员。

六、首次选举至迟应当在本公约生效之日后六个月内举行。每次选举，联合国秘书长至迟应当在选举之日前四个月函请缔约国在两个月内递交提名人选。秘书长随后应当按英文字母次序编制全体被提名人名单，注明提名缔约国，分送本公约缔约国。

七、当选的委员会成员任期四年，可以连选连任一次。但是，在第一次选举当选的成员中，六名成员的任期应当在两年后届满；本条第五款所述会议的主席应当在第一次选举后，立即抽签决定这六名成员。

八、委员会另外六名成员的选举应当依照本条的相关规定，在正常选举时举行。

九、如果委员会成员死亡或辞职或因任何其他理由而宣称无法继续履行其职责，提名该成员的缔约国应当指定一名具备本条相关规定所列资格并符合有关要求的专家，完成所余任期。

十、委员会应当自行制定议事规则。

十一、联合国秘书长应当为委员会有效履行本公约规定的职能提供必要的工作人员和便利，并应当召开委员会的首次会议。

十二、考虑到委员会责任重大，经联合国大会核准，本公约设立的委员会的成员，应当按大会所定条件，从联合国资源领取薪酬。

十三、委员会成员应当有权享有联合国特派专家根据《联合国特权和豁免公约》相关章节规定享有的便利、特权和豁免。

第三十五条　缔约国提交的报告

一、各缔约国在本公约对其生效后两年内，应当通过联合国秘书长，向委员会提交一份全面报告，说明为履行本公约规定的义务而采取的措施和在这方面取得的进展。

二、其后，缔约国至少应当每四年提交一次报告，并在委员会提出要求时另外提交报告。

三、委员会应当决定适用于报告内容的导则。

四、已经向委员会提交全面的初次报告的缔约国，在其后提交的报告中，不必重复以前提交的资料。缔约国在编写给委员会的报告时，务请采用公开、透明的程序，并适当考虑本公约第四条第三款的规定。

五、报告可以指出影响本公约所定义务履行程度的因素和困难。

第三十六条　报告的审议

一、委员会应当审议每一份报告，并在委员会认为适当时，对报告提出提议和一般建议，将其送交有关缔约国。缔约国可以自行决定向委员会提供任何资料作为回复。委员会可以请缔约国提供与实施本公约相关的进一步资料。

二、对于严重逾期未交报告的缔约国，委员会可以通知有关缔约国，如果在发出通知后的三个月内仍未提交报告，委员会必须根据手头的可靠资料，审查该缔约国实施本公约的情况。委员会应当邀请有关缔约国参加这项审查工作。如果缔约国作出回复，提交相关报告，则适用本条第一款的规定。

三、联合国秘书长应当向所有缔约国提供上述报告。

四、缔约国应当向国内公众广泛提供本国报告，并便利获取有关这些报告的提议和一般建议。

五、委员会应当在其认为适当时，把缔约国的报告转交联合国专门机构、基金和方案以及其他主管机构，以便处理报告中就技术咨询或协助提出的请求或表示的需要，同时附上委员会可能对这些请求或需要提出的意见和建议。

第三十七条　缔约国与委员会的合作

一、各缔约国应当与委员会合作，协助委员会成员履行其任务。

二、在与缔约国的关系方面，委员会应当适当考虑提高各国实施本公约的能力的途径和手段，包括为此开展国际合作。

第三十八条　委员会与其他机构的关系

为了促进本公约的有效实施和鼓励在本公约所涉领域开展国际合作：

一、各专门机构和其他联合国机构应当有权派代表列席审议本公约中属于其职权范围的规定的实施情况。委员会可以在其认为适当时，邀请专门机构和其他主管机构就公约在各自职权范围所涉领域的实施情况提供专家咨询意见。委员会可以邀请专门机构和其他联合国机构提交报告，说明公约在其活动范围所涉领域的实施情况。

二、委员会在履行任务时，应当酌情咨询各国际人权条约设立的其他相关机构的意见，以便确保各自的报告编写导则、提议和一般建议的一致性，避免在履行职能时出现重复和重叠。

第三十九条　委员会报告

委员会应当每两年一次向大会和经济及社会理事会提出关于其活动的报告，并可以在审查缔约国提交的报告和资料的基础上，提出提议和一般建议。这些提议和一般建议应当连同缔约国可能作出的任何评论，一并列入委员会报告。

第四十条　缔约国会议

一、缔约国应当定期举行缔约国会议，以审议与实施本公约有关的任何事项。

二、联合国秘书长至迟应当在本公约生效后六个月内召开缔约国会议。其后，秘书长应当每两年一次，或根据缔约国会议的决定，召开会议。

第四十一条　保存人

联合国秘书长为本公约的保存人。

第四十二条　签署

本公约自二〇〇七年三月三十日起在纽约联合国总部开放给所有国家和区域一体化组织签署。

第四十三条　同意接受约束

本公约应当经签署国批准和经签署区域一体化组织正式确认，并应当开放给任何没有签署公约的国家或区域一体化组织加入。

第四十四条　区域一体化组织

一、"区域一体化组织"是指由某一区域的主权国家组成的组织，其成员国已将本公约所涉事项方面的权限移交该组织。这些组织应当在其正式确认书或加入书中声明其有关本公约所涉事项的权限范围。此后，这些组织应当将其权限范围的任何重大变更通知保存人。

二、本公约提及"缔约国"之处，在上述组织的权限范围内，应当适用于这些组织。

三、为本公约第四十五条第一款和第四十七条第二款和第三款的目的，区域一体化组织交存的任何文书均不在计算之列。

四、区域经济一体化组织可以在缔约国会议上，对其权限范围内的事项行使表决权，其票数相当于已成为本公约缔约国的组织成员国的数目。如果区域一体化组织的任何成员国行使表决权，则该组织不得行使表决权，反之亦然。

第四十五条　生效

一、本公约应当在第二十份批准书或加入书交存后的第三十天生效。

二、对于在第二十份批准书或加入书交存后批准、正式确认或加入的国家或区域一体化组织，本公约应当在该国或组织交存各自的批准书、正式确认书或加入书后的第三十天生效。

第四十六条　保留

一、保留不得与本公约的目的和宗旨不符。

二、保留可随时撤回。

第四十七条　修正

一、任何缔约国均可以对本公约提出修正案，提交联合国秘书长。秘书长应当将任何提议修正案通告缔约国，请缔约国通知是否赞成召开缔约国会议以审议提案并就提案作出决定。在上述通告发出之日后的四个月内，如果有至少三分之一的缔约国赞成召开缔约国会议，秘书长应当在联合国主持下召开会议。经出席并参加表决的缔约国三分之二多数通过的任何修正案应当由秘书长提交联合国大会核可，然后提交所有缔约国接受。

二、依照本条第一款的规定通过和核可的修正案，应当在交存的接受书数目达到修正案通过之日缔约国数目的三分之二后的第三十天生效。此后，修正案应当在任何缔约国交存其接受书后的第三十天对该国生效。修正案只对接受该项修正案的缔约国具有约束力。

三、经缔约国会议协商一致决定，依照本条第一款的规定通过和核可但仅涉及第三十四条、第三十八条、第三十九条和第四十条的修正案，应当在交存的接受书数目达到修正案通过之日缔约国数目的三分之二后的第三十天对所有缔约国生效。

第四十八条　退约

缔约国可以书面通知联合国秘书长退出本公约。退约应当在秘书长收到通知之日起一年后生效。

……

二、《变革我们的世界：2030 年可持续发展议程》（联合国大会 2015 年 9 月 25 日第 70/1 号决议通过）

4. 在踏上这一共同征途时，我们保证，绝不让任何一个人掉队。我们认识到，人必须有自己的尊严，我们希望实现为所有国家、所有人民和所有社会阶层制定的目标和具体目标。我们将首先尽力帮助落在最后面的人。

8. 我们要创建一个普遍尊重人权和人的尊严、法治、公正、平等和非歧视，尊重种族、民族和文化多样性，尊重机会均等以充分发挥人的潜能和促进共同繁荣的世界。一个注重对儿童投资和让每个儿童在没有暴力和剥削的环境中成长的世界。一个每个妇女和女童都充分享有性别平等和一切阻碍女性权能的法律、社会和经济障碍都被消除的世界。一个公正、公平、容忍、开放、有社会包容性和最弱势群体的需求得到满足的世界。

10. 新议程依循《联合国宪章》的宗旨和原则，充分尊重国际法。它以《世界人权宣言》、国际人权条约、《联合国千年宣言》和 2005 年世界首脑会议成果文件为依据，并参照了《发展权利宣言》等其他文书。

11. 我们重申联合国所有重大会议和首脑会议的成果，因为它们为可持续发展奠定了坚实基础，帮助勾画这一新议程。这些会议和成果包括《关于环境与发展的里约宣言》、可持续发展问题世界首脑会议、社会发展问题世界首脑会议、《国际人口与发展会议行动纲领》、《北京行动纲要》和联合国可持续发展大会。我们还重申这些会议的后续行动，包括以下会议的成果：第四次联合国最不发达国家问题会议、第三次小岛屿发展中国家问题国际会议、第二次联合国内陆发展中国家问题会议和第三次联合国世界减灾大会。

17. 但是，我们今天宣布的框架远远超越了千年发展目标。除了保留消贫、保健、教育和粮食安全和营养等发展优先事项外，它还提出了各种广泛的经济、社会和环境目标。它还承诺建立更加和平、更加包容的社会。重要的是，它还提出了执行手段。新的目标和具体目标相互紧密关联，有许多贯穿不同领域的要点，体现了我们决定采用统筹做法。

三、《关于为盲人、视力障碍者或其他印刷品阅读障碍者获得已出版作品提供便利的马拉喀什条约》（世界知识产权组织于2013年6月27日通过，条约于2016年9月30日生效，我国在条约通过后签署，于2021年10月23日获得全国人大常委会批准，条约于2022年5月5日对我国正式生效）

序言

缔约各方，回顾《世界人权宣言》和联合国《残疾人权利公约》宣告的不歧视、机会均等、无障碍以及充分和切实地参与和融入社会的原则，注意到不利于视力障碍或者其他印刷品阅读障碍者全面发展的种种挑战限制了他们的言论自由，包括在与其他人平等的基础上，寻求、接受和传递各种信息和思想自由，其中包括通过他们自行选择的一切交流形式寻求、接受和传递各种信息和思想的自由，也限制了他们享受教育的权利和从事研究的机会，强调版权保护对激励和回报文学与艺术创作的重要性，以及增加机会，使包括视力障碍或者其他印刷品阅读障碍者在内的每个人参加社会的文化生活、享受艺术和分享科学进步成果及其产生的利益的重要性，意识到视力障碍或者其他印刷品阅读障碍者为在社会上实现机会均等，在获得已出版的作品方面面临的障碍，还意识到既有必要增加无障碍格式作品的数量，也有必要改善这种作品的流通，考虑到多数视力障碍或者其他印刷品阅读障碍者生活在发展中国家和最不发达国家，认识到尽管各国的版权法存在不同，但新的信息和通信技术对视力障碍或其他印刷品阅读障碍者的生活产生的积极影响，可以通过加强国际法律框架而得到扩大，认识到很多成员国已在本国的版权法中为视力障碍或者其他印刷品阅读障碍者规定了限制与例外，但适合他们使用的无障碍格式版作品仍然持续匮乏，还认识到各国使他们无障碍地获得作品的努力需要大量资源，而无障碍格式版不能跨境交换，导致不得不重复这些努力，认识到权利人在使视力障碍或者其他印刷品阅读障碍者无障碍地获得其作品中的重要作用，还认识到，规定适当的限制与例外，特别是在市场无法提供这种以无障碍方式获得作品的机会时，对于使视力障碍或者其他印刷品阅读障碍者无障碍地获得作品的重要性，认识到有必要在作者权利的有效保护与更大的公共利益之间，尤其是与教育、研究和获得信息之间保持平衡，而且这种平衡必须为有效和及时地获得作品提供便利，使视力障碍或其他印刷品阅读障碍者受益，重申缔约各方根据现有国际版权保护条约承担的义务，以及《保护文学和艺术作品伯尔尼公约》第九条第二款和其他国际文书中规定的有关限制与例外的三步检验标准的重要性和灵活性，回顾世界知识产权组织大会 2007 年所通过的旨在确保发展方面的考虑构成该组织工作组成部分的发展议程各项建议的重要性，认识到国际版权制度的重要性，出于对限制与例外进行协调，为视力障碍或其他印刷品阅读障碍者获得和使用作品提供便利的愿望，达成协议如下：

第一条　与其他公约和条约的关系

本条约的任何内容均不减损缔约各方相互之间依任何其他条约承担的任何义务，也不损害缔约方依任何其他条约享有的任何权利。

第二条　定义

在本条约中：

（一）"作品"是指《保护文学和艺术作品伯尔尼公约》第二条第一款所指的文学和艺术作品，形式为文字、符号和（或）相关图示，不论是已出版的作品，还是以其他方式通过任何媒介公开提供的作品。

（二）"无障碍格式版"是指采用替代方式或形式，让受益人能够使用作品，包括让受益人能够与无视力障碍或者其他印刷品阅读障碍者一样切实可行、舒适地使用作品的作品版本。无障碍格式版为受益人专用，必须尊重原作的完整性，但要适当考虑将作品制成替代性无障碍格式所需要的修改和受益人的无障碍需求。

（三）"被授权实体"是指得到政府授权或承认，以非盈利方式向受益人提供教育、指导培训、适应性阅读或信息渠道的实体。被授权实体也包括其主要活动或机构义务之一是向受益人提供相同服务的政府机构或非营利组织。

被授权实体在以下方面制定并遵循自己的做法：

1. 确定其服务的人为受益人；
2. 将无障碍格式版的发行和提供限于受益人和（或）被授权实体；
3. 劝阻复制、发行和提供未授权复制件的行为；以及
4. 对作品复制件的处理保持应有注意并设置记录，同时根据第八条尊重受益人的隐私。

第三条 受益人

受益人为不论有无任何其他残疾的下列人：

（一）盲人；

（二）有视觉缺陷、知觉障碍或阅读障碍的人，无法改善到基本达到无此类缺陷或障碍者的视觉功能，因而无法以与无缺陷或无障碍者基本相同的程度阅读印刷作品；

（三）在其他方面因身体残疾而不能持书或翻书，或者不能集中目光或者移动目光进行正常阅读的人。

第四条 关于无障碍格式版的国内法限制与例外

一、（一）缔约各方应在其国内版权法中规定对复制权、发行权和《世界知识产权组织版权条约》规定的向公众提供权的限制或例外，以便于向受益人提供无障碍格式版的作品。国内法规定的限制或例外应当允许将作品制成替代性无障碍格式所需要的修改。

（二）缔约各方为便于受益人获得作品，还可以规定对公开表演权的限制或例外。

二、缔约方为执行第四条第一款关于该款所述各项权利的规定，可以在其国内版权法中规定限制或例外，以便：

（一）在符合下列全部条件时，允许被授权实体在未经版权权利人授权的情况下制作作品的无障碍格式，从另一被授权实体获得无障碍格式版，以任何方式，包括以非商业性出借或者以有线或无线电子传播的方式将这些无障碍格式版提供给受益人，以及为实现这些目的采取任何中间步骤：

1. 希望进行上述活动的被授权实体依法有权使用作品或该作品的复制件；
2. 作品被专为无障碍格式版，其中可以包括浏览无障碍格式的信息所需要的任何手段，但除了使作品对受益人无障碍所需要的修改之外，未进行其他修改；

3. 这种无障碍格式版供受益人专用；并且

4. 进行的活动属于非营利性；而且

（二）受益人依法有权使用作品或该作品的复制件的，受益人或代表其行事的人，包括主要看护人或照顾者，可以制作作品的无障碍格式版供受益人个人使用，也可以通过其他方式帮助受益人制作和使用无障碍格式版。

三、缔约方为执行第四条第一款的规定，可以根据第十条和第十一条在国内版权法中规定其他限制或例外。

四、缔约方可以将本条规定的限制或例外限于在该市场中无法从商业渠道以合理条件为受益人获得特定无障碍格式的作品。利用这种可能性的缔约方，应在批准、接受或加入本条约时，或者在之后的任何时间，在向世界知识产权组织总干事交存的通知中作出声明。

五、本条规定的限制或例外是否需要支付报酬，由国内法决定。

第五条　关于无障碍格式版的跨境交换

一、缔约方应规定，如果无障碍格式版系根据限制或例外或者依法制作的，该无障碍格式可以由一个被授权实体向另一缔约方的受益人或授权人实体发行或提供。

二、缔约方为执行第五条第一款的规定，可以在其国内版权法中规定限制或例外，以便：

（一）允许被授权实体在未经权利人授权的情况下向另一缔约方的被授权实体发行或提供受益人专用的无障碍格式版；并且

（二）允许被授权实体在未经权利人授权的情况下根据第二条第（三）项向另一缔约方的受益人发行或提供无障碍格式版；条件是在发行或提供之前，作为来源的被授权实体不知道或者没有合理理由知道无障碍格式版将被用于受益人以外的目的。

三、缔约方为执行第五条第一款的规定，可以根据第五条第四款、第十条和第十一条在其国内版权法中规定其他限制或例外。

四、（一）缔约方的被授权实体依第五条第一款收到无障碍格式版，而且该缔约方不承担《伯尔尼公约》第九条规定的义务的，它将根据其自身的法律制度和做法，确保无障碍格式版仅为该缔约方管辖范围内的受益人复制、发行或提供。

（二）被授权实体依第五条第一款发行和提供无障碍格式版，应限于该管辖范围，除非缔约方是《世界知识产权组织版权条约》的缔约方，或者以其他方式将旨在实施本条约的对发行权和向公众提供权的限制与例外限于某些不与作品的正常利用相抵触、也不致不合理地损害权利人合法利益的特殊情况。

（三）本条的任何内容均不影响对何种行为构成发行行为或向公众提供行为的认定。

五、本条约的任何内容均不得用于处理权利用尽问题。

第六条　无障碍格式版的进口

只要缔约方的国内法允许受益人、代表受益人行事的人或被授权实体制作作品的无障碍格式版，该缔约方的国内法也应同样允许在其未经权利人授权的情况下，为受益人的利益进口无障碍格式版。

第七条　关于技术措施的义务

缔约各方应在必要时采取适当措施，确保在其为制止规避有效的技术措施规定适当的法律保护和有效的法律救济时，这种法律保护不妨碍受益人享受本条约规定的限制与例外。

第八条　尊重隐私

缔约各方在实施本条约规定的限制与例外时，应努力在其他人平等的基础上保护受益人的隐私。

第九条　开展合作为跨境交换提供便利

一、缔约各方应鼓励自愿共享信息，帮助被授权实体互相确认，以努力促进无障碍格式版的跨境交换。世界知识产权组织国际局应为此建立信息联络点。

二、缔约各方承诺帮助本方从事第五条规定的各项活动的被授权实体提供与第二条第（三）项所述其各项做法有关的信息，一方面通过在被授权实体之间共享信息，另一方面通过酌情向有关各方和公众提供有关其政策和做法的信息，其中包括与无障碍格式版的跨境交换有关的政策和做法的信息。

三、请世界知识产权组织国际局在有与本条约发挥作用有关的信息时，共享这种信息。

四、缔约各方承认国际合作与促进国际合作在支持各国努力实现本条约的宗旨和各项目标方面的重要性。

第十条 关于实施的一般原则

一、缔约各方承诺采取必要措施，确保本条约的适用。

二、任何内容均不妨碍缔约各方决定在自身的法律制度和做法中实施本条约各项规定的适当方法。

三、缔约各方为履行其依本条约享有的权利和承担的义务，可以在其国内法律制度和做法中专为受益人规定限制或例外、规定其他限制或例外或者同时规定二者。这些可以包括缔约各方依《伯尔尼公约》、其他国际条约和第十一条享有的权利和承担的义务，为了受益人的利益，对旨在满足受益人需求的公平做法、公平行为或合理使用进行司法、行政和监管上的认定。

第十一条 关于限制与例外的一般义务

缔约方在采取必要措施确保本条约的适用时，可以行使该缔约方依照《伯尔尼公约》、《与贸易有关的知识产权协定》和《世界知识产权组织版权条约》，包括他们的各项解释性协议，所享有的权利，并应遵守其依照这些条约承担的义务，因此：

（一）依照《伯尔尼公约》第九条第二款，缔约方可以允许在某些特殊情况下复制作品，只要这种复制不与作品的正常利用相抵触、也不致不合理地损害作者的合法利益；

（二）依照《与贸易有关的知识产权协定》第十三条，缔约方应将对专有权的限制或例外限于某些不与作品的正常利用相抵触、也不致不合理地损害权利人合法利益的特殊情况；

（三）依照《世界知识产权组织版权条约》第十条第一款，缔约方在某些不与作品的正常利用相抵触、也不致不合理地损害作者合法利益的特殊情况下，可以对依《世界知识产权组织版权条约》授予作者的权利规定限制或例外；

（四）依照《世界知识产权组织版权条约》第十条第二款，缔约方在适用《伯尔尼公约》时，应将对权利的任何限制或例外限于某些不与作品的正常利用相抵触、也不致不合理地损害作者合法利益的特殊情况。

第十二条 其他限制与例外

一、缔约各方承认，缔约方可以依照该缔约方的国际权利和义务，根据该缔约方的经济情况与社会和文化需求，对于最不发达国家，还应考虑其特殊需求、其特定的国际权利和义务及这些权利和义务的灵活性，在其国内法中为受益人实施本条约未规定的其他版权限制与例外。

二、本条约不损害国内法为残疾人规定的其他限制与例外。

第十三条　大会

一、（一）缔约方应设大会。

（二）每一缔约方应有一名代表出席大会，该代表可以由副代表、顾问和专家协助。

（三）各代表团的费用应由指派它的缔约方负担。大会可以要求世界知识产权组织提供财政援助，为按照联合国大会既定惯例被认为是发展中国家的缔约方或者系市场经济转型期国家的缔约方的代表团参会提供便利。

二、（一）大会应处理与维护和发展本条约及适用和实施本条约有关的事项。

（二）大会应履行第十五条指派给它的关于接纳某些政府间组织为本条约缔约方的职能。

（三）大会应召开任何修订本条约的外交会议作出决定，并给予世界知识产权组织总干事筹备此种外交会议的必要指示。

三、（一）凡属国家的每一缔约方应有一票，并只能以其自己的名义表决。

（二）凡属政府间组织的缔约方可以代替其成员国参加表决，其票数与其属本条约缔约方的成员国数目相等。如果此种政府间组织的任何一个成员国行使其表决权，则该组织不得参加表决，反之亦然。

四、大会应由总干事召集，如无例外情况，应与世界知识产权组织大会同时同地举行。

五、大会应努力通过协商一致作出决定，并应制定自己的议事规则，包括召集特别会议、法定人数的要求，以及按本条约的规定，作出各类决定所需的多数等规则。

第十四条　国际局

与本条约有关的行政工作应由世界知识产权组织国际局履行。

第十五条　成为本条约缔约方的资格

一、世界知识产权组织的任何成员国均可以成为本条约的缔约方。

二、如果任何政府间组织声明其对于本条约涵盖的事项具有权限并自身具有约束其所有成员国的立法，并声明其根据其内部程序被正式授权要求成为本条约的缔约方，大会可以决定接纳该政府间组织成为本条约的缔约方。

三、欧洲联盟在通过本条约的外交会议上作出上款提及的声明后，可以成为本条约的缔约方。

第十六条　本条约规定的权利和义务

除本条约有任何相反的具体规定以外，每一缔约方均享有本条约规定的一切权利并承担本条约规定的一切义务。

第十七条　本条约的签署

本条约通过后即在马拉喀什外交会议并随后在世界知识产权组织总部开放给任何有资格的有关方签署，期限一年。

第十八条　本条约的生效

本条约应在二十个第十五条所指的有资格的有关方交存批准书或加入书三个月之后生效。

第十九条　成为本条约缔约方的生效日期

本条约应自下列日期起具有约束力：

（一）对第十八条提到的二十个有资格的有关方，自本条约生效之日起；

（二）对第十五条提到的每一个其他有资格的有关方，自其向世界知识产权组织总干事交存批准书或加入书之日满三个月起。

第二十条　退约

任何缔约方均可以退出本条约，退约应通知世界知识产权组织总干事。任何退约应于世界知识产权组织总干事收到通知之日起一年后生效。

第二十一条　本条约的语文

一、本条约的签字原件的一份，以中文、阿拉伯文、英文、法文、俄文和西班牙文签署，各该文种的文本同等作准。

二、除第二十一条第一款提到的语文外，任何其他语文的正式文本须由世界知识产权组织总干事应有关方请求，在与所有有关方磋商之后制定。在本款中,"有关方"系指涉及到其正式语文或正是语文之一的世界知识产权组织任何成员国,并且如果涉及到其正式语文之一,亦指欧洲联盟和可以成为本条约缔约方的任何其他政府间组织。

第二十二条 保存人

世界知识产权组织总干事为本条约的保存人。

附录三　国内法律法规等规范性法律文件[1]

一、中华人民共和国残疾人保障法（1990年12月28日第七届全国人民代表大会常务委员会第十七次会议通过，2008年4月24日第十一届全国人民代表大会常务委员会第二次会议修订，根据2018年10月26日第十三届全国人民代表大会常务委员会第六次会议《关于修改〈中华人民共和国野生动物保护法〉等十五部法律的决定》修正）

二、《残疾预防和残疾人康复条例》（2017年1月11日国务院第161次常务会议通过，自2017年7月1日起施行）

三、《残疾人教育条例》（1994年8月23日中华人民共和国国务院令第161号发布，根据2011年1月8日《国务院关于废止和修改部分行政法规的决定》修订，2017年1月11日国务院第161次常务会议修订通过，自2017年5月1日起施行）

四、《残疾人就业条例》（2007年2月14日国务院第169次常务会议通过，自2007年5月1日起施行）

五、最高人民法院、最高人民检察院、公安部、司法部、中国残疾人联合会《关于深入学习贯彻习近平法治思想　切实加强残疾人司法保护的意见》（2022年2月11日发布）

六、最高人民检察院、中国残疾人联合会《关于在检察工作中切实维护残疾人合法权益的意见》（2015年11月30日发布）

七、最高人民法院、中国残疾人联合会《关于在审判执行工作中切实维护残疾人合法权益的意见》（2018年7月13日发布）

八、司法部、中国残疾人联合会《关于进一步加强残疾人法律服务工作

---

[1]　关于我国的法律法规等，本书仅列明主要的名称、制定通过的时间等信息，不全文收录。

的意见》（2023 年 12 月 15 日发布）

九、《残疾人专用品免征进口税收暂行规定》（1997 年 1 月 22 日国务院批准，1997 年 4 月 10 日海关总署发布）

十、民政部、财政部、中国残联《关于加强残疾人两项补贴精准管理的意见》（2022 年 10 月 18 日发布）

十一、中共中央组织部、中央机构编制委员会办公室、财政部、人力资源和社会保障部、国务院国有资产监督管理委员会、国家公务员局、中国残疾人联合会等 7 部门《关于促进残疾人按比例就业的意见》（2013 年 8 月 19 日发布）

十二、中国残疾人联合会办公厅关于印发《残疾人自助互助康复服务推广实施方案》的通知（2023 年 11 月 24 日印发）

十三、工业和信息化部、中国残疾人联合会《关于推进信息无障碍的指导意见》（2020 年 9 月 11 日发布）

附录四 典型案例

最高人民法院 中国残疾人联合会
残疾人权益保护十大典型案例
(2021 年 12 月 2 日发布)

案例一：汪某红诉汪某华继承纠纷案

（一）基本案情

汪某红为持证智力残疾人，残疾等级为二级，经当地民政局审核，符合农村居民最低生活保障政策有关规定，享受最低生活保障。汪某富系汪某红之父，汪某华系汪某富养子。1988 年，汪某富将汪某华、汪某红共同居住的房屋翻新重建。1996 年因洪水冲毁部分房屋，汪某华重新建设了牛栏等附属房屋；后又建设厨房、洗澡间各一间，并对房屋进行了修缮。

汪某富去世后，2019 年，案涉房屋被列入拆迁范围，汪某华与某某人民政府签订《房屋拆迁安置补偿协议》，约定含主体房屋、附属房及简易房、附属物在内的拆迁补偿价款共 490 286.7 元，汪某华实际领取。汪某红认可其中部分房屋由汪某华建设，扣除相应补偿款后剩余款项为 314 168 元。汪某红起诉请求汪某华返还其中的 230 000 元。

（二）裁判结果

一审法院经审理认为，汪某华作为养子，对汪某富进行了赡养并承担了汪某富的丧葬事宜。汪某红享有低保且生活困难，分配遗产时亦应对其进行照顾。综合考虑涉案房屋及部分附属设施的建造、管理以及继承人赡养汪某富等实际情况，酌定汪某红继承的财产份额为 30%，遂判决汪某华支付汪某红 94 250 元。

二审法院经审理认为，汪某红系智力残疾人，其家庭为享受最低生活保障的特殊家庭。依据 1985 年《继承法》第 13 条第 2 款有关"对生活有特殊困难的缺乏劳动能力的继承人，分配遗产时，应当予以照顾"的规定，人民法院在确定遗产继承份额时应给予汪某红特殊照顾及倾斜保护。汪某华应向汪某红支付拆迁补偿款 157 084 元（314 168 元×50%）。遂撤销一审判决，改判汪某华支付汪某红拆迁补偿款 157 084 元。

（三）典型意义

通常情况下，同一顺序的各个法定继承人，在生活状况、劳动能力和对被继承人所尽的赡养义务等方面条件基本相同或相近时，继承份额均等。一审法院认定汪某华对被继承人履行了较多的赡养义务，同时对于遗产有较大贡献，进而认定其有权继承遗产的70%。从法律层面分析，似乎并无不当。但是，继承法同时规定，对于生活有特殊困难、缺乏劳动能力的继承人，分配遗产时应当予以照顾。本案中，汪某红及其配偶均身有残疾，其家庭经区民政局审核享受最低生活保障。汪某红生活具有特殊困难，符合继承法关于遗产分配时照顾有困难的特殊人群的规定。鉴于此，二审法院在遗产分配时，从照顾汪某红生活需要的角度出发，在一审判决的基础上，对遗产分配比例进行了调整，较好地实现了法理与情理的有机统一。

案例二：刘某某诉某景观工程公司、李某某姓名权纠纷案

（一）基本案情

刘某某系听力一级、言语一级多重残疾人，享受农村五保供养待遇。2018年，某景观工程公司与李某某签订制作冰灯协议，约定由李某某为其制作冰灯4组。2019年，李某某承包的工程完工，某景观工程公司告知李某某以工人工资的形式结算工程款。因李某某雇用的工人工资不能达到工程款数额，李某某便盗用刘某某身份信息，冒充自己雇用的工人。后某景观工程公司做工资账目时，使用了刘某某的身份信息，同时向税务部门进行了个人所得税明细申报。

2019年，民政部门对城乡低保人员复审工作期间，发现刘某某收入超标，于2019年7月开始终止对刘某某的特困人员救助供养。刘某某以侵害姓名权为由，起诉请求某景观工程公司、李某某赔偿损失。

（二）裁判结果

北京市延庆区人民法院经审理认为，李某某未经刘某某同意，私自盗用其身份证复印件，某景观工程公司做工资账目时，使用了刘某某的身份信息，并用作纳税申报，导致民政部门终止对刘某某的特困人员救助供养。对因此给刘某某造成的损失，某景观工程公司、李某某应当承担赔偿责任。遂判决某景观工程公司、李某某连带赔偿刘某某2019年7月至同年12月的基本生活费9900元、生活照料费7680元、物价临时补贴300元、电价补贴42.92元、2019年的采暖补贴 1800 元、2019 年 7 月至 2020 年 1 月 3 日的医疗费 3847.44 元、精神抚慰金 5000 元、交通费及误工费 5000 元。

(三) 典型意义

残疾人作为特殊困难的群体，更需要给予特别的保护。保护残疾人合法权益是整个社会的义务和责任，也是社会文明进步的重要标志。随着个人信息领域的立法完善，社会普遍提高了对个人信息的保护力度。残疾人作为社会公众中的一员，其姓名作为个人信息的重要组成部分，是个体区分的主要标志，承载着经济意义和社会意义。侵犯残疾人个人信息的行为应当承担相应的法律责任。本案判决较好地保护了残疾人的人格权益，向社会彰显残疾人权益应当得到全方位保障的价值理念。

案例三：王某祥、王某进诉某某村民委员会、高某等相邻通行纠纷案

(一) 基本案情

王某祥、王某进均为盲人，二人系父子关系，与本村其他农户分离，单独居住在本村在某某寨的集体所有土地上，与某某村某组农户相邻。2003 年，二人利用自己的土地和从某某村某组调换而来的土地修建了一条与从某某寨经水库大坝通向国道（某某寨与外界相通的唯一公路）的便道用于通行。2012 年，高某经流转取得某某村某组 524 亩土地用于生产经营，并受某某村某组委托在某某寨集中修建居民点。居民点修建过程中，王某祥、王某进修建的便道被挖断，致便道尽头与居民点地平面形成约 20 米高落差，便道现已不能通行，也无法恢复。王某祥、王某进起诉请求由某某村民委员会、高某等另开通道恢复便道通行，赔偿交通、误工损失 5602 元。

(二) 裁判结果

重庆市梁平区人民法院经审理认为，不动产相邻权利人应当按照有利于生产、方便生活、团结互助、公平合理原则处理相邻关系，为因通行等必须利用其土地的相邻权利人提供必要的便利。本案中，无论从哪个方向修建机动车便道从某某寨至主路相连，均需经过某某村某组的土地，某某村某组应当提供土地供王某祥、王某进通行。遂判决某某村民委员会、高某等从王某祥、王某进原修建便道被挖断处另开通道，修建一条宽 3 米的便道通向某某寨前寨门水泥路，赔偿王某祥、王某进交通、误工等损失费 5602 元。

（三）典型意义

修建居民点是为了改善人民群众的生活条件，具有积极意义，但不能以损害他人的合法权益为代价，特别是王某祥、王某进为老年人且身有残疾，其合法权益更应得到充分保护。切实依法保障残疾人的合法权益，是贯彻习近平新时代中国特色社会主义思想的重要举措，也是认真落实禁止歧视残疾人法律规定的具体表现。该判决充分发挥司法裁判对社会的重要示范引领作用，鼓励和支持残疾人自立、自强，让残疾人感受到全社会的温暖，使残疾人树立生活的信心，从而对美好生活充满希望。

案例四：卢某某申请人身安全保护令案

（一）基本案情

卢某某（女）系二级智力残疾，王某某与卢某某为夫妻关系。由于婚前缺乏了解，婚后感情基础差，王某某在婚姻生活中稍有不满，即对卢某某及其父母拳脚相加，实施家庭暴力。卢某某为此提起离婚诉讼，并提交了公安机关的报警回执、受案回执、询问笔录、家庭暴力告诫书等证据。案件受理后，法院邀请区残疾人联合会（以下简称区残联）共同走访卢某某及其家人，向当事人及其单位了解具体情况，委托区残联对卢某某遭受家庭暴力的程度以及存在家庭暴力的现实危险等进行综合评估。经调查评估后，区残联以卢某某遭受家庭暴力且受到威胁不敢申请人身安全保护令为由，代卢某某向法院申请人身安全保护令。

（二）裁判结果

法院经审理认为，卢某某系二级智力残疾，区残联曾为其发放残疾人证。现区残联依法履行法律赋予的救助服务职责，以卢某某遭受家庭暴力危险无法申请人身安全保护令为由代卢某某提出申请，符合法律规定。遂裁定，禁止王某某对卢某某及其近亲属实施家庭暴力，禁止王某某在距离卢某某工作单位200米范围内活动。

（三）典型意义

残疾人是社会特殊困难群体，需要全社会格外关心、加倍爱护。在司法实践中，由于残疾人自身的生理缺陷，导致诉讼能力较弱，且因受到威胁等原因不敢申请人身安全保护令。本案是全国首例由区残联代为申请的人身安全保护令，较好地将最高人民法院和中国残疾人联合会共同印发的《关于在审判执行工作中切实维护残疾人合法权益的意见》融入司法审判实践中，既是反家暴审判的一次有益尝试，也是回应残疾人司法需求和司法服务的具体体现。

案例五：宋某某诉某银行人格权纠纷案

（一）基本案情

宋某某为二级残疾人，表现为口齿不清、身体协调性差。2017 年 4 月，宋某某在某银行领取粮食补贴款，并给其父亲缴纳养老保险金时，因忘记银行卡密码，需要办理重置密码业务。工作人员告知其需到开户行办理，因交流不畅发生口角。该银行工作人员不了解宋某某身体残疾情况，见宋某某行为异常，遂启动银行报警系统。宋某某听到警铃声后，随即匆忙跑出营业场所。宋某某以侵害其人格权为由，起诉请求某银行在省级媒体上向其赔礼道歉，赔偿精神损失费 40 000 元。

（二）裁判结果

一审法院经审理认为，人格尊严是民事主体作为"人"所应享有的最基本社会评价，并应得到最起码尊重的权利。2017 年《民法总则》第 109 条规定，自然人的人身自由、人格尊严受法律保护。某银行没有证据证实宋某某在该行办理业务过程中有抢劫企图或者有危及某银行工作人员生命健康安全行为的迹象，仅是在办理业务事宜时，和某银行工作人员发生争执。宋某某作为残疾人，社会适应能力差。某银行的行为给宋某某适应社会平添了心理障碍，造成其精神上的严重伤害。遂判决某银行赔偿宋某某精神损害抚慰金 5000 元，并就使用警铃不当行为给宋某某造成精神伤害作出书面赔礼道歉。二审法院维持一审判决。

（三）典型意义

《残疾人保障法》第 3 条第 2 款规定："残疾人的公民权利和人格尊严受法律保护。"残疾人在社会适应力、心理承受力方面弱于普通人，更加需要社会的理解与关怀。保障残疾人的人格尊严，需要全社会的共同参与。在民事活动中，更应弘扬社会主义核心价值观，充分关心、理解、尊重残疾人，消除偏见和歧视。尤其是社会服务行业，工作环境设置和办理业务过程应为残疾人充分提供便利。该案在残疾人参加社会活动受到歧视时给予充分保护，切实保障残疾人合法权益，判决结果在当地产生了积极影响，充分彰显了司法的公正性，凸显了新时代司法为民主题，有力弘扬了社会主义核心价值观。

案例六：于某某诉某公交客运公司侵权责任纠纷案

（一）基本案情

于某某为肢体四级残疾人，户籍甲市。2014年7月，于某某在乙市乘坐某公交客运公司公交车时，出示其持有的中华人民共和国残疾人证，要求免费乘车，但遭该车驾驶员拒绝，双方遂发生纠纷。于某某向人民法院起诉，请求判令某公交客运公司赔礼道歉、承认错误；赔偿其交通费用、住宿费、餐饮费、误工费、精神损害赔偿金等各项损失共计45 254.6元。

（二）裁判结果

法院经审理认为，残疾人享有乘车优惠的权利受法律保护。《残疾人保障法》第46条第1款规定，国家保障残疾人享有各项社会保障的权利。第50条规定，县级以上人民政府对残疾人搭乘公共交通工具，应当根据实际情况给予便利和优惠。某公交客运公司作为公共交通运营企业，应当本着保障残疾人享有各项社会福利的原则，给予外地残疾人更为简便、灵活的免费乘车手续。某公交客运公司拒绝于某某免费乘坐，侵害了残疾人的免费乘车权，应承担相应的法律责任。遂判决某公交客运公司赔偿于某某2528元。

（三）典型意义

残疾人在政治、经济、社会、文化和家庭生活方面享有的合法权益受法律保护。但实践中，一些地方性文件仍未能有效落实相关法律规定。本案中，在地方性文件未规定非本市户籍残疾人享受乘车优惠的情况下，法院依据《残疾人保障法》和《江苏省残疾人保障条例》的规定依法作出裁判，充分保障了残疾人参与社会生活、共享社会物质文化成果的权益，将法律法规赋予残疾人的合法权益落到实处。同时，在本案审结后，法院还向乙市公交总公司发出司法建议，建议相关职能部门根据法律规定，在兼顾公交企业经济利益的同时，牵头制定更加便利残疾人免费乘车的相关制度及政策，通过司法建议进一步延伸对残疾人的司法服务。

案例七：某公租房公司诉马某某房屋租赁合同纠纷案

（一）基本案情

某公租房公司与马某某于 2014 年签订《公租房租赁合同》，约定某公租房公司将一套公租房租赁给马某某，租期为 12 个月，每 6 个月交纳一次租金，逾期 2 个月不交租金，某公租房公司可解除合同。合同签订后，马某某拖欠了 9 个月租金。某公租房公司起诉请求解除双方之间签订的《公租房租赁合同》，马某某给付自 2020 年 8 月 4 日至实际退还房屋之日的租金，并腾退其租住的房屋。

（二）裁判结果

法院在案件审理过程中，了解到马某某系行动不便的残疾人，主要生活来源是政府低保，年近花甲，没有子女，长期一人独居生活。因其外出未按政策规定按时提交低保申请信息，低保被暂时取消，导致未能按时交纳房租。考虑到马某某的实际情况，经主持调解，双方自愿达成调解协议，马某某可以继续租住，并于 2022 年 2 月 10 日前一次性给付某公租房公司 2020 年 8 月 5 日至 2021 年 8 月 4 日所欠租金 4802.08 元。

（三）典型意义

公共租赁住房是党和政府为困难群众提供的生活保障，本案如单纯判决解除租赁合同，将难以避免地造成不可逆的影响，导致残疾老人无房可住。人民法院充分释法、耐心说理，劝说某公租房公司充分考量马某某的困境，给予 8 个月的宽限期，劝告马某某再次申请低保，同时调解暂时不解除租赁合同，避免马某某面临无房可住的困境。此做法既保障了政府公租房政策通过合同的形式得到落实，同时又切实保障了残疾人的居住权，在具体案例中落实了司法为民的宗旨。

案例八：高某琴等诉高某明共有物分割纠纷案

（一）基本案情

高某琴与高某明系同胞兄妹，高某航、高某雪系高某琴的子女，上述 4 人均与案外人高某宝（高某琴之父）属同一户籍，被识别为贫困户。高某明为肢体二级残疾，其妻为视力一级残疾。2017 年 5 月，户主高某宝与镇人民政府签订了《易地扶贫搬迁协议》和《易地扶贫搬迁旧宅基地腾退协议》，享受易地扶贫搬迁安置政策人均补助25 000元，共计125 000元；享受旧房宅基地腾退补助政策人均补助10 000元，共计50 000元，上述款项均汇入高某明指定的账户。2016年10月，高某明购买房屋一套，支付购房款140 000元，契税、印花税合计1860元，该房屋系该户唯一住房。高某琴等起诉请求高某明支付贫困户移民搬迁款75 000元、旧宅基地腾退款30 000元，合计105 000元。

（二）裁判结果

一审法院经审理认为，易地扶贫搬迁政策和旧房宅基地腾退政策，其目的均为保障当事人的基本居住权利。高某明按照上述政策购买住房，该住房现为其唯一住房，高某琴等与高某明、案外人高某宝均享有该房屋的居住权，在该房屋未被处置的情况下不能主张已享受政策资金的返还，遂判决驳回高某琴等的诉讼请求。

二审法院经审理认为，案涉款项是政府为解决贫困户基本住房问题的特定款项，具有专款专用的性质，高某琴分割款项用于生活开支的主张，与政府发放该款项的特定用途相悖，故维持一审判决。

（三）典型意义

本案既涉及残疾人的居住权又涉及扶贫安置政策的具体落实。扶贫安置政策是政府为改善贫困户的生活质量、从自然条件恶劣地区搬迁到生存与发展条件较好的地方、解决农民基本住房的惠民政策，应当用好，以真正解决当事人住房需求。高某明等四人均在高某宝户内，与高某琴系同胞兄妹，高某明夫妻均为重度残疾人，虽高某琴等三人对案涉款项享有权利，但案涉款项购买房屋为当事人唯一住房，判决驳回高某琴等人的诉请对保障残疾人的居住权益、对落实国家扶贫政策的目标具有积极意义。

案例九：牛某某诉某物流公司劳动合同纠纷案

（一）基本案情

牛某某为左手大拇指缺失残疾。其2019年10月10日到某物流公司工作，担任叉车工。入职时提交了在有效期内的叉车证，入职体检合格。公司要求填写员工登记表，登记表上列明有无大病病史、家族病史、工伤史、传染病史，并列了"其他"栏。牛某某均勾选"无"。2020年7月4日，某物流公司以牛某某隐瞒持有残疾人证,不接受公司安排的工作为由解除劳动合同。2020年7月10日,牛某某申请仲裁,要求某物流公司支付违法解除劳动合同赔偿金30 000元。2020年10月13日,劳动人事争议仲裁委员会裁决某物流公司支付牛某某违法解除劳动合同赔偿金5860元。牛某某起诉请求某物流公司支付其违法解除劳动合同赔偿金30 000元。

(二)裁判结果

一审法院经审理认为,某物流公司招聘的系叉车工,牛某某已提供有效期内的叉车证,入职时体检合格,从工作情况来看,牛某某是否持有残疾人证并不影响其从事叉车工的工作。故,某物流公司以牛某某隐瞒残疾人证为由解除合同,理由不能成立,其解除劳动合同违法。遂判决某物流公司支付牛某某违法解除劳动合同赔偿金5860元。一审法院维持一审判决。

(三)典型意义

用人单位可以对劳动者进行管理,有权了解劳动者的基本情况,但该知情权应当是基于劳动合同能否履行的考量,与此无关的事项,用人单位不应享有过于宽泛的知情权。而且,劳动者身体残疾的原因不一而足,对工作的影响也不可一概而论。随着社会越来越重视对个人隐私的保护,在身体残疾不影响工作的情况下,劳动者可以不主动向用人单位披露其身有残疾的事实,而是作为一名普通人付出劳动,获得劳动报酬,这是现代社会应有的价值理念。用人单位本身承担着吸纳就业的社会责任,对残疾劳动者应当有必要的包容,更不能以此为由解除劳动合同。本案判决对维护残疾人劳动权益,保障残疾人平等参与社会生活起到了重要的示范引领作用。

案例十:王某某诉某康复器具公司侵权责任纠纷案

(一)基本案情

王某某因交通事故手术截肢,向某康复器具公司购买假肢产品。2016年4月25日,双方签署《产品配置单》,约定由某康复器具公司为王某某提供假肢产品,并根据王某某的个人适应性提供修正装配方案以及终生免费调整、保养、维修等专业技术服务。某康复器具公司根据王某某的情况先为其装配了临时假肢,王某某支付相应价款8000元。2017年4月18日,王某某因左下肢残端溃烂住院治疗,支付医疗费52 725.42元。王某某称其安装假肢后不到十天就出现溃疡,向某康复器具公司业务员反映情况,对方称需磨合,慢慢会好,故,未及时入院治疗。王某某起诉请求某康复器具公司赔偿其购买假肢费用8000元、医疗费52 725.42元、住院伙食补助费5500元、营养费11 500元、护理费17 400元、交通费2000元。

(二) 裁判结果

法院经审理认为,某康复器具公司未向王某某提供足够的假肢佩戴指导和跟踪服务,导致王某某在使用假肢的过程中出现残端溃烂的损害后果,应对王某某的损害后果承担侵权责任,遂判决某康复器具公司退还王某某假肢款8000元、赔偿王某某医疗费52 725.42元、住院伙食补助费5500元、护理费11500元、营养费5750元、交通费500元。二审中双方调解结案。

(三) 典型意义

残疾辅助器具对残疾人生活具有重大影响。残疾辅助器具的质量是否合格,以及能否安全有效地使用,与辅助器具使用人的身体健康和人身、财产权益密切相关。残疾辅助器具产品除具有物的属性外,还包含服务属性,任何一项属性存在缺陷都有可能对使用者造成损害。本案确立了残疾辅助器具侵权责任纠纷的基本裁判规则,即残疾辅助器具的经营者在向购买人出售产品后,除应保证产品质量合格外,还应根据产品性能及合同约定,为购买人提供装配、调整、使用指导、训练、查访等售后服务,若因服务缺失导致购买人产生人身损害,经营者应根据其过错程度承担相应的侵权责任。

最高人民检察院会同民政部、中国残疾人联合会发布维护残疾人合法权益行政检察典型案例

(2023年9月6日发布)

案例一:谢某胜诉山东省青岛市某区自然资源局房屋所有权转移登记检察监督案

(一) 基本案情

谢某与薛某系夫妻关系,生育谢某胜、谢某文等五个子女,其中谢某胜系二级精神残疾人(其法定监护人系其妻子吴某琼)。薛某于2015年12月12日去世。2016年4月,谢某胜、谢某文等兄妹五人与其父谢某共同签署《楼房产

权办理登记声明》，声明作为薛某的法定继承人，自愿放弃对涉案房屋的继承，由谢某文一人继承，一致同意在办理楼房产权登记时，将涉案房屋登记在谢某文名下。2016年7月23日，谢某文与社区居委会共同向山东省青岛市某区国土资源和房屋管理局（后变更为某区自然资源局）申请办理涉案房屋的产权转移登记，将涉案房屋登记在谢某文名下。2016年12月13日，谢某去世。2017年3月29日，谢某胜以谢某文为被告，其他继承人为第三人向某区人民法院提起民事诉讼，请求判决确认谢某胜在《楼房产权办理登记声明》上签字放弃应继承份额的行为无效。2017年7月19日，某区人民法院作出民事判决，因谢某胜是二级精神残疾，其签署声明时未经其法定监护人吴某琼同意，判决谢某胜放弃对涉案房屋继承份额的行为无效。

2017年9月7日，谢某胜提起行政诉讼，请求确认某区自然资源局将涉案房屋转移登记至谢某文名下的行政行为无效，将涉案房屋确权至谢某胜名下。某区人民法院于2017年12月8日作出一审行政判决，认为民事判决虽确认谢某胜放弃继承份额的行为无效，但同时在该判决书中已写明"原告放弃继承份额的行为无效，但并不影响其他继承人将涉案房屋份额放弃并将涉案房屋登记在被告名下"，可见该判决并未否定涉案房屋登记在谢某文名下的法律效力。该《楼房产权办理登记声明》原件现留存于某社区居委会，并未在办理涉案房屋转移登记时向某区自然资源局提交，也不是某区自然资源局办理转移登记时必须依据的材料。某区自然资源局依据提交的材料作出涉案房屋转移登记事实清楚、证据充分、程序合法，判决驳回谢某胜的诉讼请求。该判决现已生效。

（二）检察机关履职过程

2021年7月，谢某胜的法定代理人向某区人民检察院申请监督程序。因谢某胜长期住院治疗，需家人陪护，未能及时上诉和申请再审，且谢某胜及家人几年来多次通过信访途径期待解决问题，最后得到的答复是必须通过诉讼途径解决。考虑到谢某胜系精神残疾人，属弱势群体，涉案行政原审判决可能侵害其合法权益，本案确有监督必要，某区人民检察院依职权启动监督程序。

该案系涉及宅基地拆迁安置、行政登记、房产继承等，案件事实较为繁杂，某区人民检察院先后调取法院民事和行政卷宗、房产登记部门的登记资料，并向社区居委会调查询问，查明：1995年土地使用权初始登记于谢某金名下。2010年7月14日，谢某金与所在社区居委会签订《已经拆迁补偿协议》，分得涉案房屋。谢某文与社区居委会申请办理涉案房屋转移登记时，提交的《拆迁安置补偿协议》签订日期为2009年3月16日，载明谢某文通过拆迁安置获得涉案房屋，该拆迁安置协议与《已经拆迁补偿协议》签订日期、主体均不相同。另查明，民事判决仅认定谢某胜放弃对涉案房屋的继承份额的行为无效，但未对谢某胜同意将涉案房屋登记于谢某文名下的行为予以评判。

根据2007年《物权法》第12条、2008年《房屋登记办法》第33条、《不动产登记暂行条例》第16条等规定，对于基于法律行为发生的不动产物权变动的登记，登记机构的审查范围包括两个方面：一方面，应当审查当事人的身份、不动产权属现状等事实；另一方面，还应审查不动产物权变动的原因行为，存在法律上认可的物权原因是登记的前提和基础。本案某区自然资源局未对登记材料尽到法定审查义务，且物权变动的原因行为已发生变化，某区人民法院行政判决认定某区自然资源局"依据相关规定对双方提交的材料进行了审查，作出转移登记行为并无不当"，属认定的基本事实证据不足，适用法律法规错误，某区人民检察院于2021年7月30日向某区人民法院发出再审检察建议，并针对某区自然资源局办理房屋所有权转移登记过程中未尽审核义务发出纠正违法检察建议。

某区人民法院采纳检察机关再审检察建议，裁定该案再审，并自行启动对民事案件的再审。2022年10月17日，民事再审判决确认谢某胜放弃继承涉案房屋的行为和同意将涉案房屋产权登记在谢某文名下的行为均无效。2022年11月29日，某区人民法院行政再审判决撤销原审判决，撤销某区自然资源局将涉案房屋转移登记至谢某文名下的行政行为。

（三）典型意义

"住有所居"事关人民群众对美好生活的向往。检察机关在办理涉残疾人房屋所有权转移登记监督案件中，应围绕行政登记行为的合法性问题，厘清民事判决是否导致行政登记的基础性原因或事实性依据发生变化，并综合考量案件基本事实，当事人维权救济能力和残疾人权益保护等因素，审查监督必要性，选择适当监督方式，通过建议法院再审，纠正错误判决，实质性化解行政争议，提升办案质效，切实维护残疾人的合法权益。

案例二：蔡某文诉黑龙江省大庆市某区某村委会行政赔偿检察监督案

（一）基本案情

蔡某文系黑龙江省大庆市某区某村村民，视力二级残疾。2019年10月21

日，蔡某文以 2011 年某村村委会遗漏为其申报残疾人盖房补贴、盖房苯板补助、危房改造补贴等款项为由，将某村村委会诉至大庆市某区人民法院，请求某村村委会赔偿上述补贴款项、利息及相关费用合计 25 564 元。某区人民法院以该案不属于行政诉讼受案范围为由，驳回蔡某文的起诉。蔡某文提出上诉，大庆市中级人民法院裁定驳回上诉。2020 年 7 月 13 日，蔡某文以相同诉求向大庆市某区人民法院提起行政赔偿诉讼。2020 年 11 月 16 日，某区人民法院作出行政裁定，认定某村村委会副主任在落实贫困残疾人泥草房改造工作时，没有认真了解核实残疾人家庭经济及住房情况，工作不细致、不严谨，在上报贫困残疾人泥草房改造名单时将刘某（蔡某文丈夫）漏报，致使刘某未能获得相关补贴，但原告的起诉明显超过起诉期限，遂裁定驳回起诉。蔡某文不服，提出上诉。2021 年 6 月 11 日，大庆市中级人民法院作出终审裁定，驳回上诉，维持原裁定。蔡某文申请再审被驳回，遂向检察机关申请监督。

（二）检察机关履职过程

大庆市人民检察院受理该案后，由检察长亲自办案，大庆市、某区两级检察院一体化办理。经调查，某村村委会在实施扶贫助残款物发放行政管理行为时，具有行政主体资格，蔡某文有权向某村村委会主张权利。蔡某文自认 2013 年听说此事，于 2020 年提起行政诉讼，明显超过了法定起诉期限，原审裁判并无不当。但申请人确因村委会漏报而未领取到应得的相关补贴，其部分诉求具有合理性。为避免"程序空转"，大庆市人民检察院深入某区住房和建设局、民政局、纪委监委等部门，调查了解某区泥草房改造实施方案、资金发放情况、申请人家庭情况、村干部处理情况等，推进行政争议实质性化解。

2022 年 12 月 1 日，大庆市人民检察院对该案召开公开听证会，考虑到蔡某文残疾，且年逾七旬，检察机关将听证会搬到其"家门口"——某村村委会。听证会邀请人大代表、政协委员、人民监督员作为听证员，某区残联、民政局、信访局、住房和建设局的工作人员旁听。经过听证调查及说理，某村村委会承认其在工作上的过失，并愿意进行弥补。蔡某文同意放弃不合理的诉求，与村委会达成和解协议，并当场向检察机关撤回监督申请。蔡某文之夫刘某视力三级残疾、肢体二级残疾，两人均无劳动能力，家庭贫困，检察机关协助蔡某文申请了司法救助。

大庆市检察机关以此案为契机，与某镇下辖七个村委会的工作人员进行座谈，剖析该案产生的原因，共同研究促进农村补贴申请、报送工作流程精细化的整改方案。某区人民检察院与区残联加强协作,形成《关于在残疾人权益保障检察工作中加强协作配合的意见》,共同推动残疾人事业高质量发展;大庆市人民检察院与市妇联、残联等部门制发《国家司法救助与社会救助衔接工作办法》,实现救助工作制度化、规范化。

(三)典型意义

检察机关办理既涉及农村贫困残疾人弱势群体,又涉及司法"程序空转"的案件,采取检察长包案、上门公开听证、上下级院一体化推进、一站式服务、"一揽子"协作的多元举措,将"程序空转"变为"峰回路转",促成当事人双方和解,维护残疾人合法权益。在办好个案的同时,针对案件反映出的普遍性问题,向案涉相关领域深度辐射,加强残疾人权益保障检察工作,推进司法救助与社会救助深度融合,让公平正义真正可感受、能感受、感受到。

案例三:龚某诉湖北省某县社会保险管理局社会保险行政给付检察监督案

(一)基本案情

龚某为湖北省某县交通局职工。2016年7月,其外出为单位运送材料途中与第三人曾某发生道路交通事故,经鉴定为"植物状态伤情程度Ⅰ级"。由于曾某未支付医药费,龚某遂向某县社保局申请先行支付医疗费用。某县社保局答复应先由第三人曾某进行赔付。龚某向县法院提起行政诉讼,法院判决县社保局在判决生效后三十日内从工伤保险基金中向龚某先行支付医疗费410 788元。县社保局在收到行政判决后,决定分期给付相关医疗费。

2018年4月16日,龚某又向法院提起民事诉讼,请求曾某及王某(系曾某的雇主)承担交通事故的连带赔偿责任,经法院调解达成民事调解协议。但曾某、王某并未履行,龚某向法院申请强制执行,因未发现被执行人有可供执行的财产,法院裁定终结本次执行。龚某向检察院申请民事执行监督,检察院经审查认为法院民事执行活动在法律上并无不当,作出不支持监督申请决定。龚某因交通事故致残,其行政先行支付和民事赔偿均未得到有效执行。

(二)检察机关履职过程

某县人民检察院在办理龚某申请民事执行监督案中发现,某县社保局未依法履行行政判决,遂决定依法开展行政诉讼执行监督。经调查查明,龚某在发生交通事故后一直处于植物人状态,护理程度为完全护理,家庭生活来源全由龚某女儿一人负担，生活压力巨大。法院判决某县社保局先行支付医疗费 410 788 元符合《工伤保险条例》相关赔付标准，但某县社保局决定分期支付不利于龚某合法权益的保护。曾某、王某确无财产可供执行。龚某交通事故责任纠纷民事执行案一直未有效执行，法院行政判决某县社保局先行支付医疗费亦未履行完毕，龚某家庭陷入两难困境。

为了维护龚某的合法权益，县人民检察院决定行政、民事执行监督一体推进，行、民纠纷"一揽子"化解。为此，检察机关一方面与其家人进行面对面的沟通，开展心理疏导，鼓励其坚强生活，另一方面与县社保局和曾某、王某沟通，督促其克服困难依法履行相应赔付责任。后组织案件当事人、相关单位及人民监督员召开听证会，梳理矛盾纠纷"结点"，商讨解决问题的可行办法，并就因第三人侵权造成工伤，工伤保险医疗费先行赔付与侵权人赔偿责任竞合的法律问题，向当事人和某县社保局阐明法律规定和处理意见。最终，龚某家属认可了工伤先行赔付的标准，同意某县社保局3个月内全部给付，并与曾某、王某达成执行和解协议，至此，长达6年的行民交叉执行纠纷终于达成行政、民事"双和解"。2022年1月，曾某、王某赔偿款全部赔付。4月，县社保局医疗费全部支付到位。针对龚某的特殊遭遇，县人民检察院协助其依法申请司法救助。

（三）典型意义

对于因第三人侵权发生的工伤事故，往往会引发工伤保险待遇与民事侵权责任的竞合，在当事人因伤致残需要巨额医疗费用的情况下，社保部门应当从工伤保险基金中先行支付必要的医疗费用，以保障当事人的及时治疗。对于行政执行与民事执行交叉，法院终结本次民事执行，行政判决未得到及时全面履行的案件，检察机关立足残疾人合法权益的实质性保护，依法能动履职、综合履职，综合运用调查核实、释法说理、公开听证、司法救助等多元化解方式，联合相关部门，共同促进行政争议和民事纠纷"一揽子"解决，及时回应残疾人申请执行人的"急难愁盼"。

案例四：浙江省杭州市某区人民检察院督促烟草主管部门依法履职检察监督案

（一）基本案情

2019年，方某向杭州市烟草专卖局申领烟草专卖零售许可证，因不符合

《某市烟草制品零售店布局规定》关于"零售店间隔距离不少于50米"的规定被驳回。2020年8月,方某了解到残疾人申领烟草专卖零售许可证并无上述间隔距离的限制,遂通过他人联系到残疾人泮某,与其签订虚假的店铺转让合同,并以泮某名义在烟草专卖局申领烟草专卖零售许可证。

(二)检察机关履职过程

浙江省杭州市某区人民检察院刑事检察部门在办理方某涉嫌非法经营罪时发现,市烟草局可能存在履行监管职责不到位的情况,遂将问题线索移送行政检察部门办理。检察机关经调查查明,泮某已于2021年4月3日死亡,案涉许可证未被收回。经类案梳理,运用大数据手段将浙江省烟草专卖局网站公示的专卖许可、收回公告、处罚情况等信息进行碰撞比对,发现涉残疾人烟草专卖许可证被收回、处罚的数量占比极少。结合走访发现,该市烟草专卖零售户密度已呈饱和态势,在残疾人有优惠政策的情况下,借用或冒用残疾人身份骗领烟草专卖零售许可证。检察机关经审查认为,市烟草局对方某申领烟草专卖零售许可证予以驳回后,对在同一地址以不具有自主经营能力的高龄残疾人名义申领的情形未尽到必要的审查义务,在已明知方某系以他人身份骗领烟草专卖零售许可证的情况下,未及时予以撤销,存在行政履职不到位的情况。2022年4月,某区人民检察院通过杭州市人民检察院向市烟草局制发检察建议,督促其对案涉许可证予以撤销,加大对残疾人等特殊群体申领烟草专卖零售许可证的审查监管力度,防止"借用""冒用"残疾人身份情形发生。同时,检察机关还组织市烟草局、区残疾人联合会及相关社区召开联席会议,推动开展残疾人证违法"借用"专项治理工作,做好残疾人经营户的权益保障。

市烟草局采纳检察建议,撤销案涉许可证,并开展专项行动,清退异常许可证331本,包括"冒用"残疾人经营户68户,发布《烟草专卖局异常经营零售户监管规定》等三项文件,建立长效机制,规范烟草专卖管理秩序。区残疾人联合会、相关社区共同开展专项活动,加强残疾人证核发审查,开展法律风险防控宣讲,引导注销异常残疾人证,保障残疾人合法权益。

(三)典型意义

国家通过适当降低残疾人市场准入条件,鼓励残疾人自主创业,是发展残疾人事业采取的特殊帮扶政策,但也是容易被不法分子利用、"钻空子"的地方。借用、冒用残疾人身份享受政策优待的行为,不仅干扰了正常的行业管理秩序，也阻碍助残优惠政策的高质量落实，侵害残疾人合法权益。检察机关在履行法律监督职责中，践行"穿透式"监督理念，注重"行刑衔接"，发现行政机关履职不到位情形，以个案监督为切入口，通过综合运用调查核实、大数据比对、召开联席会议等方式，推动烟草主管部门开展专项行动，清退异常许可证，规范残疾人申领许可证的审查流程与日常监管，不断提升残疾人就业服务质量和效率。同时，检察机关依法能动履职，推动各级残疾人联合会、社区等加强对残疾人帮扶政策和普法宣传，提高残疾人群体法律意识，保护自身合法权益。

案例五：江苏省无锡市某区人民检察院督促纠正错误行政处罚决定检察监督案

（一）基本案情

"杨某婷"伙同他人吸食毒品被江苏省无锡市某区公安分局根据《治安管理处罚法》第72条第3款之规定，予以行政拘留15日的行政处罚，并将其送往无锡市拘留所执行。《行政处罚决定书》被处罚人一栏签名为"杨某婷"并捺印。

（二）检察机关履职过程

2022年3月，江苏省无锡市某区人民检察院在办理"杨某萱"涉毒品犯罪时发现，杨某萱有冒用残疾人杨某婷身份信息接受行政处罚的情形。经内部线索移送，行政检察部门依职权启动调查查明：杨某婷为杨某萱堂妹，系智力三级残疾。杨某萱冒用杨某婷的身份信息办理了身份证件，该证件除照片为杨某萱本人外，其他信息与杨某婷身份信息完全一致。后杨某萱一直以杨某婷的姓名外出工作，多次涉毒均以杨某婷的身份被公安机关行政处罚。某区人民检察院经审查认为，区公安分局在作出行政处罚决定时未尽审慎审查义务，致使杨某萱多次被行政处罚均系冒用杨某婷之名，行政处罚的主体认定错误，损害了杨某婷的名誉，应依法予以纠正。2022年3月18日，某区人民检察院向区公安分局制发检察建议，建议对杨某萱冒用杨某婷之名的行政处罚决定书依法予以更正；在今后的工作中，加大被处罚人身份信息审查力度，建立纠错机制。区公安分局经清理，先后撤销包含本案在内的4份杨某萱冒用杨某婷之名的行政处罚决定书，重新作出行政处罚，并函告杨某萱户籍所在地公安机关对其冒用他人身份信息依法作出处理。

本案办理后，某区人民检察院及时向无锡市人民检察院报告工作情况，推动市人民检察院在全市范围部署开展"梳理冒用他人身份信息接受行政处罚案件"专项行动。截至目前，全市共梳理出冒用他人身份信息接受行政处罚案件60余件，通过制发检察建议纠正8件，其他案件均由公安机关自行纠正。

（三）典型意义

残疾人因自身原因，在身份被冒用、相关权益受到侵害的情况下，往往很难及时发现。检察机关在履职中，强化"行刑衔接"，践行"穿透式监督"理念，对于发现行政违法行为监督线索，尤其是涉及侵害残疾人合法权益的，依法能动履职，高质效办理关系残疾人合法利益的案件，坚持从个案办理到类案监督，再到社会治理，以点带面，解决一个领域、一个环节的普遍性问题，促进提升社会治理效能，切实保障残疾人合法权益。

最高人民检察院会同住房城乡建设部、中国残疾人联合会发布无障碍环境建设检察公益诉讼典型案例

（2023年11月13日发布）

案例一：贵州省贵阳市人民检察院督促规范公共场所无障碍环境建设行政公益诉讼案

（一）基本案情

位于贵州省贵阳市区的黔灵山公园，是集自然生态、野生动物、文物古迹、民俗风情和娱乐休闲为一体的综合性公园。公园内的三岭湾广场始建于1956年，2013年完成环境整治提升，成为广大市民游客通行及活动的重要场所。随着经济社会的发展，三岭湾广场步行隧道前的无障碍轮椅坡道坡度较陡，且未在通道两侧设立扶手，严重影响残疾人、老年人出行。近年来，多名残疾人、老年人代表及热心群众通过相关媒体反映和呼吁，但问题始终未得到有效解决。

（二）调查和督促履职

2022年7月，贵州省贵阳市人民检察院收到"益心为公"检察云平台志愿者提供的线索后决定立案办理。为提升办案质效，办案人员从"益心为公"志愿者人才库中邀请具备建筑工程、市政公用工程二级建造师执业资格的志愿者参与辅助案件办理。通过现场实地勘测，实测无障碍轮椅坡道纵向坡度比例为

1∶4.76，换算坡度为11.9°，不符合《无障碍设计规范》（GB 50763—2012）无障碍轮椅坡道纵向坡度比不得小于1∶8的要求，以及《老年人权益保障法》《残疾人保障法》对特定群体权益保障的相关规定。贵阳市综合行政执法局三定方案及权责清单明确，该局负责全市公园管理工作的指导、监督、管理和检查，指导公园按照行业规范和标准实施建设和管理。

贵阳市人民检察院将相关办案情况同步向贵州省老龄工作委员会、贵州省残疾人联合会（以下简称省残联）进行了通报，并组织两单位代表、"益心为公"志愿者与贵阳市综合行政执法局相关人员到现场查看，围绕整改必要性及整改方案等事项与贵阳市综合行政执法局进行磋商。贵阳市综合行政执法局遂委托专业机构制订整改方案，并征求意见。贵阳市人民检察院委托专家对整改方案进行评估后认为，该方案基本符合无障碍设施规范要求。

此后因建设方、施工方对整改方案的实施还存在不同意见，工程未有实质性整改进展。2022年11月24日，贵阳市人民检察院组织召开公开听证会，邀请相关单位及代表对整改方案和专家意见进行听证。听证员一致认为，整改方案切实可行，相关行政机关应按方案整改，根据工程周期预估可以于2023年2月底前整改完毕。

2023年3月，贵阳市人民检察院通过跟进调查发现，三岭湾广场无障碍轮椅坡道仍未按方案完成整改，遂向贵阳市综合行政执法局制发诉前检察建议，建议该局依法全面履职，督促完成涉案轮椅坡道的改造工程，加强对公园无障碍设施的管理和维护工作。贵阳市综合行政执法局收到检察建议后，遂启动了招投标工作，公园管理处积极配合，按照整改方案倒排工期、责任到人，于2023年5月底完成了三岭湾广场无障碍轮椅坡道的整改工程。

2023年6月13日，贵阳市人民检察院与省残联邀请"益心为公"志愿者、相关行业专家和老年人、残疾人代表实地跟进整改情况。经现场勘验，整改后的三岭湾广场无障碍轮椅坡道坡度符合国家规范要求。同时，在通道两侧安装了上层高度为850mm、下层高度为650mm的双层扶手，在通道的两端均设置了明显的无障碍设施标识和提示牌。参加验收的残疾人、老年人代表对整改后的无障碍轮椅坡道进行体验，确认可以顺利通行。

办案过程中，贵阳市人民检察院以个案办理推动类案监督，在全市部署开展无障碍环境建设公益诉讼专项行动。目前已发现占用或阻挡盲道、无障碍轮椅坡道坡度过陡等问题线索27条，立案21件，制发检察建议6件，促成114

处无障碍设施完成整改。

（三）典型意义

公共场所服务设施的无障碍改造有利于实现好、维护好老年人、残疾人根本权益。本案中，检察机关充分发挥公益诉讼检察职能作用，强化与老龄工作委员会、残疾人联合会等协作配合，借助"益心为公"志愿者、相关行业专家等"外脑"优势，提升精准监督水平，督促相关单位依法全面履职，并以点带面开展专项监督，推动提升本地区无障碍环境建设和管理水平。针对志愿者反映的公共场所无障碍设施不符合工程建设标准，影响老年人、残疾人等特定群体出行的问题，检察机关通过磋商、公开听证、制发检察建议等方式督促行政机关履职整改，并邀请残疾人、老年人代表参加公开听证和整改验收，以类案监督推动综合治理。

案例二：江苏省苏州市虎丘区人民检察院督促保障残疾人出行无障碍行政公益诉讼案

（一）基本案情

2021年3月，江苏省苏州市虎丘区人民检察院在开展"守护无碍，让'碍'有爱"专项监督中发现，辖区内热门生活商圈、重要景区的部分盲道长期被非机动车、保安岗亭、减速带等障碍物阻断；多个公交站、地铁站外无障碍通道被停车位、路缘等阻挡，上述情况严重阻碍残疾人等特定群体出行，损害社会公共利益。

（二）调查和督促履职

2021年3月30日，虎丘区院对上述线索开展评估和初步调查，发现辖区主干道路、交通站点等区域的10余处无障碍设施存在建设不规范、非法占用及损坏情况，遂于同年4月14日立案。为进一步厘清不同部门监管环节的具体职责，虎丘区人民检察院通过磋商、实地调研、联合走访区盲人协会和肢体残疾协会等形式，加强与行政机关沟通，邀请残疾人士代表、残疾人联合会组织工作人员成为"益心为公"志愿者，为办案提供专业支持。明确虎丘区住房和建设局在无障碍设施建设和使用环节的监管职责，虎丘区城管局在无障碍设施维护环节的监管职责。

2021年4月22日，根据《无障碍环境建设条例》《苏州市无障碍设施管理办法》等相关规定，虎丘区人民检察院分别向区住房和建设局、区城管局制发诉前检察建议，建议区住房和建设局加强规划，在人行道、交通站点增设无障碍设施及标志，对缺少提示盲道、未设置无障碍通道等不符合《无障碍设计规范》（GB 50763—2012）的情况进行改造；建议区城管局强化无障碍设施维护，对破损盲道进行维修，采取合理措施防止盲道等被占用。

收到检察建议书后，区住房和建设局组织召开整改专题协调会，规范辖区内重点路段人行道提示盲道铺设、增设无障碍通道及无障碍标志等 30 余处，完善居民区、热门商圈、大运河等重点景区无障碍环境。区城管局多次召开现场办公会，对辖区内 96 处破损盲道道板进行维修，查处侵占、损毁盲道设施等违法行为 21 起，并在地铁站周边重新划定非机动车停车点位 24 处。2021 年 9 月 3 日，虎丘区人民检察院组织召开公开听证会，邀请残疾人等担任"无碍体验员"，全面评估履职效果，现场验收整改成效。

办案过程中，虎丘区人民检察院将检察履职融入苏州市无障碍地图 App 开发建设，在地图中嵌入"公益投诉"模块，方便群众及时向检察机关反映线索；点击地图上的检徽可随时查看评估无障碍设施整改情况，实现地图大数据与检察大数据的双向互联。目前，虎丘区人民检察院通过"益心为公"志愿者和无障碍地图 App 已受理线索 10 余件，立案 8 件，推动改造辖区地铁站无障碍通道 23 处，规范商业、文化、医疗康复等公共建筑内无障碍电梯、无障碍洗手间、无障碍车位数 10 处。

（三）典型意义

完备的无障碍环境是残疾人平等、充分、便捷融入社会生活的必要条件。检察机关聚焦残疾人出行权益保障，通过公益诉讼推动行政机关、残联组织、"益心为公"志愿者等多方协作，形成无障碍设施建设工作合力。同时，通过大数据赋能，搭建集线索转接、处置整改、效果监督于一体的无障碍地图 App 平台，持续推动完善辖区无障碍环境建设。

案例三：东省青岛市崂山区人民检察院督促规范在建工程无障碍设施建设行政公益诉讼案

（一）基本案情

近年来，山东省青岛市崂山区部分在建工程未完全落实无障碍设施工程应与主体工程同步设计、同步施工、同步验收投入使用的"三同步"要求,且因不同行政机关之间缺乏沟通机制,导致无障碍设施未能同步与周边设施有效对接,给老年人、残疾人等特定群体出行安全带来风险隐患。

(二)调查和督促履职

2022年10月12日,山东省青岛市崂山区人民检察院收到群众举报,反映辖区内一处在建工程即将完工,该建筑与主干道相连的两个车辆出入口两侧垂直方向的人行道的路缘石与车行道地面存在超过15cm的高度差,但该处既未设置缘石坡道,也未设置提示盲道,影响残疾人通行安全。崂山区人民检察院遂于2022年10月14日立案调查,在崂山区残疾人联合会工作人员的协助下,就该线索及相关区域的在建工程项目开展深入调查,发现存在建筑材料堆放挤占盲道;未严格按照设计施工,未铺设缘石坡道、提示盲道,或未同步建设无障碍通道,存在安全隐患;未设置无障碍机动车停车位,出入口安装的挡车柱间距仅有45cm,无法通行轮椅;无障碍卫生间轮椅回转空间直径小于国家标准的1.5m,缺少救助呼叫装置等问题。崂山区人民检察院根据《无障碍环境建设条例》《建筑与市政工程无障碍通用规范》(GB 55019—2021)《青岛市城市无障碍设施建设与管理规定》等相关规定,探索开展在建工程无障碍设施预防性公益诉讼监督,先后邀请项目立项审批、施工监理、项目验收等环节的11名相关单位工作人员担任特邀检察官助理,对辖区17处在建楼宇、4条在建道路的无障碍设施建设情况进行重点调查。

2022年10月20日,崂山区人民检察院根据相关行政机关职能分工,向崂山区城市管理局发出诉前检察建议,督促其履行在建道路以及在建楼宇周边盲道等无障碍设施与市政道路无障碍设施对接的监管责任;向崂山区住房和城乡建设局发出诉前检察建议,督促其履行在建楼宇内部无障碍设施建设的监管责任。

两家行政机关收到检察建议后,高度重视并依法全面履职,共督促完善设计方案2处,清理占用盲道堆放建筑材料23件次,补建、整改缘石坡道、提示盲道47处、无障碍通道17处;设置无障碍机动车停车位49个,挡车柱间距按照国家标准扩大到不小于90cm;督促3处无障碍卫生间配备救助呼叫装置,并对内部空间进行调整,确保轮椅回转空间直径不小于国家标准的1.5m。

2023年4月,崂山区人民检察院邀请辖区残疾人联合会工作人员对整改成效现场评估,并邀请3名残疾人代表现场体验整改效果,最终确认全部问题均已整改到位。

(三) 典型意义

无障碍设施项目在正式投入使用前，要经历规划、设计、立项、施工和验收等多个环节。检察机关针对在建工程开展无障碍设施建设预防性公益诉讼监督，并邀请行业专家担任特邀检察官助理，督促相关行政机关协同履职，在各自职责内落实无障碍设施工程"三同步"要求，以更小的司法成本有效地避免了项目竣工后因不符合无障碍设施相关规定可能造成的更大经济损失，为残疾人等特定群体无障碍出行提供了有力的法治保障。

案例四：新疆维吾尔自治区人民检察院乌鲁木齐铁路运输分院督促规范车站无障碍设施建设行政公益诉讼案

(一) 基本案情

乌鲁木齐高铁站、乌鲁木齐高铁国际汽车客运站及其周边无障碍设施不规范、损毁严重、部分设施缺失，给老年人、残疾人等特定群体出行安全带来一定的风险隐患，损害了特定群体平等参与社会生活的权利和社会公共利益。

(二) 调查和督促履职

2021年3月，新疆维吾尔自治区人民检察院乌鲁木齐铁路运输分院（以下简称乌鲁木齐铁检分院）在高铁站普法活动中发现上述线索，遂于同年4月22日立案调查。通过查看现场，调查车站设计图纸，走访残联组织、客运站、行政机关等部门，发现乌鲁木齐高铁站、乌鲁木齐高铁国际汽车客运站及其周边存在盲道被侵占、无障碍卫生间损坏、无障碍停车位未设置标识等问题，违反《无障碍环境建设条例》《新疆维吾尔自治区实施〈中华人民共和国残疾人保障法〉办法》等相关规定。

2021年4月至6月，乌鲁木齐铁检分院先后向当地城市管理、住房城乡建设、交通运输部门发出诉前检察建议，建议严格在各自职责范围内履行无障碍环境建设监管职责，督促相关单位依照国家标准和自治区规定改造乌鲁木齐高铁站、乌鲁木齐高铁国际汽车客运站、公共停车场及其周边无障碍设施，设置无障碍标识、修建盲道，保证无障碍设施正常使用，保障特定群体安全出行。

上述单位收到检察建议书后，及时制订相应整改方案，并督促相关单位进行整改。改造过程中，乌鲁木齐铁检分院组织召开公开听证会，邀请自治区人大代表、政协委员、人民监督员、自治区残疾人联合会、自治区无障碍协会代表担任听证员，邀请涉案无障碍设施维护、使用单位负责人以及社会各界群众代表现场观摩，并在听证会后组织座谈交流，参会人员一致同意整改方案，并提出了进一步完善的意见建议。

2021年12月8日，检察机关对整改效果进行了实地踏勘。中国铁路乌鲁木齐局集团有限公司投入140余万元对乌鲁木齐高铁站无障碍设施进行整体改造，对7处无障碍卫生间进行修理、28部无障碍电梯安装语音提示；乌鲁木齐高铁国际汽车客运站清理占用盲道3处，一楼售票厅到二楼无障碍电梯口盲道全部畅通，更新升级2座公共停车场，更换、维修44个无障碍停车位，安排现场巡查并劝阻占用无障碍车位的车辆。随后，乌鲁木齐铁检分院邀请自治区残疾人联合会、乌鲁木齐市盲协等单位及人员对无障碍设施整改情况进行现场查看，整改工作得到各方一致认可。

（三）典型意义

高铁站、汽车客运站是重要的综合交通枢纽中心、客运集散地。铁路运输检察机关以改善旅客车站无障碍环境作为服务残疾人、老年人等特定群体的切入点和着力点，通过邀请特定群体代表参与公开听证、现场体验等方式，督促协同相关职能部门依法全面履职，促成铁路进出站和城市出行无障碍"无缝对接"，以检察公益诉讼服务保障新疆丝绸之路经济带核心区建设。

案例五：广东省深圳市人民检察院督促完善过街音响提示装置无障碍功能行政公益诉讼案

（一）基本案情

广东省深圳市众多干道、商业区和居住区周边人行道的红绿灯路口过街音响提示装置未设置或不能正常使用，影响视障群体独立、安全出行，对其日常生活造成障碍，存在一定的交通安全隐患。相关职能部门未依法履行监督管理职责，侵害了视障群体出行权益，损害了社会公共利益。

（二）调查和督促履职

2022年6月，广东省深圳市人民检察院收到深圳市残疾人联合会线索，反映深圳市众多人行道红绿灯路口过街音响提示装置缺失或不能正常使用，遂于同年12月5日决定立案。经实地调查101处市区主要干道、主要商业区和居住区周边的人行道红绿灯路口，发现有 77 处路口未设置过街音响提示装置，设置率仅 23.76%；已设置相关装置的 24 处路口中，大多数存在未启用或发声小、未设置开关功能、发声朝向有偏差等诸多问题。深圳市人民检察院认为，未依法设置人行道红绿灯路口过街音响提示装置或相关装置不能正常使用的情况，违反了《无障碍环境建设条例》《深圳经济特区无障碍城市建设条例》等法律法规以及《道路交通信号灯设置与安装规范》《建筑与市政工程无障碍通用规范》（GB 55019—2021）等国家标准的有关规定。

2022 年 12 月 8 日，深圳市人民检察院召集深圳市交通运输局、深圳市公安局交通警察局（以下简称深圳市交警局）召开磋商会，邀请深圳市残疾人联合会代表及人民监督员参会，与会各方就完善安装过街音响提示装置、加大现有设备维护、推动智能化过街音响提示装置试点等整改事宜达成共识。

会后，深圳市交警局等职能部门积极采取措施落实整改。截至 2023 年 4 月底，全市新增安装 324 个路口过街音响提示设备，518 个急需安装过街音响提示设备的 A 类路口和 2067 个需要安装过街音响提示设备的 B 类路口已制订规划建设方案，正向发改部门申请立项；排查修复 52 个路口 503 套设备，对 183 套因市民投诉而关停的过街音响提示设备，采取分时段优化音量等级等措施恢复正常使用；全市 235 个路口 1964 套现有设备均已处于正常运行状态。同时，深圳市交警局为实现节能环保，减少噪声问题，积极探索安装新型智能过街音响提示装置，经试点已规划在深圳市南山区、龙岗区的所有符合条件的新建、改建路口进行安装，逐步在全市全面推开。

2023 年 5 月 17 日，深圳市人民检察院召开公开听证会，邀请听证员、人大代表、人民监督员、残疾人联合会代表、行政机关代表参与整改验收，参会代表对整改效果予以肯定认可。

（三）典型意义

创造无障碍通行环境，是保障残疾人等特定群体平等参与社会生活的重要条件，能够彰显社会文明进步和公平正义。本案中，检察机关立足困扰视障群体安全出行的痛点和难点问题，开展全面调查以求精准监督，通过组织磋商、公开听证引入公众参与，推动制定包括智能过街音响提示装置试点方案在内的近远期整改规划并督促落实落地，为视障群体的独立、安全出行提供了坚实的法治保障。

案例六：浙江省宁波市人民检察院督促完善"119"消防报警紧急呼叫系统无障碍功能行政公益诉讼案

（一）基本案情

浙江省宁波市消防报警紧急呼叫系统（以下简称消防报警系统）仅具备"119"普通语音报警功能，未开通短信、微信小程序等可以编辑文字的报警功能，无法满足听力、言语障碍人士自主呼救需求，存在潜在的安全隐患，难以全面保障残疾人等特定群体的生命健康和财产安全。

（二）调查和督促履职

浙江省慈溪市人民检察院与慈溪市残疾人联合会日常联络工作时，慈溪市残疾人联合会反映听力、言语障碍人士无法通过拨打"119"消防报警电话进行报警的问题。经初步核实，慈溪市人民检察院发现宁波市消防报警系统仅具备普通语音报警功能，遂将相关线索提交浙江省宁波市人民检察院，其于2023年5月10日决定立案办理。检察人员赴宁波市消防救援支队（以下简称市消防支队）调查核实，查明当前宁波市消防报警电话尚未开通文字信息报送和文字呼叫功能，违反了《无障碍环境建设条例》《浙江省实施〈无障碍环境建设条例〉办法》等规定。经走访宁波市残疾人联合会，其表示宁波市约有90万听力、言语障碍人士，亟须消防报警系统开通文字报警功能，保障特定群体生命财产安全。

2023年5月19日，为提升监督的精准度，宁波市人民检察院组织召开公开听证会，邀请市残疾人联合会、市消防支队以及人大代表、政协委员、人民监督员、"益心为公"志愿者代表参会，与会人员一致认为，确有必要设立针对听力、言语障碍人士的报警渠道。5月23日，宁波市人民检察院向市消防支队发送磋商意见函，并建议采用手机短信加推送网址链接方式对消防报警系统予以改进。

2023年7月10日，市消防支队函复表示，经技术升级已实现短信文字报警功能。7月18日，宁波市人民检察院牵头组织特定群体代表进行文字报警平台功能体验，确认可以实现相关功能。7月26日，宁波消防短信报警功能模块正式上线，全市听力、言语障碍人士可直接发送手机短信至指定号码进行报警求助，报警人通过点击推送的网址链接，自动获取实时定位，上传现场视频、图片，有效缩短接警时间，提高了报警的准确性和便捷性。

(三) 典型意义

紧急呼叫系统是重要的生命救援通道，消防报警紧急呼叫系统的文字报警功能是听力、言语障碍人士自主呼救的重要保障。本案中，检察机关加强与残联组织联动，通过公开听证凝聚各方共识、强化精准监督，充分发挥公益诉讼的预防性功能，推动消防报警系统增设文字报警功能，提升地方无障碍社会服务水平。

案例七：江苏省连云港市检察机关督促推动药品说明书适老化改造行政公益诉讼案

（一）基本案情

江苏省连云港市部分药品生产企业（以下简称药企）的药品因包装和使用说明书字号普遍过小，给老年人等特定群体造成阅读障碍，导致看不清药品说明书中用法用量等关键信息，存在一定的用药安全隐患。

（二）调查和督促履职

2022年2月18日，江苏省连云港市海州区人民检察院在相关媒体报道中发现该线索。围绕药品说明书"字小如蚁"的问题，海州区院走进社区、药企和零售药店，通过召开公益诉讼问需会、开展问卷调查、随机访谈等方式进行线索研判，并在药品零售药店随机抽样20种老年群体常用药的药品说明书发现，20份药品说明书的字号均小于5.5磅，最小的字号只有3磅，参与问卷调查和访谈的群众普遍表示药品说明书字体过小，易增加老年人阅读障碍。

因案涉面较广，江苏省连云港市人民检察院对该线索提级办理，于2022年4月2日立案。连云港市人民检察院经审查认为，《药品管理法》《药品说明书和标签管理规定》中虽未对药品说明书的字体字号有明确规定，但明文规定药品说明书和标签中的文字应当"清晰易辨"。《药品经营质量管理规范》要求零售药店提供用药咨询、指导合理用药等药学服务。根据《药品管理法》《消费者权益保护法》及行政机关职能配置，江苏省药品监督管理局连云港检查分局（以下简称省药监局连云港分局）和连云港市、区市场监督管理局分别对药品生产环节、销售环节负有监管职责。

2022年4月12日，连云港市两级检察机关召开药品说明书适老化改造公益诉讼圆桌会议，邀请市、区人大代表、政协委员、人民监督员及本地三家药企相关负责人围绕开展药品说明书适老化改造、提升药品零售药店药事服务水平等展开讨论。会议认为，药品说明书的主要作用是指导患者安全用药，在全面专业载明法律法规要求的药品信息外，更应考虑内容的可读性、可视性。2022年4月20日，连云港市院、海州区院决定分别向省药监局连云港分局、连云港市、区市场监督管理局制发诉前检察建议，建议省药监局连云港分局在现有法律规定和不大幅增加印刷成本的前提下，推动本地药企开展药品说明书适老化改造工作；建议市、区市场监督管理局优化零售药店服务，推出提供药品说明书放大版复印件、用法用量便笺等便民措施。

各行政机关收到检察建议后高度重视，结合各自职能积极推动整改。省药监局连云港分局专门召开座谈会，确定当地三家药企各选取一种非处方药的药品说明书，采取放大字号、加粗字体或加下划线等方式开展信息无障碍改造试点；连云港市、区市场监督管理部门在辖区内39家药品零售药店设立药事服务台，通过制定药学服务公约、设立专门服务台，配置打印机提供放大版药品说明书、老花镜、过期药品回收箱等措施，开展药事服务台试点。

2022年6月，连云港市检察机关邀请市、区人大代表、政协委员、人民监督员及"益心为公"志愿者对整改情况进行"回头看"，发现部分药品说明书已进行修订，群众对药品说明书适老化改造整改反响较好，相关试点工作正有序推进。目前，辖区内四家药企主动将药品说明书适老化改造纳入年度工作计划，已完成5份药品说明书的适老化改造工作。在纸张大小不变的前提下，药企通过调整排版布局、单面变双面印刷等方式，对字体进行全面放大，不断满足老年人等特定群体的无障碍阅读需求。

(三) 典型意义

药品说明书是否"清晰易辨"，关系到广大人民群众的用药安全，但在无障碍环境建设中缺乏国家强制性标准及规定。本案中，检察机关针对人民群众反映强烈的药品说明书"字小如蚁"导致看不清、看不懂等问题，探索通过行政公益诉讼监督方式，督促相关行政机关积极履职，推进药品说明书适老化改造，促进无障碍环境建设相关规定的倡导性条款落地落实，取得良好的办案效果、社会效果。

案例八：湖北省红安县人民检察院督促完善"120"医疗急救呼叫系统无障碍功能行政公益诉讼案

（一）基本案情

湖北省红安县急救中心是县域内负责处理"120"急救电话报警、咨询和救治的唯一机构，其使用的"120"急救电话仅具备普通来电呼救功能，不具备文字信息报送和文字呼救功能，无法满足听力、言语障碍人士在紧急情况下的自主呼救需求，给特定群体生命健康权益带来安全隐患，损害了社会公共利益。

（二）调查和督促履职

2023年5月，湖北省红安县人民检察院在开展无障碍环境建设公益诉讼专项监督活动中发现本案线索，遂于2023年5月18日决定立案调查。根据《无障碍环境建设条例》《湖北省无障碍环境建设管理办法》等相关规定，红安县卫生健康局（以下简称县卫健局）系辖区内医疗卫生服务行业监督管理部门，负有相应监管职责。

2023年5月22日，红安县院组织召开公开听证会，邀请县卫健局、县残疾人联合会（以下简称县残联）以及人大代表、人民监督员等参加，就完善"120"医疗急救呼叫系统无障碍功能研究整改方案，最终形成一致结论意见，由县卫健局督促县急救中心健全"120"文字报警功能，县残联协助推广新应用。红安县院根据公开听证会形成的结论意见向县卫健局制发诉前检察建议，要求其督促县急救中心完善"120"医疗急救呼叫系统的文字信息报送和文字呼救功能，保障特定群体合法权益。

收到检察建议书后，红安县卫健局向县急救中心下达《转办函》，提出了明确整改措施，要求其健全"120"文字报警功能。2023年7月，红安县急救中心开通了短信文字报警求救功能和"微信信息+定位"报警求救功能，听力、言语障碍人士可以发送求救短信至指定号码或者添加指定微信号发送求救信息，"120"调度员接到文字报警信息后及时调度进行救护。县急救中心通过公众号和官方网站公布了文字报警操作方法，县残联也在听力、言语障碍人士群体中积极推广应用。红安县院全程跟进监督，确认"120"医疗急救呼叫系统的文字报警功能已能正常使用，为听力、言语障碍等特定群体提供文字信息报送和文字呼救功能。

（三）典型意义

健全"120"医疗急救呼叫系统文字报警功能，是满足听力、言语障碍人士自主呼救需求，保障特定群体生命健康安全的重要基础条件。检察机关通过公开听证、检察建议等方式，督促相关职能部门完善并推广"120"医疗急救呼叫系统的文字报警功能，以公益诉讼助力推动无障碍环境建设、保障特定群体合法权益。

案例九：安徽省合肥市蜀山区人民检察院督促规范视觉无障碍环境建设行政公益诉讼案

（一）基本案情

安徽省合肥市蜀山区在视觉无障碍环境建设方面普遍存在盲人阅览室无法正常使用、无障碍信息交流设备配置不完善等问题，给视障人士平等、便利地获取文化服务、信息带来一定影响，损害了社会公共利益。

（二）调查和督促履职

2022年4月，安徽省合肥市残疾人联合会依据协作机制，向合肥市人民检察院移送该案线索。合肥市人民检察院将该线索指定合肥市蜀山区人民检察院管辖，蜀山区人民检察院于2022年4月12日以行政公益诉讼立案调查。通过查阅资料，咨询专家，听取视障人士、无障碍环境建设督导团代表意见并陪同现场体验等方式查明，合肥市图书馆及蜀山区部分图书馆的盲人阅览室无法正常使用盲文读物、有声读物；语音录屏等无障碍信息交流设备配置不完善；借阅流程不通畅，文化主管部门未依法履职。

2022年4月15日，蜀山区人民检察院根据《公共图书馆法》《无障碍环境建设条例》《安徽省残疾人保障条例》的相关规定，向合肥市文化和旅游局（以下简称市文旅局）制发诉前检察建议，督促其监督全市图书馆配置盲文图书及有关阅读设备，完善视觉无障碍环境建设。2022年5月5日，保障视障人士平等接受文化和教育的《马拉喀什条约》在我国正式生效，检察机关以此为契机，持续推动后续整改。

2022年5月13日，市文旅局书面回复称已进行专项整治，督促30余家图书馆完成信息无障碍环境改造，保障盲人阅览室的相关设备正常使用。蜀山区人民检察院邀请视障人士代表、无障碍环境建设督导员等参与"回头看"，联合残疾人保护公益组织在合肥市图书馆开展"文化助残,阅光同行"主题座谈会,现场翻阅该图书馆新购 200 余册盲文图书,体验"网络+邮寄"借阅流程和新增的无障碍信息交流设备,参会人员对视觉无障碍环境建设整改效果均表示充分认可。

(三)典型意义

让视障人士实现无障碍阅读、平等便利共享公共文化服务,是无障碍环境建设的一项重要内容。本案中,检察机关聚焦视障人士日常生活的高频事项和服务场景,通过磋商、诉前检察建议等方式,督促行政机关依法全面履职,推动视觉无障碍环境系统治理,保障视障人士平等参与文化生活,共享社会公共服务、文明发展成果。

案例十:天津市人民检察院督促保障视障人士公交出行无障碍行政公益诉讼案

(一)基本案情

天津市辖区内部分公交车存在没有车外语音报站、报站不及时、提示音偏小等问题,严重影响 3 万余名视障人士日常出行。该问题由来已久,天津市交通运输委员会(以下简称市交委)作为行政主管机关亦多次进行整改,但相关问题始终未能彻底解决,视障人士平等参与社会生活权益长期难以得到有效保障。

(二)调查和督促履职

2022 年 3 月,天津市人民检察院受理群众提报的案件线索后开展调查。经查,本市部分公交线路存在车外语音报站缺失、报站不及时等问题,严重影响视障人士日常公交出行。视障人士虽多次反映,但因公交线路周边居民投诉车外语音报站噪声扰民,与视障人士现实需求之间存在差异化认识,相关问题始终未能有效解决。

2022 年 10 月 8 日,天津市人民检察院以行政公益诉讼立案后,根据《天津市无障碍环境建设管理办法》《天津市客运公共交通管理条例》《天津市无障碍设计标准》相关规定,与市交委开展磋商,并组织天津市公交集团(以下简称市公交集团)、天津市残疾人联合会(以下简称市残联)参与,就视障人士权益受损事实、问题整改方案等充分讨论,邀请"益心为公"检察云平台志愿者全程参与,积极探索解决方案。经磋商,确定了兼顾公交线路周边群众与视障人士两方权益的整改思路，升级现有"天津公交 App"增加语音报站功能，以信息化手段破解信息无障碍"老大难"问题的整改方案。市交委指导市公交集团成立专门团队负责软件升级，邀请同为视障人士的"益心为公"志愿者全程参与软件升级，并多次组织视障人士代表测试改进软件功能。

2023 年 5 月 21 日"全国助残日"，天津市人民检察院联合市交委、市残联、市公交集团和视障人士代表，开展"天津公交 App"语音报站功能实地测试体验活动，办案检察官和各单位工作人员全程佩戴眼罩，与视障人士代表一起沉浸式测试体验。经体验，参与测试人员普遍反映"天津公交 App"语音报站功能非常便利，公交车进站时系统会振动并循环语音播报，能够帮助他们准确、便捷地乘坐公交车。目前，具备语音报站功能的安卓版、苹果版"天津公交 App"已正式在应用商店上线并提供免费下载，广大视障人士对"天津公交 App"语音报站功能表示认可，不少老年人也通过该软件获益。

（三）典型意义

视障人士只能借助听觉获知公交车进站信息，公交车外语音报站是视障人士日常公交出行的必备条件。检察机关通过与行政机关磋商，主动邀请同为视障人士的"益心为公"志愿者全程参与办案，以信息化手段推动解决信息无障碍"老大难"问题，为视障人士权益保护提供了高效、便捷的解决方案，兼顾了普通人群基本诉求，在"助残"的同时实现了"适老"，实现了"三个效果"的有机统一。

案例十一：重庆市渝北区人民检察院督促整治餐饮服务场所强制扫码点餐行政公益诉讼案

（一）基本案情

重庆市渝北区部分餐饮商家强制推行扫码点餐，不提供人工点餐服务，致使老年人等特定群体因使用智能手机不便而无法正常消费用餐。同时，部分经营者利用扫码程序收集消费者的手机号码、位置信息、微信昵称等个人信息，不仅侵害了众多消费者个人信息安全，也损害了社会公共利益。

（二）调查和督促履职

2023 年 2 月，重庆市渝北区人民检察院收到"益心为公"志愿者提供的上述线索后，决定以行政公益诉讼立案调查。检察人员组织部分"益心为公"志愿者同步检索可能存在强制扫码点餐情形的商家信息，经汇总定位后逐一走访调查，共发现 12 家餐饮商家存在不提供人工点餐、点餐前须关注商家微信公众号、注册时收集手机号码等情形。

2023 年 5 月 23 日，渝北区人民检察院组织召开公开听证会，邀请从事消费者权益保护法、个人信息保护法领域研究的 3 名西南政法大学资深教授作为听证员。听证员一致表示，强制扫码点餐问题侵害老年人等特定群体的合法权益，同时危及众多消费者的个人信息安全，消费者自身维权难度大，应督促行政机关推动整改。

2023 年 5 月 29 日，渝北区人民检察院根据《个人信息保护法》《消费者权益保护法》《重庆市无障碍环境建设与管理规定》的相关规定，向区市场监督管理部门制发诉前检察建议，督促其对商家强制推行扫码点餐、侵害消费者权益和过度收集个人信息的行为进行查处。同时，渝北区人民检察院结合查证事实，与渝北区酒店餐饮行业协会进行座谈交流，建议开展餐饮行业自律规范工作。

渝北区市场监督管理部门收到检察建议后，对涉案的 12 个餐饮商家立案查处，责令商家规范使用扫码点餐，保留纸质菜单并提供人工点餐服务；针对强制扫码点餐和不提供纸质菜单等共性问题开展专项排查整治，对全区餐饮单位进行排查，发出责令改正通知书 20 份，约谈企业 10 家。渝北区酒店餐饮行业协会通过微信公众号、电子宣传屏等载体开展系列宣传活动，进一步推动餐饮行业内部形成规范共识。

2023 年 6 月 28 日，渝北区人民检察院组织"益心为公"志愿者开展公益诉讼"回头看"，确认涉案老年人等特定群体信息交流无障碍问题已得到有效治理。同时，渝北区人民检察院多次与区市场监管部门、酒店餐饮行业协会座谈交流，推动出台《餐饮行业"扫码点餐"规范倡议》，规范餐饮行业扫码点餐服务，实现源头治理。

（三）典型意义

扫码点餐是餐饮行业推动消费升级、降低经营成本的创新举措，但可能影响老年人等特定群体的合法权益。本案中，检察机关借助"益心为公"志愿者，有效融合专业力量和社会力量，做实调查取证工作，提高检察监督的精准性，督促行政机关积极履职整改，为老年人跨越"数字鸿沟"和个人信息安全保驾护航。

案例十二：广东省广州市海珠区人民检察院督促保障老年人医疗服务无障碍行政公益诉讼案

（一）基本案情

广东省广州市海珠区部分医疗机构在提升自身信息化建设过程中，明示取消现场挂号，仅保留网上预约挂号，未提供现场预约号源及电话预约挂号途径，亦未设置老年人优先通道等，因相关行政机关未及时全面履行监管职责，致使存在上网和使用智能手机困难的不特定多数老年人，无法独立挂号以正常就医享受平等便捷的公共医疗服务，损害了社会公共利益。

（二）调查和督促履职

2021年10月，广东省广州市海珠区人民检察院接到群众举报后决定立案调查。通过对辖区内医疗机构进行走访调查，现场勘验、询问医疗机构工作人员等方式，查明部分医疗机构存在全面取消现场挂号，仅能通过微信公众号、自助机、网站等线上方式预约挂号的问题，违反了《老年人权益保障法》《广东省老年人权益保障条例》《广东省养老服务条例》等有关规定。2021年10月27日，海珠区人民检察院根据前述调查情况，向海珠区卫生健康局制发诉前检察建议，建议其对相关医疗机构责令整改，并对辖区医疗机构开展全面排查，督促落实涉老年人信息化无障碍改造，提供线上线下并行的医疗服务便利。

海珠区卫生健康局收到检察建议后，迅速组织落实整改，制订区级创建老年友善医疗机构的工作方案，组织辖区内23家医疗卫生机构开展创建工作，推动辖区内老年人就医环境优化。印发《关于落实推进老年人运用智能技术困难个案排查工作的通知》，结合排查情况在各医疗机构开设老年人专窗；开通老年人就医绿色通道、开展多渠道挂号通道，为老年人保留充足现场号源，保留诊间预约功能和电话预约功能。加强服务指引，组建友老爱老志愿服务团队，对使用智能技术困难老年人，采取医务人员或志愿者协助就医等措施，保障老年人得到及时便利就医。

收到行政机关回复后，海珠区人民检察院组织特邀检察官助理、人大代表、政协委员、人民监督员等随机走访海珠区内医疗机构，现场参与整改成效"回头看"，发现各医疗机构均在显著位置提供通过微信公众号、电话挂号、现场挂号等各种挂号渠道的推介指引，明示老年人绿色通道或优先窗口、现场有友老爱老志愿服务者，亦可见老年人通过老年人绿色通道挂号和现金缴费等情形。

(三) 典型意义

老年人等特定群体是医疗服务需求的重要群体,但因在使用互联网、智能手机方面存在"数字鸿沟"而难以享受信息化带来的便利。本案中,检察机关发挥公益诉讼检察职能,通过检察建议督促推动相关单位完善老年人就医无障碍服务,为助力社会治理"适老化"改造、共建老年友好型社会贡献了检察力量。